일본의 종교

-토착교회 운동-

종교시민문화연구소 학술총서 ❸

일본의 종교

-토착교회 운동-

마크 R. 멀린스(Mark R. Mullins) 지음
김성건 · 이숙희 옮김

다 산 출 판 사

이 역서는 2016년 대한민국 교육부와 한국연구재단의 글로벌연구네트워크사업의 지원(NRF-2016S1A2A2915833) 및 2015년 미국 템플턴 재단의 RCCI 과제지원을 받아 수행된 연구임

한국어판 서문

나는 먼저 이번에 상당한 시간과 노력이 요구되는 한국어 번역을 수행한 김성건, 이숙희 두 분 교수께 깊은 감사를 드린다. 더 많은 독자들이 이 연구서를 읽을 수 있게 되어 매우 기쁘다.

이 책은 1980년대 중반부터 약 10년에 걸쳐 행했던 조사에 기초했다. 내가 이 연구를 하게 된 중요한 이유는 기독교가 일본에서 실패한 것은 일본에 이식된 기독교가 지나치게 유럽 중심적이고 서구적인 성향 때문이라는 일반적인 주장을 비판적으로 검증하기 위해서였다. 일본의 기독교 연구의 대부분이 이 주장에 근거하기 때문에, 나는 몇몇 카리스마가 있는 일본인 지도자들이 다양한 독자적인 종교 운동을 일으킨 것과 함께 일본만의 토착적인 기독교를 여럿 만들었다는 사실을 발견하곤 다소 놀랐다. 무교회 운동을 제외하고, 일본에서 출현한 이들 종교 운동은 내가 현장 조사를 시작했던 1986년 당시까지도 일본 종교를 연구하는 사회학자들과 역사학자들 사이에서 거의 알려지지도 않았거나 무시되었다.

대표적인 일본 기독교 토착 운동을 비교하는 사례 연구를 통해서 나는 기독교에 대한 일본인들의 새로운 해석과 그들이 신앙을 실천하고 조직하는 방법을 기록할 수 있었다. 그러나 또한 이들의 다양한 토착화 실험이 일본 기독교의 전반적인 지위나 혹은 소수 종교로서의 위치에 어떤 의미 있는 변화를 가져오지 못했음을 발견했다. 토착화가 기독교의 새로운 독자적 형식의 발전과 일본의 다양한 계급과 하위 집단에 전파되는 데 나타나는 독특한 유형을 이해하는 데에는 중요한 요인이지만, 이 같은 새로운 운동의 운명은 여타 다른 요인에 의해서도 결정된다. 예로 기존 종교와 전통적 종교 소속의 강점 혹은 약점은 이러한 대안적 종교가 확장되는 가능성을 종종 제한한다. 20세기 일본의 맥락에서 하나의 새로운 종교로서 기독교는 대부분의 개인들이 이미 수많은 가족, 공동체 및 시민 종교적 의무에 둘러싸인 상황과 직면하였다. 나중에 들어온 것도 모자라 전파되는 과정에서 정치적인 문제들과 부정적으로 연관되어 일본은 기독교에 호락호락하지 않았다. 16세기 후반에 예수회 선교사들이 도래할 당시부터 '사교'로 알려진 기독교는, 19세기에 외국의 식민지 침략과 관련되어 더욱 위험한 것으로 각인되었다. 기독교는 제2차 세계대전 때 적의 종교로, 그 후 연합군이 지배한 시기(1945~1952년)에는 연합군 최고 사령관이 지지했던 종교로 인식되었다. 그리하여 이식된 교회든, 일본에서 토착적으로 시작된 운동이든 간에 기독교는 전후 일본에서 장기적으로 성장한 적이 없다. 문화적인 차원에선 다소 성공했을지 몰라도, 기독교 내에서 빠르게 성장하는 펜테코스탈 형태의 기독교조차 일본에선 고전하고 있는 것이 사실이다. 일본에서 자생한 실험적인 신종교들이 이미 (종교)시장을 점령하였기 때문에, 펜테코스탈 기독교는 '너무 작은 규모로, 또는 너무 늦게' 들어왔다고도 볼 수 있다. 이 같은 비교의 관점에서 수행된 사례 연구들을 통해 요약하면, 나는 '토착화'가 아시아에서 일어나는 기독교 운동의 성공과 실패의 요인을 설명하는 열쇠가 되지 못한다고 결론지었다.

나는 지금으로부터 약 20년 전에 이 운동들에 대해 진행한 기본적인 연구에 뒤이은 후속 연구를 아직까지도 수행하지 못했다. 내가 일본 바깥에 살면서 상세한 후속 연구를 하는 것은 어렵지만, 나의 초기 연구의 한 부분이었던 대표적 교회와 운동에 대한 최근의 통계를 『2017년 일본 기독교 연감』에서 찾을 수 있었다. 전반적으로 볼 때, 이 운동들은 카리스마를 가졌던 설립자들의 사후에 쇠퇴하고 있다. 기독교의 오랜 유교적 변형—도회(道會)와 기독심종교단—은 계속해서 쇠퇴하고 있다. 최근 도회의 신자 수는 96명으로 보고되어 있는데, 나는 이들이 사라지기 전에 그들에 관해 간신히 기록한 셈이다. 오늘날 기독심종교단은 663명의 신자와 15개의 교회 혹은 모임을 갖고 있는데, 이는 예전의 1,315명의 신자와 전국에 27개의 교회 혹은 모임에서 계속 감소한 것이다. 심지어 성장을 지속할 것이라고 생각했던 성예수회조차 전국적으로 교회는 동일하게 유지되고 있고(100개를 조금 넘는), 신자 수는 1998년에는 5,379명에서 2017년에는 5,010명으로 약간의 감소세를 보이고 있다. 그런데 여기서 주목할 것은 이 같은 상황이 비단 기독교 운동이나 교회에만 국한된 것은 아니라는 사실이다. 약간의 예외를 제외한 신종교들은 물론 기존 불교와 신도(神道) 조직도 근본적인 인구학적 현실—낮은 출산율과 고령화되는 인구—로 인해 심각한 쇠퇴에 직면하고 있다.

이 책의 주요 초점은 일본의 기독교 토착 운동에 대한 것인 반면에, 나의 두 번째 질문은 제8장에서 간단히 밝힌 것처럼 일본과 한국에서 기독교 선교 사역에 대해 각기 다른 반응을 보인 점에 관한 것이다. 일본의 크리스천은 약 1%에 고정되어 있는 반면, 남한의 크리스천은 전 인구의 25~30%를 대표한다. 이 두 나라에서 기독교의 전파 양상에서 드러난 대조는 '거시 정치적 관계'—식민지 시기 일본 제국과의 관계 그리고 북한과의 관계—와 뚜렷한 관련이 있다. 그러나 여타 요인들 또한 중요하다. 여기서 나는 성경의 번역이 끼친 영향과 일본어판 성경이 일본인들에게 제공된 것보다 한글로 번역된 성경이 한국인들에게 훨씬 더 많이 보급되었다는 사실을 이야기하고 싶다.

최근에 나는 이 차이가 고국 밖의 디아스포라 공동체에서 아시아 기독교의 초국가적 발전을 이해하는 데 유용하다는 것을 발견했다. 작년부터 나는 뉴질랜드에 있는 아시아인 디아스포라 공동체의 종교 역할에 대한 데이터를 모으기 시작했다. 그리고 일본, 한국, 중국으로부터 온 이민자들 가운데서 매우 판이한 동향을 발견했다. 첫째, 2013년 센서스 데이터는 이 세 나라로부터 온 이민자들 중에서 자신의 종교를 불교라고 답한 숫자가 괄목할 정도로 적었다. 중국인들 가운데서는 고작 11.80%, 일본인은

15.41% 그리고 한국인은 4.11%에 불과했다. 둘째, 자신의 종교를 기독교라고 답한 숫자와 비율은 세 나라 모두 본국의 인구에서 조사된 기독교 인구 비중에 비해 상당히 높았다. 구체적으로, 중국인은 4배를 뛰어넘는 5% → 23%, 일본인은 무려 10배보다 높은 1% → 10.86%, 그리고 한국인은 2배를 넘는 29% → 66%로 나타났다. 이민생활의 경험이 사람들을 기독교로 개종하거나 속하게 만들었다. 이 패턴은 미국과 캐나다 같은 다른 데서도 관찰된다. 일부 학자들은 이 현실을 보고 기독교를 "놀라운 '아시아인'의 종교"라고도 한다. 이 지점에서 비교 연구에 흥미로운 질문을 제기하게 된다.

종교적 귀속에 대한 이 같은 발견에 더해서, 중국인, 일본인 그리고 한국인 이민자들이 지난 30년간 2백여 개가 넘는 민족 교회, 절, 센터를 설립했다는 것 또한 발견했다. 다수는 오클랜드시에 집중되어 있다. 이들 민족의 종교 조직에 대한 예비적 분석은 다음과 같은 몇 가지 특징을 보여주었다. 첫째, 이 모든 민족 종교 조직의 91%가 기독교이다. 둘째, 한국인들이 종교적 영역에서 가장 활발하며 이 모든 조직의 59%를 설립하였다. 그리고 잘 알려진 장로교, 감리교, 침례교 이름이 민족 교회의 리스트 속에 나타나는 반면, 탈교파적인 복음주의 및 카리스마적 집단들도 뉴질랜드의 기독교 내부에 있어 다양성을 더하고 있다. 한 예가 1958년 조용기 목사가 서울에서 설립한 순복음교회이다. 이 교회는 현재 뉴질랜드 전역의 여러 도시에 있다. 아시아인의 디아스포라 공동체 속에서 초국가적인 종교 운동을 연구하는 새로운 프로젝트를 시작하였을 때, 나는 해당 종교가 기원한 국가 안의 기성 종교들의 유형을 이해하는 것이 얼마나 중요한지 인식하게 되었다. 그 결과, 아시아에서 기독교 사회학은 아시아 이민자들이 전세계를 여행함으로써 초래되는 종교적 변동의 과정을 이해하는 데 내가 상상했던 것보다 한층 더 적합하다는 것이 드러났다.

이 책을 많은 한국인 독자들이 읽을 수 있도록 출판해 준 다산출판사에 감사를 드린다. 이 책이 비판적 토론을 자극하고 또한 국가의 경계를 뛰어넘어 보다 많은 공동연구를 진작시키게 되길 바란다. 그리하여 장차 새로운 학문의 발전에 기여함은 물론 아시아 여러 사회들과 그 너머에서 기독교의 역할을 이해하는 데 우리의 안목이 심화될 것을 기대한다.

뉴질랜드 오클랜드에서

2018년 8월 31일

서 문

일본에는 서구 선교사들이 남겨 놓은 익숙한 교회 이미지와는 다른 기독교가 존재한다. 이 기독교는 외국에는 잘 알려지지 않았을 뿐더러, 대부분의 종교 연구자들에게도 등한시되었다. 이 기독교는 일본인의 영혼 깊이 도달하는 데 실패했던 수입된 기독교를 향해 저항했던 기독교 토착 운동이다. 이 책은 이와 같은 운동들이 어디에서 출현했고 어떻게 발전했는지에 관한 것이다.

일반인의 예상과는 달리 일본의 기독교 토착 운동 자료들은 풍부하다. 그러나 대부분의 자료들은 신자들을 위한 것이었기에 밖에 있는 이들의 시선을 거의 끌지 못했다. 내가 일본의 기독교 토착 운동의 여러 집단을 방문하기 시작했을 때 이 운동들의 설립자 중 일부는 저술이 매우 빈약한 경우도 있었지만, 놀랍게도 대부분은 혼자서 열 권 혹은 스무 권 분량의 저술을 했다. 그리고 이에 더해 대부분의 운동은 자체적으로 회보와 저널을 발행하고 있었다. 물론 이 자료의 상당 부분은 알기 어렵고 불가해했지만, 그 양적 방대함은 놀랍다.

나는 이 운동들의 신자들, 지도자들, 그리고 몇몇의 경우에는 설립자들과도 폭넓게 접촉할 수 있어 기록 자료에 대해 균형을 잡을 수 있었다. 나의 관찰과 인터뷰는 대체로 일본의 본섬에서 간토 및 간사이 지역에서 집중적으로 수행되었다. 이 두 지역은 기독교 토착 운동의 본부 혹은 큰 교회가 자리 잡은 곳이다. 현지 조사는 때때로 시코쿠, 규슈 및 오키나와, 그리고 북쪽으로 멀게는 센다이 지방에서도 수행했다. 수년에 걸쳐 나는 망자에 대한 감정이 억제된 추도 예배로부터 격정적인 부흥회와 카리스마적 인 치유 사역에 이르기까지 폭넓은 범위의 종교적 예배에 참석했다. 신자들과 함께 주일예배를 마친 후 유교 경전을 공부하기도 했고, 여름 세미나에서 명상 훈련을 받기도 했으며, 교토 외곽에 있는 산속 수도원에서 히브리어로 노래하는 일본의 기독교 시온주의자들과 함께 금요일 안식일 저녁 식사를 함께하기도 했다. 어떤 한 집단은 어떻게 방언을 하는지 내게 가르치는 것을 그들의 특별한 사명으로 삼았던 경우도 있었다(그들의 노력에도 불구하고 나는 끝내 방언을 하지 못해 그들이 낙심하기도 했다.).

말할 필요도 없이, 이런 종류의 프로젝트는 처음부터 마칠 때까지 수많은 분들의 협동이 필요하다. 많은 분들로부터 도움을 받았다는 점에서 나는 운이 좋았다. 종교지도자들은 그들의 중요한 원자료를 보여 주었고, 내가 종교 예배에 참석하고 전국을 돌면서 인터뷰를 할 수 있도록 주선해 주었다. 아쉽게도 자신의 집과 교회에서 나를 환영하면서 나의 질문에 인내심을 갖고 반응했던 모든 개개인의 이름을 일일이 기록할 수 없었다. 수많은 대화에서 드러난 그분들의 따뜻한 호의는 내가 연구를 계속할 수 있도록 힘이 되었다. 이 연구에 동참했던 많은 분들은 내가 인터뷰 내내 열심히 기록했던 메모들이 장차 어떻게 쓰일지 의구심을 떨치지 못했으리라 생각한다. 나는 이 책이 십여 개의 다른 운동들에 대한 일관된 해석을 시도하기보다는, 일차적으로 각 운동이 그 자체로 심층적인 해석을 할 만한 가치가 있다는 것을 보여 주려 했다고 말하고 싶다. 그리고 이러한 운동들에 관한 본격적인 작업은 가까운 장래에 다른 학자들이 수행하게 되리라 믿는다. 나는 미개척지의 표면만 건드린 수준에서 만족해야 한다는 것을 안다. 그래서 이 책에서 나는 일본의 종교 역사에서 토착 기독교 내 이런 실험들이 어떤 위치를 차지하는지 이해할 수 있는 포괄적 관점을 제시하려 했다.

이 프로젝트는 내게도 도전이었다. 일본에 이식된 교회의 한 헌신적 신자의 경우처럼, 학자의 객관성은 토착 운동의 지도자들이 서구 기독교에 대한 날카롭고 통렬한 비판 앞에서 흔들리게 된다. 만약 이 책에서 나의 주장이 때때로 토착 운동에 대해 너무 방어적이라면, 독자들은 이를 관대하게 넘어가 줄 것을 청한다. 이 책에서 나의 의도는 일본의 기독교 신자들이 자신의 심정을 스스로 말하게 하는 데 있었다.

학자들이 서구 선교사의 기독교와 이것이 스스로 뿌리를 내리는 데 따르는 문제로부터 기독교의 토착적이며 독자적인 표현으로 관심을 돌리도록, 나는 근대 일본에 독특하게 연관되어 발생한 사회 종교적 현상으로서 이런 소수 운동들을 단순히 기술하는 것 이상의 작업을 하고자 했다. 만일 이것이 너무 이상적이라 생각된다면, 이 연구가 기독교를 '서구' 종교로 인식하는 것으로부터 진정한 '세계' 종교로 그 잠재력을 상상하게 만드는 데 이바지했으면 좋겠다는 생각을 해 본다.

이 책의 많은 장은 다양한 청중들에게 발표되었다. 그들의 반응은 정말로 귀중한 것들이었다. 학회의 다음과 같은 동료들에게 특별히 감사를 표하고 싶다.: 종교사회학회(the Association for the Sociology of Religion, 1988), 캐나다 종교연구회(the Canadian Society for the Study of Religion, 1990), 세계 종교사회학회(the Society for the Scientific Study of Religion, 1990, 1991, 1992), 세계 사회학회(the International Sociological Association, 1994), 그리고 종교연구회(the Religious Research Association, 1995, 1996). 또 이 책의 내용 중 일부를 다음 학술회의에서 발표하는 기회를 가졌다.: 캘거리대학교 인문학연구소 학술대회(주제-"글로벌 문화: 세계의 펜테코스탈 및 카리스마 운동들"), 세인트 메리대학(런던, 잉글랜드)(주제-"일본의 문화: 기독교의 기여")(1991년 9월), 메이지학원대학의 기독교연구소 학술대회(주제-"동아시아에서의 기독교")(1993), 스털링대학의 스코틀랜드 일본학연구소 세미나(1997), 그리고 에딘버러대학 뉴컬리지(신학부)의 비서구세계의 기독교연구소(1997). 일본에서는 유키 히데오 교수와 마틴 렙(Martin Repp) 박사가 교토에서 1997년 가을 NCC(교회협의회)의 일본 종교연구소의 지원 아래 개최한 일본 종교에 대한 제20차 세미나에서 발표했다. 발표의 많은 부분을 이후 학술지의 논문 혹은 여러 책의 장으로 출판했지만(자세한 것은 이 책 맨 뒤에 있는 '감사의 말'에 썼다.), 이 책을 위해서 완전히 다시 썼다는 것을 밝힌다.

지난 10년간 연구에 자극을 주고 영향을 준 아이디어를 제공한 학자들, 친구들이 셀 수 없이 많지만 다음의 분들께 특별히 감사를 드리고 싶다.: 아라야 시게히코(세이카이대학), 시마조노 스스무(도쿄대학), 이케가미 요시마사(츠쿠바대학), 이노우에 노부타카(코쿠가쿠인대학), 이안 리더(Ian Reader, 스털링대학 스코틀랜드 일본학연구소), 앤토니 블라지(Anthony Blasi, 테네시주립대학), 토마스 헤이스팅스(Thomas Hastings, 도쿄유니온신학교), 카야마 히사오, 리차드 영(Richard Young), 그리고 쿠야마 미치히코(메이지가쿠인대학의 나의 모든 동료들). 1985년에 이곳 일본으로 돌아온 뒤 바로 데이비드 리드(David Reid)와 데이비드 스웨인(David Swain)—각각 『일본종교연구저널』(*the Japanese Journal of Religious Studies*)과 『일본기독교』(*the Japan Christian Quarterly*)의 편집장이자 전문 번역가이다.— 두 사람을 알게 되어 행운이었다. 사려 깊고 세밀한 것까지 꼼꼼하게 주의를 기울이는 두 분 덕분에 나의 연구물이 높은 수준에 도달할 수 있었다. 이들의 우정은 내게 용기를 북돋아 주었다. 그리고 종종 끝나지 않을 것처럼 보인 이 연구를 수행하는 가운데 요셉과 유키 덩클(Joseph and Yuki Dunkle)은 언제나 나를 위로했고 응원해 주었다. 이 특별한 은혜를 항상 기억할 것이다.

1996년 4월부터 1997년 3월까지 메이지 가쿠인대학으로부터 안식년을 갖게 되면서 일본 전역을 집중적으로 현지조사할 수 있었다. 8개월 동안은 에딘버러대학의 신학부에 있는 비서구 세계의 기독교연구소에서 객원 연구원으로 연구할 수 있었다. 앤드류 월스(Andrew Walls)와 데이비드 커(David Kerr) 교수가 이 귀중한 기회를 주선해 주었다. 이 연구소는 나의 연구에 요긴한 환경을 제공했다. 이 신학부의 교수들과 직원들이 보여 준 호의와 나의 연구물을 발표할 수 있는 여러 번의 기회를 준 것에 대해 감사한다.

지난 수년간 난잔종교문화연구소의 연구원들과 함께 여러 프로젝트를 연구할 기회도 가졌다. 우리의 원고가 편집인, 번역가, 작가들로 구성된 유능한 팀에 의해 다듬어질 때마다 큰 기쁨을 경험했다. 짐 헤이식(Jim Heisig), 폴 스완슨(Paul Swanson), 봅 키살라(Bob Kisala), 톰 커시너(Tom Kirchner), 에드 스크립잭(Ed Skrzypczak), 클락 칠슨(Clark Chilson)의 도움이 없었다면 이 책은 다른 책이 되었을지도 모르며 어쩌면 아직도 출판까지는 먼 길이 남아 있었으리라 본다. 또한 나의 책이 난잔종교문화연구소의 목록에 남게 된 것에 대해서 자부심을 느낀다. 나의 프로젝트에 관심을 보여준 팻 크로스비(Pat Crosby)와 하와이대학 출판부의 편집인들에게도 감사한다. 미국 펜실베니아의 필라델피아에 있는 퓨 자선재단(the Pew Charitable Trusts)이 지원한 기독교 선교 연구를 위한 연구비 프로그램에서 재정 지원을 받았다. 이 연구비를 관장하는 것은 미국 코네티컷의 뉴헤이븐 소재 해외선교연구소(the Overseas Ministries Study Center)였다.

지난 20여 년간 내가 썼던 것들과 마찬가지로, 이 책이 만들어지는 데 많은 부분을 나의 처인 신디(Cindy)의 공으로 돌리고자 한다. 그녀는 나의 여행에 자원하는 동반자였고, 현지조사 이야기를 언제나 들어주었고, 동시에 언제나 모든 면에서 필요한 조언을 해 준 전문 편집인이다. 이 책을 나의 처 신디와 일본에서 우리의 삶을 함께 만든 두 딸 사라 라헬(Sara Rachel)과 메구미 캐서린(Megumi Catherline)에게 바친다.

일본 도쿄에서

1998년 6월 1일

차 례

03 Chapter 카리스마, 작은 설립자, 토착 운동들

04 Chapter 일본 기독교 원천에 대한 재고(再考)

05 Chapter 수행의 길로서의 기독교

06 Chapter 사도적 기독교의 일본 버전들

07 Chapter 일본 기독교인들과 망자의 세계

08 Chapter 성장과 쇠퇴의 비교 유형

09 Chapter 글로벌 배경에서 본 일본적 기독교

CHAPTER 01

세계 종교 및 지역 운동으로서의 기독교

사회학적 고려

일본의 상황

토착 기독교 운동에 접근하기

이 책에서 나는 한 세계 종교가 한 문화에서 다른 문화로 이식될 때 어떤 일이 일어나는지를 밝히고 있다. 나는 '세계 종교'란 말을 불교, 이슬람교, 기독교 등과 같이 세계를 향해 선교하는 종교를 일컫는 말로 사용한다. 세계 종교란 그들의 종교적 가르침을 모든 시대와 장소에서 살고 있는 사람들에게 궁극적 의미를 갖는 '진리'로 간주한다(여기서 진리란 부족, 종족 및 국가의 경계를 초월한다.). 나는 성인으로서 삶의 대부분을 사는 동안 이 같은 세계 종교들이 문화 간 교차하여 전파되는 것에 상당한 관심을 갖게 되었다. 나의 이 같은 관심은 매우 어렸을 적에 나의 부모님이 나를 기독교 복음과 함께 일본에 이식한 사실과 의심의 여지없이 관련된다. 한때 나의 다문화적인 어린 시절의 경험과 소외감을 이해해 보려는 다소 막연하고 무의식적인 시도가 점차 나의 직업적 소명으로 발전한 것이다.

그래서 이 분야에서 나의 연구가 일본과 북아메리카 사이의 쌍방향의 교류에 초점을 모으게 된 것은 우연이 아니다. 이십 년 전에 나는 일본의 불교가 북아메리카로 전파되는 것을 숙고하는 것으로 연구를 시작하였다. 처음에는 선불교와 1960년대와 1970년대의 반문화 운동에 관한 연구를 통해서였다. 이 같은 최초의 탐구는 나로 하여금 지난 세기에 미국과 캐나다에 정착한 일본인 이주민들이 갖고 온 정토 불교의 이식에 대해서 고찰하도록 이끌어 주었다. 약 십 년 전에 다시 일본으로 돌아간 이래 나는 서구 기독교의 전파가 보여 주는 다양한 측면과 이것이 아시아의 종교와 문화와 만나게 된 측면에 대해서 연구하게 되었다. 본질적으로 가족에 기반한 종교적 전통으로부터 나온 일본 불교가 북아메리카의 개인주의적 종교 문화에 적응하는 데 상당한 어려움을 겪었던 것과 마찬가지로, 일본에 들어온 서구 선교사들은 신앙과 실천에 대한 그들의 종교적 메시지가 대부분의 일본인으로서는 수용하기가 어렵거나 혹은 아마도 이해하기는 한층 더 어려웠다는 것을 발견하였다. 일본과 북아메리카의 양 문화에서 살고 있는 '원주민들'(natives)의 일부는 현재 이 같은 이식된 종교전통의 재해석을 시도하고 있다. 이 같은 전유(專有), 곧 외래적인 어떤 것을 자기 자신의 것으로 만드는 과정을 통해서 나는 일본 기독교에 관한 지금과 같은 연구를 하고 있다.

학자들은 최근 들어 이 같은 보편적인 세계 종교들을 '글로벌 문화'라고 일컫는다. 이들이 문화 간의 전파(이식)의 과정에서 '보편적'인 것과 '특수한' 것의 관계에서 변증적인 대화에 주목한 결과이다. 예로서, 어빙 헥삼(Irving Hexham)과 칼라 포웨(Karla Poewe)는 다음과 같이 설명하였다.

> 글로벌 문화란 세계를 다니며 특정 지역의 고유한 색깔을 가지게 되는 전통이다. 그것은 글로벌하거나 혹은 메타 문화적(예: 모든 문화에 보편적으로 존재하는 추상적 가치 등－역자 주)이며 동시에 지역적이거나 또는 상황적으로 특징적인 양 문화적 차원을 갖고 있다. 글로벌 문화로서 보편적인 세계 종교의 목표는 한편으로는 다른 것들과 완벽하게 구별된 채로 남아 있을 수 있는 반면에, 동시에 지역 문화에 흡수될 수 있는 종교적 '메타 문화'(meta culture)를 확산시키는 데 있다.[1]

'메타 문화'(보편적 요소)를 지역적 변이 혹은 토착적 형태로부터 구별하는 것은 종종 매우 어렵지만, 이 같은 복수의 문화적 표현들이 보다 큰 세계 종교의 한 부분으로 일컬어질 수 있는 것은 우리가 "시간과 공간에 걸쳐 주목할 만한 연속성"[2]을 식별할 수 있기 때문이다. 물론, 이 같은 '연속성'은 특정한 경전들(성경, 꾸란 혹은 트리피타카(Tripitaka), 곧 불교의 경전)이 인류를 위한 구원을 대표하는 중심적 경험과 계시적 사건을 기록한 사실에 기초한다. 기독교의 사례에서, 앤드류 월스(Andrew Walls)는 "예수의 최종적인 의미에 대한 사고의 연속성, 역사에 대한 특정한 의식(意識)의 연속성, 성서의 사용과 빵과 포도주의 사용, 그리고 물의 사용의 연속성"[3] 같은 공통적인 측면들을 식별하는 것은 가능하다. 이 같은 측면들의 의미와 해석에 대해서 기독교인들이 종종 동의하지 않는 사실은 이 책의 관심의 범위를 넘는 것이다.

'세계 종교'라는 범주가 특정한 공통적 측면을 공유하는 다양한 종교적 전통을 일컫는 데 유용한 반면, 이 세계 종교의 범주는 또한 이념적이고 추상적인 개념에 불과하다는 것을 인식하여야 한다. 종교는 지역(현장) 속에서만 존재할 뿐이다. 이는 달리 말해서, 성경의 구절을 적용한다면, '보물'은 '(세상의) 질그릇'(고린도후서 4장 7절) 속에 존재한다. 기독교 혹은 어떤 여타의 세계 종교에도 '순수한' 초문화적 표현 같은 것은 존재하지 않으며, 단지 특수한 문화적 표현만이 존재한다. 그래서 웬디 제임스(Wendy James)와 더글라스 존슨(Douglas Johnson)은 아래와 같이 정확하게 지적했다.

> 신앙의 고백으로서 크리스천의 정체성은 문화적 · 사회적 통일성을 갖다 주거나 산출하지 않는다. 그러나 일종의 개인적 경험으로서 크리스천의 정체성은 필연적으로 독특한 장소 혹은 시간에 대한 의식(意識)을 동반한다. 따라서 개인적인 종교적 정체성이란 주제는 지역적 맥락과 분리될 수 없다. 이런 의미에서, *모든 크리스천은 원주민이다(every Christian is a native)*.[4]

장엄한 유럽의 대성당과 교회의 그림자 속에서 우리는 기독교가 한때 서구의 땅에서 외래 종교였다는 사실을 잊기 쉽다. 기독교는 본래 팔레스타인 유대교의 사회에 국한되었던 새로운 종교적 운동으로부터 시작되었다. 나사렛 예수의 최초 추종자들은 그를 매우 독특한 유대 랍비와 메시아의 범주에 속하는 인물로 생각하였다. 그러나 이 운동이 팔레스타인을 벗어나서 보다 큰 로마 세계로 확대됨에 따라, 이 도(道)를 따르는 이방인들은 이 유대인 메시야를 신적인 절대자이며 인류의 구세주로 고백했다. 이들 새로운 크리스천들이 전통적인 유대교 율법과 관습을 완전하게 준수하지 않고 신앙을 실천하는 것이 허용됨과 동시에 '탈(脫)유대화'의 과정이 시작되었다. 그리고 기독교가 수 세기에 걸쳐 소아시아와 로마 제국의 전역으로 전파되어 감과 동시에, 그리스와 라틴 고유의 신앙에 대한 지역적인 표현이 수 세기에 걸쳐 기독교의 모습을 변형시켰다. 탈유대화가 교차문화적 전파의 최초 국면이었던 반면, 19세기 기독교의 발전은 상당할 정도의 '탈(脫)서구화'의 노력을 수반하였다. 서구 유럽과 북아메리카로부터의 근대 선교 운동에 반응하여 아시아인들과 아프리카인들은 기독교로부터 유럽 중심적 지향을 벗겨내고 이식된 '지역적' 형태를 상대화하려는 노력 속에 수많은 독립 교회와 운동들을 조직하였다.

이 같은 기독교의 표현들은 서구에서 종종 생각하듯이 유럽과 미국 선교 교회의 단순한 확장으로 이해될 수 없다. 서구의 학계에서 드러나는 이 같은 경향에 대해서 윌버트 쉥크(Wilbert Shenk)의 솔직한 관찰은 주목할 만하다.

> 일반적으로 서구에서 아시아, 아프리카, 그리고 라틴 아메리카의 교회 역사는 서구 선교 역사의 하위 범주에 속한다고 가정된다. 그도 그럴 것이, 비서구 교회의 발전은 실제로 근대 서구 선교 운동과 연관되어 있다. 그러나 20세기 말 기독교 '교회'(ecumene)의 실증적인 현실은 선교 역사 범주 그 자체만으로는 적절하게 이해될 수 없다. 그것은 이를 월등히 뛰어넘는 것이다. 그래서 우리는 서구 기독교의 발전 과정에서 일어났던 것이 여타 기독교 역사가 나아가야 할 보편적인 규범이 될 것으로 가정하는 서구 기독교 중심의 인습적인 틀을 벗어나야 한다.[5]

서구 기독교가 이식되는 곳에서는 어디든지 자신들이 예수의 '보편적' 의미로서 간주한 것을 수용하면서도 서구인에 의해 이식된 선교 교회의 밖에서 새로 찾은 신앙을 발전시키는 것을 선택한 사람들이 있다. 그래서 제임스 헤이식(James Heisig)은 우리에게 "선교적 지향이 불교와 기독교에 근본적인 것처럼, '지역적 지향'이 한 특정 시기나 문화 혹은 사고방식이 거룩한 것으로 여겨지는 가르침을 느슨하게 만들어서 여타 시간과 환경에 자유롭게 들어가도록 하는 데 필요하다."[6]라는 것을 상기시켜 주었다. 일본의 독립적이고 토착적인 기독교의 유형이 아프리카 대륙이나 한국과 비슷한 성공을 이룩하지는 못했을지라도, 그럼에도 불구하고 일본에서 이 같은 운동들은 기독교 스토리의 '다른 측면'을 대표한다. 세계 기독교의 속성(본질)을 정확하게 파악하기 위해서 우리는 표준적인 선교 역사의 외부에 자리잡은 운동들에 주목해야만 한다.

사회학적 고려

이 같은 일본의 운동들에 대해서 초점을 모으기 전에 종교가 한 문화로부터 다른 문화로 전이되는 것을 둘러싸고 제기되는 몇 가지 쟁점을 보다 일반적 의미에서 고려해 보는 것은 가치가 있다고 본다. 사회학적 관점을 갖고 볼 때, 종교의 교차 문화적 전파는 이데올로기적 · 환경적 · 조직적 요인 같은 다양한 요인들의 상호 작용과 연관된 복합적 과정이다. 여기서 이데올로기는 경멸적 용어로 쓰이고 있지 않다. 그것은 한 사회 집단의 믿음, 신학 혹은 세계관을 지칭한다. 그리고 이데올로기는 보다 구체적으로 한 종교적 전통 속에서 '선교에 대한 정의' 혹은 배태된 '세계'(세상)에 대한 이해를 의미한다. 어떤 집단이 스스로를 정의하고 자신들의 주변 환경과의 관계를 설정하는 방식은 수입된 의미 체계의 이식과 발전에 실제적인 영향을 가진다. 종교적 전통의 속성, 또는 성향은 종족이거나 민족주의적인 것부터 선교적인 성향을 띤 것에 이르기까지 다양하다. 이 같은 이데올로기적 요인은 크게 보아 새로운 의미 체계를 전파하는 데 들이는 노력의 정도와 개종에서 일어나는 접근을 결정한다. 특히 이 같은 고려가 선교의 정책과 자원의 배분을 상당 부분 결정한다. 로버트 몽고메리(Robert Montgomery)는 최근에 불교, 기독교, 이슬람교의 세계 종교가 다른 종교들에 비해서 "한층 더 넓게 확산된 것"에 주목하면서, "유대교와 힌두교의 사례는 보편주의적 교리를 갖는 세계 종교라는 것이 한 종교가 많은 사회문화적 경계를 가로질러 폭넓게 전파되는 데 필요조건은 되지만 충분조건은 되지 못함을 보여 준다".[7]고 주장하였다.

환경적 요인은 이식되는 의미 체계의 전달자들(예: 이민자, 선교사, 종교적 조직)의 외부에 있는 사회적 · 경제적 · 정치적 조건들을 지칭한다. 그래서 새로운 종교를 수용하는 사회의 다음과 같은 다양한 측면을 고려하는 것은 중요하다.: 이미 자리를 잡았거나 토착적인 종교의 속성과 역할, 종교와 정치적 질서 사이의 관계(즉, 대안적 종교들이 허용 혹은 용인되는가?), 상대적인 사회적 안정도, 그리고 기성 종교 혹은 권력 구조로부터 분리되어 있거나 배제된 사회 집단의 존재 가능성. 나는 이 책에서 주로 대안적 의미 체계에 대해서 있을 법하거나 잠재적인 개종자 풀(pool)이 존재하는지 여부에 관심을 갖고 있다.

마지막으로, 조직적 요인은 새로운 의미 체계의 전달자들의 정치 조직과 사회적 형식을 지칭한다. 이것은 한 종교 조직의 본부가 여타 조직의 수준 혹은 단위(지교회, 절, 선교회 등)와 갖는 관계, 종교적 권위의 속성, 그리고 사역의 분업(이것은 특별히 평신도와 종교적 전문인 사이의 관계)을 말한다. 종교의 이식 과정에서 중요한 것은 새로운 의미 체계의 전달자들의 속성이다. 이식 과정이란 것이 다른 나라에 들어간 이민자들에 의해 일종의 문화적 짐으로서 전달되는가? 아니면 이 이식 과정이 포교라는 일차적 목적을 위해 들어간 선교사들에 의해서 이루어지는가? 이 과정이 문화적 정체성을 유지하는 수단으로 종족적 공동체를 동반하는가? 아니면 이 이식 과정이란 것이 광대한 선교 사역의 한 부분인가?

이 같이 폭넓은 환경적 요인들이 대안적 종교가 이식되는지 여부를 결정하는 데 도움을 주는 반면, 이식 과정의 성공 그 자체는 리더십의 형태, 조직적 구조, 믿음, 제의가 토착적 유형과 현장의 절실한 필요에 얼마나 부응하는지의 정도에 의해 의미 있게 영향을 받는다. 수입된 종교가 '외래적' 성격을 보유하는 한, 극소수의 인구에게 극히 제한적인 관심을 끌 가능성이 크다. 따라서 수입된 종교가 보다 폭넓게 수용되기 위해서는 이 종교를 수용하는 사회의 문화 속에 그것이 더 이상 낯설거나 일탈적인 것이 아닌 것으로 인식되는 정도까지 반드시 뿌리를 내려야만 한다.

물론 이 같은 토착화 과정은 많은 시간이 걸리고 처음 종교를 전달하는 외국인과 출현하는 토착 운동 지도자들 간의 상당한 마찰 뒤에야 비로소 성취된다. 이런 '외래적' 전통과 예전부터 지속되어 온 부적합한 전통이 지역 문화에서 의미 있는 것으로 뿌리 내리는 과정을 토착화(indigenization), 전이(inculturation), 상황화(contextualization) 혹은 혼합주의(syncretism)라 일컫는다. 어떤 명칭을 선택하는지는 그 사람의 학문적 준거(기준) 집단 혹은 신학적 견해에 달려 있다. 예로서, 사회과학에서 토착화는 외국에서 태동한 종교가 토착 종교 및 문화와 접촉하여 변형되는 과정을 지칭한다.[8] 신학계와 선교학계에서 기독교의 정당한 토착화는 복음의 '전이' 혹은 '맥락화'로 종종 불린다. 경멸적 용어로서 '혼합주의'는 종교적 종합의 정당하지 않은 형태를 일컫는다. 한 종교적 전통의 선교를 맡은 '전달자들'은 그들의 번역 노력을 통해서 문화적 변형의 과정에 분명히 이바지한다.[9] 반면에 토착화는 궁극적으로 지역 문화에 속하는 사람들의 창조적 노력 정도에 달린다. 특정한 지역에서 그 지역만의 기독교 운동을 새로 창조하려는 독립적인 노력은 종종 그곳에서 선교를 맡은 전달자들의 반대를 동반한다. 그래서 F. F. 브루스(Bruce)가 아래와 같이 설명한 것은 전혀 놀라운 것이 아니다.

> 전통의 고착의 중요한 측면 중 하나는 한 공동체가 그것의 본래적 환경으로부터 새롭고 친숙하지 않은 환경으로 이식될 때 종종 출현한다. 그 공동체는 이식을 할 당시에 자신들이 도달했던 전통의 형태를 완강하게 붙드는 것을 통해서 자신들의 정체

성의 보조적 안정을 추구하려 노력한다. 이것의 가장 잘 알려진 예는 아미쉬(the Amish)인데 그들의 전통은 그들의 삶의 전체 방식으로 구성되어 있다. 그러나 포괄적인 그들의 전통에의 집착보다 덜 뚜렷하게 나타난다.

많은 사람들에게 친숙하고 잘 이룩된 경계 내에서 말하는 것이 보다 안전하고 편안한 것처럼 보인다. 보다 많은 빛을 허용하는 것은 그렇지 않으면 숨겨진 채로 남아있어야 할 것인데 소중한 전통 속에서 부적합한 것으로 드러난다.[10]

이것과 동일한 경향은 많은 선교 상황에서 확실히 관찰된다. 기성 교회의 대표자들은 자신들의 전통이 원주민들에 의해서 변형되는 것을 종종 '무단(無斷)적인 종교적 산물'이며 정당하지 않은 혼합주의라고 간주한다.[11]

일본의 상황

일본 역사는 매우 다양한 사회역사적 환경 속에서 여러 종교 전통이 이식되고 토착화되는 데에 관한 풍부한 자료를 제공한다. 불교의 전통은 6세기 말에 중국과 한국을 경유하여 일본에 도입되었고, 기독교는 16세기에 들어왔으며, 다양한 개신교 교파는 일본이 서구에 다시 문을 연 뒤인 19세기 후반에 선교사들의 노력에 의해 들어왔다. 이 연구의 초점이 비록 19세기 이래 일본 내 기독교의 재형성이지만, 개신교 선교사들이 도착하기 전 일본의 종교와 사회에 대해서 간단하게 고찰해 보는 것은 필요하다고 본다.

방대하면서도 잘 알려진 대중적 문헌들이 일본인을 '동질적 국민'으로 묘사한 것으로 인해서 우리는 근대 이전 일본의 인구가 다양한 요인으로 나뉘어져 있었던 사실을 잊곤 한다. 정치적으로 일본 인구의 주거지는 270개의 정치적 *구역*으로 분할되었으며, 이 270개의 정치적 구역은 그 지역의 봉건 영주에게 제각기 충성을 바쳤다. 마루야마 마사오에 따르면, 국가(민족)라는 의식이 진정으로 발전한 것은 메이지 유신(1868년) 때였고, 이로부터 '정치적 결속과 국가적 통일'이 이루어졌다. 도쿠가와 후기 시대의 사회정치적 상황을 기술하면서 마루야마는 후쿠자와 유키치가 "일본 전역에서 수백만의 사람들이 마치 수백만 개의 분리된 상자 속에 봉인되었거나 혹은 수백만 개의 벽에 의해서 분리되었다."[12]라고 관찰한 것을 되돌아 보았다.

종교적 제도들은 또한 이렇게 분할된 국가 속에서 그들의 역할을 수행하였다. 근대 이전 대부분의 일본인들은 특수주의적인 마을 공동체로 나뉘어져 있었고 지역의 신도(神道) 숭배를 중심으로 결속되었다. 공동체적 정체성은 지역의 신사를 후원하고 다양한 연중 의례에 참여하는 것을 통해서 강화되었다. 신도(神道)는 '하위 세계'를 기본적으로 정당화하는 것으로 기능했고, 그래서 피터 버거(Peter Berger)의 친숙한 용어를 쓴다면 일본을 '거룩한 덮개'(sacred canopy) 아래 통합시키는 것은 불가능했다.[13] 도쿠가와 시대(1600~1867년)에 불교 사원들은 당카 세이도라는 제도 속에서 한 지역 내의 모든 주민들이 그 지역의 절에 가구 전원을 등록하는 것은 물론 출생, 결혼, 사망을 알리도록 했다. 이 같은 사원의 역할에 대한 교환으로서 불교 사원은 국가의 지원을 받았다. 이 제도의 한 부분으로서 불교 승려들은 개인들에게 매년 스스로가 금지된 종교(기독교)의 신자가 아니라는 테라우케(증명서)를 발행하였다. 이로써 도쿠가와 체제는 불교 사제들을 국가 전체의 인구를 살피고 통제하는 데 이용했다. 그러나 이 제도는 지역화되었기 때문에 국가를 하나로 통합하는 수단을 제공하지는 못했다. 따라서 이 제도는 그 상당 부분이 불교의 사원들과 개인 가구들 혹은 확대된 집안을 강하게 연결시켰다.

이런 방식으로, 일본인의 종교성은 근대 이전의 시기에 '닫힌 의무'(layered obligations)[14]로 발전하였다. 매우 고립된 마을 공동체 속에 살면서 일본인들은 자연적으로 지역 신도의 신사와 불교 사원의 연례적 축제와 의례에 참여하였다. 종교적 행사와 의례에 참여하는 것은 뚜렷하게 정의된 믿음 혹은 배타적 신념에 의해서가 아니라 주로 한 가구와 공동체의 구성원에 따르는 의무감으로부터 유발되었다. 시간이 흘러서 신도는 출생과 출산에 대한 현세적 관심과 연관된 의례를 지배하게 되었고, 불교는 죽은 자에 대한 내세적 관심과 돌봄에 대한 의례를 맡게 되었다. 사실상, 죽은 자를 돌보는 불교의 지배적 역할로 불교는 '장례 불교'[15]라는 명칭을 얻었다. 일본이 근대화를 막 시작하려던 당시까지 대부분의 일본인들은 이 같은 가구(불교)와 공동체(신도)의 종교적 의무 체계 속으로 통합되었다. 이것은 우리가 일본에서 지난 수세기에 걸쳐서 기독교가 이식되고 토착화된 것을 이해하고자 할 때 반드시 알아야 할 당시의 종교적 및 문화적 상황이다.

기독교 토착화 운동에 접근하기

신종교 운동들이 일본에서 사회학자들과 종교학자들의 주요한 관심 중 하나임에도 불구하고, 일반적으로 보았을 때 기독교 전통을 갖는 신종교 운동들은 여태까지 진지한 관심을 받지 못했다. 이 같은 상대적 무시의 주된 요인은 첫째 이러한 운동들이 수백에서 최대 2천 명 정도의 작은 규모라는 사실에 있다. 대여섯 개의 신종교들은 일본에서 개신교와 가톨릭을 합친 숫자에 버금가거나 아니면 몇 배가 더 크다고 주장하지만, 이 같은 작은 기독교 운동들은 여전히 학자들의 관심을 끌지 못했다. 가장 괄목할 만하거나 성공적인 집단들에 관심이 모아지는 것은 자연스러운 일이다.[16]

대부분의 경우, 기독교 서클 내의 학자들도 이 같은 독립적인 전통이 내비친 무단적인 종교적 산물에 대해서는 비록 『기독교 연감』이 이러한 운동의 각각의 현황에 대해서 짤막하게 기술하고 있음에도 애써 무시하고 있다. 복음의 토착화라는 쟁점이 수십 년 동안 신학적 토론에서 빈번하게 다

뤄진 진지한 주제가 되고 있지만, 여기서 대화는 이식된 선교 교회와 서구의 교회들과 초교파적으로 연결된 일본 기독교 교파들에 대체로 국한되고 있다. 그래서 잰 스윈게도우(Jan Swyngedouw) 같은 현대 일본의 종교적 풍경에 대한 전문적 관찰자조차도 이 같은 일본 내에서 일어난 토착적인 기독교 운동에 대한 일반적 무시와 무관심에 대해서 의문을 표시하고 있다.

> 일본은 종교의 새로운 형태가 뿌리를 내리는 데 비옥한 토양으로 알려져 있다. 기독교 전통도 예외가 아니어서 실제로 기독교적인 이름을 주장하는 많은 토착적 집단이 존재한다. 그러나 이런 집단들은 수적인 증가를 이루거나 혹은 다른 요인들로 인해서 대중의 주목을 끄는 경우에서조차도 주류(主流) 기독교 단체에 의해서 정통 대 이단이란 구도로 거의 취급되지 못한다. *이것은 새로운 집단들은 거의 주목할 가치조차 없다는 인식이 지배적임을 말해 준다.*[17]

사실상, 서구의 교회들과 독립되어 서구 교회의 신학 및 의례를 따르지 않는 이런 집단들은 수많은 '주류'와 이식된 기독교 교파 속에서 종종 잠재적으로 남아 있거나 억압된 토착화와 관련된 쟁점들을 보다 직접적이고도 자유롭게 취급할 수 있다.[18]

기독교는 일본에 상대적으로 최근에 들어온 것으로 인해서 종종 '외래'의 '서구' 종교로 간주된다. 이 연구는 일본에서 보다 작은 종교적 하위문화에서 기독교가 외래의 서구 종교로 간주되지 않는다는 것을 보여줄 것이다. 그러나 기독교가 단지 오랜 역사가 결여되어 있고 다른 일본의 전통과 때때로 긴장 관계를 갖는다고 해서 곧 이것이 '진정으로' 일본적인 것이 될 수 없다는 것을 의미하지는 않는다. 로버트 스미스(Robert J. Smith)가 이야기하듯이, "어떤 민족의 전통과 문화를 이해하기 위해서 국외자는 언제나 진정성이란 오래된 것의 기능이 아니며 신근성(新近性)이 하찮음의 증거가 아님을 기억해야만 한다."[19] 문화란 낡은 요소와 새로운 요소들로부터 만들어지고 또다시 만들어진다. 위에서 주목했듯이, 불교와 유교는 처음에는 '외래적'(중국적) 요소였으나, 수 세기 동안 적응되고 재해석되면서 일본의 본래적인 문화적 전통이 되었다.[20] 토착화의 과정을 통해서, 일본인은 불교나 유교와 비슷하게 기독교도 자신들의 종교로 변형했다. 토착 운동의 신도들에게 기독교는 이제 일본의 한 종교로서 인식되고 있다.

이 책에서 나는 전통적인 연구범위의 밖에 있는 기독교의 형태들을 기록하려고 시도한다. 독립된 복음주의 종파(sects) 혹은 교회가 일본에 수십 개가 산재하고 있지만, 나는 나의 연구를 십여 개의 대표적인 토착 기독교 운동들로 한정하였는데, 이것들은 각기 카리스마가 있는 설립자가 만든 것이고 몇 개의 집단 혹은 초지역적인 교회들의 연합으로 구성되어 있다.

나의 주요 관심은 선교 교회의 권위와 통제로부터 독립된 일본의 기독교인들이 기독교에 대해서 어떤 일을 했는지를 이해하는 것이다. 이 같은 운동의 발전을 설명하기 위해서는 우선 이 운동들을 이해하는 것이 필요하다. 이것은 이런 운동에 참여한 사람들의 언어, 상징 및 실천에 친숙해지는 것을 의미하며, 참여자들 자신이 이 운동에 대해 부여하는 의미를 발견하는 것을 말한다. 현장조사, 참여관찰, 그리고 인터뷰가 이 연구에서 기록과 자료를 찾는 연구 방법과 마찬가지로 중요하다.

이 책에서 나는 다양한 사회학적 관점, 유형 및 개념들에 초점을 맞추었지만, 나의 관심은 토착 기독교 운동들에 대한 일반적인 이론을 발전시키는 데 있지는 않다. 오히려 나는 토착 기독교 운동들의 출현, 성격, 그리고 발전에 관한 몇 가지 기본적인 질문에 답하려고 한다. 왜 일부 일본인들은 기독교를 받아들이면서도 선교를 담당한 전달자들과 그들의(서구) 전통은 거부하였는가? 이런 과정에서 카리스마적 지도자들은 어떤 역할을 하였는가? 일본인 기독교인들은 어떤 새로운 사회적 형태를 만들어 냈는가? 이들 일본 기독교인들은 그들의 신앙을 어떻게 이해했으며 자신들의 신앙이 '기독교 이전'의 종교적 전통과 어떤 관계에 있다고 보았나? 토착적 기독교의 발전에서 어떤 새로운 의례들이 제도화되었나?

사회학적 관점으로 썼기 때문에 이 책은 필연적으로 사회학적 관점의 한계를 가질 수밖에 없다. 해석적이고도 기술적인 분석을 위한 노력이기에 이 책은 중요한 신학적 질문을 제기하지 않으며 기독교의 일본식 표현에 대해 평가를 시도하지 않았다. 이 질문들은 물론 탐구해야 마땅한 영역이지만, 이 책의 범위를 넘어선다고 생각한다. 그럼에도 나는 서구의 교회로부터 온 사람들이 이식한 선교 전통에 대한 일본의 반응에 대해 면밀히 주목하는 것을 통해서 한층 깊은 자기 이해에 도달할 수 있을 것이라고 기대한다.

이 책의 가독성을 위해 수많은 자세한 인용의 정보를 미주와 부록(토착 기독교 운동에 대한 참고문헌 안내)으로 돌렸다. 이 책에서 제기한 몇몇 쟁점들을 더 탐구하고자 한다면 내가 충분한 참고문헌 서지 사항을 남겼다는 것을 발견할 수 있을 것이다.

* 아래의 미주에서 간략하게 적은 서지 사항들의 정확한 내용은 이 책의 맨 마지막 참고문헌에서 찾아볼 수 있다. 그리고 이 참고문헌 중에서 일본어 제목은 아래 미주에서는 단지 영어 번역으로만 제시하였음을 밝힌다.

1 Hexham and Poewe, *New Religions of Global Culture*, 41, 43.

2 Robert W. Hefner, "The Rationality of Conversion," in Robert W. Hefner, ed., *Conversion to the Christianity*, 5.

3 Walls, *The Missionary Movement in Christian History*, 7.

4 "Introductory Essay: on 'Native Christianity'," in Wendy James and Douglas H. Johnson, eds., *Vernacular Christianity*, 12, 강조(이탤릭체)는 필자가 추가한 것임.

5 Wilbert R. Shenk, "Toward a Global Church History," *International Bulletin of Missionary Research* 20/2(1996), 50.

6 "Converting Buddhism to Christianity, Christianity to Buddhism," *Japanese Religions*, 22/2(1997), 112.

7 *The Diffusion of Religions*, 13.

8 이것은 모리오카 키요미(Morioka Kiyomi)가 정의한 것("A Conceptual Examination of the Indigenization of Foreign-Born Religions," 52)이다. 모리오카는 '문화변용'과 '토착화' 사이에 기본적 구별을 하였다. 이 구별에 따르면, 문화변용의 연구에서 중심이 되는 관심은 외래 종교의 영향 아래 고유한 문화가 어느 정도나 변화했는가에 있는 반면, 토착화 연구에서는 주요한 관심이 토착 종교 및 문화와 접촉하는 것을 통해서 외국에서 출현한 종교의 성격에 어떤 변화가 일어나며 그 정도가 얼마나 되는 것인지에 있다.

9 이 점에 대한 중요한 정교화에 대해서는 Sanneh, *Translating the Message*를 참고할 것.

10 *Tradition Old and New*(Exetor: The Paternoster Press, 1970), 17-18.

11 André Drooger, "Syncretism: The Problem of Definition, the Definition of the Problem," in Jerald D. Gort, Hendrik M. Vroom, Rein Fernhout, and Anton Wessels. eds., *Dialogue and Syncretism: An Interdisciplinary Approach* (Grand Rapids: Eerdmans, 1989), 16.

12 Maruyama Masao, *Studies in the Intellectual History of Tokugawa Japan*, trans. Mikiso Hane(Tokyo: University of Tokyo Press, 1974), 331.

13 이제는 고전이 된 그의 텍스트를 볼 것. *The Sacred Canopy: Elements of a Sociological Theory of Religion*(Garden City: Anchor Books, 1969).

14 이 용어는 Winston Davis로부터 빌려 왔다(*Japanese Religion and Society*, 31).

15 예로서, Watanabe Shōkō, 『日本の佛教』(Tokyo: Iwanami Shoten, 1958), 102–132 및 Morioka, "A Conceptual Examination of the Indigenization of Foreign-Born Religions," 55. 일본의 불교를 개인주의적인 북아메리카에 이식하는 데 포함된 난점은 이것이 망자(the dead)에 대한 숭배와 결합된 사실과 밀접하게 관련된다. 필자의 이전 연구인 "The Organizational Dilemmas of Ethnic Churches: A Case Study of Japanese Buddhism in Canada," *Sociological Analysis* 49/3(1988), 226을 볼 것.

16 일본에서 대표적인 큰 규모의 신종교들에 관해 잘 축약된 소개와 통계로는 다음 자료를 보라. Shimazono, "New Religious Movements," in Mullins *et al.*, *Religion and Society in Modern Japan*, 221–230. 보다 자세하면서도 방대한 참고문헌으로는 Inoue Nobutaka가 편집한 *Dictionary of New Religions*를 볼 것.

17 Jan Swyngedouw, "The Christian Churches and Heretical Movements," in Kumazawa and Swain, eds., *Christianity in Japan, 1971–1990*, 184. 강조(이탤릭체)는 필자가 추가한 것임.

18 일본에서 가장 큰 개신교 교파인 그리스도연합교회(Nihon Kirisuto Kyōdan) 내에서 일어난 토착화를 연구한 중요한 자료로서 David, *New Wine*을 볼 것.

19 Robert J. Smith, "Something Old, Something New," 722.

20 중국으로 이식이 일어난 초기 사례에 대해서 Albert M. Craig는 "8세기와 9세기는 중국화의 시대였다. 그래서 당시 일본은 중국 문화와 제도에 의해서 깊이 영향을 받았다. … 그 이후 중국에 사신을 보내는 것이 끝나게 됨에 따라 일본은 해석 혹은 토착화의 시대에 들어가게 되었다. 이때 빌려온 제도가 일본 사회와 그 요구에 맞도록 단순화되고 재형성되었다."고 설명한다. 그의 "Introduction," Albert M. Craig, ed., *Japan: A Comparative View*(Princeton: Princeton University Press, 1978), 6–7을 볼 것.

CHAPTER 02

일본에서 기독교의 사회적 기원

로마 가톨릭으로부터 개신교 선교 교회들로

초교파적 협동으로부터 교파적 선교 교회들로

평신도 운동으로서 기독교 : 삿포로와 구마모토 밴드

선교 교회들의 발전과 성장

일본의 시민(공민) 종교하에서 이식된 교회들

전후 시기

이식된 교회들로부터 토착 운동들로

교회-종파 이론과 토착화 연구

오늘날 일본에서 기독교는 다양한 하위문화로 구성되어 있다. 그것은 우선 기독교에 의해 영향을 받았으나 어떤 조직에도 속하지 않은 일본인의 개인적 믿음 체계를 비롯하여 서구 선교사들이 이식한 많은 교회 전통을 말한다. 그리고 이에 더해서 일본의 기독교에는 수많은 토착 운동들(서구 교회로부터 독립된 교회 혹은 종파들)도 존재한다. 이 같은 진술은 일본인 인구 전체 중에서 채 1퍼센트도 안 되는 사람들만이 특정한 종류의 기독교회에 속해 있다는 점을 고려할 때, 기독교의 하위문화를 이런 방식으로 정의하는 것은 수백 년 동안 많은 '주류' 혹은 기성 교회들이 종교적 풍경을 지배하고 있는 나라의 사람들에게는 매우 이상하게 들릴 수 있다. 비록 일본 내 대부분의 교파와 집단의 크기는 일본인들이 수백 년간 길러온 소형 분재 식물을 연상시키지만, 문화적 다양성만큼은 일본에서 기독교가 보여주는 부인할 수 없는 측면 중 하나이다.

이 장은 일본의 기독교가 가진 두 개의 주요한 기원을 소개한다. 첫째는 서구로부터 온 이식된 교회와 교파들이며, 둘째는 일본의 지도자들이 세운 독립된 기독교 운동들이다.[1] 비록 이 책이 주로 새로운 토착 기독교 전통에 관한 것이지만, 이것들을 외국 선교사들이 소개한 수입된 전통들과 분리하여 이해하는 것은 불가능하다.

로마 가톨릭으로부터 개신교 선교 교회들로

네스토리안 기독교(景教)가 일본에 일찍이 13세기에 들어왔다는 일부 증거가 있지만,[2] 기독교와 일본 문화가 최초로 역사적으로 입증이 가능한 만남을 가진 것은 16세기 중반에 로마 가톨릭 선교가 일본에서 시작되면서부터이다. 아시아로 들어온 포르투갈과 스페인의 식민지 확장과 함께 예수회 선교사들은 1549년에 일본 섬에 들어왔다. 그 당시 선교사들은 대단한 성공을 거두면서 '일본의 기독교 세기'[3]로 일컬어졌다. 이 당시 기독교인 대 비(非)기독교인의 비율은 아마도 오늘날의 비율보다 몇 배 높았다고 추측된다.

그런데 16세기 당시의 거시 정치적 상황에 비추어 볼 때, 많은 일본인 당국자들이 그때 기독교를 일본에 대한 책략을 가졌던 외세의 심각한 일탈이며 국가의 내적 안정과 민족의 안위에 대한 심대한 위협으로 간주하였다는 사실은 전혀 놀랄 일이 아니다. 기독교와 일본 사이의 첫 번째 만남은 17세기 중반에 와서 기독교를 금하고 유럽 선교사들을 추방하고 일본인 개종자들을 체계적으로 박해하는 정부의 칙령에 의해 '공식적으로' 종식되었다. 이로부터 기독교의 성공은 갑작스런 종말을 맞게 되었음에도 불구하고, 일본과 기독교와의 만남은 그 다음 두 세기 동안에 걸쳐 '잠복 기독교인'(가쿠레 기리시탄, 隠れキリシタン)이 적대적 환경 속에서 살아남았고 그들이 수용한 신앙을 비밀스럽게 간직함으로써 '비공식적으로' 계속되었다.[4]

(페리 제독이 일본으로 하여금 서구에 문을 열도록 설득한 지 겨우 6년이 지난) 1859년에 일본에서 시작된 선교의 두 번째 국면은 최초의 개신교 선교사들이 도착하였고 로마 가톨릭 선교사들이 돌아온 것이다. 이때는 광대한 혼돈과 혼란의 시대였다. 봉건적 질서는 도쿠가와 시대(1600~1868년) 말에 와서 급속도로 와해되었고, 새로운 메이지 정부는 새로운 사회 질서를 아직 수립하기 전이었다. 이 같은 어려운 전이의 시기에 선교사들이 일본에 도착하였다.

여기서 이들 선교사들이 결코 기독교에 대해 백지 상태인 나라에서 사역한 것이 아니라는 것을 인지하여야 한다. 일본에서 기독교는 일반에게 여전히 이단적이고 악마적 종교(邪教)로서 이해되었다.

19세기 이래 많은 외국의 민족 문화뿐만 아니라 다양한 교회와 교파를 대표하는 무려 약 2백 개가 넘는 외국 선교 조직들이 일본 땅에 이식되었다(〈표 2-1〉을 볼 것). 이 선교적 충동은 특별히 북아메리카에서 강했는데, 미국과 캐나다가 당시 일본에서 활약한 모든 선교 조직의 약 3분의 1을 차지한 본부 거점이었다.

〈표 2-1〉 일본에서 1859년부터 1992년까지 활동한 기독교 선교 기관들

시작 연도	조직	출신국	시작 연도	조직	출신국
1859	Presbyterian Church in the U.S.	U.S.A.	1878	Baptist Missionary Society	England
1859	Protestant Episcopal Church	U.S.A.	1879	Reformed Church in U.S.(German)	U.S.A.
1859	Reformed Church in America (Dutch)	U.S.A.	1880	Methodist Protestant Church	U.S.A.
1859	Société des Missions Etrangères	France	1880	Young Men's Christian Association	England
1860	American Baptist Churches	U.S.A.	1883	Christian Church(Disciples of Christ)	U.S.A.
1860	American Seamen's Friend Society	U.S.A.	1885	Evangelical Protestant Missionsverein	Germany
1860	Southern Baptist Convention	U.S.A.	1885	Religious Society of Friends (Quakers)	U.S.A.
1861	Holy Orthodox Church in Japan	Russia	1885	Presbyterian Church in the U.S. (South)	U.S.A.
1869	American Board of Commissioners for Foreign Missions	U.S.A.	1885	Wesleyan Missionary Society	England
1869	Congregational Church	U.S.A.	1886	Methodist Episcopal Church(South)	U.S.A.
1869	Church Missionary Society	England	1887	America Christian Convention	U.S.A.
1871	Wesleyan Methodist Church	Canada	1887	La Société de Marie	France
1872	L'Institut des Sœurs de l'Enfant	France	1887	Unitarian Association	U.S.A.
1872	Methodist Episcopal Church	U.S.A.	1888	Christian and Missionary Alliance	U.S.A.
1873	Methodist Church of Canada	Canada	1888	Plymouth Brethren	England
1873	Finnish Missionary Society	Finland	1890	Church of Christ	U.S.A.
1873	Methodist Women's Missionary Society	Canada	1890	Missionary Society of the Church of England	Canada
1873	Society for the Propagation of the Gospel in Foreign Parts	England	1890	Universalist General Convention	U.S.A.
1874	Edinburgh Medical Mission	Scotland	1892	Evangelical Lutheran Church(South)	U.S.A.
1874	United Presbyterian Church	Scotland	1892	Women's Auxiliary, Church of England	Canada
1875	National Bible Society of Scotland	Scotland	1895	United Brethren in Christ	U.S.A.
1876	British and Foreign Bible Society	England	1895	Free Methodist Church of North America	U.S.A.
1876	Evangelical Church of North America	U.S.A.	1895	Salvation Army	England
1877	Congrégation des Sœurs de l'Enfant	France	1896	Trappist Order(men)	France
1877	Cumberland Presbyterian Church	U.S.A.	1896	Seventh-day Adventists	U.S.A.

1898	Franciscaines Missionnaires de Marie	India	1928	Congregación de Adoratrices	Spain
1898	Trappist Order(women)	France	1928	Opus Dei	Spain
1901	Latter-day Saints(Mormons)	U.S.A.	1929	Instituto delle Figlie di Maria	Italy
1901	Young Women's Christian Association	England	1929	Student Christian Movement	England
1905	Church of the Nazarene	U.S.A.	1930	Ordo Fratrum Minorum	Italy
1907	Ordo Fratrum Minorum	Italy	1930	St.Benedict's Priory	U.S.A.
1907	Societas Verbi Divini	Germany	1931	Congrégation Romaine de Dominique	Italy
1908	Missionskongregation	Holland	1931	Les Sœurs des Saints Noms	Canada
1908	Societas Jesu	France	1932	Congrégation de Notre Dame	Canada
1908	Societas Sacratissimi Cordis Jesu	France	1932	Fratres Scholarum Christianarum	France
1910	Apostolatus Orationis	France	1933	Maryknoll Missioners	U.S.A.
1913	Missionary Band of the World	U.S.A.	1933	Society of St. John the Evangelist	U.S.A.
1915	Society of Saint-Vincent de Paul	France	1933	Sœurs Missionnaires du Christ-Roi	Canada
1917	Church of Christ, Scientist	U.S.A.	1934	Ancillae Sacratissimi Cordis Jesu	Spain
1918	American Wesleyan Mission	U.S.A.	1934	Pia Societas Sancti Pauli Apostoli	Italy
1920	Community of the Epiphany	England	1934	Les Sœurs de l'Assomption	Canada
1920	Kongregation der Franziskanerinnen	Germany	1934	Sœurs de Sainte Anne	Canada
1921	Sœurs de la Charité	France	1935	Christian Evangelistic Church	U.S.A.
1923	American Friends Service Committee	U.S.A.	1935	Congrégation de Notre Dame	France
1925	Congregacion de Religiosas	Philippines	1936	Ordre de Ste. Ursule	Canada
1925	Franciscan Sisters of Annunciation	Canada	1938	Orthodox Presbyterian Church	U.S.A.
1926	Maryknoll Sisters of St.Dominic	U.S.A.	1946	Missionsbenediktinerinnen	Germany
1926	Pia Societas Sancti Francisci Salesii	Italy	1947	Congregatio Immaculati Cordis Mariae	Belgium
1926	Les Sœurs Missionnaires	Canada	1947	Ordo Saecularis Carmelitarum	Spain
1927	Liebenzeller Mission	Germany	1947	Conservative Baptist Mission	U.S.A.
1927	Ordo Sancti Benedicti	Italy	1948	Clerics of St. Viator	Canada
1927	Watch-Tower(Jehovah's Witnesses)	U.S.A.	1948	Congregatio Missionariorum	France

1948	Far East Gospel Crusade	U.S.A.	1951	Frères de l'Instruction Chrétienne	France
1948	Franciscan Friars of the Atonement	U.S.A.	1951	Grey Sisters	Canada
1948	Missionsgesellschaft Bethlehem	Switzerland	1951	Hospitaller Brothers	Spain
1948	Scarboro Foreign Missionary Society	Canada	1951	Institut des Sœurs des Missions	France
1948	Baptist General Conference	U.S.A.	1951	Ordo Carmelitarum(men)	Italy
1948	Societas Sancti Columbani	Ireland	1951	Les Petites Filles de St. Joseph	Canada
1949	Congregatio Missionis	France	1952	Congregatio Passionis Jesu Christi	Italy
1949	Evangelical Lutheran Church	U.S.A.	1952	Religious of the Assumption	Philippines
1949	Gideons International	U.S.A.	1952	United Pentecostal Church	U.S.A.
1949	Misioneras Eucaristicas	Mexico	1953	Ancillae Divini Cordis	Spain
1949	Mennonite Central Committee	U.S.A.	1953	Apostolic Faith Mission	U.S.A.
1949	Sweden Mission	Sweden	1953	Brethren in Christ Missions	U.S.A.
1949	Evangelical Free Church Mission	U.S.A.	1953	Church of God	U.S.A.
1950	Church of the Foursquare Gospel	U.S.A.	1953	Religiosas Concepcionistas	Spain
1950	Free Christian Mission	Norway, Denmark	1953	Sœurs de la Charité de Québec	Canada
1950	Ordo Scholarum Piarum	Spain	1954	Free Will Baptists	U.S.A.
1950	Philadelphia Church Mission	U.S.A.	1954	Ordre de Moniales Cisterciennes	Belgium
1950	Societas Missionariorum	France	1954	Fraternité des Petites Sœurs de Jésus	France
1950	St. Benedict's Priory	U.S.A.	1955	Catholic Mission Sisters	U.S.A.
1950	Suore Pie Discepole	Italy	1955	Religiosas de Maria Immaculada	Cuba
1950	Swedish Holiness Union	Sweden	1956	Congregation of Sisters of St. Joseph	U.S.A.
1951	Apostolic Christian Church	U.S.A.	1956	Instituto de Santa Maria de Guadalupe	Mexico
1951	Christian Reformed Church	U.S.A.	1956	Our Lady's Missionaries	Canada
1951	Deutscher Diakonissenerband	Germany	1956	Petits Frères de Jésus	France
1951	Evangelical Orient Mission	Norway	1957	Franciscan Sisters of the Atonement	U.S.A.
1951	Figlie della Carità Canossiane	Italy	1957	Religiose della Passione	Italy
1951	Filiae Iesu	Spain	1958	Association des Prêtres du Prado	France

1958	Institutum Saeculare Missionariarum	Italy	1976	Full Gospel Church Mission	Korea
1959	Ordinis Societatis Mariae	France	1977	Verbum Dei Apostolic Institute	Spain
1959	Società Missionarie di Maria	Italy	1979	Petites Sœurs de l'Évangile	France
1959	Unification Church	Korea	1980	P.T.L. Club	U.S.A.
1961	Gospel Fellowship Mission	U.S.A.	1984	Jimmy Swaggart Ministry	U.S.A.
1970	Fratres Caritatis	Belgium	1992	Baptist Church of Denmark	Denmark
1972	The Family	U.S.A.	1992	Japan Free Evangelical Mission	Norway
1975	Evangelical Baptist Churches	Canada	1992	Volunteer Youth Ministry	U.S.A.
1975	Rex Hubbard World Outreach	U.S.A.			

주 : 이 표는 노리요시 타마루와 데이비드 리드(David Reid)가 편집한 『문화 속의 종교: 살아있는 전통이 변화하는 세계와 만났을 때』(도쿄, 고단샤 인터내셔널, 1996)의 185-186쪽에서 인용한 것으로 필자들과 출판사의 허락을 얻은 것이다. 이 표를 준비하면서 나는 일본에서 활동 중인 복음주의 선교 조직에 관한 보다 완전한 명단을 만들기 위해서 스스로를 '크리스천'으로 명명한 조직들(물론 이들 중 상당수는 기성교회와 교단으로부터 언제나 이렇게 인식되지 않았음에도 불구하고)을 모두 포함하였다. 나는 또한 그 이전의 표에는 들어가 있지 않은 일부 종교 조직도 이 표에서는 집어넣었다.

초교파적 협동으로부터 교파적 선교 교회들로

오늘날 일본에서 비록 기독교가 당황스러울 정도로 많은 이식된 교파와 종파로 구성되어 있지만, 일본에 가장 최초로 들어온 개신교 선교사들은 기독교 신앙에 대해서 한층 통합된 증언을 제공하는 데 서로 협력하기 위해서 처음부터 진지한 노력을 하였다. 일본에서 최초의 개신교회는 새뮤얼 로버트 브라운(Samuel Robert Brown, 네덜란드 개혁교회), 제임스 커티스 헵번(James Curtis Hepburn, 장로교회), 그리고 제임스 발라흐(James Ballagh, 장로교회)의 지도력 아래 1872년 무교파적(혹은 초교파적) 노선을 따라 설립되었다. 이 교회는 서구의 교파 명칭을 피해서 *니혼 키리스토 코우카이*(日本基督公會)로 불렸다. 같은 해에 개혁교회, 장로교회, 연합교회 출신의 선교사들은 어떻게 협력하는 선교 사역을 수행할 것이며 분열적인 서구 스타일의 교파를 일본에서는 어떻게 피할 수 있을지를 논의하기 위해서 제1차 개신교 선교사 대회를 개최하였다. 일본에서 '그리스도의 통일된 몸'을 창조하기 위해서 교파적 명칭을 피해서 다양한 전통을 가진 선교사들이 새로운 교회(회중)를 조직할 때 모두 '그리스도의 교회'(Church of Christ)라는 이름을 쓰기로 결정하였다. 교회가 채택한 정체(政體, 장로교 정체 혹은 연합교회 정체)는 선교사의 지도력과 지역 회원들의 합의를 고려하여 개별 교회(회중)의 상황의 기반 위에서 결정되었다.[5]

이것이 기독교를 금한다는 경고가 마침내 사라진 1873년까지 개신교 선교사들이 갖고 있던 일반적 지향이었다. 그런데 이후 정치적 분위기가 상대적 자유 쪽으로 변화함에 따라 많은 선교사들은 오래된 교파적 지향 쪽으로 갑작스럽게 회귀하였다. 그동안 협력적 선교를 통해서 통일된 증언을 하려 했던 관심이 이제는 서구의 교파 교회를 설립하는 쪽으로 바로 바뀌게 되었다. 비록 일부 선교사들은 협동적 노력을 계속 강조하였고 1875년까지 간토와 간사이 지역의 50개 장소에서 그리스도의 교회를 조직하였지만, 여타 선교사들의 교파주의가 지배하게 된 것은 당시 시간의 문제에 불과했다. 선교사들은 이제 그들이 신앙의 기준으로서 예수 그리스도와 성서에 대한 공통된 고백의 기초 위에서 더 이상 함께 일할 수 없다는 것을 발견하였다. 그리스도의 교회 회중들 내에서 다양한 정체를 중재할 수 없었던 선교사들은 각기 독특한 정체와 신앙 고백을 갖는 교파 교회를 설립하게 되었다. 이때까지 감리교의 감독교회의 존재는 다른 대안적 정체로 혼란을 더했다.

여기서 주의가 필요한 것은 이 같은 갈등과 그로 인한 잇단 교파주의가 전적으로 선교사들의 의견과 지도력의 결과만은 아니라는 점이다. 미국에서의 10년간의 공부 뒤에 니지마 조가 1874년 일본으로 돌아와서 일본에서 자유롭고 독립적인 교회를 만들기 위해서 회중 정체를 채택하여 당시 간사이 지역에 있는 그리스도의 교회 회중들로부터 큰 인기를 얻었다.

1877년 이후에는 새로운 그리스도의 교회는 설립된 것이 없고 당시 존재했던 모든 회중(교회)들은 결국 장로교회, 회중교회 혹은 감독제 감리교회 교파 중 하나로 바뀌었다.[6]

가장 초기의 개신교 선교사들이 가졌던 협력적 관점을 가능하게 한 요인 중 하나는 그들의 숫자가 적었다는 점과 또한 그들이 당시 스스로 발견한 바와 같이 주변 환경이 선교에 나쁜 상황이었다는 점에 의해서 주조되었다고도 볼 수 있다. 약 10년이 넘게 개신교 선교사들은 자신들의 신앙과 선교 사역이 불법이었다는 사실을 감당하여야만 했다. 다양한 개신교 전통으로부터 일본에 들어온 선교사들의 숫자는 1873년 기독교를 금하는 경고문이 없어진 뒤에 상당히 증가하였다. 선교사들의 숫자가 늘어남에 따라서 각 교회가 여타 교파 출신의 선교사들에 의존하지 않고서도 구별되는 지원 공동체를 만드는 데 충분한 선교사들을 갖게 되었다. 이와 비슷하게, 선교사들은 그들을 재정적으로 후원하였던 조직으로부터 일본에서 설립한 '그들의' 교회 숫자를 보고하도록 점점 더 압력을 받게 되었다.

평신도 운동으로서 기독교 : 삿포로와 구마모토 밴드

일본의 개신교 연구들은 종종 세 개의 '밴드'(bands), 혹은 최초의 크리스천 집단을 일컫는데, 이것들은 주로 구마모토, 요코하마 그리고 삿포로 지역에서 형성되었다.[7] 요코하마 밴드에서는 안수받은 장로교와 네덜란드 개혁교회의 성직자의 영향이 지배적이었던 반면에, 구마모토와 삿포로 기독교에서는 새롭게 설립된 기관에서 일하도록 일본인들이 초청한 평신도 크리스천 교육자들의 영향의 확산이 특별히 중요했다. 이들의 기독교 신앙에 대한 해석은 교회의 일과 교파적 구별에 사로잡혀 있던 교회 관련 선교사들의 신앙에 대한 해석에 대해서 하나의 대안을 제공하였다.

1871년에 리로이 랜싱 제인스(Leroy Lansing Janes) 대위가 호소카와 경이 설립한 서양 학교에서 영어를 가르치기 위해서 일본에 들어왔다. 제인스는 또한 자신의 집에서 학생들에게 성경을 가르쳤고, 1875년부터 이들 학생들 중 많은 사람이 기독교 신앙으로 개종했다. 비록 제인스는 평신도였지만, 그는 그럼에도 불구하고 이들 개종자들에게 세례를 주었고 성만찬을 집행하여 이들이 참여하도록 했다. 제인스는 그의 기독교 신앙과 성경에 대한 이해를 당시 많은 안수받은 선교사들의 신학적 고백과 교회 관련된 정치적 관심을 배제한 채로 전파하였다. 1876년에 약 30명가량의 구마모토 학교 출신의 개인들이 교토로 이주하였고, 1875년에 설립된 도시샤(Dōshisha) 영어 학교에 들어갔다. 이것은 이후 니지마 조의 강력한 지도력 아래 일본에서 회중 교회(Congregational churches) 발전의 중심이 되었다.

다른 기독교 평신도인 윌리엄 S. 클라크(William S. Clark)가 1876년에 삿포로 농업학교를 설립하는 데 일본 정부를 돕기 위해서 일본에 들어왔다. 농업 과목을 교수하는 것 외에, 클라크는 그의 학생들에게 성경을 가르쳤고 이들에게 기독교 신앙을 소개하였다. 1877년에 그는 그의 학생들 중 여러 명과 함께 예수를 믿는 신앙인들의 성약(the Covenant of Believers in Jesus)을 조직했다. 이 '성약'(聖約)은 성경을 읽고 윤리적 삶을 사는 데 헌신하는 것을 포함하였지만, 세례를 요구하지 않았고 교회 혹은 신학적 고백과 신조를 기준 삼지 않았다. 클라크는 삿포로에서 겨우 8개월이란 짧은 기간 동안만 체류했지만, 그의 복음 전파 노력은 오랫동안 영향을 미쳤다. 클라크가 미국으로 돌아간 다음 해에 우치무라 칸조가 대학에 들어갔고 그는 클라크가 남긴 '성약' 집단으로부터 압력을 받아 기독교로 개종하였다. 이 같은 '평신도 기독교'의 전통이 토착 기독교 운동의 잇단 발전을 이해하는 데에 중요한 배경이 된다. 일본에서 토착 기독교 운동은 '실험적' 지향을 가졌고 또한 선교 교회들의 신학적이면서도 교회적인 관심에 대해서 거의 무심하였다.[8]

선교 교회들의 발전과 성장

일본에서 기독교 선교사들의 노력이 마침내 일정한 성공을 거두게 된 것은 일본 정부가 예전에 발표한 기독교를 금하는 칙령을 1873년에 무효화하면서부터이다. 반(反)기독교 정서와 저항이 나타난 약 20년 동안의 오랜 세월 뒤에 일본은 비로소 '*서양에 대한 숭배*'의 시기에 들어갔다. 개신교 선교사들의 불굴의 노력이 이 같은 새로운 개방의 사회적 사조 속에서 효과를 드러내기 시작했다. 그래서 1880년대에 선교 교회들이 보여 준 긍정적 반응과 급속도의 성장은 선교사들을 압도하기에 충분하였다. 교회를 설립하는 노력에 더해서, 1882년까지 개신교 선교는 소년들을 위한 9개의 학교, 소녀들을 위한 15개의 학교, 39개의 교육 기관, 그리고 7개의 신학교를 설립했다.[9]

『기독교 연감』의 통계에 의하면,[10] 1873년까지만 해도 단지 59명의 일본인 개신교도가 있었다. 그런데 이로부터 채 20년도 지나지 않은 1891년에 이르게 되면, 개신교 교회 신도의 숫자가 무려 31,361명으로 성장하였다. 이 시기 동안에 개신교회가 급속도로 성장한 것은 1882~85년 사이의 잇단 부흥회와 1885~90년 사이에 일본인들이 '무엇이든 서양 것에 열광'한 것에 기인하였다. 당시 일본과 기독교 사이에 이 같은 짧은 허니문의 기간은 매우 고무적인 것이어서 1883년에 개최된 제2차 일본 개신교 선교사 대회에서 가까운 장래에 일본은 기독교 국가가 될 것이라고 거의 당연시되었다. 이 초기 시대의 역사에 대해 오티스 캐리(Otis Cary)가 관찰한 바와 같이, "일부 사람들은 심지어 제2차 선교사 대회에서 요청한 것을 미국 내 교회들이 주목만 한다면 일본을 복음화하는 일이 10년 내에 이루어지거나 아니면 적어도 19세기가 끝날 때까지는 가능하리라고 주장하였다."[11] 심지어 일부 비기독교 일본인 지도자들과 정치인들은 기독교를 일본의 국교(國敎)로 채택하자고 주장하기까지 하였다. 이것은 일본을 가능한 한 빨리 국제 공동체의 공인된 회원으로 만드는 데 효과적인 전략으로 이해되었다.

그리하여 이 같은 '명예로운' 1880년대의 말에 이르게 되면, 개신교 선교는 성공적으로 교회를 조직하고, 세례를 기록하였으며, 또한 백 개 이상의 미션 스쿨들 속에서 신자들의 숫자가 증가하는 것을 목도하였다.[12]

로마 가톨릭 교회 역시 도쿠가와 시대(1600~1868년) 동안 '잠복한' 채로 잔존한 것을 극복하여 이 시기 동안에 성장하였고, 1890년에 이르렀을 때 44,505명의 신자를 갖게 되었다. 이것보다 더 괄목할 만한 것은 이 시기 동안에 러시아 정교회가 니콜라이(Nikolai) 주교의 지도력 아래 발전한 것이다. 1900년까지 러시아 정교회는 "376명의 일본인 사제를 훈련시켰고 (이것은 연합교회, 성공회, 장로교와 로마 가톨릭을 모두 합친 것이 196명인 것과 비교됨), 25,698명의 신도를 확보했는데, 이 숫자는 연합교회, 성공회 및 장로교의 신도를 합친 것보다 약간 적은 숫자다."[13]

그런데 기독교회의 이 같은 초기 성장 시대는 메이지 정부가 안정되고 국가 신도와 천황 제도에 기초하여 국가 정체성을 재확립하기 시작함에 따라 끝나게 되었다. 메이지 정부의 지도자들은 일본의 근대화 과정을 통제하기 위해서 대안적 이데올로기를 만들었다. 이것은 서구의 기술과 학문이 기독교 없이도 채택될 수 있다는 것이었다. 1889년의 헌법과 1890년 반포된 교육에 관한 제국 칙령은 메이지 정부가 만든 국가적 정체(政體)를 상징한 것이었다. 이때부터 민족주의적 정서의 출현과 함께 서구화에 대한 부정적 반응이 적어도 약 10년 동안에 걸쳐서 기독교의 성장에 장해가 되었다. 일본의 근대화에 대한 국가의 강한 통제와 함께 기독교 기관의 역할은 빠르게 축소되었다.[14]

1890년대의 강한 반기독교 정서가 가라앉았고 일본인들 가운데서 예전보다 한층 큰 기독교 선교 활동의 반응이 1900년대 초부터 나타나기 시작하여 1930년대까지 계속되었다. 이 시기에 일본은 산업혁명에 확실히 들어섰고 급속도로 변화하는 경제가 수반한 많은 문제를 경험했다. 개신교 선교사들의 노력에 가장 큰 반응을 보인 것은 당시 급속도로 증가된 도시 지역의 사무직(화이트칼라) 계급이었고, 개신교 교파의 신도 숫자는 1901

년의 50,785명에서 1930년에 193,937명으로 증가했다.[15] 로마 가톨릭 교회의 신자 역시 비슷하게 1901년의 56,321명에서 1930년에는 92,798명으로 증가했다. 기독교 교파들은 성장을 보인 반면, 1930년대 말 무렵에 국가 신도가 지원한 민족주의가 강화되면서 기독교회의 성장은 확실히 멈추게 되었다.

일본의 시민(공민) 종교하에서 이식된 교회들

메이지 헌법이 종교의 자유를 보장했음에도 불구하고 1930년대 말에 이르러 일본 정부는 모든 종교의 신자들에게 시민 종교의 의례에 참여하고 국가가 정의한 정통적 관행에 따를 것을 강요함으로써 점점 전체주의로 변모하였다. 정부의 관료들이 만든 국가 종교는 대체로 일본 역사로 돌아간 것을 반영한 '전통의 발견'[16]이었다. 이 국가 종교는 명목상으로는 신도였지만 신도의 예전 신앙과 관행의 형태와는 상당히 다른 것이었다. 그럼에도 불구하고 이 국가 종교는 이질적인 국민들을 한데 통합시켜서 이들을 국가 수립, 근대화 및 군사적 확장에 동원하려는 데 쓰였다.

일본 정부는 신도를 국가의 '비종교적' 제도(기관)로 정의하였고 그에 따라 국가 신도의 의례에 참여하는 것은 개인의 종교적 신념과는 상관없는 모든 일본인의 '애국적' 의무로 여겨졌다. 이 같은 시민 종교의 요구는 전쟁의 시기 속에서 전통적인 종교 의무와 결합되어 기독교회 편에 거의 용인할 수 없는 긴장을 초래하였다. 국가 신도의 신사에 경배하라는 정부의 명령을 수용하지 않았던 기독교인들은 핍박에 직면한 것은 물론 이들의 일본인으로서 정체성을 끊임없이 의심받게 되었다.

일본 의회는 종교적 일탈자들을 취급하고 모든 집단을 국가가 정의한 정통 관행에 따르도록 하기 위해서 1939년에 종교단체법을 통과시켰다. 이것은 국가로 하여금 어떤 종교 단체든 *제국의 길*(the Imperial Way)과 갈등하는 가르침을 갖는 경우 이들을 해산할 수 있도록 권한을 부여했다. 게다가, 1941년에 치안유지법이 개정되었는데, 이것은 체제 전복의 위험을 갖는 다양한 종교 집단들을 향한 것이었다. 본래 1925년에 급진적 사회주의자들과 공산주의 운동을 통제하기 위해서 만들어진 치안유지법은 사유재산권을 부정하거나 국가 체제를 전복하려고 하는 어떤 결사체나 집단도 금하였다. 그러나 개정된 종교단체법은(그 당시에 현현한 신성—*arahitogami*—곧 황제의 절대적 통치 아래에 있는 일종의 신국으로서 일본인) 국가 체제와 갈등하였거나, 아니면 천황과 그 신사에 대한 불경을 보였던 다양하고 폭넓은 *위험한 이념*을 억압하도록 확대되었다.

위에서 주목한 법적 제재와 강력한 정부의 압력을 고려할 때, 대부분의 이식된 교회와 기독교 기관들이 점차 당시의 민족주의적 환경에 스스로 적응한 것은 놀랄 일이 아니다. 국가의 명령에 대해서 저항의 정도가 달리 나타난 것은 사실이지만, 로마 가톨릭 교회와 대부분의 개신교단이 마침내 신도들을 시민(공민) 종교의 의식에 참여하도록 가르쳤다. 1930년대 후반에 이르게 되면 대부분의 교회는 또한 일본의 군사적 확장주의를 포함하여 이른바 '제국의 길'을 정당화하는 일련의 신학적 수사(레토릭)를 만들었다. 이런 토착적 신학에 따르면, 천황의 통치와 제국은 신국(神國)과 다를 바 없으며, 일본 백성은 아시아 전역을 통해서 이 같은 평화와 번영의 왕국을 건설할 운명을 지닌 일종의 선택된 인종이었다.[17]

일본기독교교단(이하 교단)의 설립과 이 단체가 그 뒤에 보여준 행위와 정책은 종교가 정부와 타협하고 협력하는 당시의 지배적 정치-종교 유형을 가장 뚜렷하게 보여준 실례의 하나이다.[18] 수많은 교회 지도자들이 오랜 기간 기독교의 연합된 증인이 되기 위해 사역했지만, 일본 정부가 교파를 강제로 설립하면서부터 그 이후에는 다양한 개신교 단체가 하나로 통합되었다. 1939년에 종교단체법이 발효됨에 따라 기독교회들은 공식적 인정 혹은 법적 지위를 얻기 위해서 교육부가 제정한 일련의 조건을 따르도록 강요되었다. 교육부는 오직 하나의 개신교 교단만을 인정할 것이라면서 다양한 교회들로 하여금 한 개의 조직을 만들도록 명령했다. 그래서 1940년 8월에 각 교파의 대표자들이 심각한 토론을 하기 위해서 만났고, 10월 17일 다양한 교회들을 하나로 통합하는 결의를 하였다. 1941년 정부가 주도한 34개의 교파가 하나로 연합된 교단이, 모든 이식된 개신교 선교 교회를 흡수하였다. 여기서 예외가 된 것은 성공회, 제7일 안식교, 그리고 협력을 거부한 몇 개의 작은 복음주의 교회였다.[19] 말할 필요도 없이, 교단에 참여한 많은 교회들로서는 이 같은 통합은 강요된 혹은 중매결혼을 닮은 별로 행복하지 못한 연합이었다.

데이빗 리드(David Reid)가 지적한 바와 같이, 처음부터 이 교단은 '성스러운' 동기와 '세속적' 동기가 쉽지 않게 결합한 것에 의존하였다.[20] 적어도 최초 4년 동안은 국가의 '세속적' 요구가 가장 지배적인 영향이 되었음을 보여주었다. 그래서 이 같은 어려운 시기의 한 가운데서 D. C. 홀톰(Holtom)은 기독교의 전반적인 약함이 이 같은 반응의 양상을 필연적으로 갖다 주었다고 적었다.

> 오늘날 일본에서의 기독교 운동은, 영향은 물론 신자 수의 측면에서도 너무 약해서 국가의 강력한 세력이 국민 생활의 모든 자원을 기독교회의 선교를 차단하는 방향으로 바꿀 때 이것에 굴종할 수밖에 없었다. 이 같은 상황 속에서 교회에는 단지 두 가지의 선택만이 남게 되었다.: 핍박과 순교 혹은 타협과 순응. 일본 기독교회는 양자 중에서 후자를 선택했다.[21]

전쟁의 종식까지, 교단은 정부의 수많은 요구를 대체로 따르고 이것에 의해 통제되었다. 한 예로, 1942년 1월 11일 교단의 대표자들이 교단의 설립을 일본의 신에게 고하며 교단의 발전을 빌고 국가에 대한 헌신을 다짐하기 위해서 이세 신궁(중요한 제국 신사)에 참배하러 갔다. 1942년 말(12월

10일) 이전에 교단의 최고 사무국은 모든 교회에 예배 때마다 제국의 신궁을 향해서 절하고 *황제 찬양가*를 부르고 황제를 위해서 죽은 자들을 위해 조용히 묵념하는 것을 포함하는 *국민의례*를 하도록 지시하였다. 교회 생활의 모든 측면이 정부 당국의 늘어나는 검열과 통제하에 들어가게 되었다. 찬송가는 100개의 선택된 곡만 수록되도록 편집되고 축약되었다. 평화 혹은 창조자와 심판자로서 유일신을 지칭하는 찬송은 이 과정에서 삭제되었다. 정부의 전쟁 노력을 지지한다는 것을 보여 주기 위해서 교단은 심지어 1943년 11월에 일본기독교교단이란 이름을 붙인 전투기를 위한 모금운동을 시작하였다. 교단의 사무총장은 12월 25일이 고(故) 다이쇼의 탄생을 기리는 국경일인 까닭에 크리스마스를 다른 날짜로 잡도록 지시하기까지 하였다. 전시의 교단이 기독교의 '일본화'된 표현으로 간주될 수는 있겠지만, 이것은 내가 진정한 의미에서 토착적인 기독교 운동으로 이해하는 것의 발전과 사례로서 간주될 수는 없을 것이다.

전후 시기

전쟁 후 일본에서 기독교의 발전은 일본이 1945년 8월 15일 패전한 것과 연합군이 들어온 것으로부터 초래된 정치 · 법률 체제의 근본적 변화에 의해서 틀이 잡히게 되었다. 수개월 내에 연합군의 최고 사령관은 국가 신도(神道)를 해체한다는 칙령(1945년 12월 15일)을 발표했고, 신도를 특별한 법적 지위를 갖지도 않고 국가로부터 재정적 지원도 받지 않는 한갓 자발적 조직의 지위로 실질적으로 격하시키는 일련의 조치를 취했다. 연합군의 이 같은 명령에 따라서 종교를 규제했던 전쟁 중 법은 폐지되었고, 신도 집단을 포함하여 모든 종교 단체는 '종교법인'으로 등록하여 동등한 법적 지위를 갖게 되었다. 전후 일본 헌법(1947년)의 제20조와 제89조는 종교의 자유와 종교와 국가 간 분리의 원칙을 천명함으로써 점령군 당국의 헌법 개혁 목표를 달성하였다. 국가와 종교 간 분리 명령은 국가 신도의 '세속화'를 달성했으나, 이것은 또한 다양한 종교 집단이 일본 역사상 처음으로 상대적으로 자유롭게 자유시장의 종교 경제를 만들게 하였다.

전후 일본의 종교적 지도를 형성한 또 다른 주요한 요인은 전쟁기의 참화에 뒤따른 일본의 재건이 동반한 인구 변동이었다. 일본의 경제 회복에는 주로 도시 지역에 자리 잡은 발전 산업에서 일하는 대량의 노동인력이 필요했다. 그 결과 농촌 지역으로부터 도시로 대량의 인구가 이동했다. 보다 나은 삶을 위해서 농촌 공동체를 포기한 노동자들이 1950년대와 1960년대에 확장 일로에 있던 당시의 재건 및 산업 경제의 수요에 맞추어 도시 지역으로 쏟아져 들어왔다. 1950년에 도시 인구는 전 인구의 37.5%였으나 1980년에 이르러 무려 76.1%로 증가하였다.

전후 산업화와 관련된 인구학적 변동은 기독교 단체들이(신도 사원이나 불교 사찰과는 달리) 주로 대도시 지역에 집중되었던 상황에서 기독교 선교사역에 한층 우호적인 환경을 만들어 주었다. 이 같은 정치 및 인구 변동에 더해서, 전쟁 시기의 참화와 패전의 충격이 갖다 준 대규모의 의미의 위기가 출현하였다. 1930년대 이래, 한 국가로서 일본을 뭉치게 했고 가속시켰던 이데올로기가 일본의 항복과 함께 해체되었다. 이로부터 기독교와 전쟁 뒤에 출현한 다양한 신(新)종교는 일본 국민에게 이런 위기를 감당하는 한 방편을 제공했다.

1946년에 연합군 정부가 종교의 자유를 확립함에 따라서 많은 단체가 교단을 탈퇴하여 전쟁 전 그들의 본래 교파를 재설립하였다. 이 중 가장 중요한 이탈이 성공회, 루터교회, 그리고 이에 더해서 다양한 침례교와 군소 복음주의 교회와 성결교회였다. 이 같은 전쟁 전 교파를 재건한 것에 더해서, 미국과 유럽으로부터 온 수많은 여타 복음주의 교회가 선교사역을 통해 새로운 일본을 만드는 데 동참해 달라는 맥아더 장군의 요청에 반응하였다. 그리하여 1949~53년까지 1,500명의 새로운 선교사들이 일본에 들어왔고 교회가 천천히 회복의 징후를 보이기 시작했다.

전후 초기에 기독교회는 특히 교육받은 중간계급의 구성원들 가운데서 상당한 발전을 이룩하였다. 전쟁 중에 10만 명가량이나 신도를 잃었던 로마 가톨릭 교회는 1960년에 이르러 323,599명으로 신도 수가 성장하였다. 개신교 역시 비슷한 확장을 경험하여 1942년에 약 190,000명밖에 되지 않았으나, 1960년에는 400,000명이 되었다. 그러나 개신교와 가톨릭 모두 연평균 성장률이 1950년대 초기에 모두 쇠퇴하기 시작했다. 데이빗 바렛(David Barret)은 로마 가톨릭 교회가 1951년에 10.4%라는 상대적으로 높은 성장률을 보였으나 1953년에는 7.9%로 떨어졌고, 이로부터 1971년에 이르게 되면 성장률이 고작 0.34%로 거의 침체된 것에 주목하였다.[22] 이와 비슷한 양상이 개신교회에서도 나타난다. 개신교회의 신도 수가 계속 증가한다고 보고되었지만, 매년 집계되는 통계는 수십 년 동안 일본인의 1%도 채 안 되는 적은 숫자만이 교회의 구성원임을 보여 준다. 부인할 수 없는 현실은 일본 인구 중에서 기독교로부터의 이탈률과 이들의 증가가 일본의 종교 경제 시장에서 기독교의 자리가 확대되는 것을 막고 있다는 사실이다. 한편, 토착 신흥종교 운동들은 새로운 인구 지형과 규제가 풀린 종교 경제를 이용했고, 최근 가장 신뢰할 만한 일본의 연구에 따르면 그 신도 수가 전 인구의 10~20% 사이가 된다고 하였다.

이 같은 간략한 검토가 보여주듯이, 이식된 선교 교회의 다수는 지난 세기 동안에 의미 있는 성장기를 경험했다. 수많은 도전과 난점에도 불구하고, 일본에 선교사들이 가져다 준 영향은 중요한 것이다. 수많은 교파와 교회를 이식한 것 외에, 선교사들의 운동은 교육과 사회 복지 분야에서 근대 일본의 발전에 이바지하였다. 이 같은 선교사들의 폭넓은 영향을 인정하는 반면에, 반드시 주목이 필요한 측면은 일본 대중이 선교 교회들의 전도 사역을 거의 수용하지 않았다는 사실이다. 로마 가톨릭 및 개신교 선교 단체가 일본에 투입한 수많은 인력과 엄청난 재정 자원을 생각해 볼 때, 일본의 사례는 그야말로 성공과는 거리가 멀다. 위에서도 주목한 바와 같이, 제도에 속한 크리스천이 전 인구의 약 1%에도 못 미친다. 한마디로 말해서, 서구 선교사의 노력에 대한 일본인의 지배적 반응은 거부이다. 최근 NHK의 일본인의 종교 의식에 관한 조사(1984년)는 일본인의 약 2%가 스스로를 크리스천으로, 그리고 12%가 기독교에 대해서 약간의 공감을 느낀다는 것을 발견했다.[23] 그럼에도 불구하고, 현대 일본의 상당수의 가쿠레 기리시탄이 있다는 조사 연구가 제공한 한층 관대한 평가를 수용한다 할지라도, 일본에서 기독교의 이식을 위한 노력은 현재까지 성공적이지 못하다.

또한 이 같은 빈약한 통계 뒤에 놓인 것은 이식된 선교 교회에 대한 반응으로 발전한 수많은 토착 교회인데 이제부터 이것을 다루고자 한다.

이식된 교회들로부터 토착 운동들로

일본의 종교 지도에 늦게 들어온 가톨릭과 개신교 양자는 '외래 종교'로서 자신들의 평판을 보호하는 데 상당한 어려움을 경험했다. 기독교의 '서구성'이 때때로 일본인들 가운데서 인기를 얻는 데 도움이 된 측면도 있으나, 대부분의 경우 이 '서구성'이 문제로 여겨졌다. 기독교로 개종한 수많은 초기 일본인들은 이것이 주로 외국 선교사들의 과오라고 느꼈다. 기독교는 불필요하게 서구의 조직 형식, 교파 정치, 그리고 선교사 통제에 속박되었다. 비록 통계에는 서구 선교사들의 전도를 호소하고 요청한 것을 대부분의 일본인들이 거부한 것으로 나타나지만, 독립된 토착 기독교 운동은 이식된 기독교에 대해 한층 균형을 갖추면서도 비판적인 반응이 가능함을 보여준다. 이 같은 특징적인 접근은 일찍이 1890년에 니토베 이나조에 의해서 강하게 표현되었는데, 니토베 이나조는 홋카이도의 삿포로 농업대학에서 우치무라 간조와 동문수학한 가까운 친구였다.

종파적인 고집통이들은 이방(불신)의 땅에서 그들 자신의 작은 투기(질투)를 만들고 있다. 그런데 이 투기는 그들의 선조가 서로 싸우고 불살랐던 바로 그것이다. 일본인의 눈에 이 같은 종파적 싸움과 투기보다 더 추하고 혐오스러운 것은 없다. 이것보다 더 나빴던 것은 일본인 스스로가 서로 다른 기독교 단체들의 갈등하는 가르침이 야기한 혼란에 의해 당황하게 된 것이다.[24]

니토베는 "성찬중시주의, 성직자(사제) 제도, 종파주의 같은 모든 인간적인 포장을 벗긴 그리스도의 신적인 종교 자체는 환영한다."라고 계속해서 말한다. 만일 인간적 포장이 필요하다면, 그것들은 '토종의 의복'[25]이 되어야 할 것이라고 결론지었다. 물론 '인간적 포장'이 없는 종교란 실제로 선

〈표 2-2〉 일본에 있는 토착 기독교 운동들

토착 운동	창시자	설립된 연도
무교회(無敎會)	우치무라 칸조	1901
도회(道會)	마츠무라 카이세키	1907
기독심종교단	카와이 신스이	1927
영광의 복음 그리스도 교단	스기타 코타로	1936
살아 있는 그리스도 일맥(一麥)교회	마츠바라 카즈히토	1939
기독가나안교단	타니구치 토쿠	1940
일본그리스도소단(召団)	코이케 타츠오	1940
예수의 어령(御靈)교회	무라이 쥰	1941
성(聖)예수회	오츠키 타케지	1946
성성(聖成)기독교단	콘모토 카오루	1948
원시복음(墓屋)	테시마 이쿠로	1948
생명을 주는 그리스도	이마하시 아츠시	1966
오키나와그리스도교복음	나카하라 마사오	1977

택이 아니다. 수입된 형태의 종교와 토착화된 형태의 종교 이외의 선택지는 없다. 토착 형식의 발전은 통상 오랜 시간이 걸리고 종교를 들여온 최초 외국인 '전달자'와 이후 출현한 토착인 지도자 사이의 투쟁 뒤에만 성취된다. 선교 교회에 대한 일본인들의 토착적 반응과 이들이 기독교를 창조적으로 전유한 것은 다양한 '토종 의복'의 발전을 갖다 줌으로써, 이 외국산 종교에 관한 대안적 해석과 사회문화적 표현을 제공하였다. 앞의 〈표 2-2〉에서 볼 수 있듯이, 지난 19세기에 걸쳐 폭넓고 다양한 토착 집단들이 조직되었다.

우치무라 칸조가 설립한 무교회 운동을 제외하고 이들 토착 운동에 대한 우리의 지식은 『기독교 연감』에서 매년 밝힌 간략한 소개에 국한된다. 현재 이들 토착 운동의 신도 수는 수백 명에서부터 약 2만 명에 이르기까

《그림 2-1》 토착화의 유형

스스로 정의 (정당성 주장)	변화의 정도 토착 ⟵⟶ 비토착 스스로 지지, 스스로 통제, 스스로 전파	
	토착 지향	외래 지향
독점적 (종파적)	예수의 어령교회	몰몬교 여호와의 증인 침례교국제선교부
다원적 (교파적)	무교회 기독심종교단 도회 원시복음(마쿠야)	그리스도연합교회 로마가톨릭교회 성공회 루터교회* 침례교회* 장로교회* 개혁교회*

* 일본에는 다양한 유럽(독일, 노르웨이, 핀란드) 및 북아메리카 전통의 수많은 루터교회, 침례교회 그리고 장로교회가 있다.

지 폭이 넓다. 그리하여 이 운동들은 일본에서 기독교 전통의 중요한 발전을 구성한다(각 운동에 대한 기본 정보와 자료에 대해서는 책 말미에 있는 부록을 참조하라.).

교회-종파 이론과 토착화 연구

일본 학자들은 이 운동들을 기독교 관련 신종교라고 하는데, 실제로 이 집단들이 1990년에 출판된 신종교에 관한 대규모 총서에 포함되었다.[26] 그러나 이 집단들은 기존의 기독교 전통에 너무 의존하고 있어서 일본 신종교의 유형에 잘 들어맞지 않는다. 이런 이유로 인해서, 일본에서 신종교 연구를 주도한 대표적 학자 중 한 사람인 시마조노 스스무는 이미 오래전에 일본에서 기독교 관련 신종교들을 제대로 취급하기 위해서는 사실상 별도의 유형이 필요하다고 제안하였다.[27]

교회-종파(church-sect) 이론을 적용할 경우, [그림 2-1]은 일본에 있는 기독교 종교 조직을 이해하는 데 긴요한 세 개의 기준(기본적 지향, 자체 정의, 토착화의 정도)을 갖는 비교 유형의 틀을 제공한다. 그렇지만 이 틀이 결코 완성된 주장은 아니다. 이것은 독자들로 하여금 서구 기독교의 친숙한 세계로부터 일본 토착 기독교라는 아직 제대로 자리 잡지 못한 영역으로 가는 유형학적인 '연결' 역할을 해야만 한다. 그리고 필자는 이 틀이 수입 전통과 토착 전통 간의 복합 관계를 새로운 방식으로 보여 주길 기대한다.[28] 이 유형은 신학적 기준보다는 종교에 관한 해석사회학에 기초한 것으로서 강조점이 행위자의 상황 정의에 있다. 피터 버거와 한스프리드 켈너(Hansfried Kellner)가 설명하듯, 사회학적 개념들은 "연구가 이루어지는 상황 속에서 이미 작동하는 유형과 관련되어야만 한다."[29] [그림 2-1]에 포함된 몇 개의 집단은 특정의 기성 교회들에는 이단 및 비기독교로 간주될 수도 있지만, 필자가 이것들을 [그림 2-1]에 넣은 것은 이 집단의 행위자들이 그들 스스로와 자신들의 집단을 기독교 용어 혹은 기독교 전통과 연속성이 있는 것으로 정의하고 있기 때문이다.

무엇보다도 토착 운동을 기본 지향 혹은 지배적인 준거 집단이란 측면에서 수입 교파들과 독립 복음교회들로부터 구별하는 것이 필요하다. 일본에서 기독교 종교 조직은 '외국-지향'이거나 '토착-지향'이다. 일본에서 성공회, 로마가톨릭교회, 루터교파, 그리고 그리스도연합교회(감리교회, 개혁교회, 장로교회 및 회중교회를 포함하는 일본에서 가장 큰 개신교 종교 조직)를 포함하는 이식된 종교 조직들은 여러 가지 측면에서 아직도 여전히 '외국-지향'이며, 이로부터 위의 [그림 2-1]에서 볼 때 비토착 지향의 맨 끝에 자리 잡고 있다. 이 교파들은 여전히 외국 선교사들을 받고 있고, 이들의 신학 이해와 교회 정체 및 조직이 주로 서구 교회들로부터 채택되고 있다. 이런 경향은 너무도 강해서 교회가 "독일에 사로잡혔다."라는 식의 말이 종종 통용된다. 그래서 일본의 많은 교회에서 성경책을 펴고 설교가 진행될 때 트뢸치(Troeltsch), 바르트(Barth) 혹은 브루너(Brunner)가 어떻게 필연적으로 출현하는지를 주목한 한 일본인 사회학자는 "우리는 이 교회들이 과연 누구에게 자신들의 메시지를 주려고 하는지 의문을 갖지 않을 수 없다."라고 냉소적으로 주장하였다.[30]

독자들은 이 준거틀이 어디까지나 연속선 위에 기초한 것이고 필자는 토착화가 외국-지향의 종교 조직들에서 일어나지 않았다고 주장하는 것이 아님을 주목해 주길 바란다. 필자가 단지 이 준거틀을 갖고서 말하고자 하는 것은 외국-지향의 종교 조직보다 일본인들이 만든 토착 운동들 속에서 이 과정이 한층 천천히 일어나고 있다는 점이다. 이와 비슷하게, 일본에는 미국 복음주의를 자신들의 지배적 준거집단으로 삼는 독립 복음집단들이 있다. 자기 스스로 관리하고 스스로 지원하고 또한 스스로 전파한다는 측면에서 볼 때 이 독립 복음집단들은 토착적인 반면, 이들의 인쇄물, 찬송, 신학이 아직도 대체로 북아메리카로부터 들어온 '번역된' 자료라는 점에서 '외국-지향'이 여전히 드러난다. 이와 달리 토착 운동들은 '토착-지향'이며 이들은 서구 신학 혹은 고대 기독교 공의회가 정의한 정통의 기준에 의해서 종교적 진리를 평가하지 않으려 한다. 종파든 교회든 간에 중요한 점은 이 운동들 모두는 스스로 통제, 스스로 지원 그리고 스스로 전파라는 표준적 기준의 측면에서 토착적이라는 것이다. 이들 모두는 스스로 관리하고 자신들만의 리더십 스타일을 채택하고 있다. 그리고 외국 교회들로부터 재정 지원을 받는 것은 하나도 없고 모두 스스로 전파하고 있다(사실상 일부는 심지어 그들 자신의 선교사들을 외국으로 내보내고 있다.).

가장 토착적인 운동들에 따르면, 유일신의 자기 현시는 기독교 성서의 정경(canon)과 함께 끝나지 않았다. 신은 성령의 지속되는 사역에 열려 있는 사람들에게 한층 깊은 진리를 계속 드러내고 있다. 이 운동들 중 일부는(예로서, 무교회 운동) 폐쇄된 정경을 갖고 움직이고 있는 반면, 많은 운동은 신이 서구 교회가 포착하지 못했거나 혹은 밝혀내지 못한 새로운 진리를 계속 드러내고 있다는 공통된 믿음을 공유하고 있다. 이 집단 대부분은 월간 혹은 계간 잡지, 성서의 인용(때로는 특집호), 그리고 설립자의 글과 강연을 모은 것을 포함하여 고유의 인쇄물을 내놓고 있다. 본질적으로 새로운 진리를 드러내는 것은 아닐지라도, 이 토착 운동들은 적어도 신은 자신들로 하여금 유럽과 북아메리카에서 수 세기에 걸쳐 출현한 민족교회와 교파 교회들을 정당화한 기독교 신앙의 일본 문화적 표현을 하도록 불러냈다는 신념을 공유하고 있다.

토착 운동들이 많은 공통된 측면을 공유하고 있지만, 이들은 자신들이 스스로를 이해하는 것과 정당성을 주장하는 측면에서 서로 구별될 수 있다. 종교 조직들은 그것들이 '독특하게 정당한 것'이라고 스스로 주장함으로써 여타 집단의 정당성 주장을 부정하는지 아니면 여타 집단의 주장을 '인지적으로 정당한 것'으로 수용하는지에 따라서 구별될 수 있다. 이런 구별은 종파-교회 유형 속에서 포함되며 '교파'(denomination)로부터 '종파'(sect)를 구별하는 기본 측면으로 간주된다.[31]

선교 교회들은 이 점에서 가지각색의 역사를 갖고 있다. 선교 교회들이 종종 협동적인 기독교 사역에 노력함에도 불구하고, 다양한 '교파' 선교 교회들 간의 경쟁과 갈등은 많은 일본인들로 하여금 스스로를 각기 독특하게 정당하다고 주장하는 이 교회들을 종파적 집단으로 간주하게 만들었다. 그러나 필자는 위의 유형에서 대부분의 이식된 교회들을 교파의 범주에 넣었는데, 이는 이 교회들이(비록 일관되게 실천하는 것은 아님에도) 통상적으로 자신들을 스스로 교파로 이해하고 있기 때문이다.[32]

대부분의 토착 운동은(더 나은 용어가 없기 때문에) 교파의 범주에 들어가게 되는데, 왜냐하면 이들은 스스로에 대해서 단지 겸손하게 주장하기 때문이다.[33] 예로서, 무교회 운동, 도회, 기독심종교단, 원시복음(마쿠야) 그리고 성예수회는 구원에 이르는 배타적 길이 아니라 단지 기독교의 일본적 표현이라고 주장한다. 다른 말로, 이들은 진리의 배타적인 '그릇들'이 아니라 통상 일본을 위한 기독교의 정당한 표현으로 스스로를 간주한다. 무교회 운동의 창시자 우치무라 칸조는 다음과 같이 이 점을 뚜렷하게 밝혔다.

> 우리에게 있어서 기독교 세계에 현재 존재한다고 알려진 무려 6백 개가 넘는 기독교 종파와 교회 중에서 한 인간이 로마 가톨릭이나 그리스 정교, 침례교인 혹은 장로교인 등 어떤 것에 속하는가는 별 차이가 없다. 우리는 한 인간이 그의 죄로부터 예수 그리스도 안에서 순수하고 겸손한 삶으로 구원받는 것에 대해서 감사하고 기쁘다. 그러나 선교사들은 이방인들이 개종하고 또한 *이 이방인이 그들 자신의 교회에 들어오지 않을 경우* 기뻐하고 감사하지 않는 것처럼 보인다.[34]

대부분의 토착 운동의 중심 주장은, 자신들의 기독교에 대한 독특한 주장은 보다 큰 기독교의 한 부분으로 스스로를 이해한다는 것을 시사한다. 그럼에도 불구하고, 이 집단들의 일부가 때때로 상당히 분리주의 혹은 종파적으로 보이는 것은 이들이 여타 기독교 집단들과 연합 혹은 협동적 관계를 강조하지 않고 또한 신학이나 실천의 다양한 측면에서 서로 비판하기 때문이다. 예로서, 무교회 운동의 많은 지도자들은 원시복음(마쿠야)이 성령 운동적(Pentecostal) 특징을 가졌다는 측면에서 이단적 운동으로 비난하였다.

예수의 어령교회는 배타적인 진리를 주장하는 경향으로 인해서 토착 종파의 범주에 들어가는 유일한 집단이다. 예수의 어령교회는 일관되게 종파적이고 모든 여타 서구 기독교 및 기독교의 일본적 표현을 배교적인 것으로 간주한다. 이 운동의 창시자인 무라이 쥰은 방언과 치유에 관한 자신의 성령 운동적 강조를 반대하는 보수적인 복음교회들에 대해서 극도로 비판적이었다. 무라이에 의하면, 이런 집단들은 '성령을 모독'하였고 용서할 수 없는 것이다. 그는 또한 영적인 것과 침례를 반대하는 토착적인 무교회 운동에 대한 평가에서도 "무교회 운동은 하늘로부터 온 것이 아니기 때문에 매우 오래 지속될 수 없다."[35]라고 신랄하게 비판하였다.

(우치무라 칸조의 가까운 친구인) 니토베 이나조와는 사뭇 상반되는 주장이나, 일본에서 '종파주의'와 기독교에 대해 갈등하는 해석 이 모두를 서구 교회들에게만 책임이 있다고 말하는 것은 온당치 못할 것이다. 토착 기독교 운동에 대한 연구는 우리들에게 이런 갈등과 다양성에는 수많은 '자생적인' 근원이 있음을 알려준다. 서구의 영향이 있기 전에 '조화로운' 일본이 존재했다는 매우 이상적인 이미지는 상당히 잘못된 것이다. 일본인들은 대체로 묘사되는 것보다 훨씬 더 역사적으로 민족 내 불화가 많았다. 그래서 동질적인 일본이라는 신화는 대체로 메이지(明治), 타이쇼(大正) 그리고 쇼와(昭和) 시대에 만들어졌다고 말하는 것이 안전하다. 메이지유신 및 황제제도와 국가 신도(神道) 아래 국민을 통일하기 전에 일본은 강력한 국가 정체성이 부족했다. 우리는 근대 이전의 일본은 실제로 정치화된 불교 종파들, 농민과 소규모의 토지 소유자들, 그리고 서로 다른 군신과 씨족에게 충성하는 다양한 집단으로 구성되었다는 것을 자주 망각한다. 제2차 세계대전 중에 D. C. 홀톰은 신도 민족주의 아래 일본을 통일한 것은

이같이 사회적 · 정치적 그리고 종교적 다양성을 가진 것으로 인해서 매우 어려웠다고 설명하였다.

> 근대 일본은 당시 국민들이 비록 해체로 향하는 경향은 아닐지라도 다양성을 강하게 지향하는 성질 때문에 이들을 한데 통일하고 조정하는 것과 씨름하지 않을 수 없었다. 일본은 내적으로 상당한 이질성을 극복하는 과업이 존재했다. 서로 경쟁하는 씨족과 산의 장애물로 둘러싸였고 절연된 섬에 고립된 봉건적 체제의 특수주의가 오랫동안 충분히 극복될 수 없었다. *종교적 다양성은 스스로 분리주의로 향하는 경향을 드러냈는데, 이것은 바로 국민들이 종파 만들기와 작은 비교(秘敎) 집단으로 분리되려는 성향을 반영한다.*[36]

이로부터 홀톰은 일본에서 이 같은 다양성이 한 지배 계급 혹은 위로부터의 작은 엘리트의 통제 아래에 언제나 있었다고 지적하였다.

이 장에서 소개한 유형적인 틀은 단지 토착 기독교 운동들의 기본적 성격을 밝혀내고 또한 이것들이 수입된 종교 기구(조직체)들과 어떤 관계를 갖는지를 드러내어 토착 운동 연구에 기본적인 관점을 제공하려고 의도한 것이다. 자치, 자립 및 스스로 알리는 것이 토착 교회가 되고자 할 때 필요로 하는 최소 조건인 반면, 토착화는 단지 조직적 독립보다는 한층 많은 것을 요구한다. 토착화는 외국에서 출현한 종교가 본국의 문화와 접촉을 통해서 변혁되는 과정을 일컫는다. 이 변혁은 새로운 조직 형태, 새로운 지도력의 스타일, 그리고 믿음, 의식 및 전례(典禮)의 적응 등을 포함한다. 다음 장에서 필자는 이 같은 토착 운동들의 사회적 배경을 요약할 것이고 또한 이런 새로운 문화적 형태를 발전시키는 데 카리스마적인 작은 설립자들의 역할을 숙고해 볼 것이다.

1 필자가 여기서 시도한 것은 다음의 고전적 연구와 유사하다. H. Richard Niebuhr, *The Social Sources of Denominationalism*(1929). 약 50년 전에 니버는 미국에서 교파적인 하위 문화가 나타난 일차적인 사회적 근원으로서 유럽에서부터 온 이식된 이민 교회와 미국적 종파주의의 새로운 형태를 제시하였다. 니버의 주요 관심 중 하나는 이민 교회의 '미국화'였다. 이것은 우리가 이 책에서 토착화로 일컬은 과정과 비슷한 것이다. 일본에서 토착 운동의 발전이 미국에서의 종파주의의 일부 형태와 뚜렷이 닮았음에도 불구하고, 이식된 '선교 교회'의 성격과 지향이 미국에서의 '이민 교회'의 그것과는 다르다는 것을 주목해야 한다. 선교 교회의 목표는 보편적 진리를 이식하는 것이었지 옛 국가의 언어와 문화를 보전하는 것이 아니었다. 번역 같은 행위 속에서 선교 교회들은 변형되었고 필연적으로 모국에서 해외 선교를 지원하는 교회로부터 차이가 나타나기 시작하였다. 본 연구가 보여주듯이, 많은 선교사들은 일본의 리더들을 만족시킬 수 있는 방식으로 자신들의 종교적 메시지를 그들의 문화적 유산으로부터 구별하는 데 실패하였다.

2 1280년에 처형된 쿠블라이 칸으로부터 온 사신들의 무덤과 1281년 몽고의 침략기에 죽은 다른 사람들의 무덤으로부터 나온 일본의 네스토리안 유물에 대한 논의로서 P. F. Saeki, *The Nestorian Documents and Relics in China*(Tokyo: Maruzen, 1951)를 볼 것.

3 선교 확장의 초기 시기에 대한 도움이 되는 연구로서 Charles Ralph Boxer, *The Christian Century in Japan, 1549–1650*(Berkeley: University of California Press, 1951)과 Joseph Jennes, *A History of the Catholic Church in Japan from Its Beginning to the Early Meiji Era, 1549–1873*(Tokyo: Oriens Institute for Religious Research, 1973, 개정판) 및 Neil S. Fujita, *Japan's Encounter with Christianity: The Catholic Mission in Pre-Modern Japan*(New York: Paulist Press, 1991) 그리고 Andrew C. Ross, *A Vision Betrayed: The Jesuits in Japan and China, 1542–1742*(Maryknoll, New York: Orbis Books, 1994)를 볼 것.

4 토착적인 *kakure kirishitan*(에도시대 때 박해를 피해 지하로 숨어들어 간 가톨릭 신자) 전통에 대한 문헌은 방대하게 많다. 영어로 된 도움이 되는 자료로서, Ann M. Harrington, *Japan's Hidden Christians*(Chicago: Loyola University Press, 1993)과 Breen and Williams, *Japan and Christianity*의 Stephen Turnbull 과 Christal Whelan이 쓴 장을 볼 것.

5 Ōhama Tetsuya는 자신의 책(*Studies in the History of Christian Churches in the Meiji Period*, 11)에서 이른바 협동의 시기 중에 모든 것이 조화롭지는 않았다는 것에 주목하였다. 그는 일본에 온 가장 최초의 침례교 선교사인 Jonathan Globle과 그의 부인이 주일 예배에 남아서 여타 개신교 선교사들과 성찬 의식에 참여하는 것을

거절한 것을 회상하였다. 이것은 그 당시 제법 오랜 시간에 걸쳐서 개신교 선교운동을 특징지을 '종파주의'와 '교파주의'를 잘 보여 준 작은 사건이다.

6 가장 최초의 선교 노력과 교파주의로의 전환에 대한 이 검토에서 필자는 모리오카 키요미의 *Japan's Modern Society and Christianity*, 65–86 및 Ōhama, *Studies in the History of the Christian Churches*, 10–12에 많이 의존하였음을 밝힌다.

7 일본에서 개신교의 발전에 세 개의 '밴드'가 한 역할에 대한 표준적인 취급으로서 Kuyama Yasushi, *Modern Japan and Christianity*, 43–54를 볼 것.

8 Murata Shirō는 "삿포로에 있는 성약 집단이 교회의 실제 본질에 대한 지식 또는 가르침이 거의 없었다는 사실은 우치무라의 운동의 후속 발전에 거의 아무런 책임이 없다."라고 주장한다. 그의 "The Character of the Protestant Church in Japan," *The Japan Christian Quarterly* 25/3(1959), 204–205를 볼 것. 이것과 비슷한 관찰로서 Ōhama, *Studies in the History of the Christian Churches*, 33을 볼 것.

9 Watanabe Zenta, "The Lack of Cultural Consciousness and Power in the Church of Japan," *Japan Christian Quarterly* 25/1(1959), 48–49.

10 キリスト教年監 [Christian yearbook] (Tokyo: Kirisuto Shinbunsha, 1981), 446–447.

11 이것은 Cary의 책 *A History of Christianity in Japan* 제2권, 166에 나오는 개신교 선교사들의 제2회 대회에 관한 요약에 나온다.

12 개신교 선교사들이 특별히 소녀들과 여성을 위한 교육 분야를 개척하였지만, 정부는 마침내 이 분야에 끼어들었고 지배를 시작하였다. William K. Bunce는 아래와 같이 설명한다.

> "1870년에 일본에서 소녀들을 위한 최초의 학교가 개교한 때로부터 1900년경에 여성들을 위한 공립 학교들이 증가되었을 때까지, 일본에서 여성을 위한 교육의 역사는 거의 소녀들을 위한 기독교 학교의 역사와 동일하다. 1905년에 여성을 위한 기독교 상급학교는 일본 여학교의 70퍼센트를 점하였다. 그러나 1930년에 이르게 되면, 크리스천 학교는 5퍼센트 이하로 줄어들게 되고 여성을 위한 공립 교육이 나머지 자리를 차지하게 되었다."

Religions in Japan: Buddhism, Shinto, Christianity(Tokyo: Charles E. Tuttle, 1955), 158.

13 이 정보는 본래 다음 책에서 보고되었다. Cyril H. Powles, *Victorian Missionaries in Meiji Japan, The Shiba Sect: 1873–1900*(Toronto: University of Toronto, York University Centre on Modern East Asia, 1987), appendix 4, 162. 이것이 필자의 주목을 얻게 된 것은 Helen Hardacre의 다음 책에 대한 서평

을 통해서다. Notto R. Thelle, *Buddhism and Christianity in Japan in the Journal of Japanese Studies* 15/1(1989), 316–320.

14 이것이 일본의 근대화 특히 교육과 복지의 분야에 대한 개신교 선교 사역이 남긴 중요한 공헌을 부정하는 것은 아니다. 그러나 Ernest E. Best의 견해에 따르면, 개신교 선교 사역은 "일본의 권력구조 내에서 결정적 권위를 가진 자리를 차지한 사람들에게 중요한 영향을 미치는 데는 실패했다." *Christian Faith and Cultural Crisis: The Japanese Case*(Leiden: E. J. Brill, 1966), 173.

15 キリスト教年監 [Christian yearbook](Tokyo: Kirisuto Shinbunsha, 1976), 472–473. 개신교와 사무직 계급 간의 연관에 대한 논의는 Ikado Fujiro, *Religion in a Secular Society*, 292–297을 볼 것.

16 필자는 이 표현을 Helen Hardacre의 *Shinto and the State: 1868–1988* (Princeton: Princeton University Pfress, 1988)로부터 빌려 왔다.

17 일본의 기독교연합회 실행총무인 Ebisawa Akira는 중국과의 전쟁 2주년을 기념하는 1939년의 논문에서 이 같은 시민종교 신학을 다음과 같이 뚜렷이 개진하였다.

"일본 제국의 중심에 자리 잡은 우리의 가족 원리를 아시아대륙에 확장하는 정책으로써 모든 이가 거룩한 긍휼을 맛보게 하는 것은 기독교의 영적 가족 원리를 지상에서 구체적으로 실현하는 것과 다름이 없다. 기독교의 가족 원리는 하나님을 인류의 아버지로 바라보면서 모든 사람을 형제로 간주한다. 이것이 하나님의 나라에 대한 기독교적 인식이다. 일본적 정신의 기초 또한 이것 속에 포함된다. 그리하여 일본적 정신과 기독교는 결합된다. 따라서 이것이야말로 하늘과 땅의 위대한 길이 된다."

위의 것은 다음 문헌에서 인용된 것이다. Darley Downs, *Effects on Wartime Pressures on Churches and Missions in Japan*(New York: Union Theological Seminary, Master of Sacred Theology Thesis, 1946), 32–35, from the *National Christian Council Bulletin*, 186, 1939.

18 이 같은 적응의 유형을 보여 주는 다른 보기로서 같은 시기 중의 기독교 학교에 대한 필자의 사례 연구를 볼 것. "The Struggle for Christian Higher Education in Japan: A Case Study of Meiji Gakuin University," in Gerard Dekker, Donald Luidens, and Rodger Rice, eds., *Rethinking Secularization: Reformed Encounters with Modernity*(New York: University Press of America, 1997).

19 모든 기독교 집단이 국가의 요구에 복종하지는 않았다. 이 시기에 대한 보다 자세한 논의 그리고 이 같은 국가주의적 압력에 저항했던 기독교 교회와 종파들에 대한 분석으로서 필자의 다음 글을 볼 것. "Ideology and Utopianism in Wartime

Japan: An Essay on the Subversiveness of Christian Eschatology," *Japanese Journal of Religious Studies* 21/2–3(1994)

20 *New Wine*, 80.

21 *Modern Japan and Shinto Nationalism: A Study of Present-Day Trends in Japanese Religions*(New York: Paragon, 1963), 95. 1865년과 1945년 사이에 일본, 타이완 그리고 한국에서 개신교 운동에 대한 고찰을 하면서 A. Hamish Ion은 다음과 같이 다소 비판적으로 밝혔다.

"일본에서 무려 70년이 넘는 기간 동안 사역한 선교사들은 일본 기독교인들에게 용기를 주는 데 실패하였다. 일본인들과는 매우 대조적으로, 박해를 직면하고서도 한국과 타이완의 기독교인들은 강인함을 보여주었는데, 이것은 이들이 용기가 부족하지 않다는 것을 드러낸다.… 일본인 기독교 운동은 이 운동에 대해서 완전한 국가적 통제를 하려는 일본 정부의 요구에 저항하는 데 실패하였다. 기독교적 이상과 가치에 대한 오랜 노출에도 불구하고, 일본인 기독교인들의 반응을 결정하는 데 토착적인 문화적 가치와 국가적 관심이 중요하게 남아 있다."

The Cross and the Rising Sun, vol. 2, *The British Protestant Missionary Movements in Japan, Korea, and Taiwan, 1865–1945*(Waterloo, Ontario: Wilfrid Laurier University Press, 1982), 423.

22 *World Christian Encyclopedia*(New York: Oxford University Press, 1982), 423.

23 필자는 서베이 조사가 밝힌 높은 비율은 아마도 잘 알려진 일본인 작가들(예로서 엔도 슈사쿠, 쇼노 아야코 및 미우라 아야코와 일본 전역에 있는 수많은 기독교 학교 기관의 영향과 관련 있다고 본다. 예를 들어 일본에서 다른 주요 종교와 관련된 사립학교의 숫자와 비교해 보면, 이 분야에서 기독교 학교는 비교가 되지 않을 정도로 역할이 두드러진다. 한 예로서, 1960년대 초기까지 기독교 학교의 숫자는 불교와 신도 관련 학교를 결합한 숫자보다 더 많았다. 652개의 불교 관련 학교(10개의 대학, 1개의 전문대학, 77개의 고등학교, 68개의 중등학교, 1개의 초등학교, 410개의 유치원과 85개의 기타 학교)가 있었고 겨우 92개의 신도 관련 학교(2개의 대학, 1개의 전문대학, 5개의 고등학교, 6개의 중등학교, 1개의 초등학교, 45개의 유치원, 32개의 기타 학교)가 있었던 반면에, 840개의 기독교 관련 교육기관(22개의 대학, 47개의 전문대학, 106개의 고등학교, 116개의 중등학교, 33개의 초등학교, 445개의 유치원, 그리고 71개의 기타 학교)이 있었다. 그 외에 '여타' 범주에 들어간 기타 학교는 종교 교육과 훈련을 전문으로 하는 학교(기독교 관련 학교의 경우 신학대학 혹은 신학교)가 포함되었다. 『日本におけるキリスト教學校教育の現狀』

[The current state of education in Christian schools in Japan](Tokyo: Education Association of Christian Schools, 1961), 133.

24 Inazō Nitobe, *The Intercourse between the United States and Japan: A Historical Sketch*, in 新渡戸稲造全集[Collected works of Nitobe Inazō](Tokyo: Kyōbunkan, 1970), vol. 13, 468.

25 Inazō Nitobe, *The Intercourse between the United States and Japan*, 470. 사회학자 Anzai Shin은 비슷하게 다음과 같이 밝혔다.

"교회는 심지어 그 자체의 서구적 용어로도 비본질적인 것으로부터 본질적인 것을 구별하는 것을 망각하였다. 서구 기독교로서는 오랫동안 일본 사회의 중심에 들어가려고 했지만 못했다."

Caldarola, *Christianity: The Japanese Way*, 13에서 인용함.

26 Inoue *et al.*, *Dictionary of New Religions*을 볼 것. 이 가치 있는 책은 일본에서 새로운 종교에 대해서 1천 페이지 이상의 정보를 싣고 있다. 이 책은 300개가 넘는 종교 운동에 대한 기본 정보와 일본의 종교 운동에서 400명 이상의 종교 창시자들과 지도자들에 대한 간략한 역사를 담고 있다(필자의 본서에서 취급한 여러 명의 창시자와 운동에 대한 기본 정보를 포함하여).

27 Shimazono, *Salvation Religions in Contemporary Society*, 72를 볼 것.

28 일본 종교에 대한 연구에서 비교 분석의 유형을 사용하는 것에 대한 그의 유용한 논의에서 윈스턴 데이비스(Winston Davis)는 "좋은 연결은 우리로 하여금 친숙한 것을 뛰어넘어 앞으로 나아가게 도와준다. 일단 이 경계를 한번 지나치게 되면, 우리는 이제 친숙한 것을 뒤에 두고서 우리의 길로 들어서게 된다."(*Japanese Religion and Society*, 15)라고 밝혔다. 종교적 사상과 일본의 지성사에 초점을 둔 대안적 접근으로서 다음의 저서를 참고할 것. Takeda Kiyoko, *Indigenization and Apostasy*. Takeda는 일본 기독교에서 다음과 같은 다섯 개의 토착화 유형을 제시하였다.: 타협형, 고립형, 배교형, 대결형, 접목형.

29 *Sociology Reinterpreted*, 4.

30 Nishiyama Shigeru, "Youth, Deprivation, and New Religions: A Sociological Perspective," *The Japan Christian Quarterly* 57/1(1991), 10.

31 여기서 필자는 사회학자들이 교회와 종파(church-sect) 유형학을 수정한 것에 의해서 기초한, 비교적 표준화된 구별에 기초하고 있음을 밝힌다. 예로서, Roland Robertson, *The Sociological Interpretation of Religion*(New York: Schocken, 1970), 120-128과 Meredith McGuire, *Religion: The Social Context*(Belmont, California: Wadsworth Publishing Co., 1981), 110-113을 볼 것. 한 종교 집단

이 스스로 정의하는 것 혹은 스스로 이해하는 것이 중요한 것은 교회-종파 유형에는 물론 토착화를 분석하는 데도 중요하다. 그리고 이 점은 필자가 만든 이 같은 유형에도 고려되었다.

32 이 같은 유형학적 틀은 Morioka Kiyomi의 토착화의 4중 유형에 대한 비판적 반응으로서 개발되었다. 이 4중 유형은 그의 "A Conceptual Examination of the Indigenization of Foreign-Born Religions," 52-57에 있다. 이 같은 대안적 틀을 발전시키는 과정에서 필자는 츠쿠바 대학의 Ikegami Yoshimasa에게 빚을 졌다. 이 분이 필자가 모리오카를 비판한 초고를 읽고서 많은 도움이 되는 제안을 해 주었다. 교회-종파 유형에 기대서서 모리오카는 토착화의 본질은 다음과 같은 두 축의 교차유형([그림 2-2] 참조)의 측면에서 분석될 수 있다고 제안하였다.

《그림 2-2》 토착화의 유형론(Morioka, 1972)

사회와의 관계	변화의 정도	
	형식의 변화	본질의 변화
부정적 거부 (종파처럼)	A 고립	C 비밀화
긍정적 수용 (교회처럼)	B 토착화	D 침몰(침수)

첫 번째 축은 외국에서 출현한 종교와 수용하는 사회 간의 관계와 관련된다. 지향의 측면에서 종파적이어서 보다 큰 사회의 가치와 행동에 대해서 비판적인가 혹은 아니면 그 지향에서 본질적으로 긍정적(교회처럼)인가? 외국에서 출현한 종교가 보다 큰 사회와 긴장을 자아내는가 아니면 조화로운 공존의 상태에 있는가? 두 번째 축은 수입된 종교에서 변화의 본질 및 정도와 관련된다. 여기서 문제는 문화적 적응의 과정에서 변화가 단지 외적 형태(비본질적 측면에서만 나타나는가 아니면 그 종교의 핵심까지 이르게 되는가이다. 이 두 개의 축을 결합하면 4개의 가능한 유형이 나온다.: 고립, 비밀화, 토착화, 그리고 침몰.

사회학적 연구에서 교회와 종파 유형의 유용성은 특히 트뢸치와 니버에 의해서 만들어진 것에 대해서 질문이 제기되었다. 왜냐하면 조직적 유형에 대한 정의가 이 세상에 대한 '신학적 타협'이란 이념에 기초하고 있기 때문이다(Alan W. Eister, "H. Richard Niebuhr and the Paradox of Religious Organization: A Radical Critique," in Charles Y. Glock and Phillip Hammond, eds., *Beyond the Classics? Essays in the Scientific Study of Religion*(New York: Harper and Row, 1973). 모리오카는 토착화에 대한 그의 4중 유형을 만드는 데 있어서 이 문

제를 피할 수가 없었다. 수입된 종교의 변화의 본질 및 정도를 분석하는 데 모리오카의 접근은 연구자가 문화적 적응의 과정에서 변화가 외적 형식(비본질적 측면)에서만 일어나는지 아니면 그 종교의 핵심(본질적 측면)에까지 이르게 되는지 결정하도록 요구한다. 이 같은 작업은 신학적이고 선교학적인 접근에서는 정당한 것임을 부인할 수 없지만, 이 같은 유형이 비교를 하려는 사회학적 접근에는 도움이 되는 기초를 제공하지 못한다. 신학자들과 교회들은 수용할 수 있는 교리와 실천을 정해 주는 신앙의 '핵심'과 '경계'를 정의하는 데 상당한 난점을 갖고 있다. 그 같은 구별을 요구하는 유형은 문제적인 것이다. 예로서, 모리오카의 틀에서 예수의 어령교회는 토착화의 '진정한' 보기로 간주될 수 없을 것이다. 왜냐하면 이 교회는('비밀화'에 해당하여) '본질적인 것'을 일부 상실하고 여전히 보다 큰 사회와 긴장 속에 존재하고 있기 때문이다. 비슷하게, 기성교회들은 이 집단을 이단적인 것으로 간주하는데, 왜냐하면 이 교회가 기독교 신앙의 삼위일체 교리를 거부하기 때문이다. 본서에서 필자가 주창하는 접근은 스스로 크리스천이라고 정의하는 모든 집단을 조사하는 것이다. 그로부터 그들을 신학적 기준에 기초하여 미리 배제하기보다는 서구 교회의 통제로부터 그들이 자유롭게 되었을 때 기독교 신앙과 관련해서 그들이 무엇을 하는지를 기록한다. 필자의 1972년 논문이 출간된 지 몇 해 뒤에 모리오카는 *Japan's Modern Society and Christianity*를 출판하였고, 그 속에서 그가 토착화를 이해하기 위해서는 참여자의 현실에 대한 관점을 이해하는 것의 중요성을 강조한 것에 주목하고 싶다(279쪽). 예로서, 그는 이단적 실천으로 간주될 수 있는 것에 대해서 그 신앙인이 갖고 있는 태도가 중요하다는 것에 주목하였다. 특정 실천에 일치되는 기독교적 해석은 '토착형'으로부터 '침수형'을 구별해 주는 것이다. 그러나 이 같은 관찰은 그의 유형에 잘 들어맞지 않는다.

33 필자는 이런 집단들의 자기 이해를 강조하기 위해서 교파적 유형을 사용하고 있다. 물론 이런 집단들이 서구에서 교파라고 할 때 이것과 정상적으로 연관되는 성격(즉, 중앙집권적 관료제, 복잡한 조직구조, 목회자의 훈련과 안수의 공식화된 시스템)이 결여되어 있지만 말이다.

34 內村鑑三全集 [Complete works of Uchimura Kanzo] (Tokyo: Iwanami Shoten, 1981–1984), vol. 18, 256(1911); 강조는 원래의 것임.

35 이 같은 논평은 1962년 8월 20일 나가사키 예수의 어령교회에서 창시자인 무라이 쥰이 주(主, 예수)의 최후의 만찬에 대한 설교를 한 것에서 나온 것이다. 당시 설교를 녹음한 테이프를 채록한 원고가 필자에게 주어졌다. 현지조사와 여러 목회자들과의 인터뷰가 필자로 하여금 무라이가 그의 추종자들에게 그의 종파적 입장을 효과적으로 물려 주었다는 것을 확증하게 되었다.

36 *Modern Japan and Shinto Nationalism*, 95; 강조는 필자가 추가한 것임.

CHAPTER 03

카리스마, 작은 설립자, 토착 운동들

토착화 운동들의 사회적 배경

토착화 운동을 가능하게 만든 요인 : 수입된 요소 및 본래적 요소

작은 설립자들, 혁신 및 카리스마적 권위

카리스마적 기독교의 재출현

기성교회, 교파 관료제 그리고 대형 기독교 제도의 세계에 대해서만 친숙한 사람들은 기독교가 본래 병 고치는 사람 및 악령을 몰아내는 사람으로 알려진 한 지도자와 함께 시작된 새로운 운동으로서 출현하였다는 것을 망각하는 경향이 있다. 『예수: 새로운 비전』(*Jesus: A New Vision*)에서 마커스 J. 보르그(Marcus J. Borg)는 초기 예수 운동의 카리스마적 성격에 주의를 기울였다. 이로부터 그는 유대 기독교 전통 속에서 예수가 차지하는 자리를 정확하게 이해하기 위해서는 '영의 세계'(the 'world of Spirit')에 대해서 진지하게 집중할 것을 주장하였다. 그는 영의 세계를 다음과 같이 설명하였다.

> (영의 세계는) 일상적 경험의 가시적인 세계 외에 존재하는 또 다른 차원의 현실을 일컫는다. 비물질적임에도 사실적인 것으로 이해되는 이 같은 '또 다른 세계'의 관념은 현대의 사고방식에선 매우 낯선 것이다. 현대의 세계관 혹은 현실에 대한 '인식'은 현실을 가시적이고 물질적인 영역의 한 가지 차원만을 갖고 있는 것으로 본다. … 그러나 또 다른 현실, 곧 영의 세계의 관념은 우리의 문화 이전의 거의 모든 문화가 공통적으로 가졌던 성향으로서, '원초적 전통'이라고 불리는 것을 구성한다.

보르그의 분석에 따르면, 예수는 이 같은 세계관을 당연시하는 유대교의 카리스마적 흐름에 속했고, 예수는 일상 현실의 세계와 영의 세계 양자를 중재하는 사람으로서 역할을 수행하였다.[1]

초기 기독교는 이 같은 카리스마적 흐름의 한 부분으로서 발전하게 되었다고 널리 인식되고 있다. 사도행전의 사도들과 다양한 신약의 서신들은 예수의 제자들과 초대 교회의 많은 지도자들이 영의 세계에 깊이 뿌리두고 있었음을 보여 준다.[2] 기독교가 로마 제국의 전역에 확산되는 데는 신으로부터의 예언적 메시지, 방언하기, 병 고치기, 그리고 귀신 쫓기가 중요한 측면이었다.[3] 그러나 그 후 시간이 가면서 카리스마적 은사는 감소하였고 병 고치기와 귀신 쫓기의 의례는 사제직 속에서 제도화되었으며, 로마 가톨릭 교회의 성례전 체계 속으로 통합되었다. 여기서 주목할 면은 개신교 종교 개혁이 추구했던 성서에 대한 새로운 관심은 카리스마적 은사와 병 고침에 대한 신약 성서의 내용으로까지 확대되지 못하였다는 것이다. 이 같은 '영적 은사'가 세계의 여러 지역에서 기독교의 괄목할 만한 특질로 다시금 부상하게 된 것은 지난 세기(20세기)에 들어와서다.

카리스마적 기독교가 재출현하게 된 것은 부분적으로 유럽과 북아메리카로부터 이식된 선교 교회들에 대한 토착적 반응에서 기인한다. 지난 세기에 걸쳐서 수십 개의 개신교 선교 조직들이 아시아와 아프리카에 개신교 선교 교회를 설립했다. 그런데 이 같은 선교 노력의 대부분은 카리스마적 은사 혹은 병을 고치는 의례가 더 이상 쓸모없다고 인식한 교회에 의해서 이루어졌다. 이런 선교 운동에 대한 흥미롭고 일관된 반응의 유형은 비서구 세계의 다양한 지역에서 독립적이고 토착적인 기독교 운동의 발전이었다. 이 같은 운동들은 일반적으로 기독교 신앙을 수용했지만 선교 단체와 종교에 대한 '서구적'이고 '교리적'인 이해를 거부하였다. 많은 경우에서 이 같은 토착적인 운동들의 규모가 선교 교회의 규모를 앞질렀다(북아메리카와 유럽에 있는 선교 교회들의 후원 교파들은 당시 이미 신도 수의 심각한 쇠퇴와 씨름하고 있었다.). 약 십 년 전(1988년) 바렛(D. B. Barrett)에 따르면, 성령운동(펜테코스탈) 및 카리스마적 크리스천이 세계에 이미 대략 3억 3천2백만 명이나 존재했다. 개인 신자들의 대부분은 11,000개의 펜테코스탈 혹은 3,000개의 독립된 카리스마적 교파 중 하나에 속했지만, 적지 않은 개인들은 오랜 기성 교회들 중 하나 내에서 카리스마적 부흥 운동에 참여하였다. 바렛은 펜테코스탈-카리스마적 형태의 기독교가 성장한 것은 진실로 다문화적인 것이어서 무려 8,000개의 민족 언어적 문화와 7,000개의 언어를 사용하는 곳에서 신자가 존재하였다고 강조한다.[4] 일본의 기독교 역시 이 같은 발전의 글로벌한 양상을 반영한다(비록 일본에서 기독교 성장 수치는 한국과 여러 아프리카 국가들보다는 한층 적을지라도).

일본의 기독교 연구에 접근할 때, 이런 맥락에서 일본의 기독교는 일종의 '신(新)종교'이며 많은 서구 국가들과는 달리 기성 종교로 인식될 수 없다는 점에 유의하는 것이 중요하다. 기독교를 일종의 신종교로 일컬을 때, 나는 기독교가 일본에 상대적으로 최근에 들어온 외국에서 출현한 전통을 갖고 있다는 사실에만 주목하고 있지 않다. 이보다는 오히려, '새로움'은 일본의 토착적 기독교 운동들이 선교 교회들로부터 떨어져 나왔다는 사실과 또한 여타 일본의 신종교들은 물론 초기 기독교 운동과도 많은 측면을 공유한다는 사실과 주로 관련된다. 카리스마적 지도자들의 두드러진 역할과 함께 다양하게 펼쳐지는 카리스마적 현상은 토착적 기독교 운동의 중요한 측면으로서, 토착 기독교 운동들을 대부분의 이식된 선교 교회들로부터 구별시켜 준다. 그래서 토착 기독교 운동들이 선교 교회와의 단절을 설명할 때 혹은 토착 기독교 운동에서 기독교 신앙, 실천 및 사회 조직상의 다양한 혁신을 설명할 때, 이 같은 카리스마적 설립자들과 떼어서는 이해할 수 없다. 그리하여 이런 의미에서 이 같은 기독교와 관련된 토착 운동들을 일본적 맥락에서 신종교로서 분석해야만 한다. 이런 이유로 바이런 어하트(Byron Earhart)가 신종교들의 출현을 설명할 때 *촉진 요인, 가능하게 만들어 준 요인, 그리고 개인적-혁신적 요인*에 주목할 필요가 있다고 제안한 것이 다음 논의의 틀에 영향을 주었다.[5]

토착화 운동들의 사회적 배경

앞의 장에서 주목했듯이, 기독교의 수많은 토착적이며 독립적인 표현은 선교 운동에 대한 균형을 잡으려는 반응을 대표한다. 이는 달리 말해서, 기독교의 수용이지만 서구 선교 단체를 거부하는 것이다. 대부분의 경우 이런 운동들은 로마 가톨릭, 성공회 혹은 러시아 정교 전통보다는 개신교 선교 교회로부터 떨어져 나오는 것에 의해서 시작되었다. 이것은 개신교 선교 신학 및 실천에 대해서 몇 가지 흥미로운 질문을 제기하게 한다. 기독교에 대한 개신교의 접근 중에서 일본 기독교인들이 수용하려고 하지 않은 것은 무엇인가?

토착적인 기독교 전통의 일본인 창시자들이 여러 가지 측면에서 개신교 선교 운동에 빚진 것이 사실임에도 불구하고, 복음과 일본 문화 사이의 관계에 대한 그들의 이해에서 나타나는 근본적 차이의 결과로 긴장과 갈등이 출현하였다. 리처드 니버(H. Richard Niebuhr)의 친숙한 표현을 빌려올 경우, '문화에 저항하는 그리스도'(Christ against culture)가 대부분의 선교사들의 태도를 틀지었던 관점이었다. 이것은 19세기 후반의 초창기 선구자격인 선교사들은 물론 전후 시기 동안에 일본에 도착한 복음주의 개신교 선교사들의 물결에서도 사실이었다. 대부분은 일본을 복음화하려는 위대한 열정을 갖고 들어왔으나, 그들의 신학적 훈련은 다른 문화와 종교 전통을 이해하는 데는 대단히 부족한 것이었다. 개신교 선교사들이 교육(특히 여성) 및 사회복지의 영역에서 그들의 행위를 통해서 '문화의 변혁자'(transformers of culture)가 된 것을 부인할 수는 없다. 그렇지만 복음과 일본 문화 사이의 관계에 대한 그들의 이해는 여전히 근본적으로 부정적인 상태로 남아 있었던 것이 사실이다.

선교 신학과 실천은 기독교 신앙과 일본의 종교 전통 및 실천 양자 사이의 완전한 단절을 강조하는 경향이 있었다. 그래서 일본의 토착 전통은 복음과 진정한 기독교 신앙이 들어설 자리를 만들어 주기 위해서 '치환'되거나 삭제될 수밖에 없었다. 선교사들이 '복음의 진리'를 소유했고, 일본인들은 전적으로 죄 속에서 죽었다. 이것을 시릴 파울스(Cyril Powles)는 다음과 같이 분명히 요약했다.

> 미국 개신교는 일본 전통에 대해 도전했다. 신학적으로, 전자는 후자를 우상 숭배의 부패한 것으로 간주했다. 문화적으로, 미국 개신교는 일본 전통을 시대에 뒤떨어진 고대의 것이라고 믿었다. 미국 선교사들은 일본을 기독교로 개종하도록 노력하였으나, 이것은 곧 일본의 옛 종교를 파괴하는 것을 의미하였다.[6]

이 같은 관점에 물론 약간의 예외가 있었지만,[7] 지배적인 선교 모델은 기독교가 일본의 종교문화에 반대되는 것으로 인식하였다([그림 3-1] 참조).

《그림 3-1》 지배적인 19~20세기 초 개신교 선교 모델

규범적(표준적) 기독교		비기독교와 우상 숭배
유대-기독교적 성서 신조, 신앙 고백 교파적 전통	VS.	토착 신도(神道) 민속 종교 불교 전통 조상 숭배 신종교들

선교사들이 일본 문화로부터 기독교 신앙을 구별할 수 있었음에도 불구하고, 이들은 종종 자신의 문화에 대해서 비판적 성찰을 하는 데는 부족함이 많았다. 그래서 많은 상황에서 외국인 선교사들이 종종 그들이 이식하려는 신앙으로부터 그들 자신의 민족 문화를 구별하는 데 실패한 사례가 많다. 많은 개신교 선교사들은 마치 그들이 이식한 교회와 전통이 유대-기독교 성서의 규범적 표현인 양 활동했다. 그들에게 신조, 신앙 고백, 정치 체제 및 선교사의 일하는 방식을 포함하는 이식된 선교 문화가 기독교 신앙의 진정한 표현이었다. 조셉 키타가와의 다음 설명처럼 일본에 온 개신교 선교사들도 이 점에서 예외가 아니었다.

유럽과 미국 선교사들은 종종 일본인과 문화를 기독교화하는 것은 물론 동시에 서구화하려고 시도했다. 일본인 개종자들은 의식적으로 혹은 무의식적으로 그리스도를 위해 결심하는 것은 동시에 그들의 영혼을 선교사들에게 전적으로 바치는 것을 의미했다. 대부분의 선교사들에게 복음 전도의 과업은 일본 땅에 서구에 있는 교회를 전체적으로 이식하는 것으로 해석되었다. 여기에는 교파주의라는 실로 불행하고 추악한 면도 포함되었다.[8]

우리가 앞에서 주목했듯이, 요코하마에서 비교파적 교회를 설립하려는 최초의 시도가 있었으나 이것은 오래 지속되지 못한 채 사라졌다. 서양 선교사들과 교파의 수가 증가함에 따라 선교사들과 교파는 제각기 자체의 교파적 전통을 일본 땅에 재창조해야만 한다고 느꼈다. 그런 이유로 장로교인들은 일본에서 진정한 교회는 웨스트민스터 신앙고백을 채택하고 장로, (목사와 장로로 구성되는) 장로회(당회), 노회 및 총회를 갖는 교회를 조직하여야 한다고 느꼈다. 감리교인들은 물론 감독을 필요로 했다. 다른 한편으로, 침례교인들과 회중교인들은 지역 교회, 목사 혹은 선교사 위에 어떤 권위도 원하지 않았다. 이 같이 다양한 기독교의 전통과 해석이 수많은 세기에 걸쳐 매우 다른 문화적-민족적-정치적 맥락 속에서 발전한 것이었음에도 불구하고, 선교사들은 그들의 전통이 '진정한 것' 혹은 '규범적으로 옳은 것'이라고 가정했다. 토착 기독교인들에게 개신교 선교 운동 내에 존재한 '문화의 다양성'이 간과될 수 없었다. 우치무라 칸조는 일찍이 1886년에 다음과 같은 말로서 이식된 서구 기독교의 전망에 대해서 자신의 비관론을 피력하였다.

현재 일본을 복음화하려고 활동하고 있는 19개나 되는 각기 다른 기독교 교파들 중에서 가장 강력한 발자국을 남길 것은 어떤 것일까? 나의 관점으로는 이 중에서 어떤 것도 성공적이지 않을 것 같다. 이 같은 관점은 이 모든 교파의 선교사들이 행하고 있는 헌신적인 노력에 대한 가장 진심어린 동정의 표현이다. 이렇게 볼 수 있는 한 가지 이유는 어떤 이국적인 것을 단지 이식하는 것은 일본 땅에 이전까지 없었던 것이기 때문이다. 그것이 정치적인 것이든, 과학적인 것이든 혹은 사회적인 것이든 간에 일본 속에 익숙해지기 위해서는 우선 일본인들의 손 안에서 커다란 변화를 통과해야만 한다.[9]

일찍이 선교사들 속에서 일본에 토착적인 교회를 발전시키는 것을 놓고서 분명히 토론이 있었으나, 이것은 주로 '삼자(三自)', 곧 자립, 자치, 자체 포교의 측면에서 이해되었다. 선교사들은 일본 기독교인들이 신앙을 조직하고 실천하는 데 그들 자체의 통찰과 방식을 가질 수 있다는 것을 일반적으로 잘 수용하지 못했다. 일본인들에게 선교사들의 문화를 부정부패 혹은 추가 없이 이식하는 것이 주된 관심이었다. 따라서 일본인들이 이 같은 치환 신학을 매우 거슬리는 것으로서 도저히 삼킬 수 없는 것으로 받아들인 것은 놀랄 만한 일이 아니다. 불교, 신도 및 다양한 민속 신앙과 실천이 퍼져 있는 일본 문화 속에서 기독교 선교사들이 배타적 믿음과 실천을 강조한 것은 너무 지나친 인식의 완전한 대전환을 요구한 것이었다. 기독교 신앙에 헌신하기로 작정한 많은 일본인들조차 기독교의 선교사 버전이 갖는 '절대성'에 대해서 의구심 속에 갈등하지 않을 수 없었다.

일본인 개종자들이 성서에 안내되고 진지한 신학 공부를 계속한 후에, 이들 중 많은 사람은 기독교 신앙과 성서 전통을 미국과 유럽 선교사들의 신학, 교회 정치 체제 및 문화적 가치로부터 구별하는 것이 가능하다고 인식하였다. 일본의 토착 지도자들이 기독교 전통에 대해 한층 더 비판적인 이해를 하게 되고, 선교 교회들 간에 중요한 차이를 알게 됨에 따라, 이들은 자신들에게 기독교를 알려 준 선교사들과 자신들이 동등하다는 것을 더욱 확신하기 시작했다. 수많은 교파가 일본 땅 위에서 개종자를 만들기 위해 경쟁하고 있다는 사실이 일본의 리더 개종자들로 하여금 기독교에 대한 일본적 해석과 문화적 표현의 여지가 있다는 것을 보여 주었다.

독립적인 기독교 운동의 설립자들에게 있어서 이식된 선교 전통은 의지할 귀중한 자원임에도 불구하고 절대적 진리는 결코 아니었다. 일본인들이 기독교 신앙을 이해하려고 애쓸 적에 이들은 여러 가지 이유로 기독교에 대한 선교사들의 해석을 반드시 비판해야 한다는 것을 발견했다. 많은 일본인 지도자들은 성서 속에 기록된 예수의 종교와 서양 선교사들이 이식한 교회의 기독교에 관한 해석과 문화적 표현 양자 사이를 구별하려고 노력하였다. 그래서 일본 기독교 문학 속에서 지속적으로 드러나는 구절은 이식된 기독교는 *바타 쿠사이*(문자적으로, '버터 냄새가 나는 것')였다. 다른 말로, 일본인들은 선교사들이 복음을 전할 때 그들과 함께 너무 많은 불필요한(그리고 '냄새나는') 문화적 인습을 일본인 개종자들에게 주고 있다고 인식하였다. 이것은 본질적으로 선교사들이 서구 교파 형태를 이식한 것에 대한 비판이었다. 우치무라 칸조는 1926년에 이 문제에 대해서 선교사들과 자신의 투쟁을 다음과 같이 밝혔다.

> 선교사들이 내가 일본적 기독교를 주창한다고 비난하고 있다. 그들은 기독교는 보편적 종교라고 말하면서 일본적 기독교를 치켜세우는 것은 보편적 종교를 한 민족의 종교로 만드는 것이라고 말한다. 이것은 맞는 말이다. 그러나 이들 선교사들조차 특정 민족의 기독교와 전혀 다르지 않은 기독교의 부분적 혹은 교파적 형태를 치켜세우고 있다. … 성공회는 본질적으로 영국 기독교이고, 장로교는 스코틀랜드 기독교이며, 루터교는 독일 기독교 등등이지 않는가? 예로서, 왜 보편적 종교를 '컴벌랜드(Cumberland, 이전의 잉글랜드 북서부의 주-역자 주)의 장로교'라고 부르는가? 켄터키 주에서 기독교에 특정 지역의 이름을 적용하는 것이 잘못된 것이 아니라면, 왜

> 내가 기독교에 나의 조국의 이름을 적용하는 것이 잘못인가? 컴벌랜드 밸리에 있는 수천 명의 크리스천들이 그들의 기독교를 자신들이 사는 바로 그 밸리의 이름으로 부를 권리를 가진 것처럼, 나는 나의 기독교를 일본적 기독교라고 부를 동일한 권리를 갖고 있다고 생각한다.[10]

우치무라의 관찰은 수많은 선교 교회들의 절대주의적 주장을 효과적으로 상대화시켰고 여타 일본인들로 하여금 이 보편적 신앙에 대한 일본의 문화적 표현을 만들어서 앞으로 나아가도록 하는 길을 잘 열어 주었다.

테시마 이쿠로(무교회 운동의 성령 운동적 표현인 원시복음(마쿠야) 운동의 설립자)는 종교의 외적 형식과 내적 실재 혹은 진리 양자를 구별하는 것을 통해서 우치무라의 견해를 한층 정교하게 만들었다.[11] 테시마는 선교사들이 서구 기독교의 외적 형식(예로서 음악, 건축, 교의, 그리고 의례)을 갖고 들어와서 이것들을 일본인에게 제복처럼 입도록 주입하였다고 주장하였다. 그러나 종교의 핵심은 영적인 것이고 이것은 눈에 보이지 않게 감추어져 있다. 기독교의 '껍데기'를 이식하는 것에 대해서 상당히 염려하였던 테시마는 선교사들은 신앙의 정수를 효과적으로 전해주는 데 실패했다고 결론을 맺었다. 간단히 말해서, 그가 볼 때 선교사들은 영적 메시지를 전하는 데 더 관심을 가졌어야 하며, 또한 일본인들에게 신앙에 대한 그들 자신의 문화적 표현을 발전시키도록 허용했어야 한다.

선교 교회에 대한 다른 공통적 비판은 선교 교회가 교의적 경직성과 지성주의(intellectualism)를 갖고 있으며 신앙의 체험적 차원에 대해서 온당한 주목을 하는 데 실패한 것과 관련된다. 기독교에 대한 이 같은 지나치게 지성에 호소하는 해석에 관한 불만은 모든 토착 운동의 설립자들의 글 속에서 나타난다. 일부는 이것을 '관념적 기독교'라고 비난한 반면, 다른 이들은 이것을 기독교의 생명이 없고 경직된 혹은 얼어붙은 형태라고 보았다. 그래서 이들은 기독교에 대한 경직된 교의에 초점을 두는 이해는 선교사들로 하여금 신약에 중심이 되는 신앙의 체험적 차원에 대해서 제대로 보지 못하게 할 뿐만 아니라 선교사들의 좁은 교파 전통의 밖에 있는 진리와 선에 대해서도 눈을 감게 한다고 주장하였다.

이 같은 신학적 차이가 상당한 갈등의 근원이었던 반면, 일본인 지도자들이 가장 참을 수 없었던 것은 선교사들의 짐짓 겸손한 체하는 태도였다. 많은 선교사들은 그들의 일본인 제자들로부터 가르침을 전혀 받으려 하지 않는 것처럼 보였다. 그리하여 우치무라 칸조는 토착교회를 주장할 때 이 점을 혹독하게 비판하였다.

> 선교사들은 우리에게 선심 쓰는 척하기 위해서, 우리에게 신의 행세를 하기 위해서, 한마디로 '개종'시키기 위해서 우리에게 왔다. 선교사들은 우리와 동등한 자 및 친구가 되려고 오지 *않았다*. 이들은 분명히 우리의 종이 되어 우리의 발을 씻겨 주려 하지 *않는다*. … 우리는 예수의 복음은 누구든지 믿는 사람에게 구원을 주는 신의 능력이라고 믿는다. 그러나 우리 자신이 신의 은혜를 통해서 구원을 받지 못한다면, 우리는 구원받지 못할 것이다. 우리는 분명히 외국인 교회와 선교사에 의해서 구원받는 것이 *아니다*.[12]

네덜란드 개혁교회 선교사 제임스 발라흐(James Ballagh)의 초기 개종자이며 요코하마 밴드의 일원이었던 마츠무라 카이세키(1859~1939년)의 전기에 기록된 사건은 선교사 스승과 그들의 학생 사이에 존재했던 긴장을 잘 보여 준다. 발라흐의 학교에 돌아와서 학생들을 가르치고 보호하는 것을 도왔던 마츠무라는 한때 발라흐에게 선교사들이 계속 일본인들을 요리사 혹은 소년 사환 정도로만 취급한다면 선교사들의 모든 가르침과 설교가 아무런 쓸모가 없을 것이라고 설명한 것을 회상하였다. 발라흐의 부인은 그녀의 남편을 방어하려고 마츠무라가 악령에 사로잡혔다고 몰아붙였다. 이로부터 마츠무라는 그의 학교 일에서 바로 해고되었다. 목사, 신문 편집

인, 그리고 교사 같은 다양한 경력 뒤에 그는 도회(道會)라는 독립 교회를 조직하게 되었다.[13]

기독심종교단의 창시자인 카와이 신스이 역시 선교 관련 신학기관에서 기독교 훈련과 사역을 시작했는데, 선교사들과의 갈등으로 인해서 떨어져 나와 결국 독립 교회를 설립하게 되었다.[14] 카와이는 센다이에 있는 독일 개혁교회와 관련된 토호쿠 가쿠인 대학에서 신학 수업을 받은 뒤에 1901년 야마가타 현의 츠루오카에 있던 당시 한 선교 교회의 책임을 맡게 되었다. 그의 부친이 극도로 병이 위중하다는 전갈을 받고 카와이는 센다이에 있는 선교 본부 사무실의 사전 허가를 받지 않은 채로 부친을 뵙기 위해 츠루오카를 떠났다. 그의 부친의 병은 매우 심각해서 카와이는 그의 부인이 남아 부친을 돌보도록 하였고, 자신도 부친의 집에서 가까운 곳으로 새로운 근무를 할 수 있도록 선교부에 청원했다. 선교 본부는 카와이에게 새로운 임지를 줄 수도 없고 또한 남편과 아내가 떨어져서 사는 것을 동의할 수 없다고 반응했다. 이에 카와이는 선교부 지도층이 납득할 수 없는 행동을 하며 또한 그의 기독교적 양심이 그에게 효도의 의무를 다하라고 요구한다고 결론 맺고서 그 선교부와의 관계를 끊었다. 카와이는 하코다테 일간신문의 편집인으로서 그리고 군마 현에 있는 매바시의 쿄아이 여학교의 교장으로 수년 동안 봉직한 후에 1909년 군제 비단 제조회사의 교육 부서장으로 임명되었다. 1927년 카와이는 군제의 땅 위에 독립적인 기독심종교단을 설립하였다.

그러나 토착적인 기독교 운동의 발전이 단순히 외국인 선교사들과의 갈등과 권력 투쟁의 결과만은 아니었다. 우리가 반드시 기억해야 할 것은 이 같은 부조화(불일치)가 평온한 환경 속에서 일어나지 않았다는 것이다. 메이지 시대의 후반에 이르게 되었을 때, 메이지 초반에 모든 동양적인 것을 숭배한 것을 뒤따라서 당시 사회의 공기가 매우 반(反)서구적이고 민족주의적인 것으로 변하게 되었다. 마리우스 얀센(Marius Jansen)은 자신이 일본에서 근대화에 대한 태도를 연구한 것 속에서 "대표적이고 지도자 자리에 있는 일본인들의 반응은 그들이 움직였던 여론의 기류에 의해서 필연적으로 조건지어졌다."[15]라고 주장하였다. 이 같은 주장은 이때에 활동했던 일본인 기독교 지도자들에게도 동일하게 적용된다. 국가 신도의 설립과 유교의 부흥은 일본인 기독교인들 가운데서도 나란히 출현하였다.[16] 민족주의적 환경이 점증하는 가운데 기독교를 서구와 동일시하는 것은 기독교를 알리는 데 장애물이 되었고, 많은 일본인 기독교 지도자들은 '일본화' 혹은 '반(反)서구화'가 그들이 지향할 유일한 길이라고 확신하게 되었다.[17] 독립적인 토착 운동들은 이 과정의 가장 뚜렷한 표현이었다. 민족주의와 선교사들과의 갈등이 이 같은 운동의 도래를 확실하게 만들어 준 중요한 촉진 요인이었지만, 우리는 토착 운동의 내용을 설명하기 위해서는 여타 요인을 반드시 고려해야 할 것이다.

토착화 운동을 가능하게 만든 요인 : 수입된 요소 및 본래적 요소

나는 토착 기독교 운동들을 신종교로 일컫지만 이것들이 진공 속에서 창조되었다고 말하는 것은 아니다. 신종교들은 바이런 어하트가 지적하고 있듯이 자취가 없는 것으로부터 출현한 것이 아니라 '종교적 유산의 살아있는 요소들'[18]에 의존하고 있다. 따라서 우리는 신종교들의 발전 속에서 이것을 가능하게 만들어 주는 요인에 주목해야만 한다.

일본의 맥락에서, 신종교들은 조상, 영적 세계, 불교, 신도 및 유교와 연관되는 거대한 믿음과 실천의 저수지로부터 출현하고 있다. 예로서, 일본의 신종교에 대한 대표적 전문 학자 중 한 사람인 시마조노 스스무는 그의 책 『현대 사회의 구원 종교들』(*Salvation Religions in Contemporary Society*)에서 지난 두 세기(19세기와 20세기) 동안 신종교 운동의 창시자들이 의존한 세 가지 중요한 자원으로서 혼합적인 민속 종교, 니치렌(日蓮) 불교전통의 평신도 결사 그리고 유교의 도덕 수양 운동을 거론한 바 있다.[19]

이와 비슷하게, 기독교 운동의 카리스마적 설립자들이 비상한 통찰과 창조적 안목을 지녔음에도 불구하고, 이들이 새로운 교회 혹은 운동을 조직할 때에는 무(無)에서 시작하지 않았다. 오히려 이들은 다양한 토착적인 종교 전통은 물론, 선교 교회의 수입된 가르침, 의례 및 조직 형식에 의존하였다. 일본인은 동질적이라는 신화에도 불구하고 이 같은 새로운 토착적인 형태의 기독교를 이해하기 위해서는 일본이라는 사회의 문화적 다양성을 제대로 인식해야만 한다. 종교적 다양성(민속 종교, 신도, 불교 종파, 유교) 및 서로 경쟁하는 집단 층성(경쟁적인 씨족, 사회 계급, 지역 등)이 일본이 기독교와 만나는 데 복잡한 배경을 제공하였다. 이것이 일본에서 토착 운동의 기독교 수용, 이해 및 재해석을 인식하려 할 때 중요한 점이다. 그래서 토착화에 대한 우리의 연구에서 필요한 것은 기독교가 적응할 수밖에 없었던 토착 문화를 구성한 다양한 사회 계층의 믿음과 실천 사이를 구별하는 일이다. 최소한 우리는 '엘리트의 종교성'과 '대중의 종교성'이라고 일컬어지는 것을 반드시 구별해야 한다. 전자는 교육을 받은 사무라이(그리고 이들의 후예) 지배층과 연관된 것이고 후자는 다수의 피통치자인 일본인들과 연관된다.

유교적 에토스는 분명히 '엘리트' 계층의 지배적 요소가 된 반면, 민속 종교는 대중에게 기본적 정향을 제공해 주고 있다. 본 연구가 고찰하고자 하는 운동과 관련하여, 20세기 초반 약 30년 동안 조직된 운동들은 대체로 '엘리트 종교성'의 토착적인 기독교 표현이었던 반면에 1940년대 이래 조직된 운동들은 민속 종교 전통과 한층 가까운 관계를 갖고 있다.[20]

토착적인 운동들이 서로 수많은 측면에서 비슷함에도 불구하고, 각 운동은 별개의 기독교 하위 문화를 대표하는 것으로서 이해되어야만 한다. 일본 기독교 운동의 창시자들은 진리와 선(善)이 성경과 기독교 전통에서뿐 아니라, 아시아의 종교 속에서도 찾아볼 수 있다고 주장하면서, 유일신으로부터 영적인 체험 혹은 부가적인 계시로부터 얻을 수 있다고 보았다. 기독교에 대한 이 같은 포괄적 접근은 [그림 3-2]에 나타나 있다. 토착화 지도자들의 종교적 체험과 외래적 요소와 토착적 요소를 독특하게 결합시킨 것이 일본에서 새로운 기독교 전통의 발전을 갖다 주었다. 대부분의 토착 운동에 따르면, 종교적 진리는 서구 신학과 고대의 교회 공의회가 정의한 정통의 기준에만 제한되지 않는다.[21] 이들 토착 운동이 새롭게 주조한 신학은 초교파적 신조(교의)의 권위적 지도를 배제하고 토착 문화의 관점에서 성경을 해석한다. 우리가 기대할 수 있듯이, 기독교에 대한 대부분의 선교 해석자들은 '정통적' 신앙은 오직 (선교사의 교파 전통이 정의하고 이해한) 성경에만 기초해야 한다고 주장하였다. 그래서 그들은 종교적 체험과 진리의 부가적 근원을 신뢰할 수 없거나 완전히 기준에서 벗어난 것으로 간주하였다.[22]

《그림 3-2》 토착적 기독교의 종교적 · 문화적 근원

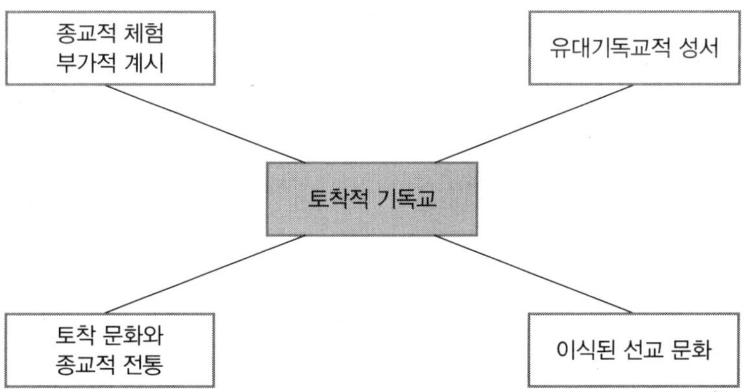

일본의 기독교 하위 문화 속으로 채택되고 결합된 다양한 이식 요소와 토착 요소 양자를 분리하는 것은 쉬운 일이 아니다. 유대 기독교적 성경이 이 상황의 복잡성을 한층 증가시켰는데, 그 이유는 본 연구가 고찰하고자

하는 토착 운동들의 많은 수가 교회 전통과 해석의 중재를 받지 않고 성경을 읽는 것에 의해서 '사도적 기독교'(apostolic Christianity)를 회복하고자 시도했기 때문이다. 이 같은 전략은 물론 새로운 것이 아니며, 기독교의 역사를 통해서 반복적으로 시도되어 온 것이다. 그러나 '기원으로 돌아가는 것'으로의 시도는 필연적으로 새로운 문화 형태의 창조를 초래한다. 그래서 이것은 일본인들을 수많은 서로 다른 방향으로 이끌었다. 이는 거의 놀랄 일이 아닌데, 왜냐하면 신약 성경 그 자체가 기독교 전통의 '다원주의'를 보지(保持)해 오고 있기 때문이다. 폭넓게 알려진 연구 속에서 제임스 던(James D. G. Dunn)은 신약 속에서 유대교적 기독교, 헬레니즘적 기독교, 계시적 기독교, 그리고 초기 가톨릭 신앙을 주요한 전통으로 구별했다. 그는 다음과 같이 말한다.

> *제1세기에 기독교의 단일한 규범적 형태는 존재하지 않았다.* 신약의 기독교에 대해서 물을 적에, 우리는 어떤 단일의 실체에 대해서 질문하고 있지 않다. 그 대신 기독교의 많은 다양한 유형과 만나게 되는데, 각 유형은 서로를 어떤 한 측면에서 극단적으로 치우쳤다고 평가하였다. 유대적 기독교는 너무 보수적인 것으로 혹은 너무 도덕률 폐기론적이거나 혹은 영지주의적 사고와 실천에 의해서 영향을 받은 것으로, 혹은 너무 제도화된 것으로 인식되었다.[23]

다양한 토착 운동들 간에 존재하는 차이는 부분적으로 그들이 강조하거나 무시하는 신약 성서의 이 같은 경향 혹은 전통과 연관되었다. 서구의 교회들과 마찬가지로, 일본의 토착 운동들 역시 '유일한 정전(正典) 내의 한 정전'(a canon within the canon)으로 움직였다.

〈표 3-1〉은 이제 자세하게 살펴볼 선택된 몇 사람의 설립자들에게 영향을 준 지배적인 외래 및 토착적 요소를 밝힌 것이다. 이 작은 설립자들의 종교적 체험과 그들이 외적 요소와 내적 요소를 독특하게 결합한 것이

〈표 3-1〉 선택된 토착 운동과 설립자들

설립자	운동	지배적 서구 영향	지배적 토착 영향
우치무라 칸조 (1861~1930)	무교회 운동(1901)	윌리엄 클라크, 교수이며 평신도, 삿포로 농업대학, 암허스트(Amherst)	유교의 무사도
마츠무라 카이세키 (1859~1939)	일본의 교회(1907) 도회(1907)	제임스 발라흐, 네덜란드 개혁교회, 요코하마 밴드, 신(新)신학, 다윈주의	신유교(양명학), 신도
카와이 신스이 (1867~1962)	기독심종교단	토호쿠 가쿠인 대학 (독일 개혁교회)	유교, 불교, 산(山)-금욕주의, 강건술
무라이 쥰 (1897~1970)	예수의 어령교회	아오야마 가쿠인 대학(감리교), 참예수교회, 타이완, 유니테리언 펜테코스탈리즘	민속 종교와 조상 신앙
오츠키 타케지 (1906~)	성예수회	섭리주의, 성결교 전통, 부흥 운동, 로마 가톨릭 영성, 유대교 전통, 시온주의	염불, 조상 신앙
테시마 이쿠로 (1910~1973)	원시복음(마쿠야)	시온주의, 유대교 전통	우치무라 칸조와 무교회 운동, 민속 종교 전통, 산(山) 금욕주의
나카하라 마사오 (1948~)	오키나와 그리스도복음	플리머스 형제단의 선교사 영향, 섭리주의	오키나와 무속신앙

기독교 믿음과 교의, 새로운 의례 및 종교적 실천의 형태, 새로운 사회 조직의 형태, 그리고 어떤 의미에서는 거룩한 텍스트의 한층 확대된 정전의 기초를 제공하였다. 다음 장에서 한층 자세하게 외래에 근본을 둔 영향(개혁 신학, 펜테코스탈리즘-성령 운동, 섭리주의, 삼위일체를 인정하지 않

는 유니테리언교)의 다양한 흐름이 어떻게 일본의 토착 요소와 독특한 방식으로 혼합되어 이 같이 대안적인 일본 기독교 전통을 산출하게 되었는지 탐구하게 될 것이다.

작은 설립자들, 혁신 및 카리스마적 권위

앞에서 살펴본 것처럼, 반서구적인 사회 분위기, 점증하는 민족주의, 그리고 서구 선교사들에 대한 불만족이 일본에서 토착적인 기독교 운동의 발전을 갖다 준 촉진 요인이었다. 그러나 이 같은 운동의 발전을 앞에서 제시한 요인만 갖고는 충분한 설명을 했다고 할 수 없을 것이다. 여타 일본의 신종교들처럼, 토착적인 기독교 운동들 역시 사회적 위기와 수입된 기독교에 대한 반응 그 이상의 것을 반영한다. 서구 선교 교회와의 단절과 살아남는 대안적 형식의 창조는 강한 카리스마적 지도자를 요구했다. 바이런 어하트가 지적하듯이, "운동 설립자의 혁신적 결정은 사회적 요인 혹은 운동 이전에 존재한 종교적 요인의 영향에 의해서 완전히 포섭될 수 없다."[24]

종교 연구에서 이 같은 '설립자의 혁신적 결정'에 주의를 모으는 것은 새로운 것이 아니다. 그러나 토착 운동들에 대한 연구에서 이 요인을 재강조하는 것은 가치가 있다고 본다. 수년 전에 요하킴 바흐(Johachim Wach) 역시 종교의 발전을 이해하기 위해서 설립자의 중심적 경험을 고려할 필요가 있다고 강조하였다.

종교의 위대한 설립자들의 개성(성격)을 사회학적으로 연구하는 것은 뚜렷이 인식되어야만 하는 난점을 포함한다. 사회학자는 특정의 종교적 주장을 부정 혹은 긍정하도록 요구받지는 않지만, 이런 종교적 주장을 무시할 수는 없다. 어떤 종교의 설립자가 초래한 영향(효과)을 평가하는 데 이들 자신의 신학적 주장은 반드시 고려되어야만 한다. 왜냐하면 그들의 일(사역)이 낳은 사회학적 효과는 그들이 자신들과 그들의 메시지에 부여한 의미(중요성)에 의존하기 때문이다.[25]

토착적 운동의 발전에서 핵심적 역할을 수행한 카리스마적 지도자들을 우리가 어떻게 이해할 것인가? 막스 베버(Max Weber)는 낡은 종교를 새롭게 한 카리스마적 개인들과 새로운 종교를 설립한 카리스마적 개인들 양자 간에 구별을 하지 않았으나, 이 양자를 예언자의 범주 속에 집어넣었다.[26] 그러나 베르너 스탁(Werner Stark)은 한 종교 전통 내에서 혁신을 취급하기 위해서는 다른 개념이 필요하다는 데 주의를 모았다.

타수스의 (사도) 바울을 기술하기 위해서 우리는 작은 설립자 같은 개념을 필요로 한다. 바울에게서 우리는 기독교회의 역사 속에서 여러 차례 재생된 한 원형을 보게 된다. 바울의 뒤에 베네딕트, 프란시스코, 도미니코, 이냐시오, 알폰소를 포함한 여러 인물이 출현하고 있다. 이들은 모두 작은 설립자들이며 혁명가요 개혁가들이고 심지어 (원래의 상태로 돌아가려 한다는 의미에서) 반동가들이며, 키플링과 베버의 의미에서 (카리스마적 권위를—역자 주) 통상적인 것으로 만들려는 사람들이 아닌 것이 분명하다.[27]

비록 스탁의 코멘트가 유럽 혹은 서구 기독교의 역사 속의 작은 설립자들의 역할에 제한되지만, 이 범주(작은 설립자)는 비서구 사회 속의 기독교의 발전을 이해하는 데 동등하게 적합한 것처럼 보인다.

보다 최근에, 앤소니 블라시(Anthony Blasi)는 그의 초기 기독교 연구인 『카리스마의 설립: 바울의 공적 이미지의 사회적 구축』(*Making Charisma: The Social Construction of Paul's Public Image*)에서 '작은 설립자'의 범주에 주의를 모았다. 바울은 예수의 카리스마를 '통상화한 사람' 그 이상이었다고 주장하는 블라시는 바울을 다음과 같이 기술하였다.

> 바울은 그가 변화의 주역이었다는 점에서 주요한 설립자들을 닮은 '작은 설립자'였다. 그러나 바울은 그 앞에 존재했던 것과 기본적인 연속성을 유지했다는 점에서 주요한 설립자들보다 한층 보수적이었다. 바울은 무언가 새로운 일을 했지만, 그는 이것을 이미 식별할 수 있는 기독교의 하위 문화 내에서 수행하였다.[28]

이와 비슷하게, 토착적인 기독교 운동의 카리스마적 지도자들 또한 무언가 새로운 것을 만들지만, 이들은 기존 종교 전통과 확연한 연속성을 지닌다. 일본의 작은 설립자들은 서구 선교사들이 수입한 종교적 전통들로부터 상당히 달랐지만, 이들은 이 새로운 문화적 상황 속에서 사람들에게 기독교의 유산을 전달하였다. 이 '작은 설립자들'은 새로운 유형의 신도들의 필요에 부합되도록 노력하는 가운데 새로운 종교 운동을 탄생시킨 카리스마적 지도자들이다. 그렇지만 다른 한편으로 이들은 동시에 자신들의 종교 운동을 기존의 종교 전통의 확장, 정교화 혹은 성취로 인식하였다.

본 연구의 초점이 비록 일본에서의 기독교의 토착화이지만, 일본에서 불교의 역사로부터 나타나는 연상적 힌트와 유사점을 고려하면 흥미롭다. 수많은 일본인 학자들은 카마쿠라(鎌倉) 시대(1192~1336년) 중에 불교의 일본적 형태가 발전하는 데 카리스마적인 일본인 지도자들이 수행한 중요한 역할에 대해서 주목해 왔다. 호넨(法然, 1133~1212년), 신란(親鸞, 1173~1263년), 그리고 니치렌(日蓮, 1222~1282년) 같은 혁신적인 불교 지도자들은 중국의 불교 전통을 단순히 복사 혹은 번역하는 것 이상의 일을 하였다. 그래서 후지이 마사오는 "'일본적 불교'의 새로운 종파들은 설립자의 특별한 종교적 체험과 독특한 교의를 기록하는 것을 통해서 설립되었다."[29]라고 설명한다. 비슷하게, 호시노 에이키 역시 "일본 불교에서 이 설립자들은 새로운 교의 체계와 수행의 방법을 만든 대단히 뛰어난 인물일 뿐 아니라 그들의 카리스마 속에서 시간과 공간을 초월하여 일종의 영원한 영향을 가진 사람들이다."라고 주장한다. 간단히 말해서, 일본에서 불교의 토착화와 대중화는 이 같은 카리스마적이고 혁신적인 지도자들과 상당할 정도로 관계된다.[30]

또한 흥미로운 유사점이 여타 일본의 신종교에 대한 연구에서도 나타난다. 예로서, 시마조노 스스무는 궁극적 진리의 '전달자'이자 구원의 실현으로 간주되는 이 설립자들과 기존 종교 전통의 개혁 혹은 부흥을 일으킨 자들 양자 사이에 비슷한 구별을 하고 있다. 후자의 경우, '설립자와 비슷한 지도자'는 본질적으로 '원래의 가르침'을 회복시키려고 노력하거나 아니면 새로운 환경 아래에서 기존 종교 전통을 활성화시키려고 한다. 예로서, 릿쇼 코세이 카이(立正校成會)와 소카 각카이(創價學會)는 전적으로 새로운 종교 전통을 창조한 사람들이라기보다는 니치렌 불교 전통을 재활성화시킨 사람들로 간주된다. 시마조노는 이 과정을 기존 전통 내에서 독특한 종교 운동을 자리 잡게 한 것으로 이야기한다. 이것과 동일한 것이 바로 일본에서 토착적인 기독교 운동이 발전하는 과정에서 일어났다.[31]

사회학적 관점으로 볼 때, '카리스마'와 '카리스마적 권위'는 지도자와 추종자 간의 사회적 관계라는 측면에서만 이해될 수 있다. 어떤 개인이 신과 직접 접촉했고 새로운 계시를 받았다고 주장할 수 있다. 그러나 이 새로운 메시지가 상당한 숫자의 청중의 필요와 열망과 만나지 못한다면 종교 운동은 출현할 수 없을 것이다. 그 메시지는 반드시 일정 정도의 호소력이 있어야 하고, 잠재적 추종자들이 이 메시지가 거룩한 것과 특수하게 연결되어 있다고 확신하여야만 한다.[32] 기존 전통—이 경우 수입된 선교 교회—과의 단절은 필연적인 결렬을 정당화하는 강력한 인격 존재를 요구한다.

기존 전통을 거부하고 새로운 요소를 도입하는 정도가 지도자들마다 다른 반면, 적어도 최소한 이들은 거룩한 것과 직접 접촉했다면서 종교적 권위의 독립적 기초를 주장한다. 그래서 베버의 용어로 설명하면, 일본 기독교에서 작은 설립자들의 출현은 제도적 '카리스마'(예, 선교 교회, 교의, 성직자 및 전통의 권위)로부터 일본 지도자들의 '개인적 카리스마'로의 전환을 반영한다.

이로써, 작은 설립자들의 카리스마적 권위는 그들의 카리스마적 인격에 기초할 뿐만 아니라 거룩한 것과 직접 접촉했다고 하는 그들의 주장이 갖는 설득력, 그리고 때로는 부가적인 계시에 기초한다. 예로서, 기독심종교단의 설립자인 카와이 신스이는 진정한 신뢰, 부동(不動)의 신앙, 그리고 종교적인 것에서 권위를 얻기 위해 요구되는 것은 바로 직접적인 종교적 체험—*사토리*(悟り)—이라고 주장하였다. 카와이는 자신의 갈라디아서 강의에서 바울이 그 당시 교회와 가졌던 관계와 자기 자신이 선교 교회와 가지고 있던 관계 사이에 유사성을 찾았다.[33] 카와이의 갈라디아서 해석에 따르면, 바울은 신앙의 핵심은 신과의 직접적인 체험 및 관계라고 가르쳤다. 비록 바울이 예수의 직접적인 제자가 된 것은 아니라는 비판을 받고 그의 권위가 도전을 받은 것이 사실이지만, 바울은 그가 다마스커스로 가는 도중에 살아 있는 그리스도를 개인적으로 만난 것이 그의 선교를 정당화한다고 주장했다. 카와이 또한 자신의 선교, 즉 선교 교회로부터 독립된 선교사역이 갖는 정당성을 자신이 외딴 산속에서 받은 강렬한 훈련을 통해 얻은 진지한 종교적인 체험에 기초하였다. 카와이는 자신의 전기 속에서 이 체험적 기반을 다음과 같이 자세하게 언급하고 있다. "시나이산에서 천둥 속에 여호와가 모세에게 출현한 것과 같이, 그리고 그리스도가 다마스커스와 인접한 곳에서 번개 속에서 바울을 만난 것과 같이, 하나님은 거룩한 후지산을 통해서 내 속에 모든 것을 새롭게 해 주셨다."[34]

다른 작은 설립자들 모두 서구 신학이나 전통의 중재가 아니라 성서 혹은 종교적 체험을 통해서 하나님과 직접 만난 것의 중요성을 강조하고 있다. 종교적 체험에 더해서, 기적적인 병 고침이 이 같은 운동의 초기 단계에서 대부분의 설립자들의 종교적 권위에 중요한 지지가 되고 있다. 그래서 마츠무라, 카와이, 무라이, 오츠키, 테시마, 그리고 나카하라—앞의 〈표 3-1〉에 포함된 일곱 명의 설립자들 중 무려 여섯 명—가 각자 모두 스스로 병 고침을 받았거나 아니면 다른 사람들의 병을 고치는 데 하나님께서 자신을 사용했다고 주장하였다.

이후 제도화 과정의 후속 단계의 기간에 이 작은 설립자들의 카리스마적 권위는 재확인되고 통상화되었다. 일부 사례에서 설립자의 가르침과 저작은 성경과 동등한 권위 혹은 비슷한 권위를 가진 것으로 여겨졌다. 비록 종교적 집단들이 원칙적으로 정전(성서)과 설립자의 저작 사이를 구별하지만, 사실상 후자가 이 공동체에서 정전과 비슷한 권위를 갖는 것으로 기능하고 있다. 그래서 종교적 예배가 통상 설립자의 가르침, 행위 혹은 저작에 관한 수많은 언급을 포함한다. 크리스천들이 통상 히브리 성서와 예수가 이 고대 텍스트를 해석한 것을 '거룩한 것'으로 인식하는 것처럼, 토착적인 기독교 운동의 신자들은 성서와 그들의 설립자의 해석을 합치는 경향이 있다.[35]

때로는 이 작은 설립자들은 심지어 숭배의 대상이 되기도 한다. 예로서, 카와이 신스이는 모든 예배의 시작과 끝에서 신도들이 그의 사진에 절을 하는 것으로 의식의 한 부분으로서 숭상을 받는다. 또한 그의 저작은 유대 기독교 성서처럼 매우 빈번하게 인용된다. 많은 경우에 나는 이들의 기도 속에서 고인이 된 이 설립자가 등장하는 것을 경험했다. "하나님 아버지, 예수 그리스도, 그리고 카와이 신스이 …" 이것은 카와이 신스이가 지금 하늘의 자리에서 하나님과 예수와 함께 있다고 하는 신념을 표현하는 것이다.

작은 설립자들을 숭배하는 이런 경향은 오랜 역사를 가지고 있다. 이것을 나카무라 하지메는 일본 불교를 언급하며 아래와 같이 설명한다.

> 특정 인간에게 이렇듯 절대적 헌신을 하는 결과 중 하나는 다양한 일본의 종파들의 신도들이 그 종파의 설립자로 인정하는 사람을 극도로 숭앙하는 것이며 이 사람을 중심에 놓고서 그를 대상으로 종교적 의례를 수행하는 것이다. *어떤 이가 부처에 대해서뿐만 아니라 종파의 지도자에 대해서도 절대적 신앙을 갖는데, 이때 이 사람은 이렇게 하는 것 속에서 아무런 모순을 느끼지 않는다.* 이것은 그가 부처에 대해서 존중을 적게 하는 것이 아니라 오히려 지도자에 대한 진지한 신앙과 부처에 대한 헌신 양자는 동일한 의미를 갖는다는 생각과 연관된다.[36]

이와 동일한 방식으로, 기독심종교단의 신자들은 '예수 그리스도를 믿는 것'과 그 설립자인 카와이 신스이를 숭배하는 것 사이에서 아무런 인지적 갈등을 경험하지 않는 것처럼 보인다. 카와이는 그의 가르침과 모범을 통해서 그리스도가 구제(救濟)를 베푸는 의미를 그 신자들에게 실제적인 것으로 여겨지게 만들었다.[37]

토착적인 기독교 운동들이 여타 신종교와 구별되는 것은 작은 설립자들이 자신들의 새로운 통찰을 기존의 종교적 전통과 연결한다는 사실이다. 이것은 '성취'의 설명 혹은 '재생'의 설명 형태를 띨 수 있다. 성취를 설명하는 데 있어서 이 설립자들의 가르침은 예수가 그의 제자들에게 약속한 부가적 진리("성령이 오시면 그가 너희를 모든 진리 가운데로 인도하시리니…" 요한복음 16장 13절)로서 이해된다. 이 새로운 통찰이 서구 교회에서 나타나는 기독교의 이해를 성취하거나 혹은 심지어 이를 대신한다. 재생의 설명에서 서구 교회들은 퇴락하는 것으로 여겨지며, 토착적 운동들은 자신들이 초대 교회가 가졌던 중요한 진리를 단지 회복하거나 혹은 재생한다고 주장한다. 선교 교회들 혹은 지배적인 정통 교파가 아무리 혹독하게 이러한 토착 운동들을 평가하고 비판하여도, 이러한 토착 운동들은 스스로를 기독교 종교를 이어가는 집단으로 여기거나, 최소한 자신들이 예수의 가르침과 그의 의도했던 것들을 보다 충실히 이행한다고 생각한다.

카리스마적 기독교의 재출현

일본에서 설립된 모든 토착 운동은 카리스마적인 시작을 했으며 직접적인 종교적 체험을 강조했다. 선교 교회와의 단절은 스스로 진정한 종교적 통찰과 권위를 가졌다고 주장한 카리스마적 개인들의 강력한 지도력을 필요로 했다. 일본의 기독교는, 우치무라 칸조가 말했듯이, "일본인이 어떤 외국의 중재자 없이 신으로부터 직접 수용한 것이다."[38] 우치무라에게 있어서 이렇듯 신과의 직접적인 만남은 스스로의 눈과 마음으로 성서를 읽는 것을 통해서 일어났다. 이것은 그로 하여금 교파적 전통과 교의를 무시하고 '원래의 성서로 돌아가는 것'을 요구했다. 그리하여 우치무라의 일요일 예배는 원래의 그리스어와 히브리어를 탐구하는 성경 강의가 되었다.[39]

일본의 기독교 발전에서 우치무라의 운동의 중요성을 부인하는 것은 아니지만, 무교회 운동은 토착적인 기독교의 단지 한 유형을 대표한다는 것을 반드시 인식하여야만 한다. 우치무라 칸조에 대해서 일본인 및 서구 학자들이 관심을 모은 것과 무교회 운동과 연관된 많은 성서학자들의 생산성은 토착 기독교에 대해 한편으로 다소 왜곡된 이해를 초래하고 있다. 우치무라는 분명히 수많은 여타 일본인 크리스천들에게 영감을 주는 데 이바지하였으나 기독교에 대한 그의 해석과 무교회 운동 그 자체는 결과적으로 그것이 지닌 지적, 유교적 경향으로 인해서 비판의 대상이 되었다.

우치무라와 여타 설립자들의 (베버적인 혹은 사회학적 용어로서) 카리스마적 속성이 중요한 반면, 이 장의 남은 부분에서 나는 토착적인 기독교 운동에서 '영의 세계'의 보다 폭넓은 현시(顯示)에 대해서 고찰하고자 한다. 〈표 3-2〉에서 이미 나타났듯이, 대부분의 토착 운동들의 발전은 넓은 범위의 카리스마 혹은 펜테코스탈(성령 운동) 현상을 동반하였다. 많은 점에 있어서 이 같은 기독교의 토착적 표현은 위에서 언급한 원초적인 영적 세계관의 재활성화(부흥)를 반영한다. 우치무라의 개인적 카리스마에도 불구하고, 무교회 운동은 기독교의 신약 성서 속에 존재하고 일본에서 대부분의 토착적 운동들이 다시 강조한 카리스마적 현상이 결여되었다. 이것은 아마도 무교회 운동의 카리스마적 표현은 구별된 운동—곧, 원시복음(마쿠야)과 일본그리스도소단—으로 발전되도록 압박을 받았다고 말하는 것이 보다 정확할 것이다. 이 두 운동 모두는 본래 무교회 운동의 구성원으로서 시작된 것이다.[40] 이로써 대부분의 토착 운동들의 특징으로 볼 수 있는 카리스마적 측면은 좀 더 충분히 논의될 필요가 있다고 본다.

지속적인 계시와 변형된 정전(正典)

계시에 대한 전통적인 개신교 이해는 예언자들, 예수, 그리고 그의 제자들을 통해서 신이 말씀하신다는 것이다. 그리고 이 같은 계시의 과정이 구약 및 신약 성서의 정전화와 함께 끝났다고 본다. 대부분의 개신교 교파들은 카리스마적 은사들의 일차적 목적은 최초의 기독교 공동체를 위해 복음의 진리를 확증하는 것이었다고 보면서, 카리스마적 은사들 또한 초대 교회와 함께 종식되었다고 주장한다. 그러나 대부분의 토착적 운동들은 신의 자기 계시가 기독교의 정전화된 성서에서 끝나지 않고, 성령의 계속적인 활동을 수용하는 사람들에게 보다 깊은 진리를 계속해서 계시하고 있다고 주장한다. 이 같은 토착 운동들의 대부분이 폐쇄적 정전을 갖고 운용되는 반면, 이들 중 많은 운동은 서구 교회에는 감춰졌거나 아니면 포착하지 못한 새로운 진리를 신이 오늘도 계속해서 계시하고 있다는 공통된 믿음을 공유하고 있다.

〈표 3-2〉에서 비교적 오래된 두 운동(도회와 기독심종교단)의 설립자인 마츠무라 카이세키와 카와이 신스이는 신으로부터의 계시는 오늘날에도 계속될 뿐만 아니라 유대 기독교적 성서의 밖에서도 찾아볼 수 있다고 믿었다. 그리하여 그들은 자신들의 다양한 저작 속에서 그들의 종교적 의식을 틀 잡는 데 중요했던 신으로부터의 수많은 계시를 기록하였다. 많은 개신교 선교사들은 예수 그리스도에게 헌신하는 것은 모든 다른 종교 전통

〈표 3-2〉 토착적 기독교의 카리스마적 측면

토착 운동 (조직연도)	계속적 계시	영의 세례	방언	치병과 (혹은) 축사(귀신쫓기)	영의 세계 상호작용	확장된 혹은 변형된 정전
무교회(1901)						
도회(1907)				▲		
기독교 심종교단 (1927)				●		
영광의 복음그리스 도교회(1936)						
살아 있는 그리스도 일맥교회(1939)			■			
기독가나안교단 (1940)						
일본그리스도소단 (1940)						
예수의 어령교회 (1941)						
성예수회(1946)						
성성기독교단(1948)						
원시복음(마쿠야) (1948)						
생명을 주는 그리스도(1966)						
오키나와 그리스도복음(1977)						

주 : 위의 표에서 어둡게 칠해진 칸은 이 운동 발전의 초기 단계 혹은 오늘날의 종교적 실천에서 연관된 현상이 존재하는 것을 나타낸다.

▲ 설립자인 마츠무라 카이세키는 개인적으로 치유의 경험을 하였으나 이것이 이 운동의 한 부분으로 자리 잡지는 못했다.

● 설립자인 카와이 신스이는 때때로 치유 의례를 수행하였으나 이것이 더 이상 기독심종교단의 종교적 수행의 한 부분이 되지 않았다.

■ 방언은 이 운동의 일부가 되었지만, 현재 공적 예배의 한 부분은 아니다.

을 거부하고 평가 절하하는 것을 요구한다고 해석한 반면에, 마츠무라와 카와이는 다양한 아시아 종교의 성서 역시 계시의 통로라고 주장하였다. 카와이는 그 앞에 존재했던 것을 '파괴'하기보다는, '성취'하려고 세상에 왔다는 것을 반복적으로 지적했다(마태복음 5장 17절). 카와이에게 있어서 이것은 구약 성서뿐만 아니라 아시아의 종교 전통이 갖고 있는 지혜, 이상 및 열망을 포함하였다. 실제로, 카와이는 이 같은 전통과 저작들을 '일본 크리스천의 구약 성서'라고 일컬었다.

카와이는 예수 그리스도와 그리스도 이전의 구약 예언자들처럼 부처와 공자도 신의 은총과 섭리에 의해서 그들의 각 나라로 보내심을 받았다고 주장하였다. 그는 명상 수련을 통해서 "그리스도의 마음과 공자의 영이 실제로 비슷하게 드러난 것"임을 인식하였다. 그리하여 카와이는 공자를 그리스도보다 앞에 온 분으로 숭배하였다. 이 같은 아시아적 전통을 우리가 왜 공부하고 포함하여야 하는지 그 이유를 카와이는 부처와 공자, 양자 모두 그리스도의 영과 만났기 때문이라고 설명하였다.[41]

신으로부터의 계시, 비전 그리고 특별한 메시지 역시 기독가나안교단, 성예수회, 그리고 예수의 어령교회에서 중요한 것이 되어 내려오고 있다. 예로서, 1938년에 성예수회의 설립자는 이스라엘과 예수의 재림에 대해서 특별한 계시를 받았다고 한다. 이 계시는 오늘날 이 교회에서 여전히 중심이 되는 것이다. 추종자들은 설립자인 오츠키 신부가 신으로부터 특별한 지침을 계속 받고 있다고 믿는다. 계속적인 계시의 예는 예수의 어령교회에도 많다. 1941년 설립자의 부인인 무라이 스와가 신으로부터 교회의 공식적 이름이 예수의 어령교회가 될 것이라는 직접 계시를 받았다. 이 교회가 사용하는 토착적인 찬송가 역시 계시적 경험에 기초한 것이다. 영의 찬송가(Rei sanka)는 166개의 찬송가 모음인데 이 모든 곡이 츠루하라 타마가 하늘로부터 받았다고 알려져 있다. 이 부인은 이 교회의 초창기 시절에 활약한 사람이다. 이 찬송가집의 서문은 이 찬송가들이 신으로부터 직접 계시 속에 주어진 것이어서 그 내용을 바꿀 수 없다고 적혀 있다.

이 운동들 모두가 지속적 계시의 타당성을 인식하고 있는 반면에, 도회와 기독심종교단만 그들의 새로운 신앙 이해에 따라서 기독교의 정전을 다시 정의하였다. 일찍이 1908년에 마츠무라 카이세키는 자신의 도회는 그것의 성서 정전을 적절한 것이 되도록 추가하고자 한다고 천명했다.[42] 1928년에 도회는 신유교의 중국인 왕양명의 저작과 다른 것들로부터 구절을 선택하여 마츠무라의 주석과 설명을 담아 출판하였다.[43] 이 모든 자료가 스스로 깨우침을 얻고 영적 발전을 위해 귀중한 것으로 간주되었다. 그런데 또한 여기서 드러난 것은 마츠무라가 전통적인 기독교 정전의 일부분을 제거하는 것이 적절하다고 생각했다는 사실이다. 1928년에 마츠무라는 드디어 그 자신의 성서를 출판하였는데, 이것은 신약 성서로부터 많은 부분을 선택한 것으로 구성되어 있다.[44] 고등 비평의 영향이 마츠무라의 선택 속에 명백하게 드러났다. 그는 자신의 성서에 공관복음으로부터 구절들을 포함시켰으나, 요한복음을 생략했는데, 이는 그가 볼 때 요한복음이 예수의 실제 삶과 가르침을 넘어서는 것들을 많이 지녔다고 보았기 때문이다. 그는 마태복음과 누가복음 속에 있는 탄생 이야기가 나중에 추가된 것이라고 보기 때문에, 그의 선택은 세례자 요한의 등장과 예수의 세례로 시작한다. 마츠무라는 또한 요한2서, 요한3서, 유다서 그리고 요한계시록을 제외했다. 그는 이 마지막 책(요한계시록)은 예언적 자료와 수수께끼들을 포함하고 있는데, 이것은 실제로 진지한 연구를 할 가치가 없는 것으로서 신약 성서의 묵시록적 비전은 도회의 기독교 해석에 명백히 부적합한 것이라고 보았다. 제2차 세계대전 이후의 시기 중에 마츠무라의 아들이자 계승자인 마츠무라 키치스케가 중요한 신유교 텍스트에 대한 주석을 썼고, 이 주석은 현재 매달 한 번의 예배에서 '성구(聖句)'로 읽혀진다.[45]

기독교의 정전은 카와이 신스이의 영향 아래 기독심종교단에 의해서도 변형되었다. 위에서 주목한 바와 같이, 카와이는 동양의 수많은 거룩한 저작들이 일본인을 위한 '구약 성서'의 형태를 대표한다고 느꼈다. 예로서, 성서 다음으로 그는 그의 추종자들에게 공자의 논어를 읽도록 추천하였다. 카와이는 이 같은 여타 성서에 대해서 높이 평가하였음에도 불구하고, 이것들을 정전의 한 부분으로 공식적으로 지정하지는 않았다. 그러나 그 자신의 저작들 중 여럿이 정전으로 지정되었고, 오늘날 이 기독심종교단 교회의 가르침과 의례 속에서 중심적 위치를 차지하고 있다. 이것들은 〈7대서원〉, 〈신조〉, 〈야소기독찬〉(耶蘇基督讚, 예수의 삶에 대한 찬미의 시) 및 〈완전한 신앙〉 등이다.

성령 세례, 방언 및 치병

많은 토착 운동은 사도적 기독교의 재건을 그들의 가장 중요한 목표로 삼았다. 원시복음의 설립자인 테시마 이쿠로는, 이것이 일어나도록 하기 위해서 일본인들이 '사울'을 '바울'로 바꾼 동일한 하늘의 빛과 만나야만 한다고 설명하였다. 구약의 예언자들, 사도들, 그리고 오순절 이후의 모든 초대교회 크리스천들은 성령이 임재하는 이 같은 변혁적인 만남을 가졌고, 하늘에서 오는 빛을 경험하였다. 테시마에 따르면, 진정한 종교가 되는 데는 두 가지가 중요하다. 하나는 빛과의 만남이고 다른 하나는 성령의 세례이다. 기독교의 가르침을 믿는 것만으로는 명백히 불충분하다. 우리는 우리를 개종시키는 경험과 우리에게 새로운 삶을 갖다 주는 경험이 필요하다.[46]

이런 토착 운동들의 다수에서 성령의 세례가 필수불가결한 것으로 간주된 반면에, 그들이 이런 경험을 해석한 것은 다음과 같은 두 개의 기본적 유형으로 구별되었다. 영광의 복음 그리스도교, 살아 있는 그리스도 일맥교회, 성성기독교단, 그리고 성예수회는 모두 거룩한 성령의 세례와 기적적인 치병의 은사를 강조하는 점에서 성결교회의 전통을 닮았다. 이 집단들은 이 같은 세례의 필수적인 '사인(sign)'으로서 방언을 간주하지 않았다. 그리고 또한 이들은 오늘날의 교회 생활에서 방언이 중요하다고 간주하지 않았다. 기독가나안교단, 예수의 어령교회, 원시복음(마쿠야), 생명을 주는 그리스도, 일본그리스도소단, 그리고 오키나와그리스도복음은 신약 성서(사도행전 2장, 5장, 19장)에서 성령의 도래가 동반하는 치병, 축사(逐邪), 방언 같은 사인과 기적이 오늘날에도 여전히 존재하고 교회 시대의 종말 때까지 일어날 것이라고 주장한다.[47] 그래서 대부분의 집단은 병을 치료하기 위해서 신약 성서에서 나오는 예(야고보서 5장 14절)처럼 올리브 오일을 바른다. 실제로, 많은 교회의 전면 제단 위에 있는 작은 용기 속에 오일이 담겨 있다(이것은 예수의 어령교회와 성예수회에서 정말 사실이다.).

성령의 세례를 경험하기 위해서 수많은 다른 방법이 발전되었다. 성예수회가 복음을 처음 교회에 나온 사람에게 제시할 때 그들은 개인들에게 예수를 받아들이라고 요청하고 이들이 성령과 물로 즉시 세례를 받도록 북돋운다. 이 과정에서 그들은 성령의 세례를 받으라고 또한 물로 세례를 받으라고 외친다. 성령의 세례 경험과 방언을 체험하도록 하기 위해서 개인들은 계속 "할렐루야"란 말을 반복하도록 일깨워지고 격려된다. 테시마 이쿠로는 이 같은 감성적인 종교 체험을 자아내는 필수적 시간과 분위기를 만들기 위해서 종종 철야기도회를 마련하였다. 다른 운동들은 이런 가르침을 훨씬 점진적으로 도입하며 통상 한층 약한 압력을 가한다. 이런 집단들이 세례에 대한 그들의 해석과 방언에 대해서 부여하는 의미란 측면에서 차이가 있을 수 있지만, 그들 모두는 오늘날 기독교가 신약 성서(마가복음 16장을 볼 것)에서와 마찬가지로 '기적(奇跡)과 이사(異事)'(signs and wonders)의 종교가 되고 있다는 점에 동의한다.

영의 세계와 상호작용

본 연구가 취급한 토착 운동의 대다수는 이른바 '영적인 세계관'으로 일컬어지는 것을 공유한다. 이 같은 세계관은 '이 세상'과, 이와 다른 '영의 세계'(즉, 조상들의 세상) 양자의 실재와 상호작용에 대한 믿음으로 구성된다. 이식된 선교 기독교는 대부분의 경우 신도들에게 영적 세계와의 관계를 완전히 단절할 것을 주문한다. 그렇지만 다른 한편으로 수많은 토착적 기독교 운동들은 이 같은 두 세상 (이 세상과 영의 세계) 사이에 계속되는 상호작용이란 측면에서 기독교 신앙의 의미를 드러낸다. 이것은 토착 운동의 중요한 차원인데, 우리가 앞으로 이 책의 제7장에서 이를 좀 더 자세하게 숙고하게 될 것이다.

1 *Jesus: A New Vision*(San Francisco: Harper Collins, 1987), 225–226.

2 예수의 종교적 체험이 갖는 카리스마적 성격과 초기 기독교 운동을 취급한 신약 성서의 텍스트에 대한 자세한 연구로서 James D. G. Dunn, *Jesus and the Spirit: A Study of Religious and Charismatic Experience of Jesus and the First Christians as Reflected in the New Testament*(London: SCM Press, 1975)를 볼 것. 신약 속의 영적 믿음과 귀신을 쫓는 사람과 병을 고치는 사람으로서 예수의 역할에 대한 보다 최근의 연구로서 Stevan L. Davies, *Jesus the Healer: Possession, Trance, and the Origins of Christianity*(New York: Continuum, 1995)를 볼 것.

3 예로서, Morton T. Kelsey는 3세기에 "귀신 쫓는 사람들의 숫자가 너무 빨리 증가해서 로마의 한 감독은 이들이 성직자의 숫자보다 많게 되었다고 불만이었다."라고 관찰하였다. *Healing and Christianity: In Ancient Thought and Modern Times*(San Francisco: Harper & Row, 1973), 153.

4 다음 글을 볼 것. D. B. Barrett, "Global Statistics," in Stanley M. Burgess and Gary. B. McGee, eds., *Dictionary of Pentecostal and Charismatic Movements*(Grand Rapids: Zondervan, 1988), 810–830.

5 *Gedatsu-kai and Religion in Contemporary Japan*에서 Earhart의 접근은 신종교를 주로 사회적 위기와 아노미에 돌리는 사회학적 설명에 대한 불만에 기초하였다. 신종교들에 대한 서구의 환원주의적 설명에 대한 비판을 따르면서 Earhart는 창시자에 의한 종교적 영향과 혁신에 초점을 모으는 모델을 개발하였다. 이 틀은 종교적 요소를 무시하고 신종교의 출현을 주로 사회적 탈구(脫臼) 혹은 박탈의 유형으로부터 기인하는 것으로 설명하는 접근에 대해서 도움이 되는 교정 방향을 제공하였다. 신종교에 대한 '위기 접근'의 부적합성에 대한 또 다른 중요한 논의로서 Hardacre의 *Lay Buddhism in Modern Japan*, 30–34를 볼 것.

6 Powles, "Foreign Missionaries and Japanese Culture in the Late Nineteenth Century," 17–18.

7 예로서, Powles는 일본의 종교와 문화에 대한 한층 관용적이거나 수용적인 태도가 러시아 정교와 성공회 전통에서 나타났다고 지적하였다("Foreign Missionaries and Japanese Culture in the Late Nineteenth Century," 14–28).

8 Joseph M. Kitagawa, "The Contemporary Religious Situation in Japan," *Japanese Religions* 2/2–3(1961), 40–41.

9 內村鑑三全集 [Complete works of Uchimura Kanzō](Tokyo: Iwanami Shoten, 1981–1984) (이후로는 CWUK), Vol. 1, 159(1886).

10 CWUK, Vol. 29, 447–476(1925–1926).

11 여기서 쓰인 일본어 테시마는 카이가쿠(外殼)와 나지츠(內実)이다. 테시마 이쿠로

의 『日本民族と原始福音』(Tokyo: Kirisuto Seisho Juku, 1984), 34-37을 볼 것. 이 책은 이 운동의 잡지(『生命え光』)에 수년 전에 발표한 논문들을 모은 것에 기초한 것이다.

12 CWUK, Vol. 22, 233(1915-1916).

13 마츠무라 카이세키, 『信仰五十年』은 1926년에 최초로 출판되었다. 도회의 본부(Tokyo: Dokai Honbu)는 1989년에 이 운동의 창시자의 사망 50주년을 기념하기 위해서 이 책의 개정판을 출판하였다.

14 카와이 신스이의 삶에 대한 정보는 Otsuka Eisan, 『郡是の川合信水先生』(Tokyo: Iwanami Shoten, 1931)과 카와이 자신의 정보인 *My Spiritual Experiences*, trans. by Yoshinobu Kawai(Tokyo: Christ Heart Church, 1970)에 나와 있다.

15 Marius Jansen, ed., *Changing Japanese Attitudes toward Modernization*(Princeton: Princeton University Press, 1965), 5를 볼 것.

16 Jansen은 또한 후기 메이지 시대에 서양에 대한 반응으로서 유교의 부흥은 더 이상 중국의 전통을 상징한 것이 아니라 토착 전통의 가장 좋은 것을 상징한 것으로 보아야 한다는 흥미로운 관찰을 하였다. *Changing Japanese Attitudes toward Modernization*, 76.

"서구화의 무드에 대한 매우 강한 열광은 '주희의 도'를 배우는 것이 필수적이라고 할 정도의 불안을 불러일으켰고 또한 유교주의자들의 회귀를 갖다 주었다. 그리하여 이제 유교주의자들이 중국인의 방어자가 아닌 일본인의 방어자로서 출현하였다. 이 대변인들은 많았으나 이들의 공통점은 토착 전통이 무비판적으로 버려져서는 안 된다는 경고였다."

17 Notto Thelle는 이 같은 토착화 충동이 "단순히 반서구적 반응의 결과가 아니라 기독교 선전에 대한 깊은 염려로부터 나왔다."는 것을 상기시킨다. *Buddhism and Christianity in Japan*, 174.

18 Earhart, *Gedatsu-kai and Religion in Contemporary Japan*, 236.

19 이것들은 세 가지 근원이 있지만, Shimazono는 또한 신도, *mikkyo*, *kakure membutsu* 그리고 강림술(spiritualism)이 다양한 신종교들에 들어 있다고 지적한다(*Salvation Religion in Contemporary Society*, 55ff).

20 이 구별을 하는 것이 종종 어려운데 왜냐하면 종교적 믿음과 실천의 절충하는 성격 때문이다. 그럼에도 불구하고, '민속 종교'라는 범주는 일본의 종교 연구에서 폭넓게 수용된다. 예로서, Hori, *Folk Religion in Japan*; 孝本貢, 『現代都市の民俗信仰』, in Ōmura Eishō and Nishiyama Shigeru, eds., *The Religion of People Today*; Miyake Hitoshi, "Folk Religion," in Noriyoshi Tamaru and David Reid,

eds., *Religion in Japanese Culture*. 제7장에서 필자는 토착적 기독교 집단들이 민속 종교적 관심과 조상 숭배를 천명한 것에 대해서 자세히 다루었다. 이 같은 구별이 갖는 문제적 성격에 대한 논의와 '대중 종교'의 관점에서 일본에서 종교에 대한 대안적 개념화를 한 것으로서 Ian Reader와 Gerorge J. Tanabe, Jr.,의 *Practically Religious: Worldly Benefits and the Common Religion of Japan*(Honolulu: University of Hawaii Press)을 볼 것.

21 몇 안 되는 예외적 경우로서, 예수의 어령교회는 신자들이 사도신경을 고백하도록 한다.

22 하나님의 성회와 성결교회 출신의 선교사들이 체험적 지향을 갖는 것은 부인할 수 없다. 그러나 일본에서 개신교 선교 사역의 처음 반세기 동안은 이 같은 서구 교회 전통으로부터 들어와서 사역한 대표자들이 없었다.

23 이 연구에서 Dunn의 일차적 관심은 초기 기독교 내에서 다양한 흐름을 밝히는 것이었지만, 그는 이 같은 전통을 가로질러 공통된 혹은 통합된 요소가 존재하였다는 것을 부인하지 않는다. *Unity and Diversity in the New Testament: An Inquiry into the Character of Earliest Christianity*(London: SCM Press, 1990), 373-374, 강조는 필자가 추가한 것임.

24 Earhart, *Gedatsu-kai and Religion in Contemporary Japan*, 236.

25 Joachim Wach, *Sociology of Religion*(Chicago: University of Chicago Press, 1944), 133. 토마스 오데아(Thomas F. O'Dea)도 비슷하게 주장하였다.

"비범한 사람들의 비범한 종교적 체험으로부터 종교가 설립되며, 설립자들의 통찰을 제도적 구조 속으로 번역하고 변형시킨다. 이로부터 믿음 체계, 의례의 체계 및 조직이 형식화되고 정형화된 실체로 나타난다. 그리하여 어떤 창시된 종교를 연구할 때 특별히 중요한 것은 종교적 체험에 대한 현상학적 분석이다. 왜냐하면 종교적 체험으로부터 그 종교의 주요한 기능적 문제는 물론 종교적 제도의 주요한 차원이 출현하기 때문이다."

"Five Dilemmas in the Institutionalization of Religion," *Journal for the Scientific Study of Religion* 1/1 (1961), 31. 이런 관심은 최근에 수많은 영역에서 한층 더 많이 제기되고 있다. 예로서 종교사회학에서 Rodney Stark, "Normal Revelations: A Rational Model of 'Mystical Experiences'," in David G. Bromley, ed., *Religion and the Social Order: New Developments in Theory and Research*(Greenwich: JAI Press, 1991). 이 관심은 또한 신약과 초대 교회에 대한 연구에서도 출현하였다. 예로서, Larry W. Hurtado는 아래와 같이 제안하고 있다.

"특별히 초기 기독교 같은 새로운 종교 운동과 종교적 혁신의 발전에 대한 연구에서 점점 더 많은 관심이 *한 종교의 창시자와 설립 당시의 집단의 종교적 체험이 갖는 창조적 역할*에 모아지고 있다. … 고대와 보다 최근 양쪽의 역사는 새로운 종교 운동이 종종 기성 종교 전통에 대한 혁신적 재해석으로부터 출현하는 많은 예들을 우리에게 제공하고 있다. 여기서 혁신은 새로운 운동의 영향력 있는 멤버와 집단의 설득력 있는 (효능 있는) 종교적 체험이 제공하는 변형된 해석학적 관점으로부터 나온다."

One God, One Lord: Early Christian Devotion and Ancient Judaism (Philadelphia: Fortress Press, 1958), 126-127; 강조는 필자가 추가한 것임. 비슷하게 Stevan L. Daives는 초기 기독교 운동에서 종교적 체험(성령론)이 교리보다 앞서 일어났다고 주장한다. 그의 다음 책을 볼 것. *Jesus the Healer: Possession, Trance, and the Origins of Christianity*(New York: Continnuum, 1995).

26 Max Weber, *The Sociology of Religions*, trans. Ephraim Fischoff(Boston: Beacon Press, 1963), 46.

27 Werner Stark, *The Sociology of Religion: A Study of Christendom*(New York: Fordham University Press, 1970), 4: 84.

28 Anthony J. Blasi, *Making Charisma: The Social Construction of Paul's Public Image*(New Brunswick, New Jersey: Transaction Publishers, 1991), 14-15.

29 Fujii Masao, "Founder Worship in Kamakura Buddhism," in Geroge A. DeVos and Takao Sofue, eds., *Religion and the Family in East Asia*(Berkeley: University of California Press, 1984), 156.

30 Hoshino Eiki, "A Pillar of Japanese Buddhism: Founder Belief," *Journal of Oriental Studies* 26(1987), 80. 일본의 불교에서 '제도적 카리스마'로부터 '개인적 카리스마'로의 이동을 흥미롭게 논의한 것으로서 Mori Ryūkichi, [Japanese Buddhism and charisma: Shinran, Dōgen, Nichiren] in Sasaki Kōkan, Miyata Noboru, Yamaori Tetsuo, eds., カリスヌ [Charisma](Tokyo: Shunjūsha, 1995), 32-43을 볼 것.

31 보다 자세한 논의로서 Shimazono Susumu, [Studies on the veneration of founders and religious leaders] in [Founders and their surroundings], edited by the Shūkyō Shakaigaku Kenkyūkai(Tokyo: Yūyama, 1987), 23-26.

32 카리스마에 대한 베버적 관점을 요약하면서 Robin Theobald는 다음과 같이 주목한다.

"카리스마적 권위는 추종자들 혹은 제자들의 집단과 그들이 비범한 능력을 가졌다고 보는 한 지도자 사이의 관계를 포함한다. 지도자는 그의 추종자들의 기본적 욕구, 희망, 바람, 야망 혹은 두려움을 어떤 식으로든지 화합시키는 사명 혹은 메시지를 갖고 있다. 그러나 카리스마의 출현의 초기 단계에서 리더와 메시지는 구별될 수가 없는데 이는 추종자들의 주된 지향이 리더 그 자신의 인격에 지향되기 때문이다."

"The Role of Charisma in the Development of Social Movements," *Archives de Sciences Sociales des Religions* 49/1(1980), 85.

33 Kawai Shinsui, [The mysteries of Galatians] (Fujiyoshida: Kirisuto Shinshū Kyōdan Jimukyoku Shuppanbu, 1965). 이 책은 카와이가 군제 실크공장에서 1928년부터 1929년 사이에 행한 강의에 기초한 것이다.

34 Kawai Shinsui, *My Spiritual Experiences*, trans. by Yoshinobu Kawai(Tokyo: Christ Heart Church, 1970), 12. 이 영적 자서전에서 카와이는 그의 삶을 통해서 후지산과 기타의 장소에서 수많은 계시적 경험을 한 것을 기록하고 있다.

35 위에서 언급한 Ellen G. White와 제7일 안식교(종말론)에 대한 그의 논의에서 Robin Theoblad는 다음과 같은 비슷한 관찰을 하였다.

"화이트 부인이 그녀 자신의 '성서'(Bible)를 만들지는 않았지만, 실제로 그녀의 저술은 성서와 동격으로 취급된다. 그래서 설교와 성서공부 모임에서 성서로부터의 구절과 화이트 부인의 그것에 대한 해석은 종종 뒤섞여져서 실제로 양자를 거의 구별할 수 없다."

"The Role of Charisma in the Development of Social Movements," 98.

36 Nakamura Hajime, *The Ways of Thinking of Eastern Peoples: India, China, Tibet, Japan*, ed. by Philip P. Wiener(Honolulu: East-West Center Press, 1964), 454; 강조는 필자가 추가한 것임.

37 일본의 기독교 토착 운동들 가운데서 작은 설립자들은 Irving Hexham과 Karla Poewe가 최근에 '아이콘적 리더십'이라고 지칭한 것의 주요한 보기이다. 이 같은 리더십은 다양한 아프리카의 독립교회와 여타 새로운 종교 운동들 가운데서 특별히 중요하다(*New Religions as Global Cultures*, 55를 볼 것).

38 CWUK, Vol. 25, 592(1920); 강조는 필자가 추가한 것임. 이것보다 몇 년 전에 우치무라는 직접적인 종교적 경험의 중요성에 대해서 다음과 같이 밝혔다.

그들은 우리를 신비주의자로 부르는데 왜냐하면 우리는 그들과 함께 걷지도 그들과 같이 사역하지도 않기 때문이다. 다시 말해서 우리는 보이지 않은 성령을 신뢰하고 보이지 않는 제도와 조직, '기독교 운동' 및 그 같은 것들은 신뢰하지 *않는다*. 그렇다. 우리는 이름을 좋아한다. 루터는 신비주의자가 아니었나? 그리고 바울은 모든 신비주의자들 중 가장 위대하지 않는가? "하나님이 말씀하시기를 말세에 내가 내 영을 모든 육체에 부어 주리니 너희의 자녀들은 예언할 것이요, 너희의 젊은이들은 환상을 보고 너희의 늙은이들은 꿈을 꾸리라."; 즉, 이것은 우리 모두가 신비주의자가 된다는 것을 말한다. 그렇다면 왜 우리는 스스로 신비주의자가 되는 것을 주저하는가? 이는 곧 현대 크리스천들이 비신비주의, 실용주의이며 정치적이고 이 세상을 섬기는 사람임을 말해 준다.

CWUK, Vol. 20, 274(1914).

39 우치무라의 '카리스마'와 '원래의 성서로 돌아가는 것'에 대한 강조에 대해서 Nakamura Katsumi, [The structure of modern culture: Modern culture and Christianity](Tokyo: Chikuma Shobō, 1972), 301-302를 볼 것.

40 테시마 이쿠로, 원시복음(마쿠야)의 설립자는 성령의 힘과 신약 성서의 기적이 결여되었다고 보아 무교회 운동을 떠났다. 무교회 운동이 본래 성서적 기독교로 회귀를 대표하였지만, 테시마는 이 운동이 정지되었고 서구 교회처럼 또 다른 개념적 혹은 지적인 표현이 되고 말았다고 생각하였다. 그의 눈으로 볼 때, 기성 교회와 무교회 운동 모두에서 결여된 것은 살아 있는 그리스도와 성령의 힘이었다. 테시마 이쿠로, [An Introduction to the Original Gospel Fiath](Tokyo Kirisuto Seisho Juku, 1969), 112를 볼 것. 일본그리스도소단의 설립자 코이케 다츠오도 비슷하게 그 역시 무교회 운동을 통해서 기독교 신앙에 입문했으나 그가 성령의 세례를 경험하고 카리스마적 은사를 확인한 것으로 인해서 무교회에서 아웃사이더가 되었다고 설명한다. 그의 [A theology of nothingness], Vol. 3 in [The collected works of Koike Tatsuo](Tokyo: Nihon Kirisuto Shōdan, 1982), 200을 볼 것.

41 카와이의 *My Spiritual Experiences*, 4, 22와 카와이 신스이의 공자의 논어 강의, ed. by E. Yasui(Tokyo: Kirisuto Shin Shūdan Shuppanbu, 1970)를 볼 것. 카와이는 일본적 상황에서 '성취신학'의 발전에서 혼자는 아니었다. 테시마 이쿠로가 아시아의 종교와 다양한 불교의 성인들에 대해서 비슷한 해석을 제공하였다. 실제로, 그의 글을 모아 출판한 책의 파트 II는 '일본의 구약'(the Old Testament of Japan)이라 제목이 붙었는데 여기서 그는 일본의 종교 전통을 틀 지운 다양한 종교지도자들(Kōbō Daishi, Hōnen, Nichiren, 그리고 Hakuin)의 가르침과 경험을 탐구하고 있다(Teshima, *The Japanese People and the Original Gospel*, 55). 테시마는 이 같은 아시아적 전통에서 일본의 기독교 영성의 발전에 유용하게 통합될 수 있는 수많은 경험, 가르침 및 실천을 찾고 있다.

42 Dōkai의 초기 잡지(『道』, The Way) 7(November 1908)를 볼 것.

43 Matsumura Kaiseki, ed., [A first collection of Dokai poems](Tokyo: Dōkai Jimusho, 1929, first ed.)를 볼 것.

44 『道會 성서』(Tokyo: Dōkai Jimusho, 1928).

45 Matsumura Kichisuke, [Lament not the dark night: Selections from *Genshi shiroku*](Tokyo: Dōkai Jimusho, 1949)를 볼 것. 이것은 기본적으로 Satō Issai(1772~1859년)의 저작인 *Genshi shiroku*에 대한 논평이다.

46 이 관점은 테시마 이쿠로의 수많은 저술 속에서 표현되어 있다. 한 예로서, *The Japanese People and the Original Gospel*, 51–52를 볼 것.

47 오키나와그리스도복음운동의 사례에서 축사(exorcism)는 특별한 강조를 얻고 있다. 이것에 대한 도움을 주는 연구로서 Ikegami, *A Stage for Demons and the Holy Spirit*, 78–105를 볼 것.

CHAPTER 04

일본 기독교 원천에 대한 재고(再考)

우치무라 칸조와 무교회 운동

우치무라의 기독교에서 서구 전통과 성서

일본 종교로서의 기독교

결 론

이 책의 목표 중 하나는 상대적으로 덜 알려진 기독교 토착 운동들을 주목하려는 것이다. 일본식 기독교의 원천인 무교회 운동과 우치무라 저술이 인용된 관련 자료는 많다. 우치무라의 저술들은 계속해서 다듬어졌고, 종종 다른 지도자나 운동들이 거부했던 사유가 담겨 있다. 간단히 말해 무교회 운동은 기독교의 독립적 표현이며 또 일본의 교회사 전체를 태동시켰다는 점에서 중요하다. 무교회 운동에는 중심적인 권위나 성직자 같은 관료가 없으며, 일본의 기독교 토착 운동들의 원천이었다. 무교회는 수많은 다른 운동들을 생겨나게 했다.

많은 일본인들은 이식된 선교 교회들을 비판하며, 서양식 정체, 의례, 교리 없이 '순수한' 또는 '영적인' 예수 종교를 열망했다. 우치무라 칸조(內村鑑三)는 기독교의 하나님은 "영적이고 진실"하시며, 그래서 "하나님께 경배하는 이들은 영적이고 진실한, 형식 없이 또는 최소한의 형식으로 예배를 이끌어야 한다."라고 썼다.[1] 그런데 니토베 이나조(新渡戸 稲造)는 궁극적으로 형식이 없거나 '인간적 포장'이 없는 종교는 불가능하며 '몸에 맞는 옷'으로 발전하기를 원하게 된다고 했다. 사실 몇몇 일본인들은 기독교를 받아들였으나 선교사들의 전통은 거부했다. 이는 이들이 기독교 신앙을 자신들의 문화 형식과 제도로 대체했다는 의미다. 카리스마를 지닌 작은 설립자들은 이식된 선교 교회 및 전통과 단절해야 할 뿐만 아니라, 계속해서 새로운 기독교 전통을 발전시키는 창조적 힘이 되어야 했다. 브루스(F. F. Bruce)는 "옛 전통이 새로운 것의 빠른 발달로 포기할 일이 자주 일어날지, 옛 것이 그랬던 것처럼 오래 계속될지 주목하라."고 했다.[2] 비록 이 말들은 다른 맥락에서 쓰였지만, 일본 기독교에서 '전통-만들기'의 과정을 정확히 포착한 것이다.

우치무라 칸조와 무교회 운동

무교회(無敎會) 운동은 의심의 여지없이 가장 널리 알려지고 높은 평가를 받는 일본 기독교의 형태 중 하나다. 이는 우치무라가 기독교 안팎에서 많은 개인들에 의해 높이 평가받은 다작의 작가였다는 사실에 크게 기인한다. 우치무라의 전집은 50권인데, 17권이 성서와 주석 연구, 25권이 신학과 신학적 주제와 관련된 책들, 8권이 일기 및 그에 상응한다. 그의 제자들 대다수는 지성인, 작가, 대학 총장 같은 이들이었다. 일본 지성사와 일본 기독교 발달사에 우치무라의 자리가 큰데, 왜 그와 그의 운동이 그렇게 큰 관심을 받았는지 이해할 수 있다. 그의 운동과 관련한 저서들은 실로 방대하며, 우치무라와 무교회 운동과 관련된 작품들은 총 1,990여 개에 달하고 참고문헌은 100여 페이지를 넘는다.[3] 새로운 참고문헌들은 매년 계속해서 출판되고 있다.

또 다른 이유로는 (적어도 교회 안에서 널리 알려지게 된 것은) 우치무라와 그의 무교회에 흥미를 가졌던 스위스의 신학자인 에밀 브루너(Emil Brunner)의 저서가 한몫을 했기 때문이다. 브루너는 1953년에서 1955년까지 일본에 머무는 동안 이 운동에 매혹되었다. 브루너는 교회 내 평신도 개혁 운동으로서 무교회 운동의 목표에 꽤 공감했다. 그는 독일어와 영어로 이 기독교에 대한 책들을 써 서구에 소개하는 데 큰 역할을 했다. 그래서 많은 연구자들은 브루너가 일본에 새로 설립된 교회들과 이 독립

우치무라 칸조
도잔조 근처의 산책로, 1917년(57세)

적인 운동 사이의 중요한 '연결다리'라는 것을 알게 되었다.[4]

또 다른 방식으로 이해를 돕는 논문이 있다. 카를로 칼다로라는 기독교 토착화 형태의 분석에서 무교회 운동을 "서구 영향에서 완전히 무관한" 것이라고[5] 잘못 평가했다. 무교회 운동과 다른 토착화 운동들이 명백히 서구의 '통제'에서 독립되었지만 서구의 영향에서 무관한 것은 아니다. 오타(Ohta)는 칼다로라의 견해와 정반대되게 "우치무라는 그의 생애 전반을 서구 문화에서 성장한 사람"이라고 주장했다. 그 증거로 우치무라가 홋카이도 대학에 남긴 도서들을 지적했다. 746권의 제목들은 서구어(거의 영어)로 쓰였고 단 109권의 제목만이 일본어나 중국어였다.[6] 여기서 우리가 분명히 규명해야 할 것은 우치무라와 다른 운동의 지도자들이 어떻게 수입된 전통을 자신의 것으로 만들었으며, 그것을 일본의 문제의식과 토착 종교, 그리고 문화의 전통하에서 재형성했는가이다.

우치무라의 기독교에서 서구 전통과 성서

일본 기독교의 '독립'과 필요를 강조했음에도 불구하고, 우치무라의 생각은 다양한 서구 전통에 분명 그 뿌리를 두고 있다. 그가 처음으로 기독교와 진지하게 만난 때는 삿포로 농업 대학교에 다닐 때였다. 우치무라가 입학하기 전, 윌리엄 클라크(William S. Clark)는 이 대학을 설립하는 일본 정부에 자문을 하고 있었다. 그의 우선적인 역할은 농업을 교육하는 것이었지만 클라크는 성서반(2장 참조)을 통해 학생들에게 기독교 신앙을 소개하기도 한 열성적인 기독교 신자였다. 그의 학생들은 회개해 '예수를 믿는 이들의 성약'에 서명하고 성서 공부와 윤리적인 삶에 최선을 다하기로 했다. 클라크가 일 년이 채 안 되어 미국으로 돌아갔으나, 우치무라는 남겨진 소규모 '성약' 동아리를 통해 클라크의 영향을 받았다. 선배들로부터의 엄청난 압박하에서 우치무라는 16세인 대학 일학년 때 성약 동아리에 입회했고, 1878년에 한 감리교 선교사에게서 침례를 받았다.[7] 그런데 선교 교회에 만족하지 못한 우치무라와 그의 일본인 동료들은 삿포로에 독립 교회를 세워 무교회 운동의 전신이라 할 실험을 했다. 클라크의 가르침과 예배를 통해, 이 소규모 일본 기독교인들 모임은 제도 교회에 의존하지 않거나 성직자 없이도 신앙의 진정한 삶을 살 수 있거나 실천할 수 있다는 가능성을 보여주었다. 이것이 우치무라식 기독교의 핵심이 된다.

우치무라 칸조
그의 성서 저서들 옆에서, 1925년(65세)

이 복음주의 신앙은 우치무라가 미국에 체류한 4년간(1884~88년) 더 깊어졌다. 우치무라는 짧지만 불행한 첫 번째 결혼 다음에 미국으로 출발했다. 처음에 그는 위스터 모리스(Wister Morris) 부부와 친구가 되었는데, 이들은 헌신적인 퀘이커 교도로 그가 펜실베이니아에 도착한 직후 일자리를 찾을 때 도움을 주었다. 이들 퀘이커 신자들의 신앙과 삶의 방식은 우치무라에게 오랫동안 감동을 주었다. 8개월간 정신 병원에서 격한 업무에 시달린 후, 우치무라는 일을 그만두고 뉴잉글랜드 여행을 거쳐, 1885년 암허스트 대학(Amherst College)에 들어갔다. 암허스트 학장인 줄리우스 하울리 실리(Julius Hawley Seelye)가 그의 영적인 멘토가 되어 그를 더 깊은 기독교 신앙으로 이끌었다.

바로 암허스트 대학의 학생이었을 때 우치무라는 내적인 신앙의 확신을 갖게 되는 심오한 종교적 경험을 했다. 암허스트의 기숙사 방에서, 그는 "주께서 내게 현현하시기 전까지 이곳에서 움직이지 않겠다."라고 맹세했다. 1886년 3월 8일 그의 일기 첫 장에 다음과 같은 계시 경험이 기록되어 있다.

내 생애 제일 중요한 날. 그리스도의 속죄하는 힘이 오늘보다 더 분명히 드러난 날은 결코 없었다. 하나님의 아들이 돌아가신 십자가 앞에서 모든 고난에 대한 해답을 주신 것이 내 마음을 뒤흔들었다. 그리스도는 나의 빚을 지불하시고 나를 타락하기 이전의 최초의 인간의 순결함과 순수함으로 되돌려 놓으셨다. 이제 나는 하나님의 자녀이며, 내 의무는 예수를 믿는 것이다. 그분 덕택에 하나님은 내가 원하는 모든 것을 주신다. 그분은 당신의 영광을 위해 나를 쓰실 것이고 나를 구원하시어 마지막에 하늘에 두실 것이다.[8]

이 종교적 경험은 실리 박사와 암허스트의 다른 이들과 함께 공부하면서 결합된 것으로, 우치무라에게 지속적인 영향을 미쳤다. 수년 후 잡지 『크리스찬 지성인』에 글을 쓰면서, 우치무라는 실리 박사를 높여 말했다. "기독교 복음의 진실에 눈 뜨던 위대한 순간이었다. 이 분은 나의 아버지셨다. 40여 년이 흐른 뒤에도 나는 존경하던 이 선생님께 배웠던 신앙을 설교하고 있다."[9] 그때까지의 영적 순례를 성찰하면서, 우치무라는 삿포로의 '믿는 이들의 성약'에 참여한 것을 통해 '죄인'으로 그의 상태를 알았으면서도 몇 년간 스스로의 노력으로 인격적 거룩함을 이루려 노력했다고 설명했다. 암허스트의 '계시적' 경험 전까지는 그의 의로움은 십자가에 매달리신 그리스도 안에 있는 것이지 그 자신의 노력에 의해 이룰 수 있는 것은 아니라는 복음을 진정 깨닫지 못했다.

실리 박사의 격려로 우치무라는 암허스트를 졸업한 후, 1887년 가을 하트포드(Hartford) 신학교에 갔다. 그는 단 1년 신학교에서 공부하고 1888년 일본에 돌아왔다. 그는 몇몇의 목사와 신학자들을 대단히 존경했으나 성직자가 되려 하지는 않았다. 기본적으로 그의 사무라이의 배경이 성직을 거절한 이유였는데 우치무라는 "목사들은 자애롭게 살지만, 우리는 검이 자애보다 더 자애로운 수단이라고 믿기" 때문이라고 설명했다. 더 나아가 일본에서 기독교 사역을 하는 것은 외국의 위세에 복종하는 것을 의미하였다.

> 종교지도자가 된다는 것도 안 좋은데, 기독교 목사가 된다는 것은 내 운명이 끝나는 것이라고 여겼다. 내 나라와 같은 이교도 국가에서 기독교 성직자들은 직·간접적으로 외국의 지원을 받고 있거나 외국 주교들의 지배 아래 자신을 놓는 것이었다.[10]

1888년 27살의 우치무라는 성서와 뉴잉글랜드의 청교도에 깊이 뿌리 내린 기독교 복음 신앙을 갖고 일본에 왔다. 오늘날에도 신자들은 무교회 운동을 기독교로 표현하는데 그들의 '아버지'는 청교도이며 그들의 '어머니'는 퀘이커로, 신의 직접적 계시를 따라 일본에서 생겨났다고 정의한다.[11] 본질적으로 우치무라는 선교사들이 전해 준 성서와 구원의 메시지를 받아들이게 된 것은 감사히 여기나 서구 교회의 전통은 소용없다고 여겼다. 사실 우치무라는, 너무 이른 시기에 일어나 '저지된 운동'으로 끝이 난 종교개혁을 완결하려고 노력한 것이 무교회 운동이라고 했다. 우치무라에 따르면,

> 제도화된 프로테스탄트는 폐기된 로마 가톨릭으로 되돌아간 것이다. 프로테스탄트가 논리적 완결을 가지려면 또 다른 개혁이 필요하다. 새로운 프로테스탄트는 교회법 없이 완전히 자유로운 신자들의 모임이어야지 제도가 아니며, 영혼들의 자유로운 친교이지 시스템이나 조직이 아니어야 한다. 실질적으로 그것은 무교회의 프로테스탄트로, 구원은 주교나 목사의 소명을 받은 사람이 아니라 하나님의 아들 예수 그리스도께서 하신다(1928.4.).[12]

프로테스탄트 운동의 연장으로서 우치무라는 '모든 신자들의 사제직'을 강조해 개인과 하나님 사이의 중개자로서 사제직이나 성직을 거부했다. 우치무라는 신앙에 의한 구원이라는 프로테스탄트 교리를 계속 강조했고 그래서 세례 성사와 주님의 만찬(성체 성사)을 거부했다. 그는 이 두 가지를 유럽의 종교개혁이 없애지 못해 여전히 남아 있는 기독교 의례라고 이해했다. 우치무라는 이 의례를 따르는 것은 성서에서 가르치는 오직 믿음으로 인한 구원을 불분명하게 만들 뿐 아니라, 신자들이 사제 계급에 의존하게 만든다고 보았다. 개혁을 완전히 하려는 노력에서 우치무라는 적절한 규범에서 멀어진 성사와 성직을 거부했다. 우치무라의 신앙에서 이 같은 신학적 강조는 성서 전통의 일본 해석의 '독보적인' 것은 아니고 서구에서 발전된 다른 운동들과 닮아 있다. 폴 피체이(Paul Peachey)의 설명을 보면,

> 현상학적으로 우치무라가 처음 일으킨 운동은 퀘이커와 재세례파 사이에 있다. 퀘이커와 같이, 비록 같은 이유 때문은 아니지만, 무교회 이론은 성직, 위계, 성사를 거부한다. 재세례파와 마찬가지로 무교회 이론은 '내면의 빛'에 의존하기보다는 오히려 성서 중심적이다.[13]

우치무라의 신앙은 그의 생애 내내 계속 발전했다. 후기에 평화주의와 그리스도의 재림에 대한 신앙, 이 둘을 특히 강조했다. 일본으로 돌아와 한동안, 우치무라는 청일전쟁에서 일본 정부의 편을 드는 후진성을 보였다. 그는 일본이 한국에 개입하는 것을 '성전(聖戰)'으로 간주해 중국에 투쟁하는 이 약소한 국가를 일본이 보호할 필요가 있다고 여겼다. 1895년 종전 후 그는 이때의 지지를 후회했는데 일본이 평화 조약의 조항을 준수하지 않았기 때문이었다. 십 년 후 우치무라는 러일전쟁(1904~05년)에서 일본 정부를 반대했다. 검으로 정의를 가져온다는 초기의 지지와 정반대로

우치무라는 일본의 군사 개입을 노골적으로 비판하고 그의 퀘이커 친구들이 견지했던 평화로 전향했다.[14] 몇 년 후 우치무라는 궁극적으로 평화는 인간사에 하나님이 직접 개입하실 때 실현될 수 있다는 결론에 도달했다. 바로 그리스도의 재림에 대한 신앙 안에서 우치무라는 미래를 희망했다.[15] 그는 1918년 그리스도의 재림 신앙을 표명했고 일본 전역의 그리스도인들에게 이 교리를 홍보하는 데 적극적으로 참여했다. 우치무라는 이 이슈를 매우 중요하게 여겨 성결교회의 나카다 쥬지 및 회중교회의 키무라 세이마츠 목사와 함께 순회강연을 해, 오사카, 교토, 홋카이도, 후쿠시마, 미야기, 오카야마, 야마가타 등을 돌았다. 일 년 동안 우치무라는 60여 차례의 강연에서 재림을 강연했는데 그의 메시지는 거의 2만 번에 달했다. 우치무라는 기독교의 이 '종말론적' 버전을 주장한 것으로 인해서 상당한 비판을 받았다.[16]

일본 종교로서의 기독교

서구의 기독교 해석과 비슷한 점이 많기에 우치무라의 신앙에서 무엇이 '토착적'인지 궁금할 수 있다. 우치무라가 서구 기독교의 한 부분에 뿌리를 두지만, 그는 종파주의 및 선교 교회들로 치환된 신학을 거부하고 일본식 기독교를 위한 그들의 고유 전통을 제공했다고 평할 수 있다. 일본에서 진정성 있는 신앙을 만들려면 일본 기독교는 서구 교회의 영향과 재정에서 독립된 기초에 서야 한다고 우치무라는 생각했다. 미국에서 돌아온 우치무라의 첫 번째 직업은 니가타에 있는 호쿠에츠각칸 남학교의 교장이었다. 그는 학교 교과목에 유교와 불교 강좌를 소개했는데 이 때문에 아주 일찍부터 학교 선교사들과 갈등을 빚었다. 교육 정책에 관한 선교사들과의 입장 차이 때문에 우치무라는 임명된 지 일 년도 안 되어 물러나야 했다.

선교사들이 복음과 일본 문화와의 불연속을 보았다면 우치무라는 긍정적인 연속을 발견했던 것이다. 새로운 토착화 전통에 대한 그리스도인의 사유의 한 패턴은 "기독교가 전파되기 이전의 과거를 기독교화"하는 것이라 할 수 있다.[17] 일본인들은 자신들의 기독교 신앙을 이해하기 위해 고군분투했고 자연스럽게 원래 갖고 있던 자신들의 전통과 종교 경험의 연속선에서 공통점을 찾으려 했다. 일본의 그리스도인들은 서구 선교사들이 도착하기 이전 일어난 그들의 과거를 보완할 필요를 느꼈으며 하나님이 일본의 역사와 문화에 어떻게 개입했는지 숙고했다. 다시 우치무라 칸조는 선교사들의 관점에 맞서 보다 포괄적인 진리의 개념을 표현하는 방식에 선구가 되었다. 영어 잡지 『크리스천 지성인』에서 우치무라는 다음과 같이 주장했다.

> 트집 잡으려는 사람은 결코 그리스도인이라 할 수 없다. 만인 안에서 만사 안에서 진리를 찾는 이가 되라. 자기들 외의 타종교들에서 어둠을 발견하며 좋아하는 기독교 종교의 저 대변인들은 매우 불쌍하다. 그리스도인은 불교 안에서, 유교, 도교 그 외 어디에서든 선함을 만났을 때 기뻐한다. 빛을 보면 눈은 예민해지고, 어둠을 보면 싫어한다. 그러므로 기독교가 진짜 빛으로 빛날 때는 세상 안에서 가장 선한 것을 발견했을 때이다.[18]

1926년 4월 우치무라는 붓다와 그리스도의 관계에 대한 짧은 단편에서 포괄적으로 자기 신앙의 지향을 표현했다.

> **붓다와 그리스도**
>
> 붓다는 달; 그리스도는 태양.
> 붓다는 어머니; 그리스도는 아버지.

붓다는 대자대비; 그리스도는 의로움.

… 나는 달을 사랑하여 밤을 사랑하네; 그러나 밤은 이슥해져 새날이 왔으니, 나는 지금 달을 사랑했던 것보다 태양을 더 사랑한다네; *달에 대한 사랑이 태양에 대한 사랑 안에 들어 있고, 태양을 사랑하는 이가 또한 달을 사랑한다는 것을 나는 안다네.*[19]

우치무라는 성서를 공부하고 가르치며 생애 대부분을 보냈기에 이 관점을 아시아 종교들을 연구하며 정교하게 발전시키지는 않았다. 그러나 그의 기본 관점을 기독교 토착 운동의 다른 설립자들이 공유했다. 그들은 진리와 선함을 협소하게 정의한 선교 전통의 밖에서 모색했다.

우치무라의 기독교 해석은 사무라이나 무사 계급의 윤리적 전통에 기대고 있다. 사무라이 가문에서 태어난 우치무라는 무사도(武士道)의 가치와 전통에서 자랐다. 우치무라의 말에 따르면 그의 아버지는 '선한 유학자'로 그에게 중국 성인들의 교훈을 보여 주셨다. "군주에게 충성하고 아버지와 스승을 존경하는 것은 중국 윤리의 기본 주제였다."[20] 우치무라의 유교식 기독교는 그의 관심이 기독교를 무사도에 접목시키는 데 있다는 사실과 관련된다.

무사도는 일본이 만들어 낸 최상의 작품이다. 그러나 무사도만으로는 일본을 구원할 수 없다. 무사도와 접합된 기독교는 세상에서 가장 최상의 작품이 될 것이다. 그것은 일본만이 아니라 세상 전체를 구원할 것이다. … 일본 역사의 의미가 여기에 있다. 20세기 하나님은 이 종교 운동으로 무사도를 완성시키려는 의도를 갖고 계신다. 기독교를 무사도에 접합하면 세상을 구하게 될 것이다(1916.1.).[21]

'독립, 금전 경시, 충성'—사도 바울이 만든 가치와 덕목에 참된 사무라이, 무사도 정신이 구현돼 있다.[22]

충성, 의무, 효의 윤리적 가치에 더해, 우치무라는 스승과 제자의 관계에 기초한 유교 교육 모델을 일본에서 기독교가 발전하기에 적합한 것으로 주목했다.[23] 미국에서 돌아온 후 서구 기독교의 종파 모델은 일본에 적합하지 않다고 결론을 낸 그는 학교나 사숙을 빌려 조직화하기로 결심했다. 교회 건물에서 예배를 드리는 대신, 강당을 빌리거나 집에서 강의를 했다. 비록 우치무라가 서구의 종파주의를 거부했을지라도 조직의 필요성을 전적으로 거부할 수는 없었던 것이다.

우치무라의 생애 동안, 무교회 운동은 다양한 형태로 조직되었다. 그의 직제자들은 그의 사숙 회원으로 필히 회비를 냈다. 그의 회보 구독자가 증가하면서 도쿄 밖의 후원자들이 무교회의 다른 회원들과 지속적인 관계를 가졌다. 우치무라는 1905년 14개의 분회와 119명의 회원으로 된 교우회를 조직했다. 이 모임의 목적은 다음 신앙 고백 속에서 볼 수 있다.

> 하나님과 그가 세상에 보내신 독생자를 믿는 우리는 함께 하나를 이뤄 교우회를 이룬다. 하나님 아버지의 도우심으로 우리는 동료를 돕고 하나님의 절대적인 통치 의지와 조화되는 삶을 산다.

회원은 적어도 1년 동안 그리스도의 삶을 살려고 노력하는 개인에 한정되었다. 이 모임의 초기 가이드라인에는 매달 회합에 참석할 것, 신앙과 도덕을 키우며 주일을 보낼 것, 담배와 술을 하지 않을 것 등이 포함되었다. 1918년에는 우치무라의 전국적인 재림 강연을 지원하기 위한 카시와기(Kashiwagi) 형제회라는 또 다른 모임이 생겨났다. 이 모임은 2년 후 해체되었다.[24]

우치무라는 생애 내내 회원들의 비공식 모임에서 주일 성서 강연을 계속했다. 그가 죽은 후에는 매주 성서 강연의 모임은 해산되고 성서연구회의 회보도 끝났다. 우치무라의 모범을 따라, 무교회 운동은 카리스마가 있는 스승과 전도사가 이끄는 평신도 운동으로 계속되었다. 평신도 운동의 회원들은 그들의 세속 직업을 통해 복음화하도록 기대되었다. 무교회 운동 내 지도자의 종교적 권위는 개인의 카리스마에 기초하기 때문에 종교 전문가로 양성 · 임명하는 조직이나 제도는 없다. 제도교회들이 리더들을 교육시키고, 시험보고, 목사임직을 하는 식으로 리더십이나 권위를 이해하고 실천한 것과는 대조적으로, 무교회 운동에서 성공한 리더들은 이행해야 할 형식요건 없이 개인의 카리스마에 기초한 독립적인 교구에서 시작했다.[25] 새로운 그룹은 개인이 성서에 대한 자신의 이해에 확신이 들고, 자립적인 만남을 해야겠다는 소명을 가질 때 만들어졌다. 우치무라의 모범을 따라 대부분의 선생들은 자기의 월간 성서 연구 회보를 발간했다. 이런 회보와 특별 강연이 복음화의 기본 수단으로 간주되었다.

무교회 운동의 재정적 토대 역시 선교 교회와도 달랐다. 성서 강의의 회비와 회보 구독료가 교회의 재정인 헌금이나 십일조를 대신했다. 다른 말로 하면 무교회 운동의 지도자들은 각자가 '벌었으며' 따로 월급을 받지 않았다. 비록 우치무라가 서구의 제도화된 교회와 목사직을 거부해 평신도 중심의 운동을 지향했음에도 불구하고, 무교회 운동 내에서 '선생'의 직분은 특별한 지위를 가졌다. 한편, 무교회 운동의 조직 구조는 꽤 유동적이어서 성서 연구 모임을 해체하거나 만들었으며, 특히 카리스마가 있는 선생들은 자신의 회원들에게 상당한 종교적 권위를 행사했다. 오하라 신은 다음과 같이 말했다.

> 각 선생은 카리스마를 지닌 작은 '샤먼'으로 기능했다. 그는 관련된 종교적 주제를 다루는 선생일 뿐만 아니라, 자기 제자들의 사적인 일—결혼 중매나 취직 등—에 대한 조언도 했다.[26]

우치무라가 자신의 신앙 토대를 일본의 무사도 정신을 참조해 세웠다고 하였으나, 많은 점에서 무교회 운동의 정서와 실천은 그가 미국에서 공부했던 시기에 경험한 기독교의 표현과 닮아 있다. '유사함'을 훨씬 능가한다고 주장하는 이도 있다. 예를 들면 토시 아라이는 무교회 운동은 이식된 선교 교회로서의 뉴잉글랜드 청교도파에 기대고 있다고 주장했다. 그의 말을 길게 인용할 만하다.

> 일본의 무교회와 일반 교회의 크리스천들은 둘 다 뉴잉글랜드 청교도파의 쌍둥이다. 19세기 미국 프로테스탄트가 일본 프로테스탄트 제도의 원형이라는 것을 발견한 후 나는 2년간 뉴잉글랜드에서 이 둘을 비교했다. 놀랍게도 무교회 크리스천들은 자신들이 가장 민족적이고 토착적인 일본 프로테스탄트들이라고 주장하지만, 그들 또한 미국 기독교에 깊이 뿌리를 둔 것을 볼 수 있다. 최근 200년 넘게 미국 기독교를 구별 짓는 영성 중 하나는 독립적이고 자기 자립적인 것이다. 내가 1880년대에 일본에 온 선교사들의 회의 기록을 살펴보았더니, 그들이 '자립된 교회' 건립을 중요시했다는 것을 발견할 수 있었다. 성서 중심의 긴 설교, 의례를 중시하지 않는 단순한 예배, 교회 상징물에 대한 배격, 금주 및 도덕주의 등은 모두 거기에 있었다. 심지어 교회 건물 스타일도 볼품없던 당대 미국 교회의 것을 따랐다. 뉴잉글랜드 교회 건물을 '만남의 집'이라고 불렀는데 무교회 사람들도 이 말을 *강의소*로 번역했다.[27]

'토착적' 요소나 '외래적' 요소 중 어느 것이 무교회 운동의 엄격하고 단순한 스타일 형성에 영향을 주었는지 단정 짓기는 불가능하지만, 이 운동

우치무라의 가시와기 성서 세미나 종강 예배

에 있어 여성의 굴종적인 지위는 분명 우치무라가 가졌던 유교적 잔재에서 비롯된다. 이 운동의 유교적 정향—특히 첫 번째, 두 번째 세대가 지닌—은 널리 알려져 있다. 우치무라는 여성의 지위와 역할에 있어 많은 선교사들이나 일본 교회의 지도자들보다 훨씬 보수적이었다. 우에무라 마사히사와 에비나 단죠우 같은 진보적인 리더들과 달리, 우치무라는 여성은 남성의 뒤를 걸어야 한다는 옛 사고방식을 계속해 고수했다. 심지어 성서 강의 때에도 여성과 남성은 강당에서 자리를 다르게 앉았다.[28] 무교회 운동은 '기독교의 남성적 표현'에 자긍심을 갖는다고 카를로 칼다로라의 연구는 밝히고 있다. 이것은 남성적 리더십이 지배적일 뿐만 아니라 신자의 60% 이상이 남성이라는 것을 보여 준다. 오늘날 무교회 운동 안에 유교의 잔재를 비판하고 변화를 주장하는 여성 모임들도 있지만, 유교적 정향은 여전하다.

우치무라에게 유교적 무사도 전통은 일본 기독교를 위한 토대를 제공했고, 동시에 복음은 일본 불교인들의 종교적 열망이 실현된 것으로 이해되었다. 일본 불교의 일반적 차이는 자력(自力)과 타력(他力)의 두 길 사이에 있다. 카를로 칼다로라는 무교회 운동을 '선(禪) 같은 기독교'라고 했는데 우치무라와 그의 신자들이 용서와 구원의 사토리[覺] 유형의 경험을 보고하기 때문이다.[29] 그러나 이 주장에는 문제가 있다. 선은 우선적으로는 자력의 길과 연결되어 있는 반면 우치무라는 믿음에 의한 타력 구원을 우선적으로 강조했기 때문이다. 더 나아가 명상보다는 성서의 가르침과 강의가 무종교 운동의 종교적 삶에서 핵심이다. 사실 우치무라는 기독교가 아미타 신앙의 정토 불교와 유사한 점을 지적했다.

> 믿음에 의한 구원은 선행에 의한 구원보다 더 깊은 믿음이다. 만약 불교도들이 믿음에 의한 기독교 의화(義化)가 굳건한 윤리적 기초가 된다는 것을 이해한다면 불교도들은 자신들의 오랜 믿음을 저버리지 않고도 기독교에 대한 충성으로 바꿀 수 있을 것이다. 아미타는 신화적 인물임에 비해, 예수 그리스도는 역사적인 인물이었다는 사실만으로도 이성적으로 사고하는 이라면 누구든지 자신의 마음과 영혼의 안식을 후자에서 찾기에 충분할 것이기 때문이다. 내가 누군가를 개종시키려는 의도로 이렇게 주장하는 것은 아니다. 그럼에도 일본의 복음적인 불교도들이 '세상의 죄를 대신해 십자가형을 받으신 그분' 안에서 자신들 신앙의 참된 토대를 발견할 때, 온 세상은 이전에 일어났던 가장 위대한 재현을 증언하는 때를 맞이할 것이다. … 그때가 오기를 바라며 그때는 분명 온다. 만약 기독교가 외국인 선교사에 의해 전해지는 이방의 종교로서가 아니라 일본인 메신저에 의해 전해지는 일본 종교로서 그들에게 제시된다면 말이다(1926.6.).[30]

거의 한 세기 동안 우치무라와 그의 신도들은 기독교를 진정한 '일본 종교'로 표현했다. 그럼에도 불구하고 일본 불교인의 회심은 이 말이 처음 쓰였던 때에 그랬던 것처럼 오늘날에도 거의 불가능에 가까워 보인다.

결 론

우치무라가 일본식으로 해석한 기독교가 비록 지성인들 사이에서는 큰 영향을 미쳤지만 대중 운동의 기반이 되지는 못했다. 그러나 다른 토착 지도자들에 의해 발전될 잠재적 아이디어들을 담고 있다. 이식된 선교 교회의 교회 중심주의와 성서 외의 전통들에 맞서 우치무라와 그 신자들은 예수의 십자가, 부활, 재림의 사도시대의 메시지에 뿌리를 둔 성서 중심의 신앙을 주장했다. 비록 우치무라가 무사도 전통을 토착화의 긍정적인 토대로 여겼지만, 성서를 무교회 기독교의 핵심으로 보았다. 그의 강연, 잡지 기고, 히브리어와 헬라어 등의 학문적 연구들이 이것을 충분히 뒷받침한다. 그러나 의심할 바 없이 우치무라가 성서 전통을 중시했음에도, 동시에 그는 선택적이었으며, '유일한 정전 내의 한 정전'으로 운용했다는 점 또한 알아야 한다.

일반적인 관점에서 우치무라가 히브리-기독교의 '성직' 전통보다 '예언적' 전통을 더 선호했다고 말할 수 있다. 그의 저서들은 종교적 실천의 의례주의와 위선을 신랄하게 비판하는 예언적 울림을 지닌다. 그와 가까웠던 그의 제자들은 우치무라를 현대의 예언자로 여기고, 그를 아모스, 이사야, 예레미야 등의 반열에 놓았다.[31] 비록 히브리어 성서에 이스라엘의 종교적 삶에서 레위직이 중요하고 합법적이라고 해도 우치무라에게 이런 종교적 형태는 열등해 보였고 그의 관심과는 멀었다. 마찬가지로 예수 운동의 초기 '유대인' 버전에 유대인의 전통적인 법, 율법, 관습이 유지되었으나 그는 이 또한 거의 무시했다. 제임스 던이 정의한 신약 전통의 관점에서 볼 때 우치무라의 기독교는 우선적으로는 헬레니즘의 전통에 기반한다. 이방인 선교를 맡았던 사도 바울은 많은 점에서 우치무라의 이상이었다. 예루살렘 교회와 독립적으로 로마 제국 전역에 복음을 전할 때, 바울은 천막을 짜며 자신의 생계를 스스로 책임졌다. 우치무라가 뒤늦게 신약의 사도 전통을 발견했지만, 그는 신약 속의 초대 가톨릭 전통, 곧 '카리스마의 초기 통상화'와 교회구조, 종교적 권위, 리더십(감독, 장로, 집사)을 인식하지 못하였거나 거부하였다.[32] 무시되었던 이들 전통들은 전후 '사도적' 기독교를 회복하려는 새로운 노력이 발전될 때 몇몇 기독교 토착화 운동에서 중요시되었다.

1 *Complete Works of Uchimura Kanzō*, Vol.30, 192(1926-1927); 이후로 CWUK, 권수, 페이지, 초판연도의 순으로 언급하겠다.

2 F. F. Bruce, *Tradition Old and New*(Exetor: Paternoster Press, 1970), 15.

3 今井館圖書資料センター藏書目錄(Tokyo: Imai Kan Seisho Kōdo Kyōyūkai, 1990).

4 예를 들면, 무교회 지도자인 야나이하라 타다오는 에밀 브루너의 日本の無教會運動[The Nonchurch movement in Japan](Tokyo: Kishinsha, 1959)의 서문에서 이 점을 강조했다. 야나이하라 타다오와 타카하시 사부로가 독일어 원본인 "Die Christliche Nicht-Kirche-Bewegung in Japan," *Evagelische Theologie* 4, 1959에서 번역한 논문이다. 또 다음을 보라. Emil Brunner, "A Unique Mission in Japan: The Mukyōkai('Non-Church') Movement in Japan," in Walter Leibrecht, ed., *Religion and Culture: Essays in Honor of Paul Tillich*(London: SCM Press, 1959). 무교회와 기성 교회의 긴장을 완화하려는 노력으로 브루너는 1954년 개신교 최대 교파인 일본 기독교 연합교회의 연례회의 연설에서 서로 존중하고 알아갈 것을 호소했다. "둘 다 하나님의 아들이며 우리의 구원자이신 예수 그리스도를 믿는다. 예수의 몸은 교회에 제한되지 않는다. 만약 회중이 '교회'로 번역된 것이라면 '구원은 교회 밖에 있다.'는 말에서 무교회 신자들은 옳다. 교회의 주님은 사람을 그분께로 이끌고 제자로 삼으시는 데 있어 제도 교회라는 수단보다 다른 수단들을 자유롭게 사용하신다. 그러나 그리스도의 영은 또한 그분의 사업과 목적을 위해 교회와 성사를 사용하신다."고 브루너는 주장했다. Emil Brunner, "Ecclesia and Evangelism," *Japan Christian Quarterly* 21(April 1955), 154-155.

5 Caldarola, *Christianity: The Japanese Way*, vii.

6 "The World and Japan in Young Uchimura Kanzō's Work," *KBS Bulletin on Japanese Culture*, No. 115(Aug.-Sep.) 1972, 1-28. 오하라 신도 비슷한 관찰을 했다. "우치무라와 대개 '삿포로 밴드'로 부르는 그의 삿포로 동료들은 1870년대와 1880년대 일본에서 가장 미국화된 사람들이었다. 대부분 영국에서 수학했고, 그들은 부모에게 보내는 편지를 제외하면 편지를 다 영어로 썼다. 바로 이 그룹에서 우치무라 같은 사람이 어떤 공적인 제도 없이 일본에 적용할 수 있는 기독교 신앙의 소명을 받아 출현했다"("The Thought of Uchimura Kanzō and Its Relevance to Contemporary American Religion," in Ray A. Moore, ed., *Culture and Religion in Japanese-American Relations: Essays on Uchimura Kanzō, 1861-1930* (Ann Arbor: Center for Japanese Studies, The University of Michigan, 1981), 116).

7 비록 우치무라는 클라크와 직접적인 관련은 없었지만, 그럼에도 불구하고 기독교 신

앙의 증인인 그에게 신세를 졌다고 여겨 깊은 감사와 존경을 표했다. 우치무라의 다음 헌사를 보라. "The Missionary Work of William S. Clark, Ph. D., LL.D., Ex-President of Amherst Agriculture College"(본래 출판은 *The Christian Union*, April 22, 1886; CWUK, Vol.1, 136-141(1877-1892). "Covenant of Believers in Jesus"의 전문 또한 이 논문에 있다.

8 CWUK, Vol.3, 117(1894-1896).

9 CWUK, Vol.29, 429-430(1925-1926).

10 CWUK, Vol.3, 131(1894-1896).

11 무교회 운동과 퀘이커의 관계에 대해서는 다음을 보라. 佐藤全弘, 無教會傳導とクエーカー[Nonchurch evangelism and Quakers], in 田村光三 편, 1985年無教會夏期懇話會記錄[Proceedings oh the 1985 Nonchurch summer colloquium] (Tokyo: Mukyōkai Kaki Konwakai Jimukyoku, 1986), 27-35.

12 CWUK, Vol.31, 132(1928).

13 Paul Peachey, "Mukyōkai-Shugi: A Modern Attempt to Complete the Reformation," The Mennonite Quarterly Review 35(Jan. 1961), 71.

14 아시아에서 일본의 군사개입에 대한 우치무라의 관점 변화와 마지막에 평화주의로 돌아선 것에 관한 부분에 대해서는 다음을 보라. Hiroshi Miura, *The Life and Thought of Kanzo Uchimura, 1861-1930*(Grand Rapids: Eerdmans, 1996), 43-49.

15 '그리스도의 재림' 운동에서 우치무라의 헌신에 관해서는 다음을 보라. 小原 信, 內村鑑三の生涯[The life of Uchimura's Kanzō](Tokyo: PHP, 1992), 328-329.

16 우치무라는 일본 교회 안에서 이 기록물은 '인기가 별로'였다고 썼는데, 역으로 유명한 교회 지도자들, 곧 회중교회의 에비나 단죠우 목사, 감독교회의 수지우라 박사, 감리교회의 시라이시 목사, 장로교회의 토미나가 목사, 유니테리언 교회의 우치가사키 목사 등은 우치무라를 비판했다. 예를 들면 우치무라는 "일본의 회중교회의 지도자인 에비나 단죠우 목사는 그리스도 재림 신앙을 '국가의 존재를 해체하며, 비이성적이고, 비과학적이며, 비성서적이고 비기독교적'이라고 보고 있다고 했다"(CWUK, Vol.24, 486[1918-1919]).

17 이 표현은 다음의 책에서 빌려 왔다. Kwame Bediako의 *Christianity in Africa: The Renewal of a Non-Western Religion*(Edinburgh: Edinburgh University Press/Orbis Books, 1995), 75-87.

18 CWUK, Vol. 29, 425(1925-1926).

19 CWUK, Vol. 29, 456(1925-1926); 강조는 필자가 추가한 것임.

20 CWUK, Vol. 3, 10(1894-1896).

21 CWUK, Vol. 22, 161(1915–1916). 십 년 후 우치무라는 비슷하게 썼다. "일본에 관한 한 무사도와 불교에는 기독교와 비슷한 점이 많다. 이런 점들을 신중하게 사용하면 기독교 설교를 매우 쉽게 할 수 있다. 우리나라 국민들한테 기독교 설교를 낯선 종교로 할 필요가 없다." CWUK, Vol. 29, 454(1925–1926).

22 CWUK, Vol. 25, 362(1920).

23 우치무라가 쓴 "Nakae Tōjū: A Village Teacher," CWUK, Vol.3, 249–267(1894–1896)에서 이 생각에 대한 논의를 보라. 사무라이 배경과 유교에 정향된 우치무라 및 메이지 시대의 일본 기독교인들에 관해 많은 연구가 있다. 예를 들면, 수미야 미키오는 많은 초기 일본 기독교인들이 사무라이 계급 출신이며 유교 성향이 강하다고 지적했다. 요코하마 공회(公會)의 첫 11명 중 두 명은 불교 승려였고, 한 명은 의사였으며, 나머지는 사무라이였다. 신유교의 교육은 기독교로 회심하는데 준비가 되었을 뿐만 아니라 그 이후 신앙의 해석에도 영향을 주었다고 수미야 미키오는 지적했다(*Christianity and the Formation of Modern Japan*, 15, 26–28). 게다가 유교 배경의 중요성에 더해 쿠도 에이치는 이 시기 사무라이 계급의 사회적 지위가 하락했고 이것이 기독교로 개종하는 데 중요했다는 점에 주목했다(*Studies in the Economic History of Japanese Christian Society*, 37–44).

24 이 모임에 있던 문제 중의 하나는 각 신자들이 서명할 때 신앙 고백으로 사도신경을 사용하자고 우치무라가 제안하면서 생겼다. 이 제안은 심각한 반응을 불러일으켰는데 신자들은 우치무라가 서구의 교회 일치 운동으로 '후퇴'했다고 그를 비판했다. 초기의 이들 조직화의 노력에 관해서는 다음을 보라, William H. H. Norman, "Kanzo Uchimura: Founder of the Nonchurch Movement." *Contemporary Religions in Japan* 5/1(1964), 34–44.

25 기독교 교파들의 성직자 임명과 무교회의 카리스마 리더십의 대조는 다음을 보라. 中村勝己, 近代文化の構造: 近代文化とキリスト教[The structure of modern culture: Modern culture and Christianity](Tokyo: Chikuma Shobō, 1972), 302–303.

26 Ohara Shin, "The Thought of Uchimura Kanzō and Its Relevance to Contemporary American Religion," in Ray A. Moore, *Culture and Religion in Japanese-American Religions*, 126.

27 "Mukyōkai: Churchless Christians in Japan," Japan Christian Quarterly 52/3(1986), 172.

28 여성관에 있어 우치무라의 유교적 보수성에 관해서는 다음을 보라. Ohara, *The Life of Uchimura Kanzō*, 15–18, 47, 112. 오하라에 따르면 여성의 지위에 관한 우치무라의 유교적 이해는 교회와 신학교에서 갈등의 원인이 되었다. 우치무라의

첫 번째 부인 아사다 타케는 그의 이런 점을 비난했다. 그녀는 교토에 있는 도시샤와 요코하마에 있는 공립 중학교에서 교육을 받았다. 영어를 유창하게 했던 인텔리로서 그녀는 신여성이었고 우치무라의 유교적 생각과는 거리가 있었다.

29 Caldarola, *Christianity: The Japanese Way*, 90–93. 1926년 에세이에서 우치무라는 기독교를 '타력'과 '자력' 두 요소가 포함된 것으로 설명했다(CWUK, Vol. 29, 249–253, 1925–1926). 마츠무라 카이세키와 카와이 신스이의 관점은 다음 장에서 살펴볼 것인데, 이 둘을 비교하면 '타력'에 관한 신앙과 의존이 우치무라의 해석에서 지배적 강조점이라는 것은 분명하다.

30 CWUK, Vol. 29, 521(1925–1926).

31 우치무라 사후 첫 번째 추모회가 있던 1930년, 후지 타케시는 '예언자로서 우치무라 선생'이라는 강연을 했는데, 그는 우치무라를 히브리의 예언자로 규정하고, 그가 알았던 사람 중 가장 '사제직을 반대한' 분이었다고 강조했다. 内村鑑三先生記念キリスト教講演集[A collection of Uchimura Kanzō memorial lectures on Christianity](Tokyo: Kirisutokyō Yakan Kōza Shuppanbu, 1972), 222–225.

32 예를 들면, 디모데전서 3장 5절, 디도서 및 베드로전서 5장을 보라. 초기 제도화에 대한 유익한 논의를 신약 성서 안에서 보려면 다음을 보라. Raymond E. Brown, *The Churches the Apostles Left Behind*(London: Geoffrey Chapman, 1984), 31–46, 그리고 James D. G. Dunn's *Unity and Diversity in the New Testament: An Inquiry into the Character of Earliest Christianity*(London: SCM Press, 1990 edition; originally published in 1977), 344, 359–366.

CHAPTER 05

수행의 길로서의 기독교

마츠무라 카이세키와 도회

카와이 신스이와 기독심종교단

몇 가지 비교 관찰

앞에서 본 것처럼, 우치무라 칸조는 이식된 기독교 교회의 대안을 모색한 첫 번째 일본 지도자였다. 독립적이고 토착적인 신앙 표현을 발전시킨 그의 소명은 수많은 일본 기독교인들에게 깊은 영감을 주었다. 많은 이들이 우치무라의 독립 정신을 공유하고 선교 교회와 단절하는 것에 공감했지만, 어떤 이들은 그가 만든 대안적 기독교에 전적으로 만족할 수 없었다. 카를로 칼다로라는 우치무라의 무교회 운동을 "도(道)로서의 일본 기독교"로 언급했는데, 이것은 거의 유일하고 진정한 일본식 기독교 표현임을 의미한다. 그런데 지난 세기 여타 토착화 운동의 계속적인 출현은 일본적이면서도 기독교적인 다른 길(道)이 있다는 것을 보여 준다.

이 장에서는 토착화의 초기에 포함시켜야 할 중요한 두 인물의 기독교 재해석을 숙고하겠다. 1907년 도회(道會)를 창시한 마츠무라 카이세키, 1927년 기독심종교단(基督心宗教团)을 세운 카와이 신스이이다. 이 두 단체는 선교사가 세운 교회와 우치무라의 무교회 운동 둘 다를 향한 일본식 대안을 대표한다. 몇 가지 점에서 이들 두 설립자의 초기 신앙은 우치무라의 복음주의 기독교와 상당히 닮아 보이나, 그럼에도 사실 그들이 소개한 신앙은 장로교와 개혁 전통의 선교사들의 방식이다. 그것은 우치무라의 초기 신앙을 키웠던 삿포로 밴드에 중요하고도 지속적으로 영향을 미친 평신도 교육자인 W. S. 클라크의 입장과는 대조적이었다. 이들은 교회에 대한 관심이 강했다. 마츠무라 및 카와이는 자서전에서 초기에는 기독교를 타력으로 이해했지만, 끝에 가서 이는 단지 기독교인의 삶의 시작에 해당할 뿐 진정한 신앙은 또한 자력을 요구한다는 결론에 도달했다고 썼다. 그들에게 우치무라는 서방 선교사들과 마찬가지로 타력을 너무 강조해서 자기 수행과 자기 노력을 태만히 한 것으로 보였다. 카와이 제자 중의 한 명은 설립자께서 우치무라의 지성주의를 '끝내고' 일본식 기독교를 위한 경험적 토대를 놓았다는 주장까지 했다.

마츠무라와 카와이는 또 기독교를 협소하게 정의된 교리보다는 '도'로 생각했다. 예를 들면 카와이는 그의 기독교 버전을 '하늘의 도'라 했고, 마츠무라는 자신의 종교 운동을 '도의 모임'이라는 뜻의 도회(道會)라고 이름 지었다. 그들이 서구 기독교가 지나치게 교리에 치중되었다는 생각을 공유했더라도 신앙에 대한 그들의 일본식 재해석에 기초한 신학의 윤곽이나 교리가 없지는 않았다. 더구나 마츠무라와 카와이가 종교적 삶에 있어 자기 수양의 중요성을 비슷하게 강조했지만, 두 사람의 기독교 해석은 현저하게 달랐다. 두 설립자와 그들의 종교 운동을 비교하면 토착화 과정에서 다양한 종교 전통들의 복잡한 상호 작용을 한층 더 볼 수 있다. 다음에서 다룰 내용들은 엄밀함을 목표로 하지 않는다. 그들이 표현했던 종교적이고 문화적인 주요 요인들이 기독교의 가르침과 실천을 구별하게 했다는 점을 규명하는 시도를 할 것이다.

마츠무라 카이세키와 도회

마츠무라 카이세키(松村介石, 1859~1939년)는 오늘날에는 비교적 덜 알려졌지만, 메이지 후반, 다이쇼, 그리고 쇼와 초기의 일본 기독교의 선구적인 지성인이었다. 사실 드물지 않게 그를 우치무라, 우에무라 마사히사와 함께 '세 명의 무라' 가운데 한 명으로 언급하기도 한다.[1] 후자가 대부분의 역사적 설명에서 중심에 놓여 있는 반면, 마츠무라는 그렇지 못하다. 그 시대 일본 교회에서 그들과 마찬가지의 중요한 역할을 했음에도 말이다. 마츠무라는 일본 기독교에서 중요한 지성인이었을 뿐만 아니라 도덕 교육에서도 널리 존경받는 지도자였다. 우치무라처럼, 마츠무라는 다작을 한 저술가였고 인기 있는 강연자였다. 출판된 그의 저서 목록은 40권 이상의 책과 종교 팸플릿을 포함해 거의 50페이지에 달한다.[2] 그가 한 강연과 저서들을 통해 그 또한 새로운 종교 운동의 다른 설립자들에게 영향을 주었다.[3]

마츠무라의 중요성에도 불구하고 그의 이름이 왜 사라지게 되었는지 이해하는 것은 어렵지 않다. 기독교 최초의 진정한 일본식 표현이었던 그의 종교 운동은 곧 전통 교리인 성육화와 속죄를 부정하는 신종교로 발전되었다. 그 결과 마츠무라는 배교자로 낙인찍혔고 일본 기독교계에서 무시되었다. 그의 종교 운동은 전쟁 후에는 생존을 위해 투쟁해야만 했고, 결국 현재 전국에 약 300여 명의 신자 정도만 남고 거의 사라졌다. 그렇긴 해도 '기독교' 운동으로서 애매한 위치의 도회를 나는 이 연구 안에 넣었다. 설립자와 신자들은 자신들을 기독교 토착화 표현으로 이해했기 때문이다.

마츠무라의 회심과 종교적 발달

마츠무라는 고베의 남서쪽 아카시라는 동네에서 1859년 태어났다. 그해는 처음으로 기독교 선교사가 일본에 도착한 해다. 우치무라처럼, 마츠무라도 사무라이 가문에서 태어났고 어렸을 때 아버지에게서 유교 경전을 교육받았다. 메이지유신(1868~1912년-역자 주)과 신정부가 1873년 모든 국민의 징병제라는 새로운 법을 선포한 이후 일본의 사무라이 가문에서 태어난 수만 명의 젊은이들은 토지나 봉급을 받지 못하게 되어, 생계를 위한 또 다른 수단을 찾아야만 했다. 마츠무라는 아버지가 권한 대로 학문을 배우기로 했다. 12살의 그는 계속 유학을 배우도록 교토에 있는 야슈이 소큰(安井 息軒, 1799~1876년)의 *사숙(私塾)*에 보내졌다. 메이지 초, 많은 지도자들은 일본 근대화를 위해서는 서양 학문이 중요하다는 점을 알았고, 사무라이 가문의 많은 젊은이들이 방방곡곡에 세워진 서양 학문을 가르치는 학교에서 교육받도록 장려되었다. 1874년 16살의 마츠무라는 오사카의 외국어 학교에서 영어를 배우기 시작했다. 그해 말 그는 고베로 옮겨 선교사 존 아트킨슨(John Atkinson)에게 영어를 계속 배웠다. 이것이 마츠무라가 기독교와 성서를 직접 만난 처음이었다. 2년 후 공부를 위해 교토로 돌아간 그는 1876년 요코하마의 헵번(Hepburn) 학교에 들어갔고, 독일 개혁교회의 미국인 선교사 존 발라흐(John Ballagh)의 지도를 받았다.

마츠무라는 영어 공부를 하면서 동시에 헵번 학교와 요코하마 밴드와 관련된 선교사들의 가르침하에서 기독교 교리와도 씨름했다. 그의 영적 자서전인 『신앙의 50년』에 보면, 1876년 12월의 어느 밤 그는 기독교의 신이 바로 유교에서 말하던 천제(天帝)였다는 신의 계시를 받았다. 이 경험으로 그는 신앙 고백을 하고, 1877년 스미요시의 교회에서 세례를 받았다. 그 다음 해 그는 가족들을 전도하기 위해 잠시 고향 집을 방문했다. 그 기간 그의 수입은 번역과 전도 활동의 선교사들을 돕고 또 초등학교 교사로서 일하며 버는 얼마 안 되는 돈이었다. 새롭게 주어진 임무의 압박감을 이기지 못한 마츠무라는 신경쇠약에 걸렸는데, 표면상으로는 과로와 불규칙한 단식에 의한 것 때문으로 보였다. 제임스 발라흐는 그가 하코네 지방의 야마나카 마을에서 건강을 되찾도록 주선했다. 요양 중이었던 어느 날 마츠무라는 산에서 저녁 기도를 하고 있는데 또 다른 계시 경험을 했다. 그 경험으로 그는 복음을 전하는 사람으로서 기독교의 선교에 봉사하도록 하나님이 자신을 부르셨다는 확신을 갖게 되었다.

선교사를 준비하기 위해 마츠무라는 1880년 교토로 돌아왔고 유니온 신학교에 등록했다. 이곳은 요코하마 밴드와 연결된 독일 개혁 선교사들과 장로회가 세운 기관이었다. 두 달 후 마츠무라는 여기를 그만두어야겠다고 느꼈다. 그의 설명에 의하면 선생들과 학생들의 수준에 실망했기 때문이라고 했다. 또 안식일에 대한 선교사들의 엄격한 해석과 금주 금연의 규정을 받아들일 수 없었다고도 했다. 이것으로 그는 제임스 발라흐와 제임스 아메르만(James Amerman) 교장을 포함한 여러 선교사 교사들과 갈등을 빚었다. 결정타는 학교 당국이 진무천황의 서거일을 추모하는 연례 기념일을 학교 공휴일로 지키지 않겠다고 한 것이었다. 선교사들은 이 축일은 우상 숭배의 형태여서 학교는 공휴일로 지킬 수 없다고 했다. 마츠무라는 선교사들이 일본의 역사와 일본 국민의 민족주의적 성격에 대해 무지하다고 비판하고, 전통을 존중한다면 학교 수업을 쉬어야 한다고 주장했다.[4] 선교사들은 평소와 같이 수업을 진행했으나, 마츠무라의 입장에 동조하는 한 무리의 학생들은 결석을 했다. 그는 불려가 학급생들에게 부정적 영향을 끼친 것에 대해 견책을 받았다. 그가 선택할 수 있는 것은 신학교를 떠나는 것 외에는 없었다.[5]

1881년 이 돌발적인 자퇴 후 마츠무라는 간사이 지방으로 이사가 6년을 보냈다. 그는 오사카의 신문사에 잠깐 있다가 오카야마의 타카하시 교회에서 3년간 목사로 사역한 후, 크리스천 신문인 〈복음신보〉의 기자로 오사카로 되돌아갔다. 이 시기에 그는 많은 새로운 아이디어와 더 많은 선교사들과 일본 크리스천 지도자들을 만나며 지적인 성장을 했다. 예를 들면 오사카 첫해에 그는 다윈의 『종의 기원』을 읽었는데, 이 책은 그의 크리스천 신앙의 전통적 기반을 흔들어 놓았다. 깊은 회의와 의심의 며칠을 보낸 후 그는 '하나님 신앙'을 회복했지만, 더 이상 전통적인 기독교의 '정통 교리'를 온전히 받아들일 수 없었다.[6]

이 기간에 그는 또 요코야마 밴드의 개혁 장로교 전통은 기독교의 '많은 버전들 가운데 하나'일 뿐이라는 것도 깨달았다. 사실 어떤 유럽 선교사들과 그들의 종파는 기독교를 더 이성적으로 해석할 것을 주장했다. 마츠무라의 미국 선교사 선생들이 취한 태도는 이들과 정반대로 술과 담배와 안식일에 대해 덜 유연했던 것이다. 특히 회중교회와 유니테리언 교파의 지도자들은 그에게 크리스천 전통에 대한 그의 기존 해석은 근본적으로 재형성되어야 한다는 새로운 아이디어를 주었다. 이 지점에서 언급해야 할 두 사람이 있다.

카나모리 미치토모(1857~1945년)는 도시샤(同志社)대학(일본 3대 사학 명문 중 하나인 대학–역자 주)에서 교육받았고, 니지마 죠(1843~1890년, 메이지시대 6대 교육자 중 한 명으로 그가 세운 도시샤 영어 학교가 후에 도시샤대학으로 발전–역자 주)는 회중교회에서 목사 안수를 받았다. 마츠무라와 우정을 맺은 니지마는 그가 간사이로 옮겨 첫 번째 목사직을 수행할 수 있도록 도와주었다. 니지마 죠는 또 마츠무라에게 유럽의 최신 동향인 신신학과 성서 비평학을 소개했다. 몇 년 후 카나모리는 신신학을 도입하고 소개한 선도적인 이로 이름을 알렸다. 그는 오토 화라이더러(Otto Pfleiderer, 1839~1908년, 독일의 자유신학을 대표하는 신학자-역자 주)의 『종교사에 기반한 종교철학』(*Religions-philosophie auf geschichtlichter Grundlage*, 1878)을 의역해 일본에 소개하고, 그에 따라 『일본 기독교의 현재와 미래』(*The Present and Future of Christianity in Japan*, 1891)를 저술하여, 일본에 신신학을 소개하는 중요한 역할을 했다.[7]

오사카에 머무를 때 마츠무라는 일본의 또 다른 목사 요시오카 코키(吉岡 弘毅, 1847~1932년)에게서 왕양명(1472~1529년)의 신유교를 소개받았다. 마츠무라가 요시오카를 만나면서 어렸을 때 교육받아 그의 핵심을 형성했던 유교 경전에 다시 관심을 갖게 되었을 뿐만 아니라 동서양의 영적 지혜를 통합하는 새로운 철학적 전망을 갖게 되었다. 그때 이후로 마츠무라는 유럽의 신신학을 통합할 수 있는 유교적 기독교를 구축할 것을 진지하게 생각하기 시작했다.

짧은 시간 교토의 〈기독교 신문〉의 편집자로 지낸 후, 마츠무라는 교육 사역에 많은 시간을 냈다. 야마가타 영어 학교의 교장으로 6개월을 봉사한 후, 니가타로 옮겨 1887년 호쿠에츠 학감에서 우치무라 칸조의 뒤를 이었다. 우치무라처럼 마츠무라의 교육 철학은 학교 재단의 선교사들로부터 심한 반발을 사 1891년 그는 사임했다. 그는 간다[神田]의 기독교 청년 회관의 강사로 임용되어, 거의 5년간 그곳에서 활동했다. 강연과 저서들을 통해 그의 영향력은 퍼져 갔다. 토요강좌의 학기가 끝날 즈음에는 4~5백 명이 참석했다. 그의 인기에도 불구하고, 감독위원회는 그의 신학적 관점을 그다지 기뻐하지 않았고, 1897년 그는 사임을 요구받았다.

공적으로 은퇴한 마츠무라는 카마쿠라[鎌倉]에서 연구와 저술을 하며 몇 년을 보냈다. 이때 『국가의 흥망 역사』 (*A History of the Rise and Fall of Nations*, 1902), 『근대유럽사』 (*Modern European History*, 1903), 『성인 소크라테스』 (*Saint Socrates*, 1903) 등의 책을 출판했다. 이때가 마츠무라에게는 혹독한 종교적 훈련의 시기였으며 자신의 삶과 미래에 대해 깊은 성찰을 한 때였다. 비록 교육 현장으로 다시 돌아가려 했지만, 하나님의 또 다른 '직접 계시'를 받고 그는 여생을 종교적 일에 헌신하게 되었다. 1905년 47세에 마츠무라는 독립 교회를 시작하기로 다짐하고 일본을 위해 새롭게 다시 형태를 갖춘 기독교를 목표로 한 '순수한 종교'를 가르치는 데 남은 생애를 헌신했다.[8]

일본 교회에서 신종교로

마츠무라가 기독교의 독립적 표현을 발전시켜 가던 처음 몇 년간 그의 도회는 엄청난 속도로 발전했다.[9] 처음에 일심회라고 했다가, 1907년 일본의 교회라고 했다. 정기 모임은 공간을 빌려서 했다. 이듬해 그는 잡지 『도』를 창간했고, 이것은 그의 새로운 유교적 기독교의 중요한 이력이 되었다. 초창기 주제들 가운데 하나로 마츠무라는 독립적 종교의 관점을 표현하고, 심리 현상을 탐구하며, 기독교에 보다 고도의 비판을 적용하여 동서양의 문화적 개념들을 통합하기 위한 잡지를 만들었다.[10]

마츠무라 카이세키, 도회의 설립자

앞에서 보았던 것처럼, 마츠무라는 처음 '일본 교회'를 조직해서 서구의 통제를 받지 않는 독립적인 일본 기독교를 새롭게 재형성했다. 그의 종교적 믿음과 확신이 점차 체계를 갖추게 됨에 따라 자신의 운동을 '교회'라고 부르는 것이 잘못이라는 것을 뚜렷하게 알아갔다. 아이러니하게도 그가 기독교 신앙과 멀어졌다는 것을 알게 해 준 것은 바로 그의 주장을 가장 공감했던 유니테리언 교회의 일본 동료들이었다.[11] 자신의 방향이 새로운 것임을 성찰한 마츠무라는 1912년 자신의 종교 운동을 도회(道會)라고 바꾸고 '영원한 도'의 '신종교'라고 말했다. 몇 년 후 마츠무라는 자신의 '일본 교회'는 전통 기독교를 개혁하고, 열등한 많은 요소들을 제거해, 신앙과 종교적 믿음을 과학적인 사고에 기초하기 위한 노력에서 출발했다고 설명했다. 개혁으로 시작했던 것이 끝에 가서는 '신종교'로 변한 것이다.[12] 마츠무라의 새로운 위치가 수십 년간 잡지 『도』에서 모양을 갖춰 갔지만, 1925년 『신종교』의 출판이 마지막 변환점이 되었다.

마츠무라는 자신의 신종교가 종교의 진정한 본질로 되돌아가기 위한 노력으로 이해했다. 모든 종교는 단지 경쟁과 갈등의 근원이 되는 불필요한 부차적인 것들 때문에 붕괴되었다고 그는 주장했다. 이런 점에서 도회는 순수함과 단순함을 시도한 표본이었다. 또 종교적 믿음과 실천을 현대 과학과 보다 높은 비판주의와 화해시키고자 한 노력이었다. 이 강조들은 1929년 발간한 그의 책 『종교비판』에서 일부 선명하게 드러난다. 마츠무라는 한때 선교사들의 전통 기독교를 믿었고 이 같은 신앙을 널리 전하기 위한 사역을 했다. 그러나 비판적 학문을 하면서 그는 정통 기독교의 핵심이 되는 믿음을 더 이상 유지할 수 없다는 확신을 갖게 되었다. 사실, 그는 성서 무오류성, 예수의 동정녀 탄생, 그리스도의 속죄설 등의 교리들은 거짓이라고 해 너무 멀리 나간 주장을 폈다. 그는 전통주의자들의 교회는 계속해서 이 같은 거짓을 선포하고 학문과 지식의 진보를 무시하기 때문에 더 이상 미래가 없다고 결론지었다.[13] 마츠무라에 대한 비판자들은 구원자로서 그리스도 없이는 기독교는 설 수 없다고 했지만, 그는 하나님의 부성(父性)과 인간의 형제애가 예수 가르침의 본질일 뿐이며 자신은 이 토대 위에서 주장한 것이라고 했다.[14]

도회의 가르침

신종교를 세워야 한다는 주장에 더해 마츠무라는 세계 모든 고대 종교가 공유하는 기본 진리들을 정교히 다듬어야 한다고 논쟁했다. 그의 가르침은 기독교, 불교, 유교의 성스러운 경전들에 담긴 진리들을 음미하는 것뿐만 아니라 사적인 계시 경험에 기초를 두었다.[15] 그의 접근은 『산 위의 달』이라는 조그마한 소책자에 응축되어 있는데, 이 책은 1926년 2월 7일의 라디오 대담에 기반하고 있다.[16] 책에서 그는 도회의 지향과 기본 신앙을 단순한 말로 요약했다. 잘 알려진 와카(和歌, 일본의 전통 시-역자 주)의 행에서 도의 제목을 취했다.

산자락에서 올라가는 길은 비록 많으나,
정상에서 보는 달은 하나라네.

고타마 불교는 인도에서 저 달을 보았고, 공자는 중국에서, 예수는 팔레스타인에서… 각각은 똑같은 근본적 실재를 주장한 것이다. 그런데 기성 종교들이 공통되는 종교적 경험과 신앙을 변질시키고 이차적으로는 경전과 교리의 정교화를 통해 이것을 모호하게 해 버렸다. 종교들 사이의 또 기독교 내의 종파들 사이의 모든 교리 논쟁은 궁극적으로는 소용없고, 어떠한 결실도 없다(신약에서 야곱과 바울의 갈등, 개혁 전통에서 루터와 츠빙글리, 가톨릭과 개신교의 갈등을 그는 언급했다.). 궁극적인 것은 영(靈), 성(誠), 성(性)이지 이론이 아니다. 모든 주요 종교의 핵심 진리를 마츠무라는 다음 네 가지 가르침(四綱領)으로 환원할 수 있다고 여겼고 이것이 '도회'의 기반이 된다.

1. 하나님 믿음[信神]

가장 기본적으로 공유하는 믿음은 세상의 주님(天地主宰의 神)을 신앙하고 예배하는 것이다. 기독교에서 이것은 성부 창조주를 신앙하는 것으로 말해지고, 불교에서는 진여(眞如) 혹은 궁극적 실재로, 신도에서는 오모토노 카미(大元의 神) 또는 아메 노 민나카누시(天의 御中主)로 말해진다. 그 신앙이 유일신론이든 다신론이든 범신론이든 각 종교는 똑같은 궁극적 실재—똑같은 산 위의 달을 신앙하는 것에 토대를 둔다. 궁극적 실재나 하나님 신앙은 핵심이지만 타력 구원의 의미는 아니다. 인간의 인격은 수련과 자기노력이 없이는 결코 고양될 수 없다.[17] 마츠무라는 많은 종교들의 퇴보를 신에 대한 관심만 유지한 채, 스스로의 발전을 위한 노력을 등한시했기 때문이라고 주장했다.

2. 수덕(修德)

참된 종교는 '현세의 이익'에 몰두하지 않고, 덕을 키우는 데에 초점을 두어 '도'를 따르려는 불굴의 노력을 요구한다. 어떠한 방식으로든 모든 종교는 덕을 닦고 '도'와 조화로운 삶을 살 것을 가르친다. 이것을 신도에서는 육근청정(六根淸淨), 곧 감각기관에서 벗어나는 것을 통해 자기를 순수하게 하는 것, 기독교에서는 죄를 없애는 것, 불교에서는 죄를 피하고[諸惡莫作] 선을 쌓는 것[衆善奉行], 유교에서는 마음을 바르게 하고[正心] 몸을 닦는[修身] 것이라고 가르친다. 한마디로 참된 종교는 수련과 금욕을 요구한다. 이 점은 곱씹을 가치가 있다. 이것이 '도회' 신앙의 핵심이다.

마츠무라는 기독교의 원죄설을 받아들이지 않는 대신, 유교 성선설의 인간 본성 이해를 더 좋다고 여겼다. 따라서 그는 종교적 삶은 그 다음 단계로 나아가는 자기-수양의 과정이지 기독교 교회가 강조하는 단 한 번의 드라마틱한 회심은 아니라고 보았다. 마츠무라는 자신의 이해가 일본인의 심리에 보다 적합하다고 느꼈다. 그는 1916년 영적 수행과 불성을 깨닫는 길을 안내하는 유명한 십우도(十牛圖)를 설명한 짧은 소책자를 출판했다. 동시에 이 같은 이해는 예수의 가르침과 양립하지 못할 바는 아니라고 주장했다. 예수는 탕자의 비유에서 제정신이 들면 아버지의 집으로 돌아갈 수 있다고 가르쳤다. 비유 속 아들한테 일어난 변화는 점진적인 깨달음의 결과였고, 외부의 중재자나 어떤 희생양의 속죄에 의한 것이 아니었다.[18]

마츠무라와 그의 후계자들의 관점에는 분명 신유교 왕양명의 영향이 보인다. 신성에 대한 강한 신앙과 내면의 통찰(마음의 양지)의 수양을 강조하는 점을 볼 수 있기 때문이다. 양지(良知)는 개인이 바른 길을 따라 우주의 광대한 공간, 곧 태허(太虛)와 합일하는 것으로 들어갈 수 있게 하는 자기 안의 역량이다.[19] 성인이 아니어도 모든 사람들은 '참된 마음'을 갖고 태어난다. 이것이 자극을 받고 개발되기만 하면 되지만 문제는 보통 사람들은 도를 따라 살 내적 역량을 자각하지 못한다는 점이다. 어느 신자가 다음과 같이 말했다. "사람의 마음은 거울과 같다. 바른 길을 선택하기 위해 더러운 것을 닦기만 하면 된다." 예배, 공부, 정좌는 다 마음의 거울을 닦는 방법이다. 오직 이 수행에 힘써 참된 마음을 회복할 수 있다. 영적 성장의 단계들을 통해 앞으로 나갈 때, 죄스러운 태도, 욕망, 행동은 점점 줄어들고 그 자리에 사랑, 미, 충성, 효, 의로움, 신앙 등이 자연스레 드러난다. 이 길을 계속 가는 사람은 마침내 신인합체(神人合體)의 경험을 하게 될 것이다.

3. 이웃 사랑[愛隣]

자기 수행을 종교의 개인주의 형태로 오해해서는 안 된다. 모든 종교는 가장 좋은 이상으로 개인의 구원보다 다른 사람을 위해 살도록 가르친다. '높이 떠 있는 달'을 예배하고 경외함에는 우리가 이웃을 사랑할 것이 포함되어 있다. 이는 넓게는 개개인이 군주, 국가, 인류를 위해 책임을 다하는 것을 의미하는 것으로 해석된다. 간략히 말하면 자기 수행은 단지 개인의 자유를 위해서가 아니라 가족, 국가, 세상, 우주 등 삶의 모든 것을 도와 조화하도록 키우는 넓은 과정에서 필요한 첫 단계이다. 우리가 정성(誠)의

마음을 키운다면 자연히 이웃을 사랑하고 모든 것을 다시 질서 잡게 하는 데 헌신하게 될 것이다.[20]

4. 영원한 생명[永生]

모든 종교는 삶은 물질적 차원 이상이라고 가르친다. 영원한 삶은 다가올 세상에 영혼과 삶의 불멸성을 말한다. 일본 신도에서는 신성해져 가장 높은 하늘(高天原)에 들어가는 것으로 설명한다. 하늘에서 신과 함께 영원히 산다는 개념은 또한 기독교의 핵심이기도 하다. 죽음은 피할 수 없는 것이지만 끝은 아니다. 우리 육신은 태워지거나 묻혀도 우리 영적 존재들은 영의 세계에서 계속 존재한다. 이 계속되는 가르침은 우리가 희망 속에 살 수 있게 하는 종교의 특별한 선물이다.

마츠무라는 도회를 매일의 삶에서 이 네 가지 믿음을 실천하는 데 헌신하는 것과 연결시켜 정의했다. 모든 신자들은 예배와 날마다 하는 의례의 끝에서 이것을 함께 암송해 맹세했는데 다음과 같다.

> 우리는 하나님 믿음을 굳건히 해 항상 그를 경배할 것을 약속합니다.
> 우리는 수덕에 힘써 항상 우리 성품을 더 낫게 할 것을 약속합니다.
> 우리는 이웃 사랑에 대한 믿음을 굳게 해 나라와 우주와 인류에 봉사할 것을 약속합니다.
> 우리는 영원한 삶에 대한 믿음을 굳게 해 항상 희망 속에 살 것을 약속합니다.[21]

도회의 의례

위에서 본 것처럼, 마츠무라에게 영적 길의 수행에 기반을 제공한 것은 신유학(특히 양명학)이었다. 과학의 진화론과 고도의 비판의식은 그가 전통 기독교를 비판하고 결국에는 거부하게 한 토대였다. 초창기 몇 년간 이 운동의 예배와 의례는 대개 일본에 있는 다른 기독교 교회들이 하던 방식을 따랐다. 성서, 기독교 찬송가, 오르간이 예배 때 사용되었고, 세례성사와 주님의 만찬이 준수되었다. 그러나 오래지 않아 마츠무라는 전통 기독교 예배가 자신의 기본적인 믿음과 상반되는 생각을 담고 있다고 깨달았다. 대부분의 찬송가 가사들이 자신의 가르침과 상반되기 때문에 그는 자신의 찬송가로 대체할 결심을 했다. 또한 그는 예배에서 일본의 전통을 사용할 것을 시도했다. 그러나 결국 도회의 가르침과 일치한다고 판단되는 세심하게 선택된 찬송가들이나 새로운 용어로 제시한 전통적 곡조를 위한 경우에는 오르간을 다시 썼다.

마츠무라는 또 기독교 교회들에서 지키는 의례를 모방만 할 수 없다는 것을 깨달았다. 예를 들면, 성부, 성자, 성령의 이름으로 하는 세례성사는 삼위일체 교리를 거부한 종교 운동에서 입회 때의 의식으로 쓰기에 부적절했다. 2년 내 세례성사는 입회식에서 제외되었고 서명과 선서로 대체되었다. 마츠무라가 전통 그리스도론의 속죄설을 버렸기 때문에 필연적으로

설립자(두 번째 줄, 오른쪽에서 여덟 번째)와 함께 한 도회의 신자들, 예배당 앞에서

주님의 만찬인 성체성사 역시 그만두었다. 그에게 기독교의 영향은 여전히 남아 있었지만 예배에 그는 신도 의례를 빌려 와 보다 일본다운 특성을 갖추었다.

1915년 마츠무라는 도쿄에 부지를 마련해 그의 운동본부를 세웠다. 섭리에 의해 부지는 '카미야마'(신의 산)라는 이름의 시부야에 마련되었다. 신도 의례인 지진제(地鎭祭, 건물을 올리기 전 토지신에게 지내는 제사-역자 주)를 지냈고 이듬해 몇 개 건물을 올렸다. 주 건축물은 예배당인 배천당(拜天堂)인데 서양식 교회라기보다는 일본의 종교 건축물을 모델로 삼았다. 1917년 예배와 종교 수련, *도회 가이드북*을 출판하기 위해 봉헌된 이 건물은 운동의 설립을 확실하게 보여 준 것이었다.

인터뷰했던 이들에 의하면, 설립자는 신도야말로 일본의 문화와 전통을 순수하게 보여 주는 종교라고 했다. 신도 전통이 일본의 여타 종교의 예배 형식에 일조할 것이라 생각했다. 마츠무라는 배천당에 신도식 제단을 설치했다. 거기에는 거울과 *고헤이*(御幣, 신도에서 신에게 바치는 신장대. 막대 끝에 종이나 천을 붙여 늘어뜨려 놓은 것-역자 주)가 궁극적 실재의 상징인 성(誠)의 표현으로 모셔져 있다. 한 신자는 배천당을 다음과 같이 묘사했다.

> 이것은 일본이 '서구를 예배하는' 것에 사로잡혀 있을 때 세워졌다. 당시 이 같은 일본 건물이 건축된 것은 예삿일이 아니었다. 건물 외부는 불교 사찰 양식으로 건축했으나 내부는 신도 형식을 따라 디자인했다.

예배 또한 신도의 방식을 따랐다. 예배에서 마츠무라는 제단 앞에서 기도문을 암송하기에 앞서 신도 식으로 박수를 쳤다. 한동안 정좌를 하고, 경전을 읽고(도회의 성서 및 유교 경전), 도회의 네 강령에 대한 설교를 했다. 예배의 마지막엔 기도를 하고 도회의 맹세를 다 함께 암송하고, 찬송을 했다. 기독교의 세례와 주님의 만찬례는 빠졌지만, 신자들을 위한 결혼과 장례 예식은 했다.

공적 예배에 더해 신자들은 매일 맹세문을 암송하고 기도 시간을 지켜 아침저녁으로 명상하도록 권장받았다. 배천당에서 신도식 제단이 예배의 중심점이었던 것처럼, 신자들도 각자 집에서 종교의례를 행할 수 있는 비슷한 중심점이 필요하다고 마츠무라는 생각했다. 이 목적을 위해 그는 한자로 하나님의 이름 '皇天上帝'를 새긴 휘장을 마련했다. 그리고 신자들에게 신도 제단 위나 한 구석에 그것을 놓고 매일 기도하거나 명상할 때 그 앞에서 향을 태우도록 했다. 많은 사람들은 걸어 놓은 이 휘장을 부적으로 여겼다고 인터뷰대상자들은 설명했다. 외부에서는 이 휘장을 우상 숭배라고 비난했지만 마츠무라는 갓 신자가 된 이들이 종교 행위의 핵심에 집중할 수 있도록 하는 상징이 필요하다고 생각했던 것이다.[22]

변화하고 있는 도회

위에서 소개한 도회의 종교적 가르침과 실천은 2차 세계대전 전까지의 특징이었다. 전쟁 시기에 학생으로 도회에서 활동했던 몇몇 인터뷰대상자들은 자신은 도회가 기독교의 종파가 아니라 별개의 종교로 알고 있었노라고 했다. 건축물과 예배 형식은 일본식이었고, 유교의 경전과 동양 사상을 늘 강조했으며, 강좌나 설교에서 성서를 언급한 적은 몇 번 없었고, 교회의 찬송가를 부른 적이 거의 없고, 예배의 마지막에 '아멘'이라는 소리를 들은 적이 단 한 번도 없었다고 했다. 한마디로 도회에서 '기독교의 냄새'는 거의 없었던 셈이다.

그러나 종전 이후 도회의 지도자들은 이 운동의 뿌리인 기독교를 재강조했다. 실제 마츠무라의 후계자는 그 운동을 '자유주의 기독교'의 형태로 언급했다.[23] 교토에 있는 도회 본부의 외부에 있는 간판은 오늘날도 여전히 같은 글귀로 자신을 규정하고 있다. 이 새로운 자기 이해는 종전 후의

예배당 안의 제단, 마츠무라의 장례식(1939년)

분위기에서 점차적으로 발전된 것이다. 일본의 패망과 미국의 점령으로 '반(反)신도 분위기'가 일어나면서 지도자들은 신중하게 배천당의 신도식 제단을 철거했고, 대신 꽃병을 놓은 소박한 탁자를 제단에 놓았다. 1955년 성서 강의를 다시 했고, 예배 시간에 성서와 찬송가를 사용하는 빈도도 점차 늘었다. 종전 후 건축은 1989년 예배당을 재건함으로써 비로소 끝나는데, 이 건물은 서구 교회처럼 스테인드 글라스와 신자석을 갖추었다. 외견상 오늘날의 도회는 교회 기관처럼 보인다. 하나님 아버지와 이웃 사랑에 대한 예수의 가르침을 높이 존중하고 강조했다. 그러나 도회는 기독교의 다른 전통적 교리는 해체했지만 신유교의 자기 수행의 가르침은 계속해서 강조하고 있다.

카와이 신스이와 기독심종교단

마츠무라만이 종교 생활에서 자기 수행을 강조했던 유일한 일본 지도자는 아니었다. 같은 관심하에서 일본 기독교계의 또 다른 예로 '기독심종교단(基督心宗教團)'의 설립자인 카와이 신스이(川合信水, 1867~1962년)의 삶과 업적을 살펴보겠다. 유교와 불교의 관점에서 신앙을 재해석한 이 일본식 교회는 기독교는 자기 수행의 보다 완벽한 길을 제시한 것이며, 불교의 선(禪) 수행으로 하나님과 합일로 이해되는 기독교인의 *사토리*를 이룰 수 있다고 주장한다. 우치무라와 마츠무라처럼 다작을 하지는 않았지만, 카와이 역시 많은 저서를 냈고, 그의 제자들이 편집하고 출판한 그의 강연집들이 꽤 있다.[24] 그가 독립적인 일본 기독교에 대한 관심을 그들과 공유했을지라도, 신앙에 대한 그의 이해와 표현은 그가 선교 교회들에서 대면했던, 지성 중심의 무교회 운동, 자유주의의 도회 등 기독교의 소박한 해석과는 사뭇 다르다.

카와이의 종교적 · 지적 발전

마츠무라와 같이, 카와이도 기독교 신자로서의 처음은 선교 교회에서 시작했다. 야마나시 도의 오누마의 한 마을에서 1867년 태어난 카와이가 진지하게 기독교를 만난 것은 22살 젊은 나이에 맞은 개인적 비극으로 인해서였다. 1년 사이에 그의 가족 중 다섯 명이 위중해지거나 죽었다. 절망 속에서 의미를 찾던 그에게 신약 성서가 다가왔다. "애통하는 자는 복이 있나니 그들은 위로 받을 것이다"(마태복음 5장 4절-역자 주). 이 같은 산상설교의 예수의 말씀에서 위로를 받은 그는 회심하고, 감리교 선교 교회에서 1890년 세례를 받았다. 3년 후 독일 개혁 선교회의 신학교인 토호쿠 가쿠인에 등록해 기독교 목사가 될 준비를 했다. 토호쿠 가쿠인 대학에서 수학하는 동안 그는 선교사 교사들의 가르침을 받아들였지만, 그의 중요한 멘토는 오시카와 마사요시(押川方義)였다.[25] 오시카와로부터 자기 수행을 통한 종교적 경험과 신과의 합일을 배웠다. 자기 수행은 전형적인 서구 선교회가 간과하는 것으로 기독교 신앙의 아주 중요한 차원이다. 카와이가 자신의 독립 교회를 세우기 십수 년 전, 기독교 신앙의 새로운 이해는 센다이(1893~1901년)에서 수학하고 활동하던 시기에 대개 모양을 갖추었다.[26]

그의 자서전『나의 영적 체험』에서, 일본의 토양에 오래전부터 뿌리내린 동양의 종교 전통과 기독교 신앙 사이의 관계를 그가 어떻게 성찰했는지 다음과 같이 회고한다.

> 열심히 공부하고 있는데 갑자기 한 생각이 떠올랐다. 만약 붓다, 공자, 소크라테스가 그리스도를 만난다면? 만약 왕양명, 도겐(道元, 일본 가마쿠라 시대의 선종 승려–역자 주), 니치렌(日蓮, 일본 가마쿠라 시대의 불교 승려–역자 주) 혹은 하쿠인(白隱, 일본 선불교의 거장–역자 주)이 그리스도를 믿는다면? 나는 확신했다. 그들은 베드로, 야곱, 요한 그리고 바울이 발견했던 것에 더해 무엇인가를 발견했을 것이다. 그렇다면 서양에서 온 기독교 너머의 더 큰 진리가 이들 성인의 정신을 구현하는 가운데 드러나게 될 것이고, 그 결과 일본에서 발견된 진리의 비밀이 서양에 제공될 것이다.[27]

성서 속 예수의 풍부한 가르침이 끝이 아니라고 카와이는 깨달았다. 사실 예수가 이스라엘의 소박한 촌사람들보다 공자나 붓다를 만났더라면 예수의 메시지와 가르침은 달라졌을 것이라고 그는 추측했다. 아시아 성인들과의 만남을 통해 그리스도의 가르침을 설명하는 것이 카와이의 선교가 되었다.

동양과 서양을 하나로 결합하는 기독교 이해를 위해 카와이는 고대 경전에 대한 학문적 공부가 더 필요—적어도 이들 아시아 성인들의 지혜를

후지요시다 본부에서 연구 중인
카와이 신스이(1954년, 88세)

실존적으로 대면하는 것—하게 되었다. 신학교에서 신학을 공부하는 동안 카와이는 매일 저녁 5~6시간 동안 근처 야외에서 명상을 했다. 열심히 명상한 지 2년 즈음 그는 신과의 합일을 직접 경험했다. 이는 그의 멘토 오시카와가 몇 년 전 그와 나누었던 가르침이었다. "그 순간, 나는 체험했고, 또 '마음이 깨끗한 자는 복이 있나니 그들이 하나님을 볼 것이요'(마태복음 5장 8절)를 이해했다." 고 그는 회상했다.[28] 신앙에 대한 이 확증은 카와이에게 기독교에 대한 그의 독자적인 표현을 발전시킬 확신을 주었다. "내 눈으로 하나님을 뵌 후, 학자들의 논리는 내 신앙에 대적이 되지 못했다."[29]

카와이의 기독교 해석

1927년 카와이는 '기독심종교단'을 군제에 있는 실크 공장 터에 세웠다. 이곳에서 그는 거의 이십여 년간 교장으로 있었다. 군제에서 그의 초기 강의는 지난 36년간의 공부, 강도 높은 명상에서 얻은 통찰, 하나님의 직접 계시, 동서양 성인들의 지혜에 기반한 것이라고 그는 설명했다.

지속적 계시에 대한 앞의 논의(제3장)에서 이미 지적한 바와 같이, 카와이는 마태복음의 '성취된' 신학의 맥락에서 일본을 위한 예수의 중요성을 이해했고 정교하게 발전시켰다. 우치무라와 같이 그도 하나님은 서양 선교사들이 도착하기 훨씬 오래전부터 아시아의 역사와 문화에서 활발히 활동하고 계시다는 것을 주장했다. 새로운 이해와 확신을 기독심종교단의 교리는 다음과 같이 표현한다. "고대 성인들의 길은 그리스도의 오심을 파

카와이, 도쿄의 교구 신학생들과 함께(1919년)

괴하는 것이 아니라 성취하는 것임을 우리는 믿는다." 카와이에게 있어 이들 '고대 성인들'은 붓다, 공자, 신유교의 왕양명, 그리고 불교의 성인들(호겐, 신란, 니치렌, 도겐, 하쿠인)이다.[30] 고대 팔레스타인의 세례자 요한처럼, 이들 아시아의 성인들은 예수의 오시는 길과 일본식 기독교 신자들을 위한 '구약'의 핵심을 구성한다. 카와이는 1921년 5월 명상 중일 때 공자의 영과 친교하는 경험을 했는데 "그리스도의 정신과 공자의 영이 참으로 비슷한 현현들이라는 확신에 이르게 되었다."고 했다. 공자와 연관된 이 성취 신학을 그는 정교하게 다듬었다. 길지만 인용할 만하다.

그리스도의 선구자로서 용감히 분투했던 고된 당신의 74년, 나는 당신의 빛나는 삶을 존경합니다. 천하를 구하고자 한 당신이 남겨 놓은 위대한 과업은 이제 전적으로 우리에게 달렸습니다. 당신은 오래전에 보이지 않는 세상으로 가셨고, 나는 이 세상 여기에 있으니, 하늘나라를 세우는 성스러운 과업을 이루도록 도와 줄 것을 당신께 청합니다.[31]

카와이의 입장은 선교사들이 일본의 종교성을 거부할 때 호소했던 대체 신학(the displacement theology, 하나님의 계획에 따라 교회가 이스라엘을 대신했다고 가르치는 신학이다. 이 신학을 옹호하는 이들은 유대인은 더 이상 하나님이 택한 백성이 아니라고 주장한다.-역자 주)과는 현저히 대조적이다. 카와이는 유교와 불교 전통은 기독교인의 생활에 많은 가치를 제공한다고 강조했다. 따라서 명상과 강건술(强健術)은 기독심종교단의 영성 발달에 중요한 수단이 된다. 기독교는 기독교 전통의 외부에서 나타난 선함을 거절할 것을 요구하지 말고 오히려 그리스도 안에서 "다른 종교전통의 진리, 선함, 아름다움을 다 함께 모아들일 것"을 요구해야 한다.[32] 카와이는 아시아 종교들의 '풍요로움'에 깊은 이해를 표명하나 동시에 예수 그리스도가 이들 전통을 완성시켜 초월하게 한다는 확신이 있었다.[33] 예수가 이전 시대 및 다른 곳의 성인들과 다른 점은 살아계신 하나님의 영이 우리 안에 계시며 우리를 완전의 길로 이끄신다는 점, 죽음으로부터의 부활과 다가올 세상에 대한 약속이라는 그만의 가르침 때문이다.

아침에 강건술(强健術)로 신체단련을 하고 있는 신학생들(도쿄, 1925년)

신약 성서의 두 대목이 카와이의 기독교 해석의 중심을 이룬다.[34] 첫 번째는 빌립보서의 "너희 안에 이 마음을 품으라 곧 그리스도 예수의 마음이니"(2장 5절)이다. 이 텍스트는 카와이 가르침의 첫 번째 기둥이고 그의 교회 이름의 영감이 되었다. 기독교 신자가 된다는 것은 '그리스도의 마음'을 지닌다는 것을 의미한다고 카와이는 설명했다. 마찬가지로 선불교는 붓다의 마음(佛心宗) 종교라고 할 수 있다. 카와이는 그의 길을 그리스도-마음 종교(基督心宗)로 이름 짓는 것이 맞다고 생각했다. 기독교는 단지 구원자로서 예수를 '믿는' 것만이 아니라 그리스도의 마음을 익히기 위해 제자 훈련, 수행 등을 하는 것을 포함한다. 처방전대로 하지 않는다면 의학 지식 그 자체만으로는 병을 치료하지 못한다. 마찬가지로 신앙을 실천하지 않는다면 교리 지식만으로는 구원받지 못한다. 카와이는 "교리 지식에만 토대를 둔 신앙만으로는 구원받지 못한다. 실천이 없다면 변화도 없고, 변하지 못한다면 구원도 없다."라고 했다.[35] 이식된 기독교의 교리 표현은 선반 위에 앉아 후지산의 가이드북을 읽는 것과 같다. 비탈길, 오솔길, 정상에 대한 묘사는 다 맞겠지만, 그 스스로 산을 등반하여 체험해야 한다. 마찬가지로 종교의 목표는 하나님을 직접 체험해 개개인이 변하는 것이다. 구원, 하나님과의 합일에 대해 말하는 대신, 카와이의 관심은 개인이 직접 실재를 체험하도록 인도하는 데 있었다.

카와이가 강조했던 두 번째 신약 성서의 구절은 마태복음에 기록된 예수의 말씀이다. "그러므로 하늘에 계신 너희 아버지의 온전하심 같이 너희도 온전하라"(5장 48절). 예수는 제자들이 완전해질 것을 요구했고, 그것은 진지한 영적 훈련으로 이뤄질 수 있다.[36] 그 구절에 주석을 달며 카와이는 하나님의 궁극적인 목적은 하나님의 형상으로 창조된 인간을 포함해서 피조물 전체를 완전함으로 이끄는 것이라고 설명했다. 각양각색의 달리기 선수가 마라톤을 완주하는 데 각기 시간이 다른 것처럼, 우리 또한 완전함의 다양한 길을 완성하는 데 서로 걸리는 시간이 다를 것이다. 우리 가운데 이 생애에서 눈을 뜨고 길을 나아가는 데 실패한 이들은 다가올 세상에서 하나님의 '가르치심'이라는 정화의 불을 직면할 것이다.[37] 그리스도 안에서 믿음을 통해 하나님과 화해하며, 그리스도 안에서 다시 변화하는 과정에는 훈련과 노력이 필요하다.

신약 성서의 이 구절의 말을 빌려 카와이는 그의 가르침의 방식을 '완전한 신앙'이라고 했다. 하나님은 완전이시고 그분의 아들인 그리스도가 인류의 완전한 구원자, 완전한 스승이시다.[38] 카와이는 전통적 그리스도 교리인 예수 그리스도를 통한 죄로부터 구원과 영원한 생명을 계속해서 확언한다.[39] 그런데 그는 이것이 기독교의 전부는 아니며, 이 같은 가르침만을 배타적으로 강조하는 것은 종교를 피상적이거나 표면적으로 이끈다고 강조했다. 번역된 부분을 인용하면 다음과 같다.

> 예수를 단지 구원자로 보는 것은 그분의 반쪽만 보는 것이다. 예수를 단지 스승으로만 보는 것 역시 그분의 또 다른 반쪽만 보는 것이다. 둘 다 중요하기에 한 부분만을 보아서는 안 되며 둘의 중요성에 동등한 무게를 두지 못한다면 안 된다. 순전하며 모든 것에 스며 있는 그분 구원의 방식, 이와 마찬가지로 확실하게 우리의 정신을 향상시키는 그분 가르침의 방식은 필수불가결하다. 구원받기 위해서 우리는 늘 믿음이 충만해야 한다. 교육에 영성 훈련은 필수이다.[40]

그러므로 그리스도의 방법에는 타력과 자력 둘 다가 포함된다.[41] 스승님처럼 되기 위해서 훈련 과정을 인내해야 하고 완성시켜야 한다.[42]

기독교를 신앙과 윤리 실천이 결합된 종교라고 하지만, 카와이는 많은 기독교 신자들이 도덕적 훈련과 수양에 대한 관심이 부족해 일종의 '정토불교 신자의 신앙'에 떨어졌다고 보았다.[43] 그리스도 신자로서 하나님께 기도하고 청하기만 한다면, 남의 종교를 현세의 이익만을 추구한다고 비판할 수 없다. 이 지점이 바로 그가 이식된 선교 교회들과 신학적 문제를 일으킨 지점이다. 그는 대부분의 개신교가 독일의 종교 개혁자 마틴 루터의 해석을 따르면서 (행위를 강조하는) 야고보서와 그 신앙의 실천 또는 '과업'에 대한 가르침을 이해하거나 음미하지 못하게 되었다고 주장했다. 루터는 신약 성서의 이 서한을 사도 바울이 가르친 '은총'의 복음을 모호하게 가리는 것이라고 생각했기 때문에 그 서한을 '하찮은 서한'으로 간주했다. 그렇게 루터는 신약 성서의 신앙의 반쪽만을 포착하게 된 것이다.[44] 여기서 흥미로운 점은 성인들과 신비가들의 삶에서 볼 수 있는 고된 수행의 가치를 긍정한다는 점에서 카와이가 로마 가톨릭 전통을 긍정적으로 보고 있다는 점이다.[45]

실천과 자기 수행이라는 이 특별한 관심과 강조는, 카와이의 성취 신학과 전통 기독교 교리를 수용한 것으로 기독심종교단의 교리에 통합되었다.

1. 하나님, 그 유일하게 완전하신 하늘에 계신 아버지를 믿는다. 지극히 위대하시고, 참으로 성실하시며, 탁월하게 강하시고, 지극히 선하시며, 전지하시고, 전능하시며, 더없이 아름답고, 신성의 사랑이시다. 이 하늘과 땅과 그 안의 모든 것을 만드시고, 다스리시고, 가르치시고, 구원하시며, 판단하시고, 보호하시며, 파괴하시고, 종국에는 완성하신다.
2. 예수 그리스도는 완전하신 하늘에 계신 아버지를 계시하시고 재현하시며, 세상 모든 것을 *구원하시고 가르치시며*, 항상 하늘에 계신 아버지와 함께 일하신다는 것을 믿는다.
3. 성령께서는 우리를 발전케 하시며, 도와주시고, 위로해 주시며, 거룩하게 하시며, 항상 우리의 마음에서 활동하신다는 것을 우리는 믿는다.
4. *고대 성인들의 길이 그리스도의 오심을 파괴하는 것이 아니라 오히려 완성한다는 것을 믿는다.*
5. 하늘에 계신 아버지를 예배하고 동포에 헌신하는 실천이 그리스도가 가치 있다고 한 성실함에 기반하며, 그리스도가 가리켰던 하늘에 계신 아버지의 완전함을 목표

로 하고, 그런 뒤 완전한 신앙을 통해 완전한 품성을 발전시키고, 우리의 의무를 완전히 하며, 인간을 완전히 사랑하여, 우리 각자가 완전함에 나아가, 하늘나라를 이 지상에 오게 하는 것임을 믿는다.

6. 도래할 세상의 현존과 영원한 삶을 믿는다.[46]

1927년 1월 1일 카와이는 종교의 새로운 독자적 길로서 기독심종교단을 설립한다는 공식 선언을 했다.[47] 그해에『예수 그리스도 찬송』이라는 그의 시의 최종판을 출판했다. 그리스도의 생애에 관한 이 시들은『칠대서원』과 함께, 기독심종교단의 확장된 강령의 일부분이 되었다. 카와이는 군제에 있었던 수년간 시를 썼고 1914년 마츠무라의『도회』잡지에 초창기 짧은 시들을 발표했다. 개정판은 '하나님으로부터 추가된 계시들'에 기초를 두었다. 고전 한문체로 쓰여진 그 텍스트는 그리스도 생애의 간략한 개요를 제시하는데, 기억하기 쉽고 매일 묵상에 맞춰 사용할 수 있도록 되어 있다. 또 주일 예배에 성서와 병행해 읽었다.[48]

운동 시작 때부터 카와이는 많은 이들을 위한 인기 있는 운동으로 전개시킬 의사가 없다는 점을 분명히 했다. 오히려 그는 자기 수행과 완전함의 길에 참여하는 헌신적인 제자들의 소그룹을 목표로 했다. 소수의 품성을 제대로 향상시키는 것이 그저 그런 평균적인 다수의 흥미를 끄는 것보다 더 중요하다고 여겼다.『칠대서원』은 기독심종교단에서 신자와 제자 훈련의 의미를 규정한 것인데, 그 종교 운동의 높은 기대치와 엘리트 지향(막스 베버가 '대가의 종교성'(virtuosi religiosity)이라고 했던 것)을 드러낸다.[49] 이들 서원은 불교에서 영감을 받아 발전시킨 것인데, 카와이는 '모든 보살이 영적 여정의 초기에 준수'했던 사대서원을 확장했다.[50] 이 서원은 종교적 심정을 완전히 표현했으며, 그리스도의 계시의 빛에서 불교의 지혜를 '성취하고 완성시킨' 것으로 이해된다.[51] 이 서원을 재연하면 다음과 같다.

七大誓願	칠대서원
天父神子誓願敬愛	하늘에 계신 아버지와 그 아들을 사랑하고 공경할 것을 서원합니다.
聖靈良心誓願信從	성령과 양심을 신실히 따를 것을 서원합니다.
罪惡迷執誓願悔改	죄악과 미혹을 뉘우쳐 고칠 것을 서원합니다.
衆生萬物誓願救養	중생과 만물을 구제하고 기를 것을 서원합니다.[52]
職分尊重誓願勤勞	직분을 존중하여 근면히 노력할 것을 서원합니다.
妙道完全誓願學修	신묘한 도를 완전히 하기 위해 배우고 수행할 것을 서원합니다.
神國淸和誓願臨格	하나님 나라의 성스러운 평화가 임하기를 서원합니다.

기독심종교단의 종교 실천

카와이는 제자들이 이 서원을 지키며 매일 기도, 묵상, 성서 공부 그리고 수련을 해서 종국에는 하나님과 합일하는, 완전에 이르는 길을 성취하도록 지도했다. 이 네 가지를 "사랑의 철로를 달려 하나님의 나라에 인도하는 네 바퀴"라고 그는 비유했다. 만약 바퀴 하나가 떨어지면, 마차가 부드럽게 나가지 못하는 것처럼, 모든 것을 다 하지 않는다면 영적 발달은 이룰 수 없다. 기도와 묵상은 정적인 훈련이고, 성서 공부와 수행은 동적인 훈련이다.[53]

*기도*는 종교적 삶의 시작을 표시한다. 기도는 하나님에 대한 우리의 신앙을 표현하는 것이며, 우리를 위한 하나님의 의지를 이해하는 수단이다. 기도하는 이는 하나님의 특별한 호의를 끊임없이 청하는 얄팍한 자기 중심이 되지 않도록 주의를 기울여야만 한다. 기도는 하나님께 경의를 표하고, 명상을 위한 마음을 준비하는 것이다.

*명상*은 인격적 변화와 깨달음으로 이끄는 것이다. 여기서 '명상'이라는 용어를 썼지만 기독심종교단의 명상은 선(禪)에 기본을 두었다. 때로 신자

누워 있는 성녀 다카하시 므츠코, 카와이와 세 제자들이 함께(후지요시다, 1947년).

석이나 의자에 앉아서 명상하는 것이 허락되었다. 카와이는 또한 명상 중의 화두(염불에서 반복되는 구절)로 로마서 12장 1절을 제시했다. "그러므로 형제들아 내가 하나님의 자비심으로 너희를 권하노니 너희 몸을 하나님이 기뻐하시는 거룩한 산 제물로 드리라 이는 너희가 드릴 영적 예배니라."[54] 명상은 하나님께 대한 의무이지 깨달음을 위한 수단이 아니다. 명상을 통해 자신이 분리된 존재라는 감각을 잃고 하나님과 하나되는 경험을 한다. 이 체험이 없다면 예수 그리스도가 말한 하늘과 영원한 생명을 갈급해 할 뿐 그것을 맛본 것은 아니다. 명상을 훈련하지 않는다면 기도도 착한 행실도 완전하지 못하다.

*영적 성서 연구*는 구원자요 선생으로서 예수에 대한 지식, 우리 안에 거하는 하나님의 영, 하나님 나라, 다가올 세상의 삶 등에 대한 신심(信心)을 열어 준다. 성서는 신앙의 책이어서 신앙의 눈으로 읽고, 성찰을 통해 내면화해 읽어야 한다.

마지막으로 진정성 있는 신앙은 *훈련*을 요구한다. 자기 수행, 영적 진

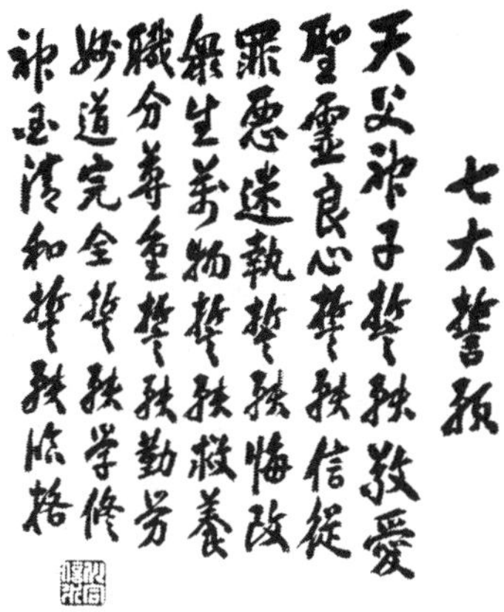

칠대서원과 기도문, 카와이의 글씨

기독심종교단에서 쓰는 거룩한 상본

보, 깨달음은 종교 생활의 종착지가 아니다. 이 모든 것의 목적은 타인과 천국을 위한 삶을 열어 주는 것이다. 진지하게 이 길을 추구해 예수의 마음을 닮으려는 사람은 인류에 봉사하는 생활에 참여하게 된다.

센다이에서 4년간 이 방법들을 따라한 카와이는 1896년 30대의 젊은이로서 '살아 있는 그리스도를 만났고', '하나님과 합일'을 체험했다.[55] 카와이는 동양의 지혜에 빚을 지고 있는 것은 분명하지만, 선불교의 깨달음과 자신의 가르침이자 경험인 '완전하고 신비한 길'[完全妙道] 이 둘은 명백히 다르다고 주장했다. 선이 궁극적 실재와 동등한 것이라면, 기독교의 도는 하나님은 모든 것을 초월하신다는 생각을 견지하는 것이다.[56]

카와이는 그의 생애 동안 단지 5~6명의 직제자만이 이 깨달음의 경험을 이루었다고 인정했다. 그중의 한 명이 다카하시 므츠코라는 여성인데 그녀는 극심한 고행을 했다. 다카하시는 카와이의 비서며 개인 조교로 일하면서 평생 종교수련과 금욕을 했다. 자주 앓으면서도 그녀는 규칙적으로 단식했고 카와이가 제시한 네 가지 훈련지침을 준엄하게 행했다. 그녀는 마흔 네 살의 젊은 나이에 죽었다. 사후 그녀가 생전에 철저한 고행을 했다는 것이 밝혀졌다. 그녀의 유품 가운데 카와이의 『예수 그리스도 찬가』와 신약 성서를 115번 필사한 것이 발견되었다. 필사본의 매 페이지마다—전체 약 30,000페이지 정도다.—그녀의 피로 쓴 글이 적혀 있었다. 카와이는 다카하시의 '혈서 성서'에 감동받았다. 하지만 다른 제자들에게 그녀의 영성은 따르되 그녀의 방법은 따르지 말라고 말했다. 그녀는 분명 과한 방법으로 헌신했다. 카와이는 그녀를 성인으로 선포하며 그녀가 깨달음을 이루었으며 기독심종교단의 내적 신비를 통찰했다고 확증했다.[57]

앞의 마츠무라와 마찬가지로, 카와이도 사람들이 영적 수행에 초점으로 삼을 수 있는 가시적인 상징이 필요하다고 생각했다. 그는 신자들이 그리스도의 현존을 떠올릴 수 있도록 그리스도를 그린 작은 상본을 지니고 다닐 것을 제안했다. 그 스스로도 영적 발달에 도움을 받기 위해 기모노 소매에 수년간 그 상본을 넣어 갖고 다녔다. '거룩한 초상' 상본을 크게 그린 그림이 오늘날에도 교회의 벽에 걸려 있다.

기독심종교단에서 개인의 영성을 특히 강조하면서도 공동체의 예배와 수행의 다양한 형태를 볼 수 있다. 전통 기독교 교회가 하는 양식을 따라 매주 주일 아침 예배가 있고, 찬송, 성서 봉독, 설교, 기도 등 기독교의 예배를 따르고 있다. 거기에 더해 오늘날 예배에는 카와이의 『예수 그리스도 찬가』를 읽고, '거룩한 초상' 앞에서 예를 갖춘 절을 하며, 칠대서원을 다 같이 낭송한다. 세례식은 입교식에서 볼 수 있지만 성찬례는 볼 수 없다. 카와이의 저서 어디에도 기념으로 또는 성사로 이들 기독교 전통 의례를 행하라는 말이 없는데도, 오늘날 이 단체의 어느 누구도 기독심종교단의 종교적 실천이 왜 그렇게 되었는지 설명하지 않는다.[58]

기독심종교단의 건축물은 종종 도장(道場)으로 불린다. 단지 예배를 드리는 성스러운 곳으로서가 아니라 종교수련을 위한 장소로서의 목적도 있다. 주일 예배는 종종 명상과 연구 모임 후에 드린다. 앞에서 보았던 것처럼 카와이는 유교 경전은 일본인에게 구약 성서와 같다고 생각했기에 그는 자주 주석과 강의와 병행해 경전 공부를 했다.

주간 모임과 월 모임에다가 교회 전체 수양회가 해마다 여름에 며칠씩 설립자 고향인 후지요시다(야마나시도)의 근처에 있는 소혼잔 교회에서 열린다. 이 수양회에서 강의와 예배를 행하며, 선생들은 명상과 신체 단련을 집중적으로 시킨다.[59] 단련 프로그램의 일부분으로 참가자들은 건물, 주변 땅과 묘지를 깨끗이 청소한다. 이 연례 수양회는 설립자를 추도하는 예배로 끝을 맺는다.

일본에 있는 대부분의 다른 기독교와 구별되는 기독심종교단의 또 다른 점은 다른 종교 전통들의 의례에 참여하는 것을 유연하게 본다는 점이다. 선교 교회는 일반적으로 다른 모임에 참여하는 것을 강하게 반대하는데, 이와 다르게 이 교단의 신자들은 양심에 따라 전통관습을 존중하고 공유하도록 격려된다. 그 결과 많은 신자들은 교회의 추모 예배에다가 고인의 가족과 친구들을 배려해 불교 의례에도 참석한다. 예를 들면, 매해 오본(お盆, 7월 15일에 조상의 영을 기리는 일본 명절-역자 주) 때에는 신자들이 조상 제사를 친척들과 함께 지내라고 교회는 예배를 피해 준다.

이 교회의 입장은 기독교인은 고인들을 추모하는 것—그것이 교회의 추도 예배이든 불교의 제사이든 심지어 야스쿠니 신사이든—은 적절하다고 본다. 한때 기독심종교단은 *기독교연합회*—일본에 있는 기독교회들의 에큐메니칼 연합회—의 회원이었으나 연합회가 야스쿠니 신사의 전범자 제사에 참여하는 것을 강하게 반대하는 목소리를 내자 탈퇴했다. 기독심종교단의 지도자들은 돌아가신 친척들을 추모하지 못하게 하여 신자들을 낙담시키는 조직의 일원으로 남아 있지 않기로 결심했던 것이다.

몇 가지 비교 관찰

이 장에서 나는 마츠무라와 카와이 두 사람이 기독교의 믿음과 실천의 독자적인 일본식 표현의 발전에 미친 심대한 영향을 밝혀 보려고 애썼다.

이 두 종교 운동은 서구의 전통과 개념(개혁 신학, 비평학, 신(新)신학 등)에 있는 대안적인 방법들을 아시아 혹은 토착 전통들(신유교, 선불교, 신도)의 빛 아래에서 재해석하고 전유해 가는 데 따르는 토착화 과정의 복잡함을 보여 주었다. 교리를 강조하고 엄격함을 고수하는 서구 교회에 대해 마츠무라와 카와이의 대응은 개인의 종교적 체험의 중요성을 한층 강조한 것이었다. 우치무라 칸조의 발자취를 따라 이들 설립자들도 서구 선교 교회의 통제를 거절하고, 서구 교회의 성직과 성사 중심의 전통과 의례들(비록 기독심종교단은 입교식으로 세례를 행했지만)을 대체로 낮게 평가했을 뿐만 아니라, 아시아 종교와 철학의 전통을 긍정적으로 공유했다. 마츠무라의 비평학과 신신학의 수용은 우치무라 그리고 카와이와는 구별되는 부분이다.

타력 신앙의 중요성을 부정하지 않았으나 이들 두 설립자와 종교 운동이 우치무라의 무교회 운동과 구별되는 지점은 자력과 도덕적 수행이 진정성 있는 종교 생활에서 동등하게 중요하다고 확신한 점이었다. 이 강조점은 이들 기독교 운동만의 독특한 점은 아니다. 그것은 도쿠가와 시대에 번성했던 심학 운동과 많은 점에서 닮아 있다. 신유교와 선불교 전통의 초기 종합으로서 이 운동은 명상을 통해 마음 수양을 비슷하게 강조한다.[60] 메이지 초기에 이 운동은 급격히 쇠퇴했으나 자기 수행에 대한 관심은 일본의 근대화 이후에 만들어진 많은 신종교들 안에서 재현되었다. 쿠로즈미교(黑住敎), 히토노미치 교단, 피엘 섹트(Perfect Liberty Sect)와 같은 신종교에서 이 부분은 폭넓게 인식된다.[61] 다음 장에선 일본식 기독교의 하위 문화도 이 전통에 의해 변형된 것을 분명히 볼 수 있다.

1 마츠무라의 생애와 저서들을 짧게 개관하려면 다음을 보라. 大內三郎, 松村介石研究序說[An Introduction to research on Matsumura Kaiseki](東北大學日本文化研究所研究報告 12(1976), 1-18. '기독교계의 세 명의 무라스'(基督教界の三村論)에 관한 짧은 논의는 秋山繁雄, 明治人物拾遺物語: キリスト教の一系譜[Stories of Meiji figures: One lineage of Christianity](Tokyo: Shinkyō Shuppansha, 1982), 155. 어떤 때는 田村直臣를 포함해 '네 명의 무라'라고 할 때도 있다. 예를 들면, 鈴木糊久, 明治宗教思潮の研究[Studies of trends in Meiji religious thought](Tokyo: University of Tokyo Press, 1979), 130. 타무라는 기독교 목사이자 지도자로서 중요한 인물이다. 그는 六合雜誌[The universe]의 창간과 편집에 관여했으며, 널리 알려진 영어로 된 그의 논쟁적인 저서 *The Japanese Bride*(Harper and Brothers, 1893)는 일본 사회에서 여성의 낮은 지위와 다양한 결혼 풍습을 전하고 있다.

2 近代文化研究叢書 Vol. 45[The library of modern literature](Tokyo: Shōwa Joshi Daigaku Kindai Bungaku Kenkyūshitsu, 1977), 209-268.

3 신종교 운동에 끼친 마츠무라의 폭넓은 영향력에 관해 다음을 보라. 이노우에 외, *Dictionary of New Religions*, 853, 896.

4 大內三郎, 松村介石: 內村鑑三との關連において[Matsumura Kaiseki: His relationship to Uchimura Kanzō], 內村鑑三研究 8(1977), 70-71.

5 이것은 마츠무라의 信仰五十年[Fifty years in the faith](Tokyo: Dōkai Jimusho, 1929, 1989년 재발간), 34-35에서 이야기되고 있다. 다른 곳에서 그가 언급했던 많은 문제들이 있었지만 특별히 이 위기는 아마도 마츠무라에게 '최후의 결정타'였을 것이다.

6 서구 과학과 진화론의 충격이 마츠무라 카이세키를 포함한 메이지 시대 일본 기독교 지도자들에게 준 충격에 관해 다음을 보라. Helen Ballhatchet, "The Religion of the West versus the Science of the West: The Evolution Controversy in Late Nineteenth Century Japan," in Breen and Williams, eds., *Japan and Christianity*, 107-121.

7 카나모리의 관점과 일본의 새로운 신학을 둘러싼 논쟁에 관한 짧은 소개는 Akio Dohi의 논문 "The First Generation: Christian Leaders in the First Period," in Yasuo Furuya, ed. and trans., *A History of Japanese Theology*, 21-34에 있다. 도히는 카나모리의 기본 입장을 다음과 같이 요약했다. "일본에 수많은 종교가 있지만, 진실하고 생명력 있는 한 종교만이 승리할 것이다. 하나의 종교나 교파가 종교의 진실을 독점할 수 없다. 기독교에 관한 한 성서의 기적 이야기, 금연과 금주, 각국에서 들어온 기독교 교파들 간의 분쟁, 그리고 기독교의 의례 등은 일본인들에게 발끝에 차이는 돌부리와 같다"(22).

8 마츠무라는 개혁 기독교라는 말을 다음의 책에서 언급했다. 諸教の批判[A critique or religious](Tokyo: Dōkai Jimusho, 1929), 64. 물론 이것은 선교 교회들의 '개혁된', '성서적' 기독교의 회복이 무엇을 의미하는지를 엄격하게 대조한 것이다.

9 이후의 요약은 전적으로 다음의 저서들에 의존했다. 마츠무라의 종교 자서전, *Fifty Years in the Faith*; 1908년 이래 발간된 잡지 道[The way]의 수많은 논문들; 道會栞[Dōkai guidebook](Tokyo: Dōkai Jimusho, 1917), 이것은 36페이지의 작은 팸플릿인데 신자들의 서원, 기도, 찬송(四綱領の歌) 등 도회의 네 가지 핵심 신앙의 기본을 압축적으로 보여준다. 그리고 道會問答[Questions and answers about The Way](Tokyo: Dōkai Jimusho, 1919); 新宗教[New religion](Dōkai Jimusho, 1925); 道會の信仰[The Dōkai faith](Tokyo: Tōhō Shoin, 1934).

10 『道』 7(1908.11.).

11 스즈키, *Studies of Trends in Meiji Religious Thought*, 137.

12 마츠무라, *A Critique of Religious*, 61–66.

13 마츠무라, *A Critique of Religious*, 57–67.

14 마츠무라는 예수의 두드러진 점은 그가 전적으로 하나님 아버지와 하나님의 의지에 복종했다는 점에 있다고 설명했다. 그렇지만 실제 예수는 겨우 서른 살의 젊은이였고, 지식이나 인성, 통찰에서 아직 충분히 발달하지 못했고, 또 진화론이나 그 외 우리 시대에 발견된 다른 사실들을 알지 못했으며, 겟세마네 동산에서 기도할 때 하나님 아버지께 '이 잔을 치워달라고' 청하는 약한 모습도 보였다고 했다. 마츠무라는 예수의 보수도덕(報酬道德)은 공자나 맹자의 도덕에 비하면 아주 떨어지는 것이라고 했다(이들 구절은 다음에 있다. *A Critique of Religions*, 12). 마츠무라의 아래로부터의 기독론은 또한 예수의 생애와 가르침 그리고 사도 바울의 기독교 해석 사이에는 전적인 불일치가 있다고 했다. 주님의 기도에 관한 주석은 마태복음에 다시 수록되어 있는데 마츠무라는 오늘날 기독교인들이 공통으로 행하는 그리스도의 이름으로 하는 기도는 예수 및 직제자들이 시작한 것이 아니라고 했다. 이것은 후에 바울이 십자가 위 그리스도의 대속 죽음 이론을 정교화하면서 시작된 것이라고 했다. 다음을 보라. 마츠무라 편, 道會バイブル[The Dōkai bible](Tokyo: Dōkai Jimusho, 1928), 25.

15 마츠무라의 개방적인 교리와 비판적 성서 판본에 대한 짧은 논의는 3장을 보라.

16 이 소책자는 계속 출판되었다. 나는 전쟁 후의 판본을 사용했다(Tokyo: Dōkai Shuppanbu, 1977).

17 도회의 신앙은 전통적인 기독교와 구별되는데 절대 타자인 하나님의 권능에 대한 믿음을 인간의 노력 및 자기 수양과 결합시켰다는 점에서 그렇다고 마츠무라는 주장했다. *New Religion*, 82, 354–355를 보라.

18 그리스도의 속죄 신학은 사도 바울이 전개한 것이지 예수의 원래 가르침에서는 찾아볼 수 없다고 마츠무라는 주장했다. 이 비유사화에서 제물로 죽음을 요구한 점이 전혀 보이지 않는다(다음을 보라. 마츠무라, The Dōkai Bible, 75).

19 도쿠가와 시대의 양명학의 배경 설명과 그것이 메이지 시대 수많은 기독교 지도자들에 미친 영향에 대해서는 다음 책을 보라. 山下龍二, 儒教の宗教的性格: 日本[The religious character of Confucianism in Japan] in 日本宗教辭典[Dictionary of Japanese religion](Tokyo: Kōbundō, 1994 요약본), 499–500; Jan Van Bremen, "Neo-Confucianism in Japan: Heritage and Vista," *Senri Ethnological Studies* 29(1990), 75–86; Sumiya, *Christianity and the Formation of Modern Japan*, 26–28.

20 *The Faith of The Way*, 32.

21 *Dōkai Guidebook.*.

22 합동 예배 및 개인 예배의 이 같은 의례 구조와 가이드라인은 *The Faith of The Way*, 14–23을 참조.

23 이것은 마츠무라 키치스기의 논문에서 보인다. *The Way*, 567–574(1959), 7.

24 이들 출판물에 대한 세부 사항은 부록의 카와이의 저서들 참고문헌을 보라.

25 카와이의 멘토인 오시카와 마사요시(押川方義, 1851–1928)는 메이지시대 기독교 주요 인사다. 오시카와는 마츠야마의 사무라이 가문의 셋째 아들이었다. 19살에 도쿄로 유학을 갔고, 발라흐와 브라운이 운영하는 요코하마 에이가코에 들어갔다. 그들의 영향하에서 그는 기독교 신앙을 고백하고 1872년 발라흐에게서 세례를 받았다. 이들 선교사들과 초창기 일본인 기독교인들과 함께 그는 요코하마의 첫 번째 교회를 조직했다. 니가타에서 복음화 사역을 한 지 9년 후 그는 호이(W. E. Hoy)의 센다이 신학교(仙台神學校) 설립을 돕기 위해 센다이로 갔다. 이 학교는 후에 토호쿠 숙사가 되었다. 1901년 그는 정치에 참여하면서 토호쿠 숙사를 떠났으나 그다지 성공하지는 못했다. 카와이와 오시카와가 1893년부터 1929년까지 주고받은 1,026통의 서신은 그들이 대단히 친한 사이였다는 것을 보여준다(다음을 보라. 川合道雄 편, 押川方義川合信水兩先生往復書翰集[Collected Correspondence between Oshikawa Masayoshi and Kawai Shinsui](Tokyo: Kirisuto Shin Shūdan, 1981). 카와이와 오시카와의 관계에 대한 보다 자세한 정보는 다음을 보라. 川合道雄, 武士の成ったキリスト者: 押川方義[The samurai who became a Christian: Oshikawa Masayoshi](Tokyo: Kindai Bungeisha, 1991).

26 선교 교회와 관계가 끊어진 카와이의 생애와 논쟁에 대한 추가적인 부분은 이 책 3장을 보라.

27 내가 인용한 부분은 *My Spiritual Experiences*, trans. Kawai Yoshinobu(Tokyo:

Christ Heart Church, 1970), 13. 영어 번역본으로 Kawai's 神の誠と吾か体驗[The sincerity of God and my experiences](Tokyo: Kirisuto Shin Shūdan Shuppanbu, 1956).

28 *My Spiritual Experiences*, 14.

29 *My Spiritual Experiences*, 15.

30 Kawai Shinsui, 完全訓講話[Lectures on the perfect teaching](Tokyo: Kirisuto Shin Shūdan Shuppanbu, 1977), 1. 이 책은 카와이가 교육 담당자로서 1925년에서 1932년까지 군제 실크 공장에서 했던 강의를 토대로 한다.

31 *My Spiritual Experiences*, 22-23.; 덧붙이면 카와이의 영의 세계는 공자와의 대화에 제한되지 않는다. 한 인터뷰대상자는 카와이는 영적 중개자인 후루야 도요코를 통해 또 다른 영들과의 교제에도 열심이었다고 했다. 후루야의 영적인 힘을 안 카와이는 기회가 될 때마다 그녀에게 다양한 영들을 불러오도록 했는데 거기에는 위대한 불교 선사인 도겐의 영뿐만 아니라 전쟁 때 죽은 그의 아들, 그의 멘토인 오시카와 등도 포함되었다. 이 인터뷰대상자는 또한 카와이가 도겐을 그의 수호신으로 삼았다고 진술했다.

32 여기 '一切の宗教の真善美を集めて'의 일본 표현은 기독심종교단의 수많은 출판물에서 반복적으로 표현되고 있다.

33 갈라디아서 강의에서 카와이는 종종 사람들이 자신을 오해하는 것 같다고 했다. 오해의 이유는 불교와 유교를 인용하는 것을 보고 모든 종교는 같다고 그가 가르쳤다고 사람들이 생각한다는 것이다. 모든 종교가 같지는 않지만 공통적인 부분을 서로 공유하고 있으며 이 점이 일본 맥락에서 기독교를 논하는 데에 좋은 토대를 제공한다고 카와이는 주장했다. 그는 이 점을 ガラテヤ書玄義[The mysteries of Galatians](Fujiyoshida: Kirisuto Shin Shūdan Jimukyoku Shuppanbu, 1965), 21-22에서 지적했다. 이 책은 카와이가 군제에서(1928-1929) 아침 예배 때에 했던 강의에 토대를 두고 있다.

34 이 부분에서 나는 카와이 신스이의 저서들에 더해 특히 카와이 히데오와의 인터뷰와 토론에 신세를 졌다. 그는 설립자의 손자이면서 현재 기독심종교단의 회장이다.

35 Kawai, *Lectures on the Perfect Teaching*, 232.

36 Kawai, *Lectures on the Perfect Teaching*, 108, 222.

37 이 부분에 대한 카와이의 해석은 기독교 전통과 다르다. 가톨릭의 연옥 교리와 좀 더 닮아 있다.

38 이 부분의 일본식 용어는 '完全信仰'이다. 바로 소책자 信者心得[Rules for believers](Fujiyoshida: Kirisuto Shinshū Kyōdan Jimukyoku Shuppanbu, 1940)에서 그의 가르침을 어떻게 정의했는지 볼 수 있다. 같은 표현이 그의 수많은 강연

과 저서들에서 반복해 보인다.

39 "산상수훈" 강연에서(1961.3.19.) 카와이는 그리스도의 신성을 거부하는 독일 신학을 받아들일 수 없으며, 자신은 요한복음에 토대를 둔 성육화 신학("말씀이 사람이 되셨다.")을 따른다고 했다. 이 강연은 교회 회보인 基督の心[The mind of Christ] 191(1993), 10–11에 다시 실렸다.

40 이 부분은 그의 저서 *A Eulogy on Jesus Christ*, trans. Kawai Yoshinobu(Tokyo: Christ Heart Church, 1961), 68–69의 주석에 있다.

41 安井英二 편, 山月川合信水先生御教話覚書[A memorandum of talks by Sangetsu Kawai Shinsui](Tokyo: Kirisuto Shin Shūdan Shuppanbu, 1969), 154. 이 책은 카와이가 1940~62년 곳곳에서 했던 강연, 설교, 담화 등을 모아 놓은 것이다.

42 이 제자직 모델의 표준 문구는 신약 성서 누가복음 6장 40절이다. "제자가 그 선생보다 높지 못하나 무릇 온전하게 된 자는 그 선생과 같으리라."

43 정토신앙의 의미를 카와이는 소극적으로 보았는데 우치무라 칸조가 높게 평가했던 일본 불교를 여기서 다시 소환한 점이 흥미롭다(4장을 보라.).

44 다음을 보라. Yasui, *A Memorandum of Talks by Sangetsu Kawai Shinsui*, 198.

45 耶蘇基督讚[A eulogy on Jesus Christ](Tokyo: Kobundo, 1927)의 소개 글에서, 예를 들면 16세기 선교를 위해 일본으로 출발하기 전 프란시스 하비에르가 그의 제자들 중 한 명에게 쓴 편지글에서 어떻게 감동받았는지를 카와이는 다시 언급했다. 이 편지에서 하비에르는 그 제자에게 금욕 실천과 매일 아침 그리스도의 생애 묵상을 하라고 가르쳤다. 카와이가 *A Eulogy on Jesus Christ*를 쓴 것은 일본의 기독교 신자들이 이 같은 제자도를 따르도록 하기 위해서라고 설명했다.

46 이 신조의 영어 번역은 카와이의 *My Spiritual Experiences*, 30에서 볼 수 있다.

47 이 부분은 開宗宣言[Inaugural proclamation]을 언급한 것으로 *A Eulogy on Jesus Christ*(1927), 23, 236–238에 기록되어 있다.

48 그리스도의 삶을 이 같이 구성한 시도는 교회사 안에서 처음이라고 카와이는 주장했다. 그런데 그의 저서는 아슈바고사(Aśvaghoṣa)의 붓다의 생애를 다룬 *Buddhacarita*의 저서와 매우 유사하다. 비록 후자가 더 길고 더 전기문 같지만 말이다(1927년 9권 서문을 보라.).

49 이 뒤의 개요는 카와이의 主の祈りと大誓願[The Lord's prayer and the seven great vows](1960.4.30.에 한 강연이고, 1990년 *The Mind of Christ*, 174로 재출판되었다. 1–14를 보라.). 이들 서원의 초기 형태는 1939년의 출판물에서 볼 수 있는데 제목이 '육대서원'으로 되어 있다. 1951년 최종본에서는 오늘날 교회의 공식 교리로 알려져 있는 다섯 번째 서원은 들어 있지 않았다.

50 원래 붓다의 서원은 다음과 같았을 것이다. 1) 고통받는 무수한 중생들을 구할 것

을 서원합니다. 2) 헤아릴 수 없는 악의 열정이 사그라들기를 서원합니다. 3) 다함이 없는 부처의 가르침을 공부할 것을 서원합니다. 4) 지극히 높은 부처의 도를 얻기를 서원합니다. 인용 출처는 Hisao Inagaki, *A Dictionary of Japanese Buddhist Terms*(Kyoto: Nagata Bunshōdō, 1992), 522.

51 카와이는 또 칠대서원과 기도가 신약 성서의 주기도문을 대신한다고 했다. 주기도문과 달리 서원은 하나님의 아들에 대한 사랑 및 존경에 헌신한다는 점을 추가했기 때문이다.

52 이 부분은 붓다의 사대서원 가운데 고통받는 무수한 중생들을 다 구원하기를 서원한다는 첫 번째 서원을 적용한 것이다(주석 50 참조). 카와이는 이 서원에 만물, 온 우주라는 말을 덧붙였는데 그것은 모든 피조물이 하나님의 자녀들이 나타나기를 간절히 기다린다는(로마서 8장 19–21절) 사도 바울의 가르침을 넣기 위해서라 했다. 이 서원은 모든 고통받는 중생의 구원을 염원하면서 동시에 초목, 물, 산 등 모든 피조물을 보존하고 경작하기 위한 것이다.

53 이 뒤의 요약은 카와이 신스이의 저서뿐만 아니라 설교, 강연, 인터뷰, 설립자의 손자이자 현재 기독심종교단의 수장인 카와이 히데오의 훈화 등에서 끌어냈다.

54 몇 년 전 연례 수양회의 수련 분과에서 카와이 히데오는 명상에 관한 설립자의 가르침(御教訓瞑想)을 출판 배포했는데 거기에는 다음과 같은 훈화 말씀이 있다.

명상의 처음에는 눈을 감는 것이 좋다. 외부의 것은 마음을 흩어지기 쉽게 하기 때문이다. 어느 정도 훈련이 되면 마음은 흩어지지 않기에 눈을 뜨고 명상을 할 수 있다. 명상 동안 화두로서 '하나님께 드리는 살아 있는 제물'로서 자신을 봉헌하는 것에 집중해야 한다. 적절한 자세를 계속 유지하는 것은 대단히 중요하다. '머리로 사고하거나'(頭で考えず), '가슴으로 느끼는'(胸で感ぜず) 것이 아니라 '배로 생각'(腹で思う)하거나 집중해야 한다. '살아 있는' 희생 제물을 생각하기 위해 '도리'(道理)를 사용하지 말라. 당신이 단지 희생제물이다. 만약 당신이 의자에 앉아 명상을 한다면 의자가 제단이고 당신의 몸이 하나님께 드리는 봉헌물이라고 생각하라. 이 과정에서 고요해지고 순수해질 것이다. 이때 하나님과 일치되는 경험으로 나아가게 된다. 깨달음을 얻기 위해 어떠한 선입견이 있어서는 안 된다. 때가 되면 하나님께서 당신한테 그것을 주실 것이다. 적절한 장소의 준비, 곧 정성과 신앙의 마음을 준비할 뿐이다(저자의 현지조사 노트).

55 1961년 10월 1일 센다이에서 한 그의 강연 "My Spiritual Experiences"와 최근의 기독 성심교단의 회보인 *The Mind of Christ* 191(1995), 24를 보라.

56 Kawai, *Lectures on the Perfect Teaching*, 100.

57 다카하시의 순례에 대한 설명은 그녀 사후에 嗚呼神恩無量[Calling on the

immeasurable goodness og God](Tokyo: Christ Heart Church, 1952)로 출간되었다. 다소 길게 쓴 후기에서(341–460) 카와이 신스이는 그리스도의 길은 여성의 덕을 포함하고 있으며 다카하시는 신앙의 삶 안에서 그것을 온전히 표현했다고 설명했다.

58 내가 생각하기에 의례에서 절대 자타의 힘을 그렇게 많이 강조하는 것은 자기 수양의 기본 임무로부터 신자들이 마음을 흩트리고 있는지 감시하기 위해서인 것 같다.

59 강건술 수련은 군제 실크 공장에서 여성과 남성을 위한 교육 프로그램의 일부로 시작되었다. 신체 단련에 도움이 되기에 기독심종교단의 수련 프로그램으로 들어왔다. 카와이의 형제는 이 운동이 지닌 이런 측면에 대해 즉각 응했고 *Hidashiki Kyōkenjutsu*(肥田式强健術)로 알려진 강건술을 만들어 가르쳤다. 요즘에는 남녀 공통이 아니라 남성들의 수련 프로그램으로 간주된다. 여전히 연례 수양회의 프로그램으로 있다.

60 *Shingaku* 운동은 이시다 바이간(1685–1744)에 의해 만들어졌고 그의 제자이며 후계자인 테시마 도안(1718–1786)에 의해 전국적인 운동이 되었다. 이 운동에 도움이 되는 자료는 다음을 보라. 로버트 벨라의 잘 알려진 책, *Tokugawa Religion: The Values of Pre-Industrial Japan*(Boston: Beacon Press, 1970). 보다 최근의 자료로는 다음을 보라. Janine Anderson Sawada, *Confucian Values and Popular Zen: Sekimon Shingaku in Eighteenth-Century Japan*(Honolulu: University of Hawai'i Press, 1993).

61 Shimazono, *Salvation Religions in Contemporary Society*, 55–76; Hardacre, *Kurozumikyō and the New Religions of Japan*, 16–31.

CHAPTER 06

사도적 기독교의 일본 버전들

무라이 쥰과 예수의 어령교회

오츠키 타케지와 성예수회

테시마 이쿠로와 원시복음(마쿠야)

결 론

일본에서 기독교는 주로 지식인들과 교육받은 화이트칼라 중산층의 종교로 어렵고 요구하는 것이 많은 종교라는 평을 오랫동안 들어 왔다. 일본의 근대에 대두한 다른 신종교들과 극명한 대비를 이루면서도 기독교는 일반 대중에게 실용적 대안으로 생각된 적이 거의 없었다.[1] 이런 이미지는 초기 기독교 선교사들이 사무라이 계급에 관심을 집중하겠다고 결정했던 것과 분명히 연관이 있다. 일본의 민속 종교는 초기 선교사들의 관심사가 아니었다. 메이지시대에 일본 사회에서 식자층이며 지식층이었던 사무라이 계급의 많은 이들이 교회의 대표자로 교회에 관여했다. 사무라이 혈통을 가진 일본인은 1880년대와 1890년대 전체 일본 인구의 단 5%에 불과했는데, 이들이 기독교 교회의 전체 교인 중 대략 30%를 차지했다.[2] 대다수의 교회 지도자들이 사무라이 가문에서 나왔다는 사실만으로 일본의 기독교는 지식인의 종교라는 이미지를 얻게 되었다. 사무라이 집안의 이들은 대중과 자신을 분리시키는 유교 교육을 받았다.

종합해 보면, 선교사들의 선호와 개종된 이들 사무라이의 태생적 성향으로 인해 기독교는 일본의 일반 대중에게 매력적이지 못했다. 아리가 테츠타로는 초기 기독교 교회에서 이러한 '엘리트'의 지배적 위치와 종교 신앙에 대한 일반인들의 경멸을 설득력 있게 기술했다.

메이지시대 사무라이 출신 기독교 지도자들은 불교와 신도에 대해 사무라이의 편견을 공유하고 있었다. 불교와 신도가 사무라이 계급이 경시하는 하층 계급의 종교였으나, 모든 계급이 혼재해 있는 사회에서 불교와 신도가 중요한 요인이 될 수밖에 없었다. 사무라이 태생 기독교 지도자들은 이 점을 간과한 것 같다. 그리고 아마도 이 점은 왜 일본 기독교가 교육받은 중산층을 넘어 그 영향력을 확장할 수 없었는지 혹은 불교와 신도, 그리고 보다 최근의 대중적 종파에 의해 제기된 도전에 성공적으로 응답할 수 없었는지 중요한 이유로 탐색되어야 한다.[3]

앞에서 보았듯, 우치무라와 마츠무라, 카와이가 천명한 엘리트 토착 버전들의 기독교는 이런 불균형을 고치는 데 아무 소용이 없었다. 다수의 외국 선교사들과 초기 일본 기독교의 지도자들처럼, 이들은 전통적이고 대중적인 종교적 관심사의 힘과 지속력을 과소평가했고, 이로 인해 보다 폭넓은 대중의 요구를 신학적으로 절충하는 데 실패했다. 그런데 1930년대와 1940년대에 시작된 토착 운동의 두 번째 물결은 이런 실패를 보완했다. 선교 교회와 기존의 토착 형태들에 모두 비판적이었던 이 운동들은 일반인들의 요구와 민속 신앙의 관심사에 직접적으로 반응하는 데 성공했다.

카를로 칼다로라의 일본 기독교에 대한 연구는 이러한 움직임들 중 하나이며 그 뿌리가 무교회 운동에 있는 원시복음 마쿠야(幕屋, 유대의 옛 이동식 성전-역자 주)에 대한 훌륭한 분석을 담고 있지만 그는 결론에서 잘못된 일반화를 하고 있다.

> 원시복음(마쿠야)은 전통적으로 상류층의 종교인 기독교를 일본 하층 계급에게 토착화한 유일한 운동이다. 원시복음(마쿠야)은 펜테코스탈 양상을 강조해 샤머니즘, 마술과 기적이 지배적인 일본 민속 신앙 전통의 지속성을 교묘히 조장하는 데 성공했다.[4]

이와 유사한 문화적 변용으로 덜 교육받은 계층의 일부 사람들을 매료시킨 다른 토착운동이 있었던 것도 사실이다. 이 운동에는 영광의 복음 그리스도 교단(1936), 살아 있는 그리스도 일맥 교회(1939), 기독가나안교단(1940), 일본그리스도소단(1940), 예수의 어령교회(1941), 성예수회(1946), 그리고 성성기독교단(1948) 등이 있다. 이들 운동들의 공통 관심사는 이식된 선교 교회가 놓친 부분이라 여겨지는 '사도적 신앙'을 회복하는 것이다. 이 장에서는 이 두 번째 시기에 보다 큰 움직임을 이룬 예수의 어령교회와 성예수회에 초점을 맞춰 칼다로라의 연구에서 소개된 무교회의 펜테코스탈 버전을 재고해 보려 한다.

무라이 쥰과 예수의 어령교회

예수의 어령교회를 설립한 무라이 쥰(村井 純)은 1897년 감리교 목사의 둘째 아들로 태어났다. 기독교 배경하에서 성장한 무라이는 도쿄에 있는 감리교 아오야마 가쿠인에서 신학을 공부했다. 학업 중 무라이는 아주 어려운 시간을 보냈고, 한때 자살을 생각하기도 했다. 1918년 그는 오카야마현에서 나룻배를 타던 중 배 밖으로 몸을 던져 모든 것을 끝내려 했다. 그 순간 그는 성령의 존재가 그를 제압하고 있다는 것을 느꼈고 방언을 했다. 이 경험을 통해 그가 품었던 모든 종교적 회의가 사라졌고 그의 마음은 새로운 힘과 기독교의 소명에 대한 새로운 비전으로 충만해졌다.

무라이는 아오야마 가쿠인 대학을 중퇴하고 복음 사업을 시작했다. 이 시기에 그는 일본 성서교회(이 교회는 1949년 일본 하나님의 교회가 된다.)에서 목사직을 맡았다. 1933년 그의 인생을 변화시킨 성령강림 경험에 관한 이야기가 도쿄의 니시스가모에 있는 작은 종교 모임의 회원들 사이에 퍼졌다. 그러나 1941년에 중국의 토착 운동으로 20여 년간 존재했던 타이완의 참예수교회를 방문한 후[5] 무라이는 자신의 회중(교회)을 떠나기로 결정했다. 그해 무라이의 아내, 스와는 하나님으로부터 예수의 어령교회(イエス之御霊教会)라는 이름이 그들의 새 교회에 하사되는 계시를 받았다.

이미 2장에서 언급했듯, 무라이는 그의 독립적인 예수의 어령교회를 설립하는 과정에서 기존의 선교 교회와 토착 운동에 대해 다소 공격적인 비판을 했다. 보수적인 복음주의 그룹들이 무라이가 방언을 하고 감정에 호소하는 치유 작업을 지지한다고 그를 '사탄의 하수인'이라고 비난한 것을 생각한다면 이는 놀랄 일도 아니다.[6] 복음주의 관점에서 보면 방언은 성령의 작업이 아니라 악령에 사로잡혀 있음을 나타내는 징표였다. 무라이는 자신의 입장을 변호하기 위해 서구 교회나 이식된 선교 교회에서는 더 이상 실천하지 않는 신약 기독교 사상의 진정한 형식을 자신이 복원하고 있다고 주장했다.

많은 책을 집필했던 우치무라나 마츠무라와는 달리, 무라이가 남긴 저술은 적다. 내가 본 바로는 그의 유일한 출판물은 『성서신학』과 짧은 『기독교에 대한 안내』다. 이 두 권의 책은 도쿄에 있는 예수의 어령교회 신학교에서 목사들을 가르치는 데 지금도 사용되고 있다. 이 책들은 전통적인 펜테코스탈의 특징들(성령 세례, 방언, 치유), 유니테리언의 예수 유일신 교리, 안식일 예배 강조, 죽은 이들을 위한 세족과 세례라는 신약 성서 속 의례의 복원, 강한 종말론적 성향과 그리스도의 재림 교리를 강조해 상세히 기술하고 있다. 무라이는 진정한 기독교는 징표와 기적의 종교라는 입장을 견지하며 그리스도의 승리를 거둔 재림을 위한 준비로서 초기 기독교 운동에서 이뤄낸 일들을 재현하기 위해 오늘날 자신의 교회를 부른 것이라 주장했다.

예수의 어령교회 목사들은 자신의 기본 임무를 정의하기 위해 마가복음(16장 15–18절)의 구절을 인용하기를 좋아한다. 거기에서 사도들은 복음을 설교하고 신자들에게 세례를 주라는 지시를 받는다. 그리고 기적을 행하고, 악령을 몰아내고, 방언하고 병자를 치료할 수 있는 힘을 약속받는다. 또한 목사들은 무라이가 명한 다른 모든 의례를 행하기 위해 성서의 장과 절을 인용할 준비가 되어 있다. 예를 들어, 세례는 서구 교회들이 채택한 성부, 성자, 성령의 삼위일체 공식보다는 사도 베드로(사도행전 2장 38절; 10장 48절)의 의례와 가르침에 따라 예수 그리스도의 이름으로만 행한다. 비슷하게, 죽은 자를 위한 세례는 성서의 가르침과 의례(고린도전서 15장 29절)에 따라 행한다. 병자를 위한 치유 기도와 주의 이름으로 기름을 바르는 성사는 많은 교회에서 무시되었지만 예수의 어령교회에서는 장려하고 있는 또 다른 신약 의례다(야고보서 5장 14–16절). 또한 예수가 행한 세족례

(요한복음 13장)는 목사임직식 후 신입 교인들을 위한 세족례로 되살아났다. 회화체 일본어로 '~의 발을 씻다'라는 표현은 대충 영어식 표현으로 옮기면 '~의 손을 씻다'라는 표현과 같은데, 전직 야쿠자가 지하 세계를 떠나겠다는 결정을 뜻하기도 한다. 어떤 목사는 교회에서 행하는 세족례는 교인들이 악마와 관계를 끊고 새로운 삶을 살기로 했다는 것을 상징한다고 말했다. 또한 이 의례 외에도, 예수의 어령교회는 초기 일본인 설립자들이 모두 거부했던 성찬례를 보존하고 있다.

외래의 영향 : 성령강림 운동과 세대주의 운동의 관련

무라이의 개인적 카리스마를 부정하지 않지만 그가 장려한 교리와 의례는 대체로 외부 영향의 결과였다는 점을 주목해야 한다. 1941년 타이완 방문에서 참예수교회를 만나기 전, 무라이는 성령 세례와 방언을 강조하면서 이미 성령강림(펜테코스탈) 기독교를 공개적으로 지지했다. 그러나 안식일 예배, 세족례, '예수만이 유일신'이라는 교리는 그가 참예수교회에서 발견한 것에 의해 촉발되었다.[7]

사실 계보는 좀 더 복잡하다. 중국에서 일어난 독립 기독교 운동에 대한 연구에서 다니엘 베이즈(Daniel Bays)는 무라이의 관심을 끌었던 다수의 교리적 특이성이 그 자체 외부에서 유래한다는 것을 보여 주었다. 반(反)삼위일체적인 '오직 예수'(곧 유니테리안) 교리는 미국의 기독교 발전으로 거슬러 가야 한다. 최초의 성령강림 선교단이 중국에 들어가기 몇 년 전 미국과 캐나다의 성령강림파에서 먼저 '예수 유일신' 교리가 확산되었다.[8] 또한 베이즈는 안식일 예배에 대한 교리는 아마도 1902년 이후 중국에서 점차 분명해진 초기 미국의 제칠일안식일예수재림교 선교단과 그들의 출판물의 영향 때문이라는 의견을 제시한다.[9] 이런 다양한 영향을 감안하여 베이즈는 참예수교회를 '국제적인 초국적 현상'이라고 기술한다.

무라이의 종말론적 성향과 그리스도의 재림에 대한 강조는 비록 내가 여기서 직접적 출처를 상세히 기록할 수 없지만 외국에서의 발전에 대한 유사한 의존도를 보여 주고 있다. 특히, 세대주의(dispensationalism, 世代主義, 역사를 보통 7개로 나누어 각 시대마다 하나님의 구원 방식에 차이가 있다고 가르치는 19세기 초에 태동한 개신교 신학 이론-역자 주)가 무라이의 신학에 확실한 영향을 주었다는 것은 의심의 여지가 없다. 1830년대 영국과 아일랜드의 플리머스 형제단(Plymouth Brethren)에서 처음 등장한 후 북아메리카에 확산된 세대주의 신학은 근본주의자들 모임에서 성서 해석의 지배적인 모델이 되었고, 지금도 복음주의 교회와 성령강림주의 교회에서 여전히 인기가 있다.[10] 종말론에 초점을 맞춘 세대주의는 성서의 역사를 하나님이 서로 다른 약속이나 조건을 통해 인간과 교섭하는 명확히 구별되는 시기 혹은 세대로 나눈다. 1909년 미국의 목사이자 성서 교사였던 스코필드(C. I. Scofield, 1843~1921년)는 세대주의적이며 전(前) 천년왕국적 성서를 출판했다. 이 성서를 통해 그는 7세대, 즉 무죄(타락 이전), 양심(타락부터 노아까지), 인간통치(노아부터 아브라함까지), 약속(아브라함부터 모세까지), 율법(모세부터 그리스도까지), 은혜(교회시대), 그리고 천년왕국 세대에 대한 아이디어를 대중화했다.[11] 무라이 준은 이 접근을 성서를 가르치는 데 적용했던 미국 선교사들이나 일본 성서 교사들과 만나면서 세대주의에 영향받았을 가능성이 있어 보인다.

무라이의 저서를 검토해 보면 스코필드의 주석이 그의 성서 연구의 참고 틀이었다는 것을 짐작할 수 있다. 그의 저술을 토대로, 예수의 어령교회의 세대주의적, 종말론적 신학을 [그림 6-1]로 정리했다. 인간의 타락부터 예수 재림까지의 기간은 4,000년이라는 시간이다. 예수의 죽음, 부활, 그리고 승천은 성령의 도래에 뒤이어 일어난다. 성령이 쏟아 내려오면서 영광, 구원, 성령, 그리고 교회의 시기가 시작된다. 무라이와 그의 교회에서는 신약 성서에서 성령의 도래와 동반하는 징조, 기적, 방언이 존재하고, 교회의 시대가 끝날 때까지, 즉 진정한 그리스도인의 휴거(그리스도의 재림 시 그리스도와 공중에서 만나는 체험-역자 주)가 일어날 때까지 그것이 계속해서 효력을 미칠 것이라고 주장한다. 7년간의 고난 이후, 사탄은 지옥에 던져지고, 예수 그리스도는 자신의 추종자들과 함께 천년왕국을 세우기 위해 지상으로 돌아온다. 이 시기가 끝날 무렵, 사탄은 최후의 심판이 있기 전 잠시 동안 해방된다. 최후의 심판이 일어날 때, 인간은 하나님과 영생할 자들, 지옥에서 영원한 벌을 받게 될 이들로 나눠진다. 마침내 새로운 천국과 새로운 세상, 즉 하나님 백성의 영원한 집이 드러날 때, 이전의 옛 천국과 세상은 파괴되어 사라진다.

《그림 6-1》 예수의 어령교회의 우주론

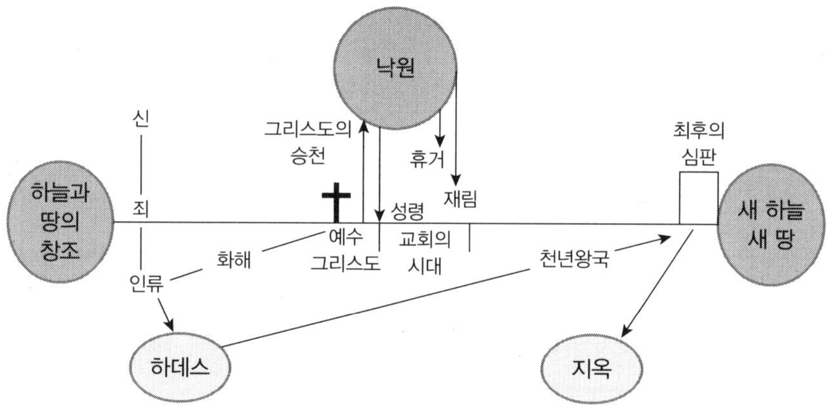

북아메리카의 세대주의와 성령강림 운동을 알고 있는 사람이라면 무라이의 신학 체계가 놀랍지 않다. 다른 성령강림파 집단처럼 예수의 어령교회는 지성주의를 거부하고 종교적 경험의 중요성을 강조한다. 방언, 기름을 바르는 성유식, 영혼의 춤, 치유의 기적, 그리고 하나님의 계시는 종교적 삶의 기본적인 요소들이다. 신자의 상징적 세계는 영혼, 징표, 기적, 그리고 경이가 충만하다. 지적 혹은 신학적 정교함보다 기적의 치유와 종교적 경험이 교회를 정의하는 속성들이다. 일본에 있는 다른 기독교 교회들과 달리, 예수의 어령교회는 유치원을 운영하거나 영어로 성서 강의를 하는 것 같은 교육 활동에 참여하지 않는다. 안식일과 주일 예배, 그리고 주중 가정 모임 등 오직 '성서' 목회만이 적법한 교회 활동으로 간주된다. 목사와 전도사의 훈련을 위한 성서 학교를 운영하는 반면, 사실상 일반 교인을 위한 기독교 교육이나 성서 공부는 없다.

메시지는 간단하고 분명하다. 그것은 예수 그리스도를 믿고 물과 성령의 세례를 받으라는 것이 전부다. 사실상 이 교회가 제시하는 유일한 가르침은 우리가 구원받고 세례받기 위해서 해야만 하는 것과 관계가 있다.[12] 적지 않은 압박을 느끼며 내가 첨가하자면, 이 교회 신자들은 성령 세례를 경험하고 방언이라는 선물을 하사받을 때까지 계속해서 "할렐루야, 할렐루야!"를 반복해 말하라는 지시를 받는다.

예수의 어령교회에 의해 진전된 기독교 버전들은 일본인들의 민속 신앙 전통에 깊이 뿌리를 둔 것들에 호소하는 경향이 있다. 현세 이익 혹은 종교의 세속적 혜택을 상당히 강조한다.[13] 초기 토착 운동을 특징짓는 자기 구원에 대한 몰두와 대비해 예수의 어령교회는 진정한 신자를 기다리고 있는 영적 축복과 물질적 축복의 약속을 반복하는 설교를 한다. 그리고 신앙인들의 증언이 하나님이 그런 약속을 행했음의 증거가 된다고 본다. 나는 언젠가 무라이의 부인, 무라이 스와 주교가 집회의 교인들에게 하나님이 그들의 사업에 축복을 내렸다고 보장하는 말을 들은 적이 있다. 그녀는 "가게 주인들이신 여러분 모두를 위해, 하나님이 여러분의 경쟁자들 가게 문턱을 지나 여러분의 가게로 손님을 인도하시리라."고 말했다.

세속적인 이익의 약속을 교인들 모두에게는 유효한 몸의 치유라는 혜택으로 보충한다. 많은 예배에서 일어나는 치유 의식에 사용하기 위해서 성유를 담은 작은 병이 교단 위 성서 옆에 놓여 있다.[14] 종종 교인들은 예배가 끝날 무렵 특별한 기도를 받고 개인적 치유를 위해 성유를 바르려고 앞으로 나간다.

토착적 종교 전통과 기독교 사이에서 공통적인 토대를 찾고 전자와 후자의 연속성을 보여 주려 시도했던 일본의 초창기 설립자들과 달리, 무라이의 예수의 어령교회는 자신들이 일본의 전통 신앙과 '영적 전쟁'을 하고 있다고 보고 일본의 전통 신앙의 종교 의례를 '우상 숭배'라고 비난한다. 예를 들어, 오키나와에서 교회 지도자들은 섬의 영적 통제를 위해서 지속적으로 투쟁하면서 전통 종교 지도자들과 맞서 대적했다.[15] 치유식과 퇴마식(악령쫓기 의식)을 거행하면서 목사들은 지역 종교 지도자들의 영적인 힘을 능가함으로써 자신들의 종교적 권위를 입증했다고 주장한다. 공격적인 전도 캠페인을 하면서, 목사들은 신자들에게 이교도의 우상을 파괴하고 이교도의 의례에 참여하는 것을 삼가라는 지시를 내렸다. 그러나 이런 엄격한 조치에도 불구하고 예수의 어령교회는 여타의 다른 토착 운동에 비해 일본에서 조금 더 많은 교회를 설립하는 데 그쳤다. 이렇게 된 것은 예수의 어령교회가 교인들의 종교적 필요성을 거부해서라 아니라 전통 종교 의례의 기능을 행하도록 기독교적 대안을 마련했기 때문이다. 예를 들어 교인들에게는 전통적 조상 의례를 행하는 것을 금지했지만 동시에 이 교회는 일 년 내내 대행 세례와 또 다른 특별 의식을 행하면서 죽은 이들을 돌본다. 바꿔 말하면, 예수의 어령교회의 신학과 종교 의례는 현세의 세속적 관심사에 의해 결코 소진되지 않았다. 공적인 종교 의례(예배)와 목회자의 사역에서 조상과 영혼 세계와 연관된 위험과 두려움에 상당한 주의를 두고 있다. 또한 성직자들은 악령으로부터 교인을 보호하기 위해 그리고 교인이 안전하게 집을 짓고 살도록 땅을 정화(淨化)하는 지진제(地鎭祭)를 하는 데 '기독교식' 의례로 행한다. 무엇보다도, 예수의 어령교회와 서구의 성령강림파 운동을 구별짓는 차이는 무라이와 그의 신자들이 이런 민속 신앙적 관심사를 직접적으로 피력했던 방식에 있다.

토착 기독교의 조직

서구 교회의 정체, 성직, 그리고 의례를 거부했던 우치무라와는 대조적으로 무라이는 종교 지도자 계급의 권위 구조를 합법적으로 볼 수 있는 성서 전통을 재발견했다고 주장했다. 예수의 어령교회는 성직자와 평신도 각각의 역할과 책임을 명확히 구분한다. 감독은 대체로 상징적이지만 종교 서열의 가장 높은 단계에 있다. 현재 감독은 고인이 된 무라이의 부인인 무라이 스와다. 그녀는 목사와 교인, 모두에게 똑같이 권위자로 존경받지만 그녀의 역할이 어떤 '공적인' 정치적 힘을 갖는 것은 아니다. 한 목사가 설명했듯이, "감독의 기능은 통치나 지배가 아니라 영적 안내이다." 감독이 주재해야 하는 교회 회의나 모임은 없다. 감독 무라이는 교회의 권위를 상징하고 연례회의에서 성찬례를 집전한다. 또 감독은 종종 새로운 교회 건물의 봉헌식에 참석하기도 하고 목사를 위한 장례 예배를 집전한다.

교회의 실제적 통제는 지역 목사의 손에 달려 있다. 일반 교인들 사이에서 이런 사회정치적 현실을 표현하는 말은 목사일임주의(牧師一任主義)다. 본래 목사일임주의는 지역 목사가 그 책임을 떠맡는다는 것을 뜻한다. 어떤 외부 간섭도 허용되지 않는다. 각 지역 교회의 평신도는 목사의 권위하에 놓이고 교회의 통치에서 어떤 공적인 역할도 행하지 않는다. 회중 모임도 갖지 않고 평신도로서 지도자 역할도 하지 않는다. 또한 회계 담당도 맡지 않는다.[16] 목사가 지역 교회의 재정을 담당한다. 물론 교인들은 십일조를 내라는 권유를 받기는 하지만 교회 기금의 사용은 각 목사들이 결정한다. 요약하면, 예수의 어령교회는 어떤 위원회나 관료 조직이 없는 간결한 종교 조직이다.

평신도의 책임은 종종 듣게 되는 표현, 문자 그대로 "양이 더 많은 양을 낳고, 목사는 양떼를 몬다."로 요약된다. 이 표현에서 이미지의 선택에 의미가 있다. 양으로서 평신도는 조직에서 오로지 수동적인 역할뿐이다. 한 지도자는 내게 목사들은 자기 자신을 구약 성서의 아론과 레위의 제사장들처럼 사제들의 가족으로 본다고 설명했다.[17] 그들은 성직 활동을 위해 일반 신자들과 '구별'되었다. 이 고귀한 소명을 행할 목사를 양성하기 위해서 2년 프로그램으로 된 성서 학교가 도쿄에 있는 교회 본부에서 운영된다. 이 성서 학교는 한 번에 10명에서 20명 정도의 학생을 받는다. 성서와 설립자 무라이가 쓴 저술들이 커리큘럼의 내용을 이룬다. 2년간의 과정을 마친 후 졸업생들은 본부 교회의 일을 보조하거나 새로운 교회 발전에 참여한다.

예수의 어령교회에서 목사들이 누리는 상대적으로 높은 지위와 권력이 교회를 성장시키는 주된 요인이었다는 사실에 주목해야 한다. 일반적으로 친족 관계가 교회를 확산시키는 데 도움이 되지만 그것은 특히 교회 지도자들 사이에서 그렇다. 오키나와 교회의 성장에 대한 안자이 신의 연구를 보면 그곳의 교회 설립자가 자신의 가족에게 신앙을 전파했고 그가 죽은 후 그의 아내가 이어 교회에서 일했고, 그의 아들과 딸 한 명이 목사가 되었고, 다른 두 딸은 이 교회 목사의 부인이 되었다. 나는 이 사실에 주목했다.[18] 나 또한 시코쿠의 한 교회를 연구하면서 이와 유사한 패턴을 발견했다. 목사 아버지가 하나님의 성회로부터 예수의 어령교회로 개종하고 이 교회의 지도자가 되었다. 그의 형제 중 두 사람과 누이동생 하나가 목사가 되었다. 몇 년 전 한 인터뷰에서 그는 세 명의 조카 혹은 조카딸이 모두 목사로 봉사하고 있으며 두 명의 조카딸은 목사직을 준비하며 성서 학교에 있다고 말했다. 만일 이러한 패턴이 전형적이라면 어렵지 않게 예수의 어령교회 운동의 놀랄 만한 성장을 이해할 수 있다.

모든 외부 영향을 본다면, 예수의 어령교회는 분명히 독립된 토착 운동으로서의 특징을 가지고 있다. 2장에선 토착 교회를 정의하는 특성으로 자치, 자립, 그리고 자기 확장을 제시했다. 예수의 어령교회는 자치적이며 대표직과 조직에 대한 자기만의 고유 방식이 있다. 그리고 외부 교회로부터 어떤 재정 보조도 받지 않는다는 점에서 완전히 자립적이다. 실제로 이 조직은 자신들의 선교단을 해외에 보내기도 한다. 마지막으로 이 조직은 전도 사업을 할 때 외국 선교부의 지원을 받지 않는다는 측면에서 자기 확장적이다. 종교 운동으로서 예수의 어령교회는 분명히 외국에서 만들어진, 혹은 수입된 종교에서 출발했지만 오늘날 그런 교회와 기독교 전통을 배교로 간주한다. 예수의 어령교회는 자신들만이 진리와 적법성을 가지고

성유병이 있는 설교단, 예수의 어령교회의 예배당

있다고 주장한다. 교회–종파 이론의 측면에서 보면 예수의 어령교회는 토착 기독교 종파로 정의될 수 있다. 이 조직은 토착 문화와의 접촉을 통해서 그리고 서구 기독교로부터 조직상 독립하면서 변형되었다는 측면에서는 토착적이며, 스스로만을 진실한 기독교적 방법으로 생각하고, 보다 큰 사회와의 긴장 속에서 지속적으로 존재하고 있다는 측면에서 종파적이다.

오츠키 타케지와 성예수회

사도적 기독교의 복원이라고 자신을 정의하는 또 다른 운동으로는 오츠키 타케지(大槻武二)가 전후 초기에 설립한 성예수회(聖イエス会)가 있다. 오츠키는 1906년 아야베 시에서 태어났다. 그리고 젊은 시절, 교토의 사립 미션 스쿨인 도시샤 중학교에 재학 중일 때 기독교로 개종했다. 오츠키는 카나모리 미치노리가 하는 매일 채플 프로그램에서 그의 설교에 감화되어

신앙에 매력을 느끼고 세례를 받았다. 오츠키는 도시샤 중학교의 '자유주의적이며 사회주의적인' 형식의 기독교에 만족하지 못하고 1930년 성결교회(Holiness Church)에서 자신의 길을 모색했다.

일본에서 성결교회의 기원은 1901년 나카다 쥬지(1870~1939년)와 찰스 카우만 부부(Mr. & Mrs. Charles Cowman)에 의해 조직된 동양선교회의 초기 전도 사업으로 거슬러 올라간다. 나카다는 시카고의 무디 성서학교(Moody Bible Institute)에 있는 동안(1896~1898년) 카우만 부부와 알게 되었다. 동양선교회는 무종파적 종교 운동으로 시작했지만 1917년 일본 성결교회가 될 때까지 시간을 두고 변화했다. 초창기에는 1,600명의 신자와 46개의 교회로 출발해서 1932년에는 19,523명의 신자들이 가입했을 정도로 빠르게 성장했다. 종말론에 관한 나카다의 가르침에 1932년 변화가 일어나서 그 다음 해 1933년에 논쟁이 터졌다. 이 논쟁으로 인해 교세의 성장이 갑자기 멈췄다. 분명히 나카다는 성령의 특별 방문 기간 동안 하나님으로부터 특별한 계시를 받았다고 한다. 테츠나오 야마모리는 다음과 같이 교리의 변화를 요약한다.

> 교리상의 강조점은 언제나 정당화, 성화(聖化), 신성한 치유와 예수의 재림에 놓여 있었다. 이 목록에 나카다는 당시 다섯 번째 항목, 즉 예수의 재림은 이스라엘의 복원을 통해서만 가능할 수 있다는 항목을 첨가하고 싶어 했다. 그래서 그는 교인들에게 이스라엘의 복원이 일어나도록 기도하라고 권고했다. 많은 사람들에게 이것은 마치 유대인의 구원을 위해 기도해야 일본인도 구원될 수 있다고 나카다가 믿고 있는 것처럼 보였다. 이런 나카다의 시각은 구원이 개인적 문제라고 생각하는 전통적인 관점과 직접적으로 충돌하게 되었다.[19]

성결교회의 감독으로서 나카다는 모든 신학교의 교사들과 목사들이 자신의 새로운 비전을 수용하리라 기대했지만 많은 지도자들은 나카다의 권위를 거부했다. 도리어 이를 계기로 집단 안에 분파가 생겼다. 오츠키는 끝까지 나카다에 충성하는 사람들 편이었다.

나카다 쥬지는 오츠키에게 막대한 영향을 미쳤고 그에게 영적 지도자였다. 실제로 오츠키는 나카다를 만나기 전 자신은 개인적 성화나, 이스라엘의 복원, 그리고 예수의 재림에 대한 성서의 가르침 중에서 아무것도 이해하지 못했다는 말을 덧붙이면서 그를 자신의 스승이며 위대한 예언자라고 했다.[20] 오츠키는 도쿄에 있는 성결교 성서 신학대학에서 신학 교육을 마치고 1936년 만주로 파견되는 선교사직을 수락하기 전 일본 곳곳에서 전도 사업을 했다.

종교적 경험과 직접 계시

오츠키는 만주에서 성결교 선교사로 봉사할 때 '살아 있는 그리스도와 직접 만남'을 가졌다. 이 경험은 그의 인생을 바꾸는 경험이 되었고 이를 계기로 그의 독립적 목사직의 토대가 마련되었다.[21] 신년 부흥회를 준비하며 그는 자신에게 지도적 원리의 지침을 보내 달라고 청원 기도를 하는데 산상설교의 예수님 말씀, "마음이 깨끗한 자는 복이 있나니 그들이 하나님을 볼 것이요"(마태복음 5장 8절-역자 주)라는 구절을 받았다. 오츠키는 비록 자신이 하나님을 뵙지는 못했지만 하나님에 대한 믿음은 의심의 여지가 없었다고 말한다. 그러나 오츠키가 이끌던 모임에서, 자신은 하나님을 뵌 적이 있다고 증언한 키요코라는 어린 소녀가 있었는데 그녀가 짧은 생을 마치기 전에 오츠키는 놀랄 만한 변화를 했다. 이 어린 소녀의 신앙에서 영감을 받은 오츠키는 자신도 그 같은 경험을 할 수 있도록 마음을 정화시켜 달라고 하나님께 간청했다. 1938년 1월 9일 저녁에 그의 기도는 응답을 받았다. 오츠키는 이에 대해 자세히 이야기하고 있다. 그는 자신과 주변에 대한 모든 의식을 완전히 잃었고 살아 있는 그리스도와 대면했다. 그는 '자신을 향해 불어오는 하나님의 숨결'을 느꼈고 이 숨결이 자신의 몸에

도달할 때까지 밝고 아름다운 빛이 자신을 향해 다가오고 있는 것을 보았다. 이 경험의 의미를 이해하고자 그는 성서를 찾았고 히브리 예언자들과 사도들이 그런 감동적인 경험을 자신과 비슷하게 이미 전하고 있다는 것을 찾아냈다.[22]

오츠키는 사도 바울이 "그런즉 이제는 내가 사는 것이 아니요 오직 내 안에 그리스도께서 사시는 것이라"(갈라디아서 2장 20절)라고 쓸 때 사도 바울이 의미했던 바를 이해하게 되었다. 그는 우리의 몸이 살아 있는 그리스도의 성전이자 거주지가 될 때(고린도후서 6장 16절) 우리가 개인으로서 그리고 교회로서 지상에서 그리스도의 몸이 된다고 했다. 이것이 바로 초기 사도들이 단지 그리스도의 가르침을 설교하지 않고 타인에게 손을 대어 살아 있는 그리스도가 통과하도록 한 이유였다. 이 같은 내적 힘을 통해 오츠키의 삶은 변하게 되었고 치유가 그의 목사직에서 점차 중요한 부분이 되었다(교회의 보고에 따르면, 중국에서 오츠키가 선교 사업을 하는 동안 대략 8,000명 정도의 사람들이 치유되었다고 한다.). 그에게 변화가 있던 그날 저녁에, 오츠키는 또한 이스라엘의 구원과 성서의 묵시록적 비전을 행할 때 자신의 미래 역할에 대한 특별한 계시를 기록해 놓고 있다. 아래에서 보다 자세히 이것을 살펴볼 것이다.

1942년 일본으로 돌아온 후, 오츠키는 복음화 사업을 했고 일본 곳곳에서 부흥회를 이끌었다. 1946년 그는 하나님으로부터 성예수회라는 이름의 독립 교회를 세우라는 또 다른 계시를 받았다. 이 교회의 임무는 선교사들이 일본에 이식했던 서구화된 기독교 버전의 자리에 사도의 신앙을 회복하고 전파하는 것이었다. 현재 이 교회의 모토는 사도적 신앙을 회복하기 위해 다음을 강조하고 있다.

기독교인들은 그리스도처럼 되도록 부름받았고,
교회는 사도행전처럼 되도록 부름받았다.

이 신성한 계시에 순종하여 오츠키는 제자들로 이루어진 소그룹과 함께 성결교회를 떠나 성예수회를 조직했다. 히로시마 현 후쿠야마 시에 거점을 마련한 지 얼마 되지 않아 오츠키는 1949년 교토로 본부를 옮겼다. 이 본부는 전국적인 선교 사역을 위한 센터이다. 그리고 남부의 오키나와부터 북부의 홋카이도에 이르기까지 일본 전역에 100개가 넘는 교회조직으로 성장했다.

사도적 기독교의 신학과 실천

성예수회는 사도적 기독교를 회복하는 것을 목표로 삼고, '최후의 날'에 이스라엘 국가에 관한 특별한 미션을 위탁받은 운동이다. 오츠키는 "진정한 미션은 기독교 교리나 신학을 전달하는 것이 아니라 우리의 삶에 살아 있는 그리스도를 현시하는 것"이라고 한다.[23] 성예수회는 자신을 지상에 있는 그리스도의 육신이라고 생각한다. 그리고 자신들이 살아 있는 그리스도를 드러내며 개인들에게 살아 있는 그리스도를 만날 수 있는 기회를 제공하기 위해서 존재한다고 한다. 사도 기독교의 표현처럼, 이 운동은 성령 세례, 치유, 하나님으로부터의 지속적인 계시를 오늘날 기독교인들을 위한 규범으로서 강조한다.[24]

중국에서의 경험과 헤아릴 수 없이 많은 계시적 경험을 되돌아보면서 오츠키는 그가 성서의 가르침과 사도의 가르침에서 진리, 즉 '하나님의 이름을 부름으로써' 우리가 살아 있는 하나님과 대면한다는 진리를 재발견했다는 결론에 도달했다. 그는 성스런 이름으로 기도하는 것이 모든 종교의 전형이라고 주장한다. 하나님의 이름으로 기도하는 것의 기원은 성서에 언급된 최초의 인류 문명까지 거슬러 간다(창세기 4장 26절). 그리고 이것은 성서 기록 곳곳에서 반복된다. "누구든지 주의 이름을 부르는 자는 구원을 얻을 것이다"(요엘 2장 32절), "유대인이나 헬라인이나 차별이 없음이라 한 분이신 주께서 모든 사람의 주가 되사 그를 부르는 모든 사람에게 부요하시도다. 누구든지 주의 이름을 부르는 자는 구원을 받으리라"(로마서 10장 12-13절)와 같은 성서 구절이 중요한 예로 포함된다. 또한 초기 기독교인들은 "이 이름(하나님-역자 주)을 부르는" 사람들이라고 알려져 있다(사도행전 9장 21절). 그런데 불행히도, 기독교가 유럽에서 발전하면서 성서의 이러한 중심 가르침이 사라져 버렸다.[25]

히브리 성서와 신약 성서를 통해 고유의 방식을 만들면서, 오츠키는 하나님이 다양한 이름으로 자신에게 계시했던 방식을 검증했다. 하나님의 이름을 부를 때마다 성서의 하나님이 찾아올 것이라는 믿음으로 합동 예배와 개인 예배에서 현재도 이들 명칭과 표현을 공부하고 찬송하며 기도한다. 설립자 오츠키의 저술과 교회 출판물 다수에는 신자들이 종교 의례에서 사용할 수 있는 다음과 같은 '하나님의 성스런 이름들'의 목록이 있다.

나는 전능한 하나님이다(창세기 17장 1절).
나는 스스로 있는 자이다(출애굽기 3장 14절).
나는 하나님이다(이사야 43장 13절).
나는 시작이요 끝이다(이사야 44장 6절, 요한계시록 22장 13절).
말씀이 곧 하나님이시다(요한복음 1장 1절).
나는 생명의 빵이다(요한복음 6장 35절).
나는 세상의 빛이다(요한복음 8장 12절).
나는 부활이요 생명이다(요한복음 11장 25절).
내가 곧 길이요 진리이며 생명이다(요한복음 14장 6절).
하나님은 사랑이다(요한일서 4장 16절).

오츠키 타케지, 성예수회 설립자

오츠키에 따르면, 하나님은 언제나 이름을 통해 자신을 계시하신다. 사실상 그 이름 속에 하나님이 현존한다. "하나님의 이름으로 부르라."는 실제 의례는 불교의 염불을 외는 소리와 리듬이 아주 유사하다. 성예수회에서 예배의 중심이자 정점은 전체 신자들이 목사의 지시에 따라 하나님의 이름 중의 하나, 이를 테면 "신은 사랑이다."를 제창할 때다. 예배에서는 조그만 종을 울려 찬송의 끝을 알린다. 하나님의 이름을 집단적으로, 그리고 개인적으로 부름으로써 살아 있는 하나님과 직접 만나게 된다.[26]

이러한 의례의 중요성을 고려할 때, 성예수회는 *염불-그리스도교*로 분류되는 것이 맞을 것 같다. 보호와 구원을 위해 아미타불의 이름을 부르는 염불 전통은 중국에서 시작했는데, 10세기와 11세기 일본에서 흥했던 의례였다.[27] 그 후 염불은 정토종의 중요한 부분이 되었다. 많은 일본인들이 정토종 불교에 익숙한 집안에서 자라기 때문에, 염불을 읊는 것은 자연스럽고 일반적인 종교 의례다.[28] 오츠키 자신도 아미타 부처의 타력 신앙의 표현으로 *염불*을 외던 가정에서 자랐다. 이런 종교적 배경에 비추어, 오츠키는 이 의례의 기독교화는 일본인의 감수성에 적합하다고 의견을 피력한다. 불교와 기독교 둘 다 타력에 의존하는 것이 상당히 유사하지만 그럼에도 불구하고, 오츠키와 교회의 다른 지도자들은 서둘러 아미타불은 역사적 인물이 아니라고 주장한다. 성예수회의 한 목사는 "실제로 존재하지 않는 존재는 우리의 기도에 응답할 수 없다."고 지적했다. 반대로 성서의 하나님은 나사렛 예수라는 역사적 인물로 역사에 자신을 드러냈다. 자신의 삶과 죽음, 그리고 부활을 통해, 예수는 우리를 구원했고, 진실로 우리의 기도에 응답할 수 있는 살아 있는 주님이다.

오츠키 자신이 주목했듯이, 하나님의 이름을 부르는 이 의례는 일본 종교만의 독특한 점은 아니다. 윌리엄 잭슨(William J. Jackson)은 인도의 종교 전통에 대한 연구에서 "기도나 주문에서 신성한 이름을 부르는 의례에 집중하는 신앙은 역사적으로 가장 오래되고 침투력 있는 종교적 삶의 양식이다."라고 했다. 그에 따르면, "광범위한 힌두교 전통과 맥락에서 이름 붙여진 존재 및 실체와 접촉하며 우리는 *성스런 이름의 내적인 비상한 잠재력을 가지게 된다고 믿는다.*"[29]고 했다. 나는 오츠키와 그의 추종자들이 그들의 종교 의례에 대해 주장한 바가 바로 잭슨의 결론과 같기 때문에 여기에서 인용했다.

성서의 하나님이 살아 있고 1세기 팔레스타인에서처럼 현재에도 활동하고 계시다는 것을 알기 때문에, 성예수회는 기적과 하나님의 치유력을 경험할 수 있기를 고대한다.[30] 예수와 초기 사도들이 이행한 기적을 다시 일으키기 위해서 그들은 성령의 분출과 그리스도의 내재력을 당연시한다. 성령이 내재해 있음을 나타내는 하나의 징조로 치유를 이해한다. 전형적으로 성서, 성유가 담긴 병, 치유를 청하는 글, 때로는 설립자(오츠키)가 쓴 경구가 새겨진 손수건이 교회의 제단에 놓여 있다. 이는 신약 성서에서 사도 바울의 기적, 즉 "하나님이 바울의 손으로 놀라운 능력을 행하게 하시니 심지어 사람들이 바울의 몸에서 손수건이나 앞치마를 가져다가 병든 사람에게 얹으면 그 병이 떠나고 악귀도 나가더라"(사도행전 19장 11-12절)를 참조하여 기록하고 있는 초기 기독교 의례가 지속된 것이라고 짐작된다. 치유를 위한 기도와 성유를 바르는 의식은 그룹 예배와 목회 사역의 정규적인 일부분을 이룬다. 많은 가정에서 또한 망자를 추도하고 가족의 일원을 위한 기도와 치유를 위해 성유가 보관된 제단을 찾아볼 수 있다.

게다가, 교회는 설립자 오츠키의 출생지이며 '마리아-관음보살상'(17세기 중엽 대부분 나가사키 지역에 있던 가쿠레 기리시탄들이 불교의 관음보살상으로 위장하여 만든 성모 마리아상-역자 주)의 발견 장소와도 가까운 교토 부 아야베 시에서 최근 치유의 샘이 있음을 확인했다.[31] 이 샘은 발견 이후 줄곧 교인들의 순례지가 되었다. 교인들은 종종 병에 샘물을 가득 담아 와 여러 질병에 시달리고 있는 사람들에게 그것을 나누어 주곤 한다. 아픈 병자는 하나님께서 치유해 주신다는 믿음을 갖고 '하나님의 이름을 부르는 동안' 샘물을 마시도록 권장받는다. 감사 예배 중에 치유가 일어났다고 무수히 많은 교인이 기록했고 교회의 출판물에도 기록되었다. 성예수회는 이 치유의 샘이 성서의 하나님이 여전히 살아 계시고 현재에도 활동하고 계신다는 것을 회의하고 의심하는 세대에게 증명하고자 의도된 신의 섭리가 깃든 징조라고 확신한다. 신자들은 물의 특별한 성질 때문에 치유가 일어나는 것이 아니라 하나님의 초자연적인 힘 때문에 일어난다고 한다.[32]

서구 교회 전통의 수용과 변용

우리가 주목했듯이, 성예수회는 사도 기독교의 의례 복원을 목표로 설립되었다. 그러나 수십 년에 걸쳐 이 운동은 또한 전통적인 서구 교회의 많은 요소들을 재평가하는 계기가 되었다. 보다 초교파적 경향을 나타내는 상징으로는 일본에서 사도신경을 그들의 신앙고백으로 인정하는 유일한 독립운동이 바로 성예수회 운동이라는 점이다. 일본에서 많은 선교 교회들이 잘못된 정책과 의례를 하고 있다고 계속 의식하고 있던 중 성예수회의 설립자 오츠키는 로마 기독교와 동방정교회에서 발전된 영적 훈련과 상징, 의례의 가치를 인정했다.

이러한 보다 오래된 서구 전통의 영향이 특히 성예수회에서 분명하게 드러나는 지점은 신성한 공간과 종교적 상징에 대한 이해와 활용에서다. 이 운동은 살아 있는 하나님과의 만남을 위해 교회 건축물 안의 성소를 '신성한 공간'이라고 여긴다. 이들은 일본에서 기독교 선교 교회들이 성스러움과 예배를 위한 분위기를 만들어 내는 데 건축물의 필요성을 제대로 인식하지 못했다고 생각한다. 성예수회의 한 목사에 따르면, "맨 벽과 접이식 의자만 가지고는 일본에서 기독교 교회와 강의실 및 체육관을 구별하기는 어렵다. 일본 사람들은 자신들이 종교적인 장소에 있다는 것을 의식하기 위해서 더 많은 상징과 분위기를 필요로 한다."고 했다. 물론 대개 대여된 시설과 강의실에서 모임을 가지고 있는 우치무라의 무교회 운동에 대해서도 똑같은 말을 할 수 있다.

오츠키와 다른 지도자들에 따르면, 일본인들은 종교를 경험하기 위해 보다 많은 상징과 형태를 필요로 한다. 이러한 '형태들'과 이것들이 가리키고 있는 실체를 오인해서는 안 되는데 종교적 상징은 진정한 신앙에 이르는 중요한 출입문이다. 성스런 공간과 종교적인 분위기를 내기 위해 성예수회는 보다 넓게 로마 가톨릭 전통과 유대교 전통을 차용한다. 설교단 뒤에 있는 교회 성소의 전면에는 언제나 제단이 있고, 이 제단 위에 성서, 양초, 촛대 그리고 종종 성유를 담은 병이 놓여 있다. 제단 위에 십자가가 걸려 있고, 십자가 근처에 성소 램프가 있다. 스테인드글라스로 된 유리창이 시각적 효과를 더한다. 상징성이 풍부한 성소와 더불어 교회 건물과 정원은 많은 다른 조각상들, 그리고 기독교적인 겸손, 제자도, 그리고 영성의 모델로 간주되는 성모 마리아와 성 프란체스코의 이미지로 장식했다. 교회 지도자들은 이런 상징이나 이미지의 사용을 우상 숭배, 즉 대부분의 기독교 교회가 범하기 쉬운 잘못된 판단으로 오해하지 말 것을 강조한다.[33] 오히려 이러한 상징과 이미지들은 사람들에게 이면의 실체를 보도록 지시

성서, 기도신청서, 손수건이 놓여 있는 교회 제단

유대교와 기독교 상징이 같이 있는 성예수회의 예배소

하는 예배의 보조물로 이해해야 한다.

성예수회에서는 세례와 성찬의 성사가 특히 진지하게 준수된다. 개인은 세례를 받고 교회의 신자로 받아들여지기 전에 먼저 최소 6개월 동안 '구도자'로 교회를 다녀야 하고, 신앙에서 교리의 기본 과정을 이수하고, 성령에 의한 세례 경험이 있어야 한다. 각 신자는 세례를 받기 전에 죄에 대한 구체적인 고백문을 써야 한다. 이렇게 맨 처음에 죄를 고백하는 것 이외에도, 성직자와 교인들은 성찬식의 성체받을 준비를 하며 자신의 죄에 대해 쓴 고백록을 정기적으로 제출하도록 권장받는다(대개 성찬식은 일 년에 4회 준수된다.).[34] 이 의례는 각 개인이 자기를 살피고 "이 떡을 먹고 이 잔을 마셔야 한다"는 신약 성서의 가르침을 토대로 한다(고린도전서 11장 28절을 보라.). 각 개인의 고백문을 읽은 후, 목사는 교인의 머리에 손을 얹고 그리스도의 이름으로 용서를 선언한다. 몇몇 큰 교회는 특별히 고해소를 유지하고 있다. 이런 고백 형식은 이 운동에서 기본적인 종교 의례다. 로마 가톨릭의 의례에서처럼 각 개인이 보속(補贖)을 행해야 한다는 조건은 없다.

또한 성예수회는 견진 성사와 결혼, 장례의 기독교 전통 의례를 계속 준수했다. 게다가 이 교회는 전통적으로 신도(神道)의 신사에서 일본인들이 지키는 많은 의식에 대해 기독교적 대안을 제공한다. 예를 들어, 11월 중순에 있는 *시치고산*(3살, 7살이 된 여자아이와 5살이 된 남자아이가 부모와 함께 신사를 방문하는 명절-역자 주) 무렵의 주일에 이 교회는 유아와 아이들을 축복하는 의례를 행한다. 부모가 아이들을 성소 앞에 데려오면 아이들의 보호와 성장을 위한 기도를 올린다. 같은 맥락에서, 어른이 되는 통과의례를 위한 특별한 '성인식'도 행한다. 마찬가지로 망자를 위한 추도식을 불교의 전통 의례의 대안으로 제공한다. 이런 모든 부가적인 의례는 기독교가 개인의 구원에만 관심을 두는 개인주의적 종교가 아니라 집안과 다른 가족들의 모든 필요를 살피고 지원하는 종교라는 것을 보여주는 교회 지도자들의 노력을 나타낸다.

이런 제도화 과정에서 오츠키는 성결교회에서 자신이 친숙해진 절차를 차용해 그것을 단단히 조직된 위계적 권위 구조와 맞췄다. 성예수회는 '별도의' 성직에 대한 성서적 전통에 토대를 두고 목사와 전도사의 선택과 교육에 상당한 노력을 기울인다.[35] 이 교회가 기독교적 뿌리를 가진 교회이기는 하지만 오츠키는 신학 교육에 대한 기독교의 전통적 접근을 거부하고 종교 지도자를 양성하기 위한 초석으로 로마 가톨릭의 수도원 전통을 차용했다. 오츠키의 관점에서 보면, 대부분의 기독교 교회와 신학교는 지속적인 변화를 요구하는 영적 훈련에 적절한 관심을 두지 못했다. 성예수회의 신학 교육은 성인의 길을 추구해 또 다른 그리스도가 되기 위해 부름을 받았다는 확신에 기초한다. 신앙에 의한 구원을 강조하면서도 각 개인이 그리스도의 이미지로 변화될 수 있다는 성서의 가르침에 주목하는 교회는 거의 없다.[36] 그리스도의 이미지로 변하는 것은 모든 기독교인의 소명인 데 말이다. 이는 종교적 지도력을 위해 양성받고 있는 사람들에게는 특히 중요하다.

로고스 신학교에서 행하는 4년간의 목사 훈련 프로그램은 지성의 형성이라 일컬어지는 성서 연구와 교리 연구를 포함하고 있으며, 영적 향상에 필요한 과목들에 관심을 기울이고 있다. 가톨릭의 수도 전통을 따라 신학교 학생들은 순결, 청빈, 복종을 준수해야 한다. 교회는 모든 학비와 생활비를 댄다. 하루 일과는 기도, 공부, 침묵, 노동 시간으로 쪼개져 있지만 공동생활의 중심은 기도와 예배다. 기도는 하루에 3번(오전 6시 30분, 오후 3시 정각, 오후 7시 정각) 신학교 부속 예배당에서 행해진다. 신학교 학생들은 왜 자신들이 로고스 신학교에 입학하게 되었는가라는 질문에 대한 대답, 즉 "성인이 되기 위해서, 또 다른 그리스도가 되기 위해서"라는 말을 일제히 연호하면서 각 예배에서 자신의 맹세를 새롭게 다진다.

일본에 있는 다른 신학 기관과 달리, 로고스 신학교의 학생들은 일본 전통예술에 대해 교육받는다. 여성은 꽃꽂이와 다도식(茶道式)을 배우고 남성은 서예 교육을 받는다. 이 일본 전통예술은 우리가 정신을 집중해서 살아 있는 그리스도와의 결합을 경험할 수 있도록 하는 영적 훈련에 가치 있다고 한다. 많은 교회가 손님을 환대하는 장소로, 그리고 명상을 위한 장소로 다실(茶室)을 유지하고 있다.

로고스 신학교에서 성직을 준비하는 모든 학생들은 미혼이고, 남성과 여성은 각각의 활동을 위해 분리된다. 남학생과 여학생은 식당에서는 별도의 테이블에, 강의를 들을 경우에는 강의실의 서로 다른 쪽에 앉는다. 예배당에서 여학생은 왼쪽에, 남학생은 오른쪽에 앉는다. 4년간의 교육기간 동안 남학생과 여학생 간의 사적 혹은 개인적 소통은 허용되지 않는다. 설립자 오츠키는 이것을 '성스런 무관심'이라는 의례로 지칭한다. 그러나 4년간의 교육 프로그램을 마칠 무렵, 가톨릭 전통의 금욕을 관철시키는 대신, 로고스 신학교의 책임자는 학생들이 목회를 시작하려고 세상으로 돌아가는 다수의 남학생과 여학생의 결혼을 주선하는 중매인의 역할을 한다. 그래서 로고스 신학교 졸업자들은 대개 졸업 후 1년 혹은 2년 안에 결혼에 이른다. 하지만 목회를 위해 교육받은 사람의 경우, 일반 평신도와의 결혼은 허용되지 않는다. 게다가 임명받은 목사들은 결혼 상대를 연애 관계를 기준으로 선택할 수 없다는 약정이 있다. 오로지 교회가 '목사직' 내에 있는 구성원들끼리 결혼하도록 정해 준다. 목회를 위해 교육받는 여성의 수가 언제나 남성의 수보다 많기에, 많은 여성은 자신이 독신으로 살 운명이라는 점을 인식한다(예를 들어, 최근 로고스에 등록된 여성은 26명, 남성은 14명이었다).[37]

로고스 프로그램의 완수 이후, 각 개인은 보조 교사로서 3년간의 수련 기간을 마쳐야 한다. 목사나 교사로 완전히 인정받기 위해선 각 후보생들은 필기시험을 통과해야 하고 적어도 12명의 일반인을 신앙(성령 세례와 침례를 포함)으로 인도해야 한다. 후자에 대한 요구는 이 운동이 전도를 강력히 강조하고 있음을 반영한다. 성예수회 운동의 이 같은 요구는 의심의 여지없이 대부분의 주류 교파 내에 존재하는 안수받은 성직자들의 위계서열을 감소시킨다.[38]

종말론과 시온주의적 성향

우리가 보았듯이, 성예수회의 주요 양상들은 사도적 기독교의 실천과 오래된 서구 교회의 전통을 점진적으로 통합하면서 이루어진다. 그러나 사제 오츠키의 종말론적 비전이 이 운동의 핵심적 특징인 역동성과 미래를 고대하는 분위기를 만든다. 오츠키는 구원의 역사가 절정에 도달할 '최후의 날'에 중요한 역할을 하기 위해 성예수회가 하나님에 의해 따로 분리되었다고 설명한다. 특별한 '카이로스'의 시간에 대한 이러한 생각은 "이방인의 충만한 수가 들어오기까지 이스라엘이 더러는 우둔하게 된 것이라. 그리하여 온 이스라엘이 구원을 받으리라"(로마서 11장 25-26절)는 사도 바울의 가르침에 대한 오츠키의 독서에서 비롯된다. 비록 '그리스도의 신부(회중)'를 완전하게 하기 위해서는 이방인의 복음 전도가 중요한 임무이기는 하지만, 성예수회의 특별 소명과 궁극적인 목적은 이스라엘 민족의 구원과 그들의 영적 구원에 있다.

오츠키의 이스라엘 국가에 대한 관심은 성결교회에서 그의 스승이었던 나카다 쥬지의 관점을 반영한다. 나카다 쥬지의 후기 신학은 종말론적 관심과 일본이 이스라엘의 구원과 연결되어 있다는 생각이 지배적이었다.[39] 스승의 영향을 부정하지 않고 오츠키는 자신이 중국에 전도사로 있는 동안 이스라엘에 대한 이 운동의 책임과 관련된 특별한 계시를 받았다고 주장한다. 그는 하나님이 그에게 다음과 같은 지시를 내렸다고 전한다.

1. 이스라엘 민족의 복원을 위해 기도하라.
2. 그리스도 재림의 조건이 되는 이스라엘의 영적 재생을 위해 기도하라.
3. 세계 평화의 열쇠가 되는 예루살렘의 평화를 위해 기도하라.
4. 평화의 메시아가 오시도록 기도하라.[40]

오츠키가 이러한 계시를 받고 이스라엘의 복원을 위해 열렬히 기도하기 시작한 후 10년이 지나 이스라엘 민족은 독립 국가로 재건되었다(1948년-역자 주). 이것은 성예수회 운동의 초기에 오츠키와 그의 신자들에게 확신으로 다가왔다. 이러한 묵시록적 의식과 이스라엘 민족에 대한 관심이 오늘날에도 이 운동의 모든 양상에 스며 있다.

비록 이 운동이 이스라엘의 구원과 관련되어 있다 할지라도, 이 운동은 다른 많은 기독교 선교 단체들이 하는 것처럼 유대인에 대한 선교에는 관여하지 않는다. 기독교-유대교의 관계, 즉 박해, 살해, 그리고 홀로코스트의 역사의 견지에서 성예수회는 비유대인이 유대인에게 전도할 권리를 가지고 있지 않다고 주장한다. 그들의 소명은 단지 이스라엘의 복원과 예루살렘의 평화를 위해 기도하는 것이다. 오직 그렇게 한 다음 메시아가 다시 오시어 세계 도처에서 평화를 이뤄낼 것이다. 현재, 오츠키의 설명에 따르면, 교회의 주된 관심사는 기독교인들이 수세기에 걸쳐 유대인을 괴롭혔던 상처를 치유하는 것, 그리고 이타적인 사랑을 표현하는 법을 배우는 것이다. 하나님은 그의 시간 안에서 유대인의 구원을 돌볼 것이다.[41] 비록 십자가와 다윗의 별이 보통 분리와 갈등을 나타냈다 할지라도, 이 운동은 기독교인과 유대인 간의 절충과 조화에 대한 그들의 비전을 상징화하기 위해서 십자가와 다윗의 별을 결합했다.

지난 수십 년간 이 운동은 과거를 치유하고 유대인과 비유대인 간의 좋은 관계를 형성하기 위해 많은 노력을 기울였다.[42] 언급할 만한 몇 가지 사례가 있다. 설립자 오츠키의 아들인 오츠키 마사루의 주도하에, 시노노미 합창단이 음악사역, 히브리어와 일본어 노래로 구성된 프로그램을 통해 평화와 관계 개선에 기여하기 위해서 1970년 조직되었다. 몇 년에 걸쳐 합창단은 이스라엘과 북아메리카로 많은 콘서트 투어를 했고 워싱턴 D.C.에 있는 홀로코스트 박물관에서도 공연을 했다. 몇몇 이러한 공연에 앞서 그리스도의 이름으로 유대인에게 행해진 과거의 잔혹한 행위들에 대해 사과를 했다. 관객 중 많은 사람들이 감동받았다. 콘서트 후 몇몇 관객은 이것이 기독교인이 처음으로 무엇인가에 대해 그들에게 사과한 경우라고 했다. 3000년 전 예루살렘이라는 성스런 도시가 세워진 것을 기념하는 축하행사에 참여하기 위해 1995년 이 합창단은 이스라엘을 순회했고 텔아비브와 하이파, 그리고 히브리 대학교에서 콘서트를 열었다.[43]

또한 1971년 성예수회는 교토의 벳 살롬(평화의 집), 곧 이스라엘에서 온 손님들이 삼일 밤을 무료로 숙박할 수 있는 게스트 하우스를 세웠다. 히로시마에도 또 다른 게스트 하우스가 있다. 일만 명이 넘는 이스라엘인들과 유대인들이 지난 30년간 이 벳 살롬 게스트 하우스에서 환대를 받았다. 1972년 텔아비브로드 공항에 가해진 테러리스트(이때 3명의 일본인이 포함되었다.)의 공격은 24명의 사망자와 66명의 부상자를 남겼다. 이 비극의 결과로 이스라엘인들과 일본인들 간의 손상된 관계를 치유하기 위

다윗의 별과 벚꽃 잎 모양의 십자가

한 일환으로 이 운동은 일본에서 공부하고 있는 이스라엘 출신 학생들을 돕는 오츠키 평화 장학금을 마련했다. 수년 전에 또한 이 운동은 히브리 대학교의 교수들을 지원하는 기금을 조성하기도 했다.[44]

이스라엘 민족에 대한 이러한 관심사가 가장 최근에 드러나게 된 계기는 1995년 6월에 세워진 일본 홀로코스트 박물관과 교육 센터를 통해서다. 이 교육 센터는 성예수회가 평화 교육을 위해 천오백만 명의 유대인 아동들을 추모하기 위해 세운 것이다.[45] 교회의 구성원들이 이 센터와 기념홀을 건축하기 위해 필요한 오천만 엔을 기부했다. 박물관에 전시 중인 물품들은 22개국에 흩어져 있는 유대인들이 기증한 것이다. 개관 첫 해 동안 이 교육 센터는 8,000명이 넘는 방문객을 받았다. 30개의 각기 다른 대학과 60개의 초중등 학교에서 온 교사들과 학생들, 그리고 다양한 도시 및 지방 관청과 인권 단체에서 온 대표자들이 이 센터를 방문했다. 방문객 중에는 안네 프랑크의 동급생 친구인 한나 픽(Hannah Pick)도 있었다.[46] 전시와 강연, 비디오, 토론을 통해 이 센터의 총 책임자 오츠카 마카토 목사는 지난 세기에 걸쳐 일어난 일본의 아시아 이웃 나라에 대한 착취의 현실뿐만 아니라 우리 시대의 가장 처참한 비극인 홀로코스트에 관해 학생들이 생각해 볼 것을 촉구했고, 학생들이 평화의 중재자가 되어야 한다고 권했다. 센터의 이런 활동은 오츠카 목사가 대중 강연을 하고 홀로코스트, 그리고 약자를 괴롭히는 것과 차별 등 일본 사회의 시급한 문제들에 대해 학교 단체들에게 말할 수 있는 많은 기회를 열어 놓았다.[47]

이러한 다양한 활동에 반영된 이스라엘 민족과의 친밀한 관계는 성예수회 안에서 이루어지는 종교 의례에 중요한 영향을 끼쳤다. 특히, 이 운동은 초기 기독교의 유대교 뿌리를 회복하는 방향으로 고무되었다. 히브리 전통과 유대교 전통을 공부하도록 많은 교회 지도자들을 이스라엘로 보냈다. 로고스 신학교에는 유대교 연구 센터를 세워 기독교 내의 유대교적 토대에 보다 많은 관심을 갖도록 했다. 이 센터에서는 다양한 강연과 특별 행사를 위해 유대교 랍비와 학자들을 초청한다. 교회 달력에도 이스라엘과 유대교 전통의 기념일이 반영되어 있다. 교회의 달력에는 부림절 축일(3월 5일), 홀로코스트의 6백만 희생자를 위한 추모일(4월 16일), 이스라엘의 독립 기념일(4월 24일), 안네 프랑크의 생일(6월 12일), 예루살렘 성전 파괴일(7월 25일), 속죄일(9월 23일), 이스라엘의 날(10월 10일)이 있다.

성예수회가 이 모든 행사에 특별 예배를 갖지는 않지만 이스라엘에 대한 관심은 교회력의 곳곳에서 다양한 방식으로 보이고 있다.[48] 또한, 이러한 경향은 성예수회의 성가집에도 분명하게 드러난다. 성가집에는 그리스도의 부활을 다루고 있는 11개의 찬송가(41-51장), 이스라엘의 구원을 다루고 있는 찬송가(85-92장), 그리고 12개의 유대 민요(202-213장)가 포함되어 있다. 성가집에는 또한 세계 곳곳에 흩어져 있는 유대인을 위한 기도, 예루살렘의 평화를 위한 기도, 그리고 최후의 날에 특별한 역할을 이행할 운명을 타고난 144,000명의 선택받은 이스라엘 민족의 영적인 기름 부음을 위한 기도를 포함하여 이스라엘 민족과 관련된 11개의 기도문, 더불어 기도에 대한 안내를 담고 있다.[49] 교회 신자들은 매일 세 번씩 이스라엘을 위해 이러한 기도를 올릴 것을 권장받는다.[50] 교회는 또 유대교의 오랜 안식일 전통에 근거한 가정 예배 형식을 준수할 것을 권한다.[51] 이스라엘과의 이런 모든 연결 때문에 많은 교인들은 일생에 적어도 한 번 성스런 땅(이스라엘)을 순례할 것을 목표로 삼는다. 이스라엘에 세 번 순례를 다녀온 설립자 오츠키는 이스라엘과 유럽 성지의 순례 묵상을 위해 교인들이 사용할 수 있도록 자신의 경험을 담은 많은 시와 명상록을 썼다.[52]

치유 의례, 하나님의 이름을 찬송하는 것, 기독교적이고 유대교적인 상징과 의례 같은 다양한 요소 때문에 이 운동이 일관된 하위 문화를 형성하기 위해 결합한 방식을 어떻게 평가할 수 있을지 어려울 수 있다. 오츠키의 옛 성결교회 동료들은 오츠키가 창안한 것을 대단히 비판적으로 본다. 이들은 오츠키가 만들어 낸 것을 대단히 저속하다고 평가 절하하기도 한다. 이에 대해 오츠키는 마치 사도 바울처럼 자신은 "모든 사람을 만족시키기 위한 어떤 것"이 되기 위해 부르심을 받았다고 말한다. 오츠키는 성예수회가 일종의 *오브로시키*, 곧 인간의 다양한 요구를 위해 필요한 모든 것들을 감쌀 수 있을 큰 보자기가 되어야 한다고 믿는다.[53]

테시마 이쿠로와 원시복음(마쿠야)

이 연구가 진행되는 중에 몇 가지 논쟁을 보았듯이, 기독교에 대한 우치무라 칸조의 무교회 해석은 20세기 동안 다양한 독립 운동들의 발전에 상당한 영향을 미쳤다. 원시복음 마쿠야(原始福音, 幕屋)는 무교회 운동의 성령강림의 현현이며 사도적 기독교를 회복하기 위한 일본인의 또 다른 노력을 보여 준다.[54] 서구의 선교 교회들이 가지고 있는 교리적 엄정함과 우치무라의 제자들이 가지고 있는 지성주의에 불만이었던 테시마 이쿠로(手島郁郎, 1910~73년)는 1948년 자신의 종교 운동을 세웠다. 테시마의 운동을 분석한 유익한 정보가 영어로 상당량 있기 때문에 나는 이 운동과 다른 버전의 무교회 기독교를 구분하는 몇몇 핵심 특징에 초점을 두고 앞서 살펴본 다른 '사도적' 운동과 비교할 수 있는 토대를 마련하려고 한다.[55]

우치무라는 선교 교회의 고백과 해석에 의존하지 않고 일본인 스스로 성서를 읽어야 한다고 주장했다. 이러한 무교회 원칙을 따라 테시마는 성서를 읽었고, 성서에는 무교회 기독교와 이식된 선교 교회에서 빠뜨린 요소들이 가득 있다는 것을 발견했다. 그는 '원시복음(마쿠야)'에는 카리스마가 있는 치유, 성령 세례, 방언의 종교 형태가 언제나 동반되었다는 것을 발견했다. 그런데 살아 있는 그리스도가 그런 식으로 자신의 모습을 드러내는 일은 더 이상 이식된 선교 교회에서는 일어나지 않았다. 테시마에 따르면, 사실상 대부분의 선교 교회 지도자들은 하나님의 치유력을 믿지도 않았다. 한마디로 기존 교회들은 살아 있는 사도 신앙을 그리스도의 교리 체계로 바꿔버렸다. 테시마는 성서의 원래 정신으로 돌아가 기독교의 독립적이고 토착적인 표현을 발전시키려는 우치무라의 노력이 자신의 노력과 전적으로 같은 것이라고 했다. 테시마는 무교회 운동이 우치무라의 제자들 안에서 기독교의 '정체된' 형식으로 되었다는 자신의 관점을 다음과 같이 설명한다.

> 무교회 운동의 신자들은 성서 연구에 엄청난 중요성을 둔다. 저들에게 지금 이것은 신앙의 대체물이 되었다. 몇몇 사람들은 성서 전문 용어, 그리고 극단적인 경우에 희랍어 텍스트의 의미를 공부하기만 하면 자신들이 구원받는다고 생각한다. 그러나 문자 연구를 통한 구원은 없다. 성서에 씌어 있듯이, "율법 조문은 죽이는 것이요 영은 살리는 것이니라"(고린도 후서 3장 6절) 우리는 살아 있는 그리스도, 성서 이면에 있는 위대한 '주님'을 만날 때까지 구원받을 수 없다.[56]

테시마는 무교회 운동의 교사들이 좋은 성서 학자일 수 있지만 그들은 신약 성서의 살아 있는 믿음이 결핍되었다고 보았다.[57] 3장에서 보았듯, 테시마는 무교회가 이식된 선교 교회와 서구 기독교의 '껍데기'로 잘못 인도한 것에 대해 대단히 비판적이었다. 또한 그는 무교회 운동이 변질되어 생명을 잃은 기독교가 된 것에 환멸을 느꼈다. 그러나 테시마의 신랄한 말들은 선교 교회의 급여 대장에 올라 있기 위해 선교사들과 협동했던 일본인 기독교 목사들을 향한 말이었다. 이 목사들은 일본인을 위해 복음을 전하기보다는, 그저 서양 선교사들의 말을 되풀이할 뿐이었다. 테시마는 이들을 그저 월급을 받기 위해 '꼬리를 흔드는 개'로 비유했다.[58] 테시마는 사도적이면서 동시에 토착적인 기독교의 독립적이고 자립적인 형식을 세우기로 굳게 결심했다.

성서 연구 대회에 참석한 원시복음(마쿠야) 운동의 설립자, 테시마 이쿠로

사도적 기독교의 유대교 뿌리

1948년 테시마는 잡지『생명의 빛』출판을 시작했다. 무교회 운동의 교사 대부분이 했던 것처럼, 자신의 기독교 이해를 정교하게 글로 쓰기 시작했다.[59] 초기에는 테시마와 그의 직제자들에게만 영향을 미쳤던, 성령 세례와 치유, 방언 등 성령강림파의 특징이 1949년 구마모토에 있는 그의 성서 연구 모임 도처에 확산되었다. 지금은 '마쿠야 성령강림'이라 지칭되는 이 사건을 계기로 그는 무교회 운동과 전적으로 단절하게 되었다.[60] *마쿠야*(幕屋)는 이스라엘 민족이 사막을 이동할 때 모시고 다닌 하나님이 계신 성소, 곧 성막을 나타내는 일본말이다. 테시마는 자신의 성령강림적 신앙에 대해 무교회 지도자들과 논쟁을 한 후 자신의 운동을 가리켜 마쿠야 혹은 원시복음이라고 지칭하기 시작했다. 그가 자기의 신앙은 무교회 전통의 표현이라고 계속 주장했지만, 우치무라를 계승하는 이들로부터 지속적으로 비판을 받은 그는 자기가 내는 잡지에서 무교회 운동과 관련한 참고

문헌을 빼버렸다. 예를 들어, 야나이하라 타다오는 우치무라가 사망한 지 30년 만에 무교회에서 기독교의 '이단' 형식이 시작되었다고 불평했다.[61] 타카하시 사부로도 같은 맥락에서 테시마의 운동을 적법한 운동으로 인정하지 않았다. 왜냐하면 테시마의 운동이 무교회가 강조하고 있는 핵심들(죄의 용서, 부활 그리고 그리스도의 재림)에서 벗어나 있고 치유와 방언에만 현혹되어 있는 것으로 보였기 때문이었다.[62]

이러한 성령강림의 카리스마에 더해, 테시마의 '원시복음(마쿠야)'은 기독교의 유대교 뿌리를 향한 보다 깊은 이해로 나아갔다. 진정한 사도 기독교를 회복하기 위해서 테시마는 이천 년간 유럽화된 요소들을 제거하고 기독교 예배의 가장 초기 형식을 되살리는 것이 필요하다고 생각했다. 이러한 결정의 가장 뚜렷한 결과 중 하나는 그의 운동에서 핵심적 종교 상징물로 십자가 대신 메노라(유대교의 예배 때 쓰는 일곱 가지 촛대-역자 주)를 차용한 것에서 찾아볼 수 있다. 이 촛대는 살아 있는 하나님의 현존을 나타내기 위해서 이스라엘 민족의 성막에서 사용된 이래 유대인을 나타내는 일반적인 상징물이었다. 신약 성서에는 이 상징물이 초기 기독교에서 중요했다고 명시되어 있다. 예를 들어, 요한계시록(1장 12-20절)에는 사람의 아들이 일곱 촛대 가운데 나타난다고 한다. 이것은 메노라가 초기 기독교인들에게 살아 있는 그리스도의 상징으로 이해되었음을 시사한다. 십자가가 기독교를 나타내는 상징물로 널리 수용하기까지는 수세기가 걸렸다. 인터뷰 대상자에 따르면, 대부분의 일본인은 십자가가 너무나 '잔인하고 비극적인 이미지'로 느껴져 일본에서는 기독교 예배를 위한 상징으로 십자가를 사용하기에 부적합하다고 여긴다. 이 때문에 테시마가 초기 유대인의 상징물을 차용하기로 결정했다고 한다.

1961년 테시마는 인도, 미국, 그리스와 이스라엘을 여행하면서 처음으로 성지순례를 했다. 이스라엘을 방문하는 동안 그는 성서가 한층 재미있게 느껴졌다. 이 경험은 그가 제자들을 교육하는 방식에 영향을 미쳤다.[63] 무교회 전통에 충실했던 테시마는 본래 히브리어와 희랍어로 된 성서 연구

메노라는 원시복음(마쿠야)에서 하나님의 존재를 표상하는 상징이다.

를 강조했다. 그는 이스라엘에서 보낸 시간을 통해 예수에게 대단히 중요했던 구약 성서의 말과 유대 전통을 이해하고 공감하기 위해서는 이스라엘에 살면서 공부하는 것이 중요하다는 확신을 가졌다. 테시마는 일본의 기독교인들이 서구 교회의 전통과 신학을 연구하는 것보다는 이스라엘의 유대인으로부터 직접 성서 전통을 배우는 것이 중요하다고 생각했다. 또 청년들이 이스라엘 유대인에게 애국주의를 배우는 것이 중요하다고 생각했다. 그런 경험이 1945년 군사적 패배에 뒤이어 전후 일본에서 사라진 일본 정신을 고취시키고 회복하는 데 도움이 될 것이라고 그는 희망했다.

1962년 테시마는 젊은 제자들을 이스라엘로 1년 혹은 좀 더 길게 연수를 보내기 시작했다. 지금(1998년)까지 700명이 넘는 학생들이 이스라엘에서 히브리어를 공부했고 키부츠에서 시간제로 일을 했다. 어떤 학생들은 히브리 대학에서 학위과정을 계속 이어갔다.[64] 그러나 학문적으로 공부만 하는 것은 원시복음 운동의 전도사가 되는 데 충분하지 않다. 하나님에 대한 전적인 의탁을 함양하기 위해서 제자들은 두 명씩 돈이나 갈아입을 의복 없이 보내졌다. 이것은 '성서'의 의례를 차용한 것이다. 돌아다니며 복음을 전할 때 그들이 필요로 하는 모든 것을 하나님이 인도하고 주실 것이라는 기대를 하며 이 의례를 채택했다. 제자도와 교육에 대한 이러한 접근은 마가복음(6장 7-13절)에 기록된 예수의 사례를 본보기로 한 것이다. 테시마는 하나님에 대한 신뢰는 어려운 시험과 경험을 통해서만 길러질 수 있다고 생각했다. 이러한 영적 교육은 오늘날 이 운동에서 봄 가을의 선교 여행 시 장로들이 자신의 제자들을 내보낼 때도 행하고 있다.[65]

이스라엘로 학생들을 보내는 동시에 테시마는 해마다 이스라엘 순례를 조직했고 이런 여행을 통해 많은 유대 지도자들과의 유대 관계를 키웠다. 그는 정기적으로 이스라엘의 고위 관리들을 마쿠야 모임에 초청했고, 일본에 있는 다른 유대 지도자들을 접대했다. 1967년 6일 전쟁에 뒤이어, 테시마는 이스라엘 국가를 위한 일본의 지원을 만들어 내기 위해 헤아릴 수 없이 많은 활동을 했다. 얼마 전에 그의 아들 이사야가 설명했듯이, 테시마는 자랑스럽게 '자신을 신(新)시온주의자'라고 불렀다. 왜냐하면 그는 "성스러운 역사가 계속 이어지는 이스라엘 국가를 지원하는 것뿐만 아니라 일본에서 성서의 본래 정신이나 가치를 되살리기 위해 이스라엘 정신과의 대화에 자신을 헌신했기 때문이다."[66]

1973년에 테시마가 죽은 후, 그의 부인과 다른 지도자들은 이스라엘과의 관계를 강화했고, 기독교의 유대교 뿌리를 한층 더 강조했다. 매년 2월과 3월에는 2주간의 이스라엘 순례 여행이 조직되고 보통 100명에서 300명 사이의 인원이 동행했다. 몇 년 전에는 1,600명의 인원이 예루살렘의 3,000번째 경축일에 합류하기 위해 순례 여행에 참가했다. 1988년 이 운동은 이스라엘에서 공부하고 있는 신자들을 위한 공동체를 마련하고 일본어와 일본 문화에 관한 강좌를 열기 위해서 예루살렘에 마쿠야 센터를 세웠다.[67] 또한 원시복음(마쿠야) 운동은 히브리어 공부를 위한 책과 자료를 전문으로 취급하고 이스라엘 학자들이 쓴 중요 저서들의 번역서를 내기 위해서 출판사를 세웠다.

이스라엘과의 지속적인 관계, 그리고 유대 전통과의 지속적인 접촉은 이 운동 안에서 종교 의례를 계속해서 다시 형성하도록 했다. 유대교 의례의 점진적인 통합과 차용은 학생들이 이스라엘의 종교적 삶을 공부하고 경험할 수 있도록 학생들을 이스라엘로 보낸 결과의 하나였다. 유대인의 많은 민요가 원시복음(마쿠야) 운동의 찬송가 책에 수록되었고, 다양한 예배와 행사에서 이 성가들을 정기적으로 부른다.[68] 일본에 있는 마쿠야 회원들 사이에서는 유대교의 안식일이 널리 찬양된다. 또한 1980년대 초 마쿠야 지도자들은 이 운동에 참여하는 젊은이들을 위해서 바르미츠바(유대교에서 13세 소년의 성인식-역자 주) 통과의례를 도입했다. 매년 봄방학 동안, 일본 전역의 중고등학교 학생들(12~13세) 50명에서 100명 정도가 어느 곳에 있든지 간에 3일간의 집중적인 종교 의례를 위해 규슈에 있는 구마모토와 아소산의 '신성한 장소'에 모인다(아소산은 설립자 테시마가 살아 있는 하나님과 매우 강렬한 만남을 가졌고 사역에 대한 하나님의 부름을 받은 곳이다. 그리고 아소산 근처 구마모토는 그가 원시복음(마쿠야) 운동을 시작한 곳이다.). 젊은이들은 아소산에 있는 마쿠야 피정 센터에 머무른다. 뿐만 아니라 그들은 구마모토 센터와 그 근처에 있는 테시마와 그의 초기 제자들의 묘역도 방문한다. 이 프로그램에는 원시복음(마쿠야) 운동의 역사, 테시마의 비디오 자료들, 예배, 그리고 *오미소기*(정화를 위한 목욕)와 *히와타리*(뜨거운 석탄을 깐 바닥 위를 걷기) 같은 다양한 금욕적인 의례에 대한 강의가 있다. 젊은이들이 이 같은 마지막 의례로 책임과 신앙에 대한 시험을 거치는 것에 대해서 매우 몰두하고 관심을 기울이는데 이는 놀랄 일이 아니다.

원시복음(마쿠야)과 일본적 영성

사도적 기독교의 카리스마와 유대교의 한 측면을 재발견하려는 테시마의 관심사에 더해, 그는 또한 토착화에 몰두해 성서의 믿음과 일본의 영적 전통 간의 연결 관계를 찾으려 했다. 다른 토착화 지도자들이 무사도나 불교, 유교에 초점을 둔 반면 테시마는 외국 문화가 도래하기 이전의 일본의 영적 전통에 더 관심을 기울였다. 테시마에 따르면, 그리스도의 십자가를 일본식으로 이해할 수 있는 관건은 일본 선조들이 가르쳤던 아름답고, 고귀하며 신성한 영혼을 아는 것에 있었다. 『고사기』, 『일본서기』, 『만엽집』은 초기 일본의 정신을 이해하는 데 중요한 자료다.[69] 테시마의 첫 번째 책 『성령의 사랑』에서 일본 민족을 이끌기 위해 태양의 여신에게 의탁했던 진무천황의 삶을 언급하고 있는데 거기에서 일본의 영성에 대한 그의 깊은 공감을 알 수 있다.

> 나는 어려움을 헤치고 나타나신 진무천황이 남긴 유산에 의해, 신령의 힘에 의지함으로써, 힘든 전후 상황에서 지금 신음하고 있는 일본인들의 마음속에 깊이 새기게 될 교훈에 감동받았다. 고대 일본인들이 그렇게 고양된 영성을 가지고 있었다는 것은 놀라운 일이다. 그들은 어려움을 만날 때마다 *후유*(신령이 주는 군사적 권위, 지지, 은혜, 자비로운 증여-역자 주)에 의존한다. 그들은 오로지 신령의 자비로운 증여를 얻는다면 어떤 어려움도 헤쳐 나갈 수 있으리라 확고히 믿었다. 그리고 신령의 힘으로 어떤 적도 무너뜨릴 수 있다고 믿었다. 이런 확고한 믿음을 가지고 그들은 *신령을 영접했고 우렁차게 외쳤다*. 이는 고대 일본인의 독특한 영적 특성이었다.[70]

테시마의 '기독교 이전 과거의 기독교화'는 『고사기』와 『일본서기』에 등장하는 신들과 고대 일본인들의 유대 관계가 실상 성서에서 천사로 지칭되는 천상 영혼과의 소통과 같다는 해석이다. 일본의 선조들은 하나님에 대한 의탁과 영성에 대해 본받을 만한 모델을 제공했을 뿐만 아니라 참된 인간성은 어떤 것이어야 하는지를 보여줬다.[71] 이것은 복음 속에 나타난 예수의 삶이 보여주는 것이기도 했다. 테시마에 따르면, 원시복음(마쿠야) 운동의 목적은 모든 사람들에게 이런 진정한 인간성을 회복시켜 예수의 과업에 동참하도록 하는 것이다. 특히 테시마가 중국에서 불교와 유교가 유입되기 이전 일본의 영성에 관심을 두고 있을지라도 그는 일본 불교인, 즉 고보 다이시(空海), 호넨, 니치렌, 하쿠인 같은 승려들의 귀한 공헌을 인정

연례 모임 중 히와타리를 하고 있는 마쿠야 신자들

했다. 그리고 테시마는 카와이 신스이처럼 이 유산이 일본인에게 구약 성서와 같다고 보았다.[72]

고대 일본의 영성에 깊이 공감한 테시마는 마쿠야 운동의 영적 교육을 위해 토착 전통으로부터 몇 가지 금욕적인 의례를 차용했다. 이 의례에는 *타키아비*(滝浴び, 폭포 아래 서 있기)를 포함한 *오미소기* 정수 의식과 *히와타리*(火渡り, 뜨거운 석탄이 깔린 바닥 위를 걷기)가 있다. 이 금욕적 훈련은 신체 훈련과 영적 정화의 중요한 방법이라 여겨, 영적으로 집중하는 것을 어려워하는 개인들을 위한 것이었다. 1958년 3월 연례 회합에서 테시마는 야마부시, 즉 산 속에 은둔하는 승려들 사이에서 일반적으로 행하고 있는 *히와타리*를 마쿠야 신자들의 정기적 영성 훈련에서 했다.[73] 그는 기독교가 정말 최고의 종교라면 기독교를 따르는 신자들도 뜨거운 석탄 위를 걸어감으로써 살아 있는 하나님의 힘을 증거할 수 있어야 한다고 했다. 히와타리는 연례 회합에서 일반적인 의례가 되었고, 위에서 보았듯이 이 운동이 젊은이들을 위한 미츠바 통과의례에서도 주요 행사가 되었다.

*오미소*기 정수 의식을 하고 있는 마쿠야 신자들

최근의 강조점과 민족주의적 경향

지난 수십 년 무교회 운동의 교사들이 행한 온갖 비난에도 불구하고, 마쿠야 지도자들은 최근 자신들의 정체성이 무교회 전통의 표현 중 하나임을 재강조하는 추세다. 예를 들어, 원시복음(마쿠야)의 잡지인 『생명의 빛』은 정기적으로 우치무라에 관한 글을 게재한다. 그리고 보통 무교회 운동의 원칙에서 이 운동을 정의한 신앙 고백을 출판한다.

원시복음(마쿠야)의 신조

우리는 일본의 영적 피폐함을 개탄하고 일본의 영적 부활을 갈망한다.

우리는 일본인의 가슴에 종교의 부활을 갈망하고 원시복음의 부활을 위해 기도한다.

우리는 무교회주의 원칙에 서 있다. 그러므로 우리는 어떤 교회나 종파에 속하지도 않고 어떤 교회나 종파를 세우지도 않는다. 우리는 단순히 구약 성서와 신약 성서로부터 배움을 추구한다.

우리는 기독교의 정화를 염원하고 동시에 일본의 다른 종교들을 사랑한

규슈에 있는 원시복음(마쿠야)의 구마모토 학원에 있는 예배소. 마쿠야 만남의 방에 일본 국기가 걸린 것은 테시마가 미국을 방문한 이후였다. 그는 미국 교회에서 미국 국기가 게양된 것을 보고, 일본의 기독교인들에게도 같은 효과를 줄 수 있다고 여겨, 예배 및 국경일에 일본 국기를 게양해 마쿠야 신자들에게 민족적 자부심을 고취했다.

다. 그리고 일본의 설립자(성인들)의 성품을 경배한다.

우리는 모든 정치적 당을 초월한다. 사랑, 선의, 평화로 일본 사회의 성화를 기대하며 사회 정의와 이웃 사랑을 위해 노력한다.

원시복음(마쿠야) 운동이 무교회 전통과 공통점이 많다는 것은 부인할 수 없다. 이 운동은 서구 교회로부터 독립을 추구하고, 성사 체계와 종파 정치를 거부하고, 원어로 된 성서 공부를 강조하며, 교회 건축물에 투자하기보다는 강당을 빌리거나 교인들의 집에서 모임을 갖는 관행을 유지하고 있다는 점에서 무교회 전통을 따른다. 또한 테시마와 그의 추종자들은 자신들의 시온주의적 경향 역시 우치무라의 견해에 뿌리를 두고 있다고 주장한다.[74] 그러나 이런 공통점에도 불구하고, 우치무라는 분명히 원시복음(마쿠야)의 펜테코스탈 특징인 감성적 측면과 이 운동의 신(新)민족주의적 경향을 불편하게 여겼다.

최근 원시복음(마쿠야) 운동은 일본 고대사 안에서 젊은이들을 교육시키는 데 상당한 노력을 기울이고 있다. 이 운동의 잡지인『생명의 빛』은 일본 최초의 황제, 진무천황의 영적 지도력과 일본 건국을 다룬 만화 시리즈를 출판하고 있다.[75] 이러한 신민족주의적 경향은 이 운동의 핵심 지도자들이 쓴 글에서도 분명하게 드러난다. 예를 들어, 설립자 테시마의 두 번째 부인이자 현재 상징적 책임자인 테시마 치요는 일본인의 정체성을 재확인하고 민족적 자부심을 회복하기 위한 방법으로 진무천황을 기념하는 국경일을 경축하라고 강력히 권고한다.[76] 그녀는 독자들에게 진무천황이 국부(國父)였고 하늘의 뜻에 따라 통치했다는 것을 상기시킨다. 일본의 과거가 모두 영광스러운 것은 아님에도 과거의 영광에 관해 일본의 젊은 신세대를 교육하여 그들이 일본인으로서 자부심을 갖도록 하는 것은 필요한 일이다. 그녀가 경악한 점은 아시아 이웃 나라들을 침략한 근대 일본의 역할을 강조해 일본 역사를 부정적인 관점에서 해석하는 학교 교과서의 최근 흐름과 일본 근대에 천황을 위해 죽은 수많은 일본인들의 희생과 그들에 대해서는 거의 아무런 관심도 기울이지 않는다는 점이었다.

같은 맥락에서『생명의 빛』편집자인 나가하라 신은 일본인의 정체성을 긍정적으로 재수립하기 위해서는 일본인들이 자신들의 '뿌리'를 회복하는 것이 필수라고 했다. 그의 결론에는 야스쿠니 신사 사진과 나라를 위해 기꺼이 자신의 생명을 바친 일본인들의 희생정신을 언급한 대목이 있다. 이러한 희생정신은 근대 일본에서 상실되었다. 하지만 만일 복음이 이런 초기 토대 위에 접목된다면 그런 희생정신은 다시 회복될 수 있다.[77] 일본 문화유산의 풍요로움을 망각해 버린 전후 교육 시스템에서 마쿠야 선교의 의의는 일본의 젊은이들 사이에 건전한 일본 민족주의를 육성시키는 것이다. 간단히 말해, 이제는 원시복음(마쿠야)의 힘에 따라 대화혼(大和魂)이 소생할 시간이다.

결 론

이 장에서 다양한 토착 요인들과 대외적 요인들이 어떻게 결합되어 일본 버전의 사도적 기독교를 생성했는지 살펴보았다. 특징 중 일부를 강조했고 복잡한 초국적 관계(미국, 타이완, 이스라엘)와 각 운동의 발전을 형성한 영향의 일부를 개괄적으로 제시했다. 이전의 장들에서 검토한 토착화 운동들과 첨예하게 대비되는 사도적 운동은 신앙의 카리스마적이고 펜테코스탈 차원을 재발견했다. 예수의 어령교회와 성예수회의 경우, 지도자들이 기독교 안에서 임명된 성직과 별도의 성직체계를 합법화하는 성서 전통의 또 다른 가닥을 재발견했고 많은 점에서 서구 교회와 유사한 구조와 정체를 창안했다. 이 운동들이 성서를 재해석하고 일본의 민속 신앙, 그리고 영혼과 조상의 세계와 관련 있는 관심사를 말하기 위해 의례를 변용한 방식은 자세히 주목받을 가치가 있다. 이 매력적인 부분에 지금 관심을 돌려야 한다.

1 기독교 신자들의 교육 수준과 사회적 지위에 대한 이카도 후지오의 분석에서 이 전형은 예외 없이 기본이었다. 그의 저서 *Religion in a Secular Society*, 특히 292쪽 이하를 보라.

2 Tetsunao Yamamori, *hurch Growth in Japan*, 53.

3 Ariga Tetsutarō, "From Confucius to Christ: A Feature of Early Protestantism in Japan," *Japanese Religions* 2/2–3 (1961), 11.

4 *Christianity: The Japanese Way*, 208.

5 요시야마 히로시 편, 御靈に導かれて:創立三十年[Led by the Spirit: A history of the first thirty years](Tokyo: Japan Assemblies of God, 1979), 23.

6 무라이 쥰은 1962년 8월 20일 나가이 예수의 어령교회에서 행한 주님의 만찬 설교에서 이 부분을 언급했다.

7 다니엘 베이즈(Daniel H. Bays)는 중국의 성령 운동 연구에서 다음과 같이 지적했다. 1919년 예수의 어령교회의 교리에는 믿음, 의례를 정의하면서 신자들에게 다음 사항을 요구했다.

1) 얼굴을 숙이고 완전히 물에 잠겨 세례를 받는다.
2) 성령의 세례, 그 증거로 방언을 말하는 세례를 구한다.
3) 토요일은 예배만을 위한 안식일로 지킨다.
4) 치유의 힘과 마귀를 쫓아내는 힘을 구하도록 한다.
5) 성찬에서 빵을 자르지 말고 쪼갠다.
6) 교회 신자들 간에 발씻김 예식을 행하도록 한다.
7) 손들 위에 누워 안수를 받는다.
8) 안식일 예배에 시간제한은 없다.
9) 예배에서 모두는 말할 권리가 있다.
10) 예배에서 큰 소리로 기도하는 것은 모두에게 허락된다.
11) 감독, 장로, 집사 등을 선출할 때 성령의 계시를 구한다.
12) 만약 선교사라면 규정된 봉급을 받지 않는다.
13) 주께 마음, 영, 생활을 헌신하며 수입의 10%를 봉헌한다.

계속해서 또한 예수의 어령교회는 다른 교회들이 삼위일체 같이 인간이 만든 교리를 가르치기를 고집하는 대신에, 하나이며 나뉘지 않는 '참된 하나님'을 가르치고, '오직 예수의 이름으로 세례를 받으라고' 가르쳐야 한다고 했다. 무라이의 이 같은 교리와 의례의 적용은 일본 성서교회로부터 갈라져 일본적인 방식으로 돌아가게 했다. Daniel H. Bays, "Indigenous Protestant Churches in China, 1900–1937: A Pentecostal Case Study," in Steven Kaplan, ed., *Indigenous Responses to Western Christianity*(New York: New York University Press, 1995), 134–135.

[타이완의] 참예수교회의 추가적인 배경 설명은 다음을 보라. Murray, A. Rubinstein, *The Protestant Community on Modern Taiwan: Mission, Seminary, and Church*(New York: M. E. Sharpe, 1991).

8 북미 펜테코스탈 유니테리언 교파가 '오직 예수'를 다룬 것은 다음을 보라. Thomas A. Robinson, "The Conservative Nature of Dissent in Early Pentecostalism: A Study of Charles F. Parham, the Founder of the Pentecostal Movement," in Malcolm R. Greenshields and Thomas A. Robinson, eds., *Orthodoxy and Heresy in Religious Movements: Discipline and Dissent*(Lewiston: Edwin Mellen Press, 1992), 134–161.

9 Bays, "Indigenous Protestant Churches in China, 1900–1937: A Pentecostal Case Study," 137–138.

10 C. Norman Kraus, "Dispensationalism," in Mark A. Noll and Nathan O. Hatch, eds., *Eerdmans Handbook to Christianity*(Grand Rapids: Eerdmans, 1983), 327–330.

11 J. D. Douglas, ed., *The New International Dictionary of the Christian Church*(Grand Rapids: Zondervan Corporation, 1974), 103.

12 회개한 성인들은 보통 직접 세례를 받는 반면, 신자의 아이들은 교회에 의해 유아 세례를 받는다. 이것은 무라이의 맨 처음 감리교회의 배경이 반영된 것 같다. 그런데 다른 교회와 다르게 아이들은 신앙을 증거하기 위한 별도의 신앙 교육을 받지 않는다. 단지 교회 안에서 성장한 아이들이 언젠가는 마침내 영의 세례를 받아 방언을 말할 수 있을 것이라 기대될 뿐이다.

13 출간 예정인 책, *Practically Religions: Worldly Benefits and Common Religion of Japan*(Honolulu: University of Hawai'i Press)에서 이안과 타나베(Ian Reader and George J. Tanabe, Jr.)는 기독교가 일본 사회에서 크게 발전하지 못한 이유 중의 하나로 '일본의 대중 종교'를 진지하게 다루지 못한 데 있다고 지적했다. 이 같은 일반적 유형에서 예수의 어령교회는 하나의 예외이다. 그의 책이 출판되기 전에 이 원고의 일부분을 공유할 수 있도록 해 준 이안 리더에게 큰 신세를 졌다.

14 예수의 영찬가(『靈讃歌』)에도 치유와 기적에 대한 관심이 반영되어 있다(찬가 18, 28 참조).

15 이 부분은 오키나와의 예수의 어령교회에 대한 안자이 신의 분석에 신세를 졌다. 그의 책 *The Acceptance of Christianity in the Southern Islands*, 1984, 125–126.

16 한 목사님은 인터뷰에서 '회계 담당자' 유다는 예수에게 문젯거리였다고 했다. 다른 말로 하면 재정 문제에 있어 평신도에게 맡기지 않는 것이 최선이라는 말이다.

17 또한 유대 전통의 영향은 예수의 어령교회의 다른 분야에서도 나타났다. 예를 들면 이 교회는 예배의 첫째 날로서 안식일을 준수한다(비록 주일에 모이지만 말이다.). 또 주의 만찬 성사에서 '누룩을 넣지 않은' 빵을 준비한다.

18 그의 책 イエスえ御靈教會: 沖縄傳道の諸相[The Spirit of Jesus Church: Aspects of evangelism in Okinawa] 脇本平也 편, 宗教と歷史[Religion and history] (Tokyo: Yamamoto Shoten, 1977), 42.

19 Yamamori, *Church Growth in Japan*, 118–19; 나는 또 성결교회의 성장에 대한 개요를 야마모리에게 의존했다(116–22). 나카다는 성서의 여러 구절을 해석하면서 "일본 민족은 아마 이스라엘의 잃어버린 열 부족 가운데 한 부분이었을 것이다. 그러므로 그리스도의 재림에 일본인들 역시 저들의 민족의 복원과 이스라엘인들에게 약속된 똑같은 축복을 받게 될 것이다."라고 했다. 다음을 보라. John Jennings Merwin, "The Oriental Missionary Society Holiness Church in Japan, 1901–1983"(Pasadena: Doctor of Missiology Thesis, School of World Mission, Fuller Theological Seminary, 1983), 379.

20 이 부분은 오츠키의 회상집 リバイバルの軌跡[The tracks of revival], 佐藤捷雄 편 (Kyoto: Sei Iesu Kai Logos Sha, 1996), 66–67.

21 이후의 설명은 오츠키의 인터뷰, 『言泉集』(그의 저서, 설교, 강연들을 모아 놓은 17권 전집)의 글, 교회의 여러 인쇄물 등에서 발췌한 것이다.

22 예를 들면, 성전에서 하나님을 본 이사야에 대해 오츠키는 말했다. "그리고 나는 말했다. '아 큰일 났구나. 나는 망했다. 나는 입술이 더러운 사람이고, 입술이 더러운 사람들 가운데 살기 때문이다. 그런데도 내 눈으로 임금, 만군의 주님을 보다니!' 그때 세라핀들 가운데 하나가 제단에서 부집게로 타는 숯을 집어 들고 내게 날아왔다. 천사는 그것을 내 입에 대고 말했다; "네 입에 닿았으니 네 악이 없어졌고 네 죄가 사하여 졌느니라"(이사야서 6장 5–7절). 그가 자신의 경험을 표현한 또 다른 구절은 에스겔서의 구절이다. "… 하늘이 열리면서 하나님의 모습이 내게 보이니"(에스겔서 1장 1절). "내가 입을 벌리니 그가 두루마리를 내게 먹이시며 내게 이르시되 인자야 네게 주는 이 두루마리를 네 배에 넣으며 네 창자에 채우라 하시어 내가 먹으니 그것이 입에서 달기가 꿀 같더라"(에스겔서 3장 2–3절). 보다 자세한 내용은 다음을 보라. *The Tracks of Revival*, 109–113.

23 變わって新しい人となる[To change and become a new person], *Logos*, 138(1996), 27.

24 설립자는 자주 하나님의 계시를 추가적으로 받았으나 이 종교 운동이 이단으로 떨어지는 것을 막기 위해 일종의 지침사항을 지켜야 했다. 곧 하나님에게서 온 특별한 계시를 받았다고 주장한 목사나 평신도들은 교회의 지도자 회의인 교수회(教授

會)에서 그것을 제시 숙고했고, 신자들 앞에서 말하기 전에 감독의 승인을 받아야 했다. 이 부분에 대해서는 다음을 참조하라. 聖イエス會教規[Regulations of the Holy Ecclesia of Jesus](Kyoto: Holy Ecclesia of Jesus, 1996), 5.

25 성예수회의 출판물에는 사도 도마가 '진정한' 기독교('이름에 대한 소명')를 아시아에 전파해 중국에서 불교의 새로운 형태인 아미타 신앙—이 신앙은 일본에서 가장 대중적인 형태의 불교다.—이 발전하는 데 영향을 미쳤다고 본다. 다음을 보라. 예를 들면 ぶどう樹: 傳道用ダイヅエスト版[The grapevine: a compilation for evangelistic use](Kyoto: Logos Publishing Company, 1991), 105.

26 이 같은 회심과 삶의 변화에 대한 기본 표현은 그분의 거룩한 이름을 통해 하나님을 만남(御名による神との出會い)에 있다. 이 부분은 이 종교 운동의 핵심이며 설립자의 저서들과 교회의 많은 출판물에서 점차 정교화되었다. 예를 들면, 신학 교육에 사용되는 텍스트 중의 하나인 みことばに仕える: 聖書教理入門講座1, 聖書論[Serving the word: An introduction to Biblical doctrine, Vol. 1, Doctrine of Holy Scripture](Kyoto: Logos Publishing, 1974), 5-11; *The Grapevine*, 78-108.

27 일본의 염불의 초기 발전에 대한 배경 설명은 다음을 보라. Hori Ichiro, Folk Religion in Japan, 73-74 및 3장

28 오츠키는 이 같은 종교적 분위기에서 성장했다. 그의 어머니가 갑자기 돌아가셨을 때 그의 아버지는 곧바로 고인 옆에서 나무아미타불을 염송했다. 그는 이것을 기억했다(다음을 보라. *The Tracks of Revival*, 49).

29 William J. Jackson, "Name-Devotion in Indian Religions and Kaveri Delta Namasid-dhanta," *Journal for the Study of Religions* 7/2(1994), 33, 42; 필자 강조.

30 교회의 사명에서 치유의 핵심에 대한 짧은 진술은 다음을 보라. 山根元一, イエスの名による完全た救いと癒し[Complete salvation and healing in the name of Jesus], *Logos* 138(1996), 1-5. 성예수회는 성령 운동과 거리가 있고, 성령 세례의 합당한 표명으로서 방언을 인정하지 않았다는 점을 지적해야겠다.

31 도쿠가와 시대의 가쿠레 기리스탄(隱れキリシタン, 잠복 그리스도인)은 불상에 기독교 상징을 숨겨 갖고 다녔다. 당국이 금지한 외래 종교를 몰래 신앙하기 위해서였다. "아기 예수를 안고 있는 성모 마리아상은 부처의 자비를 표현한 아이를 안고 있는 관음상으로 만들었다. 십자가상은 종종 불상의 뒤에 숨겼다."고 Neil S. Fujita는 설명했다. *Japan's Encounter with Christianity: The Catholic Mission in Pre-Modern Japan*(New York: Paulist Press, 1991), 238. 바로 이들 조각상 중의 하나가 이 치유의 샘 지역에서 발견되었다.

32 이 방법을 따라 치유를 경험한 한 신자의 증언이 교회 회보인 『ぶどう樹』, 453(1993.11.11.)에 실렸다. 이 증언에 덧붙여 이 같은 이슈는 신비한 샘을 간략히 서술하고 그것을 19세기 프랑스 루르드(Lourdes) 발현과 비교하고 있다.

33 오츠키는 위대한 영성가로 평가받는 로욜라의 이냐시오의 일기를 읽은 후, 자신의 실수를 알게 되어 로마 가톨릭의 전통적 관점에 이끌렸다고 썼다. 이 점은 대부분의 개신교가 폄하했던 가톨릭 전통의 많은 부분—곧 성모 마리아가 구원의 역사에서 담당하는 중요한 역할 및 그리스도인의 영성의 모델로서 성인들과 신비가들—을 다시 평가하도록 그를 이끌었다. 로마 가톨릭 영성에 대한 오츠키의 새로운 평가는 그의 최근의 명상 선집인 聖地贊歌[Mediations on the Holy Land](Kyoto: Sei Iesu Kai Logos Sha, 1993)에서 분명하게 표현되고 있다.

34 모든 신자들이 글로 고해를 준비하도록 격려받지만 성찬례의 참석을 허락받기 전에는 엄격히 체크되지 않는다. 개별 목사들은 글로 쓴 고해문을 사목위원(감독이나 총재)에게 제출한다.

35 아버지 오츠키는 현재 살아 있고 이 종교 운동의 영적 안내자로서 인정받고 있지만 교회 안에서 공적 지위는 더 이상 지니지 않는다. 그의 아들인 오츠키 마사루가 현재 사목회의에서 가장 높은 직위를 갖고 있다(위의 주석 34를 보라). 수품받은 성직자들은 일반회의에서 감독 선출 권한을 갖는다. 이 회의에서 24명의 목사들이 선출되어 교회 공의회의 대표자로 활동한다. 이 공의회에서 5명의 목사를 선출하면 그들은 원로로 활동하는데 이들이 전체 교회의 사목 활동에 대해 책임을 갖는다. 그럼에도 불구하고 감독은 상당한 권위를 계속 행사한다. 성직자들은 교회의 승인을 받지 않은 어떤 출판물을 배급하려면 먼저 감독의 승인을 받아야 한다. 영화 상영이나 외부의 강연자 초청과 같은 지역 교회의 사목위원들이 주관하는 모든 특별 행사에 감독의 승인이 필요하다.

안수받은 지도자들은 성직자로 간주되며 목사와 정교사로 나뉘는데, 이들은 다 로고스 신학교를 졸업했다. 매해 5월 교회는 사목회 회원을 받아들이기 위한 진지한 심의를 위해 3일간의 세미나를 신자들과 함께 갖는다. 사목회의 준비를 위한 프로그램의 최소한의 요구는 그리스도의 내적 체험, 하나님의 소명이 사목에 있다는 분명한 자의식, 대학교나 대학의 졸업 등이다. 100여 명 이상이 사목위원으로서 가능성을 모색하기 위해 매해 이 세미나에 참석하고, 20~30명 정도가 입학 지원을 한다. 그 가운데 오직 10여 명의 후보자들만이 로고스 신학교의 4년간의 공부 프로그램 입학에 선발된다.

36 이 가르침의 기반은 다음의 신약 성서 구절이다. "우리가 다 수건을 벗은 얼굴로 거울을 보는 것과 같이 주의 영광을 보며 그와 같은 형상으로 변화하여 영광에서 영광에 이르니 곧 주의 영으로 말미암음이니라"(고린도후서 3장 18절). 바로 성령의

내주와 영적 훈련의 연습에 의해 우리는 하나님의 상으로 다시 만들어질 수 있다. 최근 몇 년간 오츠키는 그리스 동방정교회의 전통으로부터 이 같은 신화(神化)와 자기 자신의 그리스도화에 관련된 생각을 빌려 왔다. 결국 그리스도인의 삶의 목표는 성인됨에 있다.

37 다른 개신교 교회들과 비교해 성예수회는 안수받은 성직자들이 종교사목을 위해 평신도로부터 분리되어 특별히 목사직에 있다는 개념을 더 강조했다. 이와 같은 성별된 정체성을 상징하기 위해 교회는 지도자들에게 아버지 오츠키가 디자인한 특별한 옷을 입도록 했다. 로고스 신학교에서 훈련받는 첫해 더할 나위 없이 만족해하는 이들에게 처음으로 종교복을 착복하는 특별 예배가 있다.

38 흥미로운 점은 친척으로 묶여진 종교적 확산이 예수의 어령교회와 마찬가지로 이 종교 운동 안의 지도층에서도 아주 두드러진다는 점이다. 마츠다와 오츠키 집안의 안수받은 성직자의 비율은 특히 두드러진다. 예를 들면 내가 인터뷰했던 한 선교사는 그녀의 부모가 성예수회로 개종한 이후 7명의 자식들 중 5명이 사목위원으로 소명을 받았고, 로고스 신학교에 입학했으며 전업 크리스천 사목회에 들어갔다고 한다. 그녀의 사촌 중 10명 또한 성직자로 훈련받고 안수받았다고 한다.

39 나카다의 관점에 관해 데이비드 굿맨(David G. Goodman)과 마사노리 미야자와는 다음과 같이 설명한다. 그는 성결교회가 일본의 신성한 선교를 현실화하는 데 그만의 독특한 역할이 있다고 믿었다. 그는 "우리가 나라를 사랑하고 같은 동포라면 보다 더 열정적으로 유대인을 위해 기도해야 한다."라고 설교했다. 성결교회는 유대인의 구원을 위해 열심히 기도를 해 왔고 그들을 위해 매월 기부를 했으며, 나카다는 하나님께서 이같은 봉헌을 주목하고 후대해 주실 것이라고 확신했다." *Jews in the Japanese Mind: The History and Uses of a Cultural Stereotype*(New York: The Free Press, 1995), 55.

40 이들 계시는 聖なる道[The Holy way], *Gensenshū* vol.2, 335 및 *The Tracks of Revival*, 123에 기록되어 있다.

41 오츠키는 거의 이천 년 넘도록 메시아의 정체성에 관해 무익하기 짝이 없는 논쟁을 기독교인과 유대인들이 했다고 보았다. 오히려 더 중요한 것은 메시아의 오심을 위한 기도다. 그분의 정체성은 그가 올 때에 모든 사람들에게 명백해질 것이다. 비록 성예수회가 유대인에게 전도하지 않지만 오츠키는 이 종교 운동은 하나님 봉인의 표시인 이스라엘의 144,000명의 사람들에 관한 예언을 완성시키는 데(요한계시록 7장 2절) 어느 정도의 역할을 할 것이라고 가르쳤다.

42 이 모든 노력은 오츠키가 '모든 이에게 모든 것'과 '유대인이나 그리스인을 거스르지 않는' 것을 추구했던 사도 바울의 모범을 따르는 데 관심이 있다는 표시이다. 그러므로 유대인을 존중하는 마음에서 오츠키는 유대인 방문객들을 맞을 때 유대인

들의 납작한 모자 야물크를 쓰고, 성직자를 나타내는 옷깃을 달지 않도록 했다. 그것은 기성 교회가 수 세기 동안 해 온 박해를 상징하기 때문이다. 최근에 아버지 오츠키는 야물크 없이는 거의 나타나지 않았다(심지어 나와 같은 '비유대인'을 맞을 때도 그랬다.).

43 이 콘서트 투어에 대한 기록은 교회 잡지 あかしびと[The witness] 75(1996), 16–31에 있다.

44 이들 활동들에 대한 또 다른 짧은 기술은 다음을 보라. Ben–Ami Shillony, *The Jews and the Japanese: The Successful Outsiders*(Tokyo: Charles E. Tuttle, 1991), 212–213.

45 이 센터 건립은 약 25년 전 유럽에서 안네 프랑크의 아버지와 지도자와의 가슴 뭉클한 만남에서 비롯되었다. 그들의 대화에서 오토 프랑크는 자신의 죽은 딸과 다른 이들에게 마음을 둘 뿐만 아니라 평화를 위한 것을 행하라고 오츠카 마코토 목사에게 호소했다.

46 *The Japan Times*, 1995.6.19., 2쪽에 기록되어 있다.

47 인터뷰 노트, 1996.5.22. 오츠카 마코토 목사; ガイドズック: ホロコスト記念館[Guidebook: The Holocaust Memorial Hall](Kyoto: Logos Publishing, 1995).

48 예를 들면 성령강림절 전 주간에 성예수회 교회는 매일 밤 하나님께서 그의 영을 그들에게 또 예루살렘에 붓기를 청하는 기도 모임을 가지며, "성령이여 오소서, 예루살렘에 오소서, 오 거룩한 성령이여."라는 찬송을 한다.

49 聖イエス會讚美歌[The Holy Ecclesia of Jesus hymnbook](Kyoto: Sei Iesu Kai Logos Publishing, 1990).

50 심지어 로고스 신학교에 있는 정원은 설립자가 구상했는데 거룩한 땅의 모양을 하고 있으며 시내와 연못이 있는데 이것은 요르단 강과 갈릴리의 바다를 표현한 것이다. 또 다른 방법으로 이 종교 운동의 영적인 뿌리와 최종 목표를 일깨우고 있다.

51 1982년 교회는 樂しい家庭のシヤベット[A joyful household sabbath](Kyoto: Sei Iesu Kai Logos Sha. 1982)를 발행했다. 이 소책자와 카세트에는 집에서 하는 가정 예배 방법, 촛불을 켜는 지침, 히브리와 일본의 찬송, 아이들을 축복하는 말, 부인을 축복하고 감사를 전하는 방법, 저녁 식사 전과 후의 기도 등을 간단히 안내하고 있다. 서문에서 이 전통은 유대민족이 3,500여 년을 지켜 온 것이라고 설명하면서 예수 그리스도 역시 이 전통 안에서 성장했다고 쓰여 있다. 독자들은 가정 예배 의례가 사회에 만연해 있는 이혼과 가족 갈등으로부터 가족의 평화와 조화를 지키는 데 도움을 준다는 점을 확신했다. 이 의례의 준수는 유대인의 달력과 관련이 있으며, 교토의 수장을 방문하는 유대인 방문자들과 보다 많은 접촉이 있는 간사이 신자들이 더 잘 지킨다. 로고스 신학교에 등록한 학생들은 안식일 의례와 매주 금

요일의 저녁 만찬을 준수하며 주간 예배를 예비한다. 현지 조사자로서 나의 평범하지 않은 경험 가운데 하나는 교토의 외곽에 있는 산에서 예정되어 있던 한 세미나에서 일본의 신학생들이 히브리 찬송과 기도를 하는 일본식 안식일 의례에 참석했던 것이다.

52 그의 저서를 보라. *Meditations on the Holy Land*. 명상 전집은 오츠키의 세 번의 순례에 기반을 두고 있다. 거룩한 땅, 유럽 그리고 그리스 및 소아시아의 세 장으로 나뉘고, 이스라엘에 대한 그의 특별한 관심뿐만 아니라 신비가와 성인들의 생애를 볼 수 있는 로마 가톨릭과 동방정교회의 가치 있는 통찰과 모범을 회복하려는 그의 관심을 반영하고 있는 책이다.

53 오브로시키는 큰 보자기이다. 보통 18–24인치 크기의 장방형으로, 가방 대신 물건을 싸서 갖고 다닐 수 있도록 한 천이다. 한자에서 보듯 이 용어는 원래 공중 목욕탕에 갈 때 개인 용품을 싸서 갖고 다니던 천을 부르던 말이다. 접두사 ō– 는 '큰'이라는 의미이다.

54 무교회 기독교에 토대를 둔 두 개의 종교 운동은 1940년 코이케 다츠오가 설립한 니혼그리스도쇼단(일본그리스도소단)과 1966년 이마하시 아츠시가 설립한 생명을 주는 그리스도 교회이다. 이마하시는 원시복음(마쿠야)의 소속이었으나 티시마와 심각한 의견 충돌 후 떠났다.

55 영어로 된 참고자료로는 Carlo Caldarola, "The Makuya Christian Movement," *Japanese Religions* 7/4(1972), 18–34; 그의 책 *Christianity: The Japanese Way*, 192–208; 馬場俊彦, "Problems of Charismatic Religion: The Case of the Original Gospel Movement,"『名城大學人文紀』5(1967), 1–32. 이 책은 한때 테시마의 가까운 제자였고 회보지『生命之光』의 편집자였던 철학 교수가 쓴 것으로 테시마와 그의 종교 운동을 비판적으로 분석하고 있다. 테시마의 두 권의 책을 영어로 번역했는데, 한 권은 *The Love of the Holy Spirit*(Tokyo: The Makuya Bible Seminary, 1991)로 이 책은 1950년 출판된 그의 첫 번째 책인『聖靈の愛』의 번역서이다. 또 다른 한 권은 *An Introduction to the Original Gospel Faith*(Tokyo: Makuya Bible Seminary, 1970)이다. 이 책에는 프린스턴신학교 명예교수인 오토 파이퍼(Otto Piper)의 에세이가 실려 있는데, 그는 원시복음(마쿠야)을 일본 개신교의 중요한 '세 번째 힘'의 토착화 운동이라고 했다. *Makuya and Israel: In Memory of Abraham I. Teshima*(Tokyo: Makuya Bible Seminary, 1976). 이 책은 이스라엘과 시오니즘에 관련한 테시마의 사진과 말씀을 모아 놓은 기념집으로 그의 사후에 출판되었다.

56 Teshima Ikurō, *An Introduction to the Original Gospel Faith*(Tokyo: Light of Life Press, 1970), 45.

57 手島郁郎, 日本民族の原始福音[The Japanese people and the original gospel] (Tokyo: Kirisuto Seisho Juku, 1984), 190.

58 Teshima, 『日本民族の原始福音』, 20–24.

59 이들 잡지는 무교회 운동의 그룹들에는 매우 중요한데 오하라 신은 이 운동을 '회보-교회'(a paper-Church)라고 했다.

우치무라와 그의 가까운 제자들—이들은 주일 강연에서 선생이다.—은 항상 자기의 조그마한 월간 회보를 발행했고, 이것은 참석자들의 집으로 발송되었다. 이 회보가 선생과 그를 따르는 신자들의 관계를 살아 있게 한다는 점에서 무교회를 '회보-교회'라 할 수 있다. 신자들은 성사를 좋아하지 않았지만 회보와 책을 가치 있게 여겼고 선생으로부터 오는 정기 인쇄물을 받는 데 열성적이었다.

그의 에세이 "The Thought of Uchimura Kanzō and Its Relevance to Contemporary American Religion," in Ray A. Moore, ed., *Culture and Religion in Japanese-American Relations: Essays on Uchimura Kanzō, 1861–1930*(Ann Arbor: Center for Japanese Studies, The University of Michigan, 1981), 125.

60 테시마의 가까운 제자였으며 그의 전기문을 쓴 요시무라 기이치로(吉村騎一郎)는 '마쿠야 성령'은 독자적인 운동으로서 원시복음 마쿠야의 출발점이라고 했다. 그의 책 わが師手島郁郎[My teacher, Teshima Ikurō](Tokyo: Kirisuto Seisho Juku, 1990), 184.

61 인용출처는 無敎會史 3, 第三期: 結集の時代[Mukyōkai history, Vol.3, The third period: Age of concentration], 무교회 역사협회 편(Tokyo: Shinkyō Shuppansha, 1995), 158.

62 다음을 보라. 高橋三郎, 無敎會精神の探究[In search of the spirit of Mukyōkai] (Tokyo: Shinkyō Shuppansha, 1970), 197.

63 이 여행에서 그는 미국의 성령 운동 지도자를 만났다. 그들 가운데는 오랄 로버츠(Oral Roberts)도 있었다. 그는 여기서 사도들의 신앙이 서구에 여전히 살아 있다는 점을 발견하고 감명받았다.

64 테시마의 아들들 가운데 둘은 실제 미국으로 박사학위를 따러 가기 전 예루살렘의 히브리 대학에서 학위를 받았다. 한 명은 뉴욕의 유대인 신학교에서 아브라함 헤셸(Abraham Heschel)의 지도하에 박사학위를 받았다. 또 다른 한 명은 하버드 대학교에서 히브리 문학과 유대교 해석학으로 박사학위를 받았다.

65 일본에서 이것은 무전 도보 전도(無錢徒步傳道)라고 한다. '복음의 걸음'의 영적 유익함에 대한 고백은 원시복음 마쿠야의 회보인『生命之光』에 때때로 보인다.

66 다음을 보라. Isaiah Teshima, "Abraham Teshima's Makuya and Pinchas Peli," *Jewish Spectator* 54/4(1990), 57–60. 설립자의 아들이 쓴 논문으로 이 운동의 시온주의 지향에 대한 유익한 통찰을 제시하고 있다.

67 이스라엘과 관련한 원시복음(마쿠야)의 다양한 활동에 대한 서술은 『生命之光』 512(1994)와 Caldarola, *Christianity: The Japanese Way*, 203–204를 보라.

68 다음을 보라. 幕屋聖歌集[Makuya hymnbook](Tokyo: The Committee for the Makuya Hymnbook, 1992).

69 Teshima, *The Japanese People and the Original Gospel*, 27.

70 Teshima, 『聖靈の愛』, 13.

71 그가 사용한 일본 경구는 人間らしい人間이다. Teshima, *The Japanese People and the Original Gospel*, 31–32.

72 Teshima, *The Japanese People and the Original Gospel*, 55.

73 이 설명은 설립자의 둘째 아들인 유로 야곱 테시마 박사가 했다. 또한 요시무라 기이치로(吉村騎一郎)의 『わが師手島郁郎』, 298에서도 같은 내용이 발전된 것을 볼 수 있다.

74 이 핵심은 테시마의 서클 외부의 학자들에 의해서도 널리 인식되고 있다. 예를 들면 David G. Goodman and Masanori Miyazawa, *Jews in the Japanese Mind*, 40–46; Doron B. Cohen, "Uchimura Kanzō on Jews and Zionism," *Japan Christian Review* 1(1992), 111–120.

75 예를 들어 『生命之光』 521(1995), 538(1997)을 보라.

76 手島千代, ああ, 日本! 紀元節に寄せて[Oh Japan! On the occasion of founding day], 『生命之光』 537(1997), 13–17.

77 다음을 보라. 長原 眞, アイデンタィの確立[The establishment of identity], 『生命之光』 533(1996), 40–45.

CHAPTER 07

일본 기독교인들과 망자의 세계

일본 문화에서 조상과 혼에 대한 믿음의 위치

개신교 선교 신학과 조상

토착 기독교에서의 추도사상

일본인의 시각에서 성서 읽기

예수의 어령교회와 망자 돌봄

토착적 영혼 믿음에 대한 일본 기독교인들의 반응

결　론

지난 백여 년 서구 기독교를 일본에 이식하는 과정에서 선교사들의 메시지와 일본인들이 가지고 있는 종교적 의례와 가치관에 기본적인 갈등이 있었다. 특히 이 점은 조상과 망자(亡者)의 혼령과 관련된 토착 신앙과 의례의 관계에서 분명하다. 이 분야의 난점이 일본 선교 경험에서만 특별히 나타나는 것은 아니다. 아시아와 아프리카 곳곳에서 기독교 선교사들은 반복적으로 이런 어려움을 겪었고 갈등을 빚었다. 일본과 기독교 선교사의 만남에서 발생했던 충돌의 본질을 제대로 인식하기 위해서는 일본의 전통적 신앙과 의례를 어느 정도 아는 것이 요구된다. 이 장에서는 이런 토착 전통과 주류 기독교 선교사들의 반응을 간단히 소개한 후, 어떻게 일본 기독교인들, 특히 독립적이고 토착적인 운동에 속한 일본 기독교인들이 일본의 종교적 · 문화적 관심사에 보다 효과적인 방식으로 성서를 재해석해 냈는가를 검토할 것이다.

일본 문화에서 조상과 혼에 대한 믿음의 위치

일본에서 조상과 망자의 세계와 관련된 믿음과 의례를 일반적으로 민속 종교라고 한다. 다소 잘못 정의된 민속 종교는 계속해서 다시 출현하곤 하는 일본인의 의식의 흐름을 보여 주며, 이는 다른 종교 전통에 변화를 일으켰다. 사실상, 호리 이치로는 민속 종교를 일본 종교의 상대적으로 안정적인 '하위 구조'라 지칭한다.[1] 미야케 히토시는 이 점을 다음과 같이 상술한다.

> 제도화된 종교들은 민속 종교가 제공하는 준거틀에서 일본 사회로 진입해 왔다. 제도화된 종교들은 민속 종교와 민속 종교가 내포하고 있는 규범에 순응할 때만 사회에서 수용되었고, 비로소 사람들의 일상생활에서 그 영향력을 발휘할 수 있었다.[2]

여기서 '순응'이라는 말은 토착화 과정의 복잡성을 포착하기에 결코 적절해 보이지 않는다. 그렇지만 적어도 이런 종교적 '하위 구조'가 대변하는 관심사를 말하는 데 실패하면 이식된 종교들이 일본에서 심각한 어려움을 겪을 것이라는 점은 인정해야 한다. 이는 대부분의 이식된 기독교 선교 교회들이 직면한 심각한 딜레마 중 하나다.

조상 숭배가 일본 민속 신앙의 중요한 특색이라는 것은 오랫동안 인정된 사실이다. 고전적 혹은 전통적 형식에서 조상 숭배는 "조상이라 인정되는 망자의 초인적 힘에 대한 믿음과 이런 믿음에 근거를 둔 제례 의식"을 가리킨다.[3] 조상은 원래 가문의 시조와 후손들의 근본이라고 해석되었다. 그래서 조상에 대한 존경은 본질적으로 부계적 현상이었다. 조상 숭배를 위한 해석의 틀은 두 영역, 즉 살아 있는 자의 세계와 망자의 세계 간의 상호 의존을 인정하는 우주론이다. 전통적으로 산(山)과 연관된 망자의 세계에는 다양한 *카미*(神), 동물의 정령, 죽은 조상의 혼령, 그리고 수호 정령들이 거주한다. 일본 민속 종교의 세계관에 따르면, 현세에서 우리의 상황은 때때로 혼의 세계에 의해 영향을 받는다. 건강 문제, 사업 실패, 그리고 개인적인 문제들이 조상을 적절히 돌보지 못한 후손들의 잘못 때문이라고 생각되기도 한다. 만약 적절한 제사가 수행되지 않으면, 조상은 고통스러워하고 영원히 평화롭게 지낼 수 없다. 구천(九泉)을 떠도는 혼령들은 "*우라미*, 즉 통한(痛恨), 악의, 적의, 앙심, 혹은 원한의 감정 상태로 인해 고통스러워 하고 있다고 한다."[4] 이생에서 불운을 겪고 있는 사람들은 위안받지 못한 혼령의 원한에서 그 원인을 찾는다. 그 영혼을 달래기 위해 사람들은 추도 의식을 치르고 특별한 제물을 바쳐야 한다. 제사를 통해 조상의 요구가 만족되기 전까지, 조상은 후손에게 *타타리*, 즉 응보(應報)하는 악의를 가진 원혼으로 작용할 가능성이 대단히 높다.

많은 관찰자들이 이런 영혼에 대한 믿음과 조상에 대한 제례는 근대화와 민주화의 결과로 사라지게 될 것이라고 예측했다. 그러나 이 분야의 두 전문가인 호시노 에이키와 타케다 도쇼는 "오늘날에도 조상의 혼령에 대한 일본인들의 관심사가 줄어들었다는 징후는 없다."고 주장한다.[5] 비록 많은 연구들이 근대화와 도시화가 가족 구조와 조상에 대한 개념을 상당히 크게 바꿔 놓았다는 것을 시사하고 있지만,[6] 조상에 대한 제례와 망자를 돌보는 일은 현대 일본의 종교와 문화에 여전히 지배적 특징이다. 새로운 종교 운동과 대중문화 연구뿐만 아니라, 조사 연구 역시 그러한 전통적 관심사들이 광범위하게 지속되고 있음을 보여준다.

조사 연구

비록 대부분의 일본인들에게 명확히 개념화된 종교적 헌신이 나타나지는 않지만, 십여 년 전 NHK가 행한 일본인의 종교 의식에 관한 조사에서 많은 일본인들이 모종의 종교적 느낌과 종교적 감수성을 공유하고 있다는 것이 드러났다.[7] 조상에 대한 일본인들의 태도는 이 연구에서 탐색된 중요한 분야다. "당신은 조상과 깊은 영적 관계를 맺고 있다고 느낍니까?"라는 질문에 거의 60%의 일본인들이 긍정적인 반응을 보였다. 또한 일본의 종교에서 조상들이 차지하는 중요한 위치는 그들의 의례 행위에서도 드러난다. NHK 조사의 응답자 중 대략 57%의 일본인들이 집안에 불교 제단이 있었고, 그 제단 앞에서 매일 조상을 기리는 일본인들이 28%였다. 비슷하게, 69%의 일본인들은 *오본*(お盆), 혹은 춘분과 추분에 가족 묘역에서 이루어지는 불교 의례에 정기적으로 참여한다. 이 높은 참여 비율은 다수의 일본인들 가운데 조상에 대한 의식이 여전히 강하다는 것을 시사한다.[8]

이 조사에는 일본인의 종교 의식에서 조상이 차지하는 위치를 보여 주는 또 다른 질문, "당신에게 *신앙 혹은 믿음*은 무엇을 의미합니까?"라는 질문이 있다. 이 조사는 개인적으로 종교적 신앙을 가지고 있다고 주장하는 응답자(즉, 인터뷰한 전체 3,600명의 일본인 중에서 892명)를 기준으로 이 질문에 대한 답을 분류했다. 이 조사는 응답자들의 12%는 신앙을 조상에 대한 존경을 보여 주는 것으로 이해하고 있다는 것을 보여 준다.

이 조사는 도시화가 이런 전통적 믿음과 의식 중 몇 가지에 부정적 영향을 끼쳤다는 것을 밝혀냈다. 즉 농촌 공동체나 마을 공동체에 살고 있는 사람들의 71%는 "조상들과 자신이 밀접하게 연결되어 있다고 생각하고 있었다." 그러나 도쿄와 오사카 같은 대도시 지역에서는 그 숫자가 56%로 감소했다. 마을 공동체나 농촌 지역에서는 불교 제단 앞에서 매일 의례를 거행하는 경우가 37%, 때에 따라 행하는 경우는 64%로 나타났다. 그러나 도시 지역에서는 매일 의례를 행하는 경우가 23%, 때에 따라 행하는 경우도 37%로 감소했다.

신종교 운동들

도시화가 농촌 공동체와 대가족이 일차적으로 바탕을 두고 있는 전통적 의례의 쇠퇴에 기여했다는 것은 분명하다. 그러나 동시에 도시 지역으로의 인구 이동은 전후 일본의 신종교 운동의 급속한 성장을 가능하게 했다. 신종교들을 만들어 낸 설립자들이 '새로운' 계시와 신, 의례를 도입했다고 하지만, 그럼에도 불구하고 민속 종교가 재활성화된 것이라고 생각된다.[9] 신종교에 '새로운' 요소가 있다는 것을 부정하지 않으면서 동시에 현대 일본에서 신종교가 상대적으로 성공한 까닭은 부분적으로는 조상과 망자의 영혼에 대한 '오래된' 관심사를 고려할 때, 신종교가 가지고 있는 효율성 때문이다.

다수의 신종교 운동 연구들은 신종교 운동이 영혼과 조상에 대한 지속적인 관심을 가지고 있고, 신자들이 망자를 적절히 상대하고 악의에 찬 원혼들을 수호 정령으로 변하게 하는 제례를 강조하고 있다는 점을 밝히고 있다. 헬렌 하다커(Helen Hardacre)의 연구에 따르면, 두 신종교인 영우회(霊友会)와 흑주교(黒住教) 모두 어떠한 방식으로든지 조상 숭배를 강조하고 있다. 바이런 어하트의 해탈회(解脱会)에 관한 연구는 해탈회의 설립자가 혼령과 조상을 보다 효과적으로 상대하는 혁신적인 방법을 제안했음을 밝혔다. 이 설립자는 천다(天茶) 추도식과 오법수행(五法修行)이라는 강령술을 제안하는데, 이 두 가지 방법은 모두 망자와의 조화로운 관계를 복원시키는 새로운 방법이었다.

윈스턴 데이비스(Winston Davis)는 진광회(真光会)에 대한 연구에서 이와 유사한 방식의 망자에 대한 깊은 관심을 찾아냈다. 데이비스는 "많은 진광회 신자들에게는 자기 조상의 혼령을 부양하고 숭배하는 법을 아는 게 그들이 행복해지고 건강해지는 비결이었다."고 논문에 쓰고 있다. 이와 마찬가지로, 이안 리더(Ian Reader)는 아함종(阿含宗)의 인기 있는 축제에서 열리는 두 가지 *고마기*[護摩木] 불 의례 중 하나인 *타이조*[胎蔵]가 살아 있는 이에게 육체적인 문제와 정신적인 문제를 일으키는 잠들지 못한 조상의 영혼과 고통받는 혼령들에게 안식을 주기 위해 행해진다는 사실에 주목했다.[10]

여기서 신종교 운동들이 집안의 부계 조상에게 무게를 두다가 부계와 모계 조상 둘 다에게로 확장한 조상 숭배의 변형에 이바지했다는 사실에 주목해야 한다. 헬렌 하다커는 "이런 조상 숭배의 쌍계(雙系) 패턴은 핵가족에서 더 적절하다."는 것을 관찰한다.[11] 또한 최근에는 망자의 영혼에 대한 관심이 *미즈코*(水子, 낙태아, 사산아)의 영혼에까지 확대되고 있는 추세다. 신종교뿐만 아니라 많은 전통적인 불교도들은 죽은 태아의 영혼과 연관된 죄의식과 비난으로 힘겨워하는 일본 여성들이 느끼고 있는 필요성에 대한 응답으로 낙태아에 대한 추도식을 마련해 놓고 있다.[12]

대중문화 속에서 조상과 영혼

신종교와 더불어, 매스 미디어는 영혼과 조상에 관계된 믿음과 의례의 중요한 '전달자'(비록 그다지 안정적인 것은 아니지만)이다. 예를 들어, 텔레비전 프로그램에는 종종 이생에서의 행복, 안식, 그리고 행운을 이루기 위해서 화가 나 있거나 불만을 품은 혼령을 의례를 통해 달래는 것을 옹호하는 대중적 영적 치유사와 심령술사가 종종 출연한다. 인쇄 매체는 그러한 민속 신앙을 전달하는 데 훨씬 더 중요하다. 일본 전역에 있는 많은 서점에서 우리는 '영적 세계'라고 이름 붙여진 서가를 언제나 찾아볼 수 있다. 치유, 점성술, 점, 영적 세계를 통제하는 방법, 그리고 망자의 영혼과 소통하는 방법을 포함한 주제들과 관련된 책, 잡지, 카세트 그리고 비디오를 찾아 볼 수 있다. 외국에서 수입된 뉴 에이지 현상이 중요하긴 하지만, 토착 신앙과 다른 대외적 신앙 간의 '새로운' 통합은 근본적으로 전통적인 민속 신앙의 우주론과 체계를 변화시키지 못했다. 메시지는 본질적으로 동일하다. 다만 현대적 기술의 힘으로 그 메시지가 전달되고 있을 뿐이다. 불행, 질병 그리고 기타 여러 가지 삶의 문제들은 대부분 여전히 이전의 어떤 존재에서 나오는 나쁜 업보 혹은 망자의 혼령 탓이라고 여겨지고 있다.

헤아릴 수 없이 많은 대중 저자들이 영혼 세계에 대한 안내서와 우리들의 이익을 위해 혼령을 다루는 책을 출판하고 있다. 예를 들어, 이전에 진광회(真光会)의 신자였으며 만화가이기도 한 쿠로다 미노루는 1980년 신종교 운동인 스비카리 세카이 신단을 시작했다. 쿠로다는 '영혼 세계의 만화'라는 연작 시리즈를 출판하면서 수많은 팬들을 모았다(다수의 팬들이 중고등학교 여학생이다.). 최근 그의 책에는 고통스러워하는 낙태아의 영혼과 영의 세계의 현실을 다루는 만화가 있다.[13]

(a)

(b)

(c)

(d)

일본 만화책 『영혼들을 파는 여자』에서 유산된 태아들의 영혼을 보여주는 장면들

기업체에서 망자의 영혼

신종교 운동과 매스 미디어만이 전통적인 종교 관심사를 전하는 유일한 '전달자'는 아니다. 망자와 관련된 종교적 사당과 의례는 대부분의 사람들이 모든 장소 중에서도 가장 '모던'하면서 가장 '세속적'이라고 여기는 곳, 즉 일본의 회사와 공장에서도 나타난다. 경우에 따라 전통적으로 종교가 담당했던 역할 중의 일부를 기업체가 맡고 있는 것 같다고 주장하는 학자들이 나타나면서 이 분야는 최근 상당한 관심을 받고 있다.[14] 이런 다수의 기업들은 현세의 건강, 안전, 그리고 재정적 성공을 위한 의례를 치를 뿐만 아니라, 회사 소유의 묘역을 관리하기도 한다. 예컨대, 코야(高野)산의 잘 알려져 있는 종교 센터에는 대략 90개의 회사 묘역이 있다. 이런 회사 묘역의 일부는 1938년에 일찌감치 세워진 반면, 대부분의 회사 묘역들은 대가족제도가 도시화로 급속히 쇠퇴하기 시작하던 1960년대 후반에 생겨났다. 오늘날 이런 기업들은 회사의 창립자와 회사에 근무하는 동안 사망한 사원들을 위한 추도식을 거행한다. 커널 샌더스(Colonel Sanders)가 일본의 켄터키프라이드치킨사가 정기적으로 추수감사제뿐 아니라 본인의 추도식을 행한다는 말을 듣게 된다면 분명 루이빌에 있는 자기의 무덤 속에서 뒤집어질 것이다. 고위 경영직과 회사 운영진으로 근무했던 임원들은 사망 후 종종 회사 묘역에 안치되고 추모된다. 이런 식으로 기업은 한때 가족의 영역이라 간주되던 많은 종교 의례를 제공하고 있다.

근대화와 도시화에도 불구하고, 조상과 영혼 세계에 관련된 믿음과 의례는 현대 일본에서도 여전히 강력하다. 이런 믿음과 의례가 기독교 선교사들과 일본인들이 처음으로 만났던 메이지시대 초에는 훨씬 더 두드러지게 나타났을 것이다. 그렇다면 초창기 기독교 선교사들은 이런 종교적 관심사에 어떻게 반응했을까?

개신교 선교 신학과 조상

앞서 논의했듯이, 개신교 선교사의 신학과 의례는 일본의 망자와 연관된 믿음과 의례와 완전히 불연속적이라는 점을 강조하는 경향이 있었다. 이는 19세기 후반 개척 선교사들뿐만 아니라 전후 일본에 도착한 복음주의 개신교 선교사들에서도 찾아볼 수 있는 점이다. 3장에서 주목했듯이, 선교사들의 시각은 복음과 진정한 기독교 신앙을 만들기 위해서는 토착 전통들이 '대체'될 필요가 있다는 것이었다. 대부분의 선교사들은 설교에서 그리스도에 대한 신앙 없이 죽은 이들에게는 희망이 없다고 했다. 카즈오 야기는 다음과 같이 '규범적인' 선교사들의 관점을 설명한다.

> 개신교인들은 인간의 운명이 죽음 직후 천국 혹은 지옥으로 간다고 본다. 개신교인들의 이런 관점이 낳은 첫 번째 결과는 인간의 영원한 운명이 이미 죽음 당시에 결정되기 때문에 망자를 위해 기도하는 것은 너무 늦었다는 생각이었다. 그리고 두 번째 결과는 천국을 향해 가는 일본 기독교인들이 지옥에 계신 비기독교인 조상들의 혈통에서 자신이 소외되었다고 하는 생각이었다. 이는 견딜 수 없는 생각이었다.[15]

개인주의적인 미국인들에게 이는 분명 쟁점이 되지 않는다. 그러나 대다수의 일본인들에게는 가문과 조상의 혈통을 배제한 개인 구원은 매우 큰 부담으로 다가오는 실존적 위기였다. 간단히 말해, 선교사들의 성서는 집안을 위한 위안이나 희망의 기반을 마련해 주지 못했다.

선교사들이 조상 숭배를 끊고 순수한 의례를 따르도록 일본 개종자들에게 요구한 결과 조상에 관한 신학적 공백은 강화되었다. 일본에서 기독교 첫 세대는 선교사들의 우상파괴 정책을 따르는 데 상당한 압박을 느꼈다. 일본에서 개신교 초기 역사는 새로 발견한 종교와 그로 인해 가계의 조상 숭배나 공동체 축제참가를 거부하라고 했기 때문에 가족과 연을 끊거나 공동체에서 소외당하는 이야기들이 가득하다. 개종한 열성 기독교인들이 선교사의 지시에 따라 가족의 불교 제단, 조상의 위패, 신도 제단을 불태우는 일—당연히 헤아릴 수 없이 많은 가족 간의 갈등을 만들면서—이 드물지 않았다.

이런 식의 절충할 수 없는 접근을 한 사람들이 선교사들만은 아니었다. 초기 개신교 선교 교회들의 사회사를 연구한 모리오카 키요미는 회중교회의 지도자이자 도시샤 대학의 창립자인 니지마 죠 역시 미국에서 10년간 유학을 마치고 1874년 일본으로 돌아온 후 그런 전통 의례에 관해 유사한 강경 노선을 취했다는 사실에 주목하였다.[16] 니지마 죠는 집으로 돌아와 오직 단 한 분 하나님이 존재한다는 것과, 인간의 손으로 만든 신들은 단지 우상일 뿐이라는 것을 그의 부모에게 설명했다. 그는 당장 *카미다나*[神棚, 집에 신을 모셔 놓은 감실-역자 주]를 꺼내, 마당으로 가져가 태워버렸다. 이후 강의와 설교에서 그는 기독교에 헌신하고 신앙한다는 것은 신들과 부처들을 버려 *카미다나* 및 *불단* 앞에서 하는 의식을 하지 말아야 한다고 했다.

모리오카는 만일 세대 구성원 전체가 신앙을 개종하지 않는다면 일개 개인이 제단과 위패를 버리라는 요구에 응하는 것은 지극히 어려웠다고 지적했다. 대체로, 기독교로 개종한 일본인들은 *불단*과 조상의 *위패*가 살아 있는 사람들이 은혜를 입은 조상들을 대변하기 때문에 이것보다는 *카미다나*를 없애는 것이 더 쉬웠을 것이다. 또한, 모리오카는 *혼케*[本家]와 혼케의 가지인 *분케*[分家]의 반응에는 몇 가지 변형이 있다는 점에 주목했다. 가문의 역사에 더 강한 자의식을 갖고 조상을 모시고 있는 본가의 책임에서 보면 선교사들과 니지마 같은 일본 기독교 지도자들의 요구를 따른다는 것은 매우 어려웠다.

프로테스탄트 신학과 일본인의 종교적 감수성의 충돌은 다음과 같은 사실에 근원을 두고 있다.

신종교 선교 전달자들은 핵가족, 그리고 고인을 짧게 기리고 분리하는 의식들을 으뜸으로 여기는 문화에서 나왔다.

신종교 일본 수용자들은 *가계*(家) 시스템, 그리고 돌아가신 구성원을 오래 지속해서 기리는 의식들을 으뜸으로 하는 문화에서 나왔다 [17]

일본에서 망자에 대한 돌봄과 추모는 장례와 관련된 많은 의례에 참여할 뿐만 아니라 절기마다 제례가 이어져 있다. 보통 한 해에도 몇 차례씩 연례 또는 *주기적 의식들*(cyclical rites)이 행해진다. 춘분과 추분에는 가계 구성원의 무덤을 찾아가 묘지를 깨끗이 한 후 기도하고 향을 피운다. (일본의 지역에 따라) 7, 8월에는 *오본*(お盆)이라고 망자의 혼이 7일 동안 집에 돌아온다고 여긴다. 이 기간에 온 가족은 조상의 혼령을 맞아들이고 환송하고, 세대원의 무덤을 방문한다.

직선적 의식들(linear rites) 또는 *호지*(法事, 스님을 모시고 함께 드리는 제사-역자 주)는 통상 33년간 진행된다. 불교 전통에 따라 돌아가신 후 7일째, 49일째, 그리고 돌아가신 1년, 그 후 3년, 7년, 13년, 17년, 23년, 33년 째에 한 가문의 온 친척이 모여 제례를 지낸다. 이 사이에 있는 해에는 기일에 직계 가족끼리 가족 제단 앞에서 의식을 행한다.

분명 장례 이후 망자를 위한 제례는 19세기 후반 일본에 이식된 개신교 전통이 아니었다. 건조하고 간단한 개신교의 상장례를 수년간 지속적으로 계속되는 일본 전통의 확장된 의례와 비교하면, 많은 일본인들이 기독교를 망자를 위해 적절한 관심을 보이지 않는 '반(反)가족적' 종교라고 생각했던 것은 그리 놀라운 일이 아니다.

토착 기독교에서의 추도사상

토착 기독교 운동의 설립자들을 포함한 많은 일본인들에게 조상에 대한 어떤 구원의 희망도 주지 않고 심지어 신자들이 조상에게 존경을 표하는 것을 금지시키는 종교는 사실상 더 이상 종교도 아니었다. 후손들이 이생에서 살 수 있게 한 선조들을 영원히 분리시키는 일은 받아들일 수 없는 일이었다. 많은 일본 기독교인들에 관한 한, 살아 있는 자와 망자 간의 관계와 조상에 대한 개신교 신학에는 여전히 진공 상태가 존재한다. 무교회 운동의 설립자, 우치무라 칸조 역시 지금 관심을 두고 있는 쟁점들을 진지하게 다루지 못했다.[18]

1930년대와 1940년대에 뒤늦게 발전한 다수의 토착 기독교 운동들이 마침내 일본 민속 종교의 관심사에서 성서를 읽기 시작했다. 이 문제들을 진지하게 다룬 대표적인 교회들이 영광의 복음 그리스도 교회, 예수의 어령교회, 원시복음(마쿠야), 성예수회이다. 모두 1930년대와 1940년대에 창립되었다. 많은 개신교 선교사들은 이 토착 운동의 발전을 적절치 못한 혼합주의의 표출, 규범적 기독교에서 벗어난 탈선이라고 생각했다. 그럼에도 불구하고, 토착 운동의 지도자들은 자기들의 관점을 성서적이라고 본다. 그리고 자신들이 이룬 기독교 신앙의 정교화가 마치 예수님이 자기 제자들에게 한 약속, 즉 "진리의 성령이 오시면 그가 너희를 모든 진리 가운데로 인도하시리니"(요한복음 16장 13절)라는 약속의 성취와 같다고 생각했다.

그렇다고 이 점이 토착 운동의 지도자들이 모든 면에서 선교사의 가르침에 동의하지 않았다는 것을 의미하는 것은 아니다. 몇몇 지도자는 원주민의 조상 숭배가 단지 '우상 숭배'에 지나지 않기 때문에 피해야 한다고 생각하는 선교사의 관점을 계속 유지했다. 예를 들어, 예수의 어령교회는 불교식 제단, 조상의 위패, 그리고 신사(神社)의 부적을 악령이 있는 곳이라고 여긴다. 교회의 대표자들에 따르면, 조상 숭배는 다른 신을 섬기지 말라는 두 번째 계명에 대한 직접적 위반이다. 대개 개종자들은 위패나 비(非)기독교적 종교적 물건을 소각하는 일을 할 때 목사들의 도움을 받는다. 전통적 의례에 대한 이런 식의 상징적 거부에도 불구하고, 예수의 어령교회는 조상을 소홀히 하지 않는다. 이 부분은 아래에서 다룰 것이다.[19]

이와는 대조적으로 대부분의 다른 토착 운동은 조상 숭배에 대해서 훨씬 더 관용적인 접근을 채택했다. 일본 지도자들은 이 문제에 대한 선교사의 태도가 잠재적인 일본 개종자에게 불필요한 걸림돌이 된다고 보았다. 그래서 대부분의 지도자들은 이 문제를 해결하는 데 혼신의 노력을 기울였다. 그들에게는 이 문제에 대해 기독교가 잘못 해석하고 있는 것으로 보였다. 예를 들어, 예수의 어령교회가 출판한 대단히 실용적인 편람은 조상의 문제와 망자에 대한 돌봄에 상당한 관심을 기울이고 있다. 이 책은 사용자 친화적인 질의응답 양식으로 교인들에게 많은 주제를 안내하고 있다. "조상 숭배에 관하여"라는 제목에서 조상에 관한 진실한 기독교인의 입장을 다음과 같이 설명하고 있다.

> 성서에 따라서 정통 교회는 우리가 부모를 공경하고 진실로 조상을 존경해야 한다고 가르친다. 이런 이유 때문에 우리는 영혼의 안녕을 위한 추도식과 축제를 경건하게 행한다. 비록 우리가 망자를 특별하게 보살피고 조상들에게 관심을 기울이고 있지만, 기독교 안에서 망자를 숭배하는 것은 아니다. 인간으로서 우리는 세계의 창조자이시며 우리 존재의 기원이신 하나의 참된 하나님만 오로지 숭배한다. 따라서 우리는 망자의 영원한 평안을 위해 기도를 하는 것이지 망자를 숭배하는 것이 아니다.[20]

비슷한 관점이 원시복음(마쿠야)의 월간 잡지 『생명의 빛』의 특별호에 수록되어 있다. 이 특별호에는 "조상 의례와 추도식"이라는 주제로 열린 심포지엄이 게재되어 있다. 여기서 논의된 내용은 다음과 같다.

기독교는 조상에 대한 적절한 관심과 배려를 보여 주지 않는 종교라는 오해를 받고 있다. 이런 오해가 생긴 원인 중의 하나는 외국 선교사들이 일본인들에게 "신도와 불교 제단이 단지 우상 숭배를 나타내기 때문에 그것들을 제거해야 한다."고 가르친 탓이다.[21]

편집자는 조상에 대한 돌봄 의례가 사실상 숭배가 아니라 산자에게 은혜를 베푼 망자에 대한 고마움과 존경의 표현이라고 설명한다. 이런 설명은 망자에 대한 존경과 배려를 보이는 것이 '기독교적'이라는 것을 강조하지만, 토착 운동 및 다른 운동들이 이 출판물에 나타난 단순한 추도를 얼마나 넘어섰는지를 곧 보게 될 것이다.

전통 의례에 참여할 것을 안내한다는 점에서 이런 운동들이 각각 차이가 있지만, 적어도 모든 운동이 망자를 기억하고 배려하기 위한 대안을 제공했고 기능적으로 그에 상응하는 의례를 마련해 놓기도 했다(〈표 7-1〉을 참조). 이런 의례를 준수하는 것에 대해 간단히 서술한 다음, 각 대표적인 교회에서 실시하고 있는 의례에 대한 신학적 설명을 생각해 보려 한다.

설립자가 사망한 토착화 운동의 경우, 각자 자신들의 추도 의식을 제도화한 것을 볼 수 있다. 무교회 운동의 경우, 우치무라의 기일인 3월 28일과 가장 가까운 주일에 도쿄와 간사이에서 추도 강연과 추모 예배를 개최하는 오랜 전통이 있다. 강연은 주로 전도와 봉사 활동을 위한 기회로 간주되지만, 동시에 우치무라에 대한 존경의 의례들로 구성되어 있다. 다른 토착 운동 단체들은 설립자를 위한 실제적인 추도식을 행한다. 예를 들어, 기독심종교단은 8월 초에 성경 공부와 영적 훈련을 위한 3일간의 피정이 끝날 무렵 설립자인 카와이 신스이를 위한 예배를 행한다. 며칠간 강의, 묵상, 본부 교회의 시설과 묘역을 청소한 후 추도식이 진행된다. 이 교회는 많은 교인들이 계속해서 비(非)기독교인 친척들과 함께 참여하는 전통

〈표 7-1〉 일본 기독교 운동에서 망자를 위한 추도식 양상

토착 운동 (설립연도)	설립자 기일	주기적 의식들	직선적 의식들	찬송	영의 세계를 위한 구원의 연장	가족 제단(불단 또는 상응하는 기독교식)
무교회(1901)	●					
도회(1907)						
기독심종교단(1927)						
영광의 복음 그리스도 교회(1936)						
살아 있는 그리스도 일맥교회(1939)						
기독가나안교단(1940)						
일본그리스도소단(1940)						
예수의 어령교회(1941)						
성예수회(1946)	설립자 생존*					
성성기독교단(1948)	설립자 생존					
원시복음(마쿠야)(1948)						
생명을 주는 그리스도(1966)	설립자 생존					
오키나와 그리스도 복음(1977)	설립자 생존					

색이 있는 부분은 현재에도 종교 의례가 행해지는 것을 가리킨다.

* 설립자의 아내를 영모(靈母樣)라고 하는데, 추도식에서 매년 기억된다.

● 무교회의 경우 우치무라의 기일인 3월 28일에 추모 설교가 행해진다.

카와이 신스이를 기리는 연례 추도회(오사카)

적인 *오본*(お盆) 의식과 카와이의 추도식이 상충할 수 있기 때문에 8월 중순에는 추도식을 하지 않는다는 것을 강조한다. 원시복음(마쿠야)의 설립자인 테시마 이쿠로 또한 연례 행사를 통해 기념된다. 더불어, (이 운동이 시작됐던) 구마모토 원시복음(마쿠야) 교회의 원로 교인들은 테시마의 묘역을 청소하고 테시마와 그의 초기 제자 중 몇 사람의 무덤에 3일간 매일 새 꽃을 헌화한다. 성예수회의 경우, 설립자인 영부(靈父様) 오츠키는 아직도 생존해 있지만, 많은 여성들을 상담하고 인도했던 '영모'(靈母様)라고 불리는, 고인이 된 그의 부인을 9월 19일 영모기념일(靈母記念日)로 정해 추모한다.

보통 설립자들이 대상이 되지만, 비슷한 돌봄 의례가 일반 신도와 그들의 가족을 위해서도 행해진다. 모든 토착 운동은 대다수의 일본인들이 준수하고 있는 고인을 위한 주기적 의식과 직선적 의식을 기독교화 했다. 주기적 의식은 종종 *오본*(お盆) 즈음 연례 합동위령제나 부활절에 있는 회중 추도식에서 한다. 기독심종교단은 쇼와 천황의 탄신일을 기념하는 국경일

인 4월 29일에 그러한 의례를 행한다. 이 날이 공휴일이기 때문에 교인들이 후지산 근처에 있는 본부 교회에 모이는 것이 보다 용이하다. 이 추모 의례가 있는 날에는 설립자의 사진이 전시되고 그 둘레에 꽃이 장식된다. 성서 독경과 찬송가에 덧붙여 추모식은 모든 돌아가신 교인들의 이름을 읽는 것도 포함한다. 교회의 책임자가 안녕과 추모의 말을 바친다. 추모의 말씀이 있은 다음, 테이프에 녹음해 놓았던 고인이 된 설립자의 설교를 다 같이 듣는다. 의례 후, 교인들은 교회 건물을 떠나 설립자의 묘와 고인의 유골이 있는 납골당에 가서 예를 표한다. 그들은 점심과 묵상 시간을 가진 후 고인들에 대한 기억과 이야기를 나누며 추모일을 마무리한다.

연례 추도식은 성예수회에서도 역시 중요한 위치를 차지한다. 로마 가톨릭 달력에 따라(예를 들어, 11월에 있는 위령절에 망자를 추모하는 것에 더해), *오본*(お盆)이나 *오히간*(お彼岸)에 일본인들은 대개 조상을 기억하기 때문에 교회가 추도식을 마련하는 것이 중요하다는 것을 성예수회의 지도자들은 안다. 이 의례가 행해지는 동안 교인은 고인의 사진을 무릎 위에 올려놓고 있다가 목사가 기도를 하며 갖고 나오라고 할 때 나아가 성소 앞 테이블에 사진을 놓아둔다. 추도식은 망자를 위한 '대리 미사'나 성찬식으로 끝맺는다. 망자의 이름이 읽히고 산자는 고인을 대신해 성찬(빵과 포도주)을 받는다. 이 의례는 '성인(聖人)들과의 친교(communion)'를 구체적으로 나타낸 것이다. 그리고 망자는 천국에서 영적으로 이 친교에 응하고 있다고 본다.

또한 직선적 의식들이 대부분의 이런 토착 운동에 의해 다양한 방식으로 준수된다. 종종 이런 의식들은 며칠, 혹은 몇 달, 몇 년 후(첫 제사, 세 번째 제사, 혹은 다섯 번째 제사 등) 망자를 위한 추도식을 행하는 불교관습을 따라 진행된다. 교인들의 요구를 좇아 대부분 이 운동의 지도자나 목사는 교회에서 혹은 교인의 집에서 직선적 추모 의식들의 통상적 일정에 따라 추모식을 행한다. 예를 들어, 살아 있는 그리스도 일맥교회의 매주 교회 게시판에는 고인이 '천국으로 간' 이후 몇 년이 되었는지를 표시한 기일 공

설립자를 기리는 연례 추도식 후 교회 묘역에서 기도하고 있는 기독심종교단 신자들(후지요시다)

지문이 있다.[22] 또한 몇몇 토착 기독교 운동은 이런 의례를 위해 망자를 기념하는 찬송가를 작곡하기도 했다.[23] 운동의 거의 모든 지도자와 목사들은 이와 같은 추도 예배를 복음을 전할 수 있는 최상의 기회라고 생각한다. 많은 일본인들이 기독교 교회의 예배에 정기적으로 참석하는 것에는 거부감이 있지만, 친구와 친척들 대부분은 추도 예배에 참석하지 않을 수 없다는 것을 잘 안다.

무교회 운동에서 추도 예배가 대단히 일반적이기는 하지만, 추도 예배의 정해진 의례는 없다. 교인들 중 일부는 집에서 가족 예배를 행하는 반면, 다른 교인들은 자신이 속해 있는 무교회 모임에서 함께 추도 예배를 하곤 한다. 이들은 때때로 추도 예배를 위해 큰 강당을 빌리고 함께 식사한다. 신앙에 관하여 개인주의적 입장을 취하고 있는 무교회 운동의 태도를 반영하듯 추도 예배의 내용과 시간은 상당히 다양하다. 예를 들어, 하마마츠에 있는 한 무교회 집단은 일본의 종전일을 기억하기 위해 매년 8월 15일에 특별 모임을 연다. 물론 이때가 바로 *오본*(お盆) 기간, 즉 일본인들이 망자를 추모하는 것이 자연스런 때이기도 하다. 세계 평화에 대한 기독

교인의 책임을 생각하는 것이 이 모임의 일차적 관심사이기는 하지만, 전쟁에서 사망한 수많은 개인들을 위해 공동 추모 예배를 한다. 무교회 운동에 있는 또 다른 일반적인 의례는 책이나 잡지에 쓴 에세이들을 모은 특별 추모집을 출판해 고인을 기념하는 것이다.

개신교 선교사들의 정책과는 첨예하게 대비되지만 많은 토착 운동들은 교인들이 가정에서 전통적 불교 제단을 유지하는 것도 허용한다. 예를 들어, 기독심종교단은 기독교 신앙과 조상 숭배 사이에서 어떤 갈등도 경험하지 않는다. 사실상 이 교회의 교인들은 전통 관습에 대해 적절한 존경을 표하도록 권장된다. 그래서 비기독교 가족 구성원들과 함께 조상에 대한 불교 의례에 참석하는 것이 문제라고 생각하지 않는다. 마찬가지로, 원시복음(마쿠야) 운동의 지도자들은 조상들이 기도했던 곳, 즉 불교 제단에서 교인들이 기도할 수 있도록 허락하기도 한다. 불교 제단이 있는 교인의 가정에서 모임이 열릴 경우, 지도자는 제단 앞에 메노라를 올려 놓은 다음 열어 놓은 *불감* 앞에서 추도 예배를 거행한다. 성예수회는 불교제단의 대안으로 예배와 기도의 중심이 되는 기독교식 가족 제단을 권한다. 위패는 고인의 이름이나 세례명이 새겨진 작은 나무 십자가로 대체된다. 이런 변용은 고인에게 *카이묘*(戒名) 혹은 법명을 내리는 전통적인 불교 전례와 유사하다. 이런 식으로 성예수회는 기독교가 망자를 배려하고 존경을 보이는 종교라는 것을 비기독교 친척과 이웃에게 보여 줄 수 있는 구체적이고 가시적인 방법을 마련해 놓고 있다.

조상을 배려하고 존경을 보여야 한다는 많은 일본인들의 요구에 오직 토착 교회들만이 적응했다고 보면 오해다. 사실상, 유럽과 북미의 많은 종파들과 관계된 다수의 기독교 교회들은 지난 백 년간 광범한 상장례를 정했다. 다양한 종파에서 도입한 이런 의례의 발전을 기록하고 있는 많은 연구들이 있다. 데이비드 리드는 일본에 있는 그리스도 연합교회의 교인들이 토착적인 조상 의례에 기독교 의례를 적용하는 방식을 분석했다. 마찬가지로, 니시야마 시게루의 영국 성공회 교회 연구는 이 교파 안에서 조상 숭배가 기독교 의례를 의미심장하게 변형시켜 놓았다는 점도 보여 준다. 데이비드 되르너(David Doerner)의 로마 가톨릭 교구 연구 역시 마찬가지로 망자와 관계된 토착적 믿음과 의례에서 수많은 변용이 일어났음을 보여 주었다. 베렌센(Berentsen)이 주목하고 있듯이, 로마 가톨릭 전통은 '망자를 위한 기도와 미사'를 올리는 오래된 의례가 있기 때문에 개신교보다 조상 숭배에 더 자연스런 친연관계가 있다.[24] 보다 최근에 마크 루티오(Mark Luttio)가 루터 교회가 일본인의 종교적 감수성과 관심사에 더 잘 양립할 수 있도록 장례 의식을 어떻게 만들어 냈는지를 보여주고 있다. 루티오는 또한 1993년에 일본 복음교회(Japan Evangelical Church : JELC)가 발전시킨 장례를 분석했다. 그는 1993년도 일본 복음교회의 장례식을 1897년도 초기 장례뿐만 아니라 망자에 대한 전통적인 불교 의례와 비교했다. 초기 선교 전통에 충실한 1897년도의 의례는 (같은 날에) 장례와 매장만으로 이루어졌다. 1993년도 장례 의례에는 일본의 불교 전통에 의해 배려의 연속상에서 볼 수 있는 많은 요소를 변용하고 통합했다. 비록 이런 교회들이 수많은 의례의 변용을 이뤘지만 많은 경우 이들은 조상과 여러 혼령과 관

고인의 이름이 새겨진 나무 십자가가 있는 성예수회의 한 신자 가정의 전형적인 가족 제단(좌측), 그리고 보다 정교한 사례(우측)

련된 신학적 질문과 관심을 다루는 데는 실패했다.[25]

일본인의 시각에서 성서 읽기

망자에 대한 의례가 발전할 수 있었던 것은 토착 운동 지도자들의 시각, 즉 기독교인은 영적 세계에 대해 사명을 가지고 있다는 생각 덕분이었다(〈표 2-1〉에서 '영적 세계로 구원의 확장'이라고 언급했던 것을 참조). 일본인이 스스로의 관점에서 성서를 읽자마자 그들은 가계와 조상에 대한 그들의 관심사와 관련 있는 많은 텍스트가 신약 성서에 있다는 것을 발견했다. 개인주의적인 복음에 의해 인도되었던 개신교 선교사들은 그런 구절들을 분명히 간과했거나 사실상 무시해 버렸다. 일본의 토착 운동 지도자들은 성서를 읽으면서 기독교인들이 망자에 존경을 보이는 것은 적절할 뿐만 아니라 이번 생에서 복음을 만나지 못하고 세상을 떠난 사람들에게도 희망이 있다고 결론 내렸다. 이 지도자들은 그리스도 선교 이전에 죽은 이들도 구원될 수 있다는 주장을 할 때 성서 텍스트에 호소한다. 이들은 준거가 되는 구절을 베드로전서에서 찾아냈다.

> 그리스도께서도 단번에 죄를 위하여 죽으사 의인으로서 불의한 자를 대신하셨으니 이는 우리를 하나님 앞으로 인도하려 하심이라 육체로는 죽임을 당하시고 영으로는 살리심을 받으셨으니 그가 또한 영으로 가서 옥에 있는 영들에게 선포하시니라 그들은 전에 노아의 날 방주를 준비할 동안 하나님이 오래 참고 기다리실 때에 복종하지 아니하던 자들이라 방주에서 물로 말미암아 구원을 얻은 자가 몇 명뿐이니 겨우 여덟 명이라(베드로전서 3장 18-22절).

그리고 다음 장에서는 다음과 같은 구절이 있다.

> 이를 위하여 망자들에게도 복음이 전파되었으니 이는 육체로는 사람으로 심판을 받으나 영으로는 하나님을 따라 살게 하려 함이라(베드로전서 4장 6절).

망자의 세계에 대한 사역은 예수 그리스도가 하데스로 내려가 구원의 초기 역사에서 하나님께 받은 노아의 메시지를 수락하지 않아 감옥에 갇힌 영혼들에게 설교할 때의 그 임무를 계속 진행해야 한다고 생각한다. 이런 해석은 위에서 언급한 일본의 전통적인 세계관과 가족주의적 경향을 참조할 때 가장 잘 이해될 수 있다.

농촌 지역인 시코쿠의 그리스도연합교회(United Church of Christ). 장로가 십자가 옆 불교 위패가 전시된 가족 제단 앞에 앉아 있다.

부활절 연례 추도 예배에서 고인이 된 교인의 사진과 불교 위패가 함께 전시된 농촌 지역 시코쿠의 그리스도연합교회의 제단

영혼 중심적 세계관

아마도 우치무라의 무교회 운동을 제외하고, 이런 토착 운동은 일본의 민속 종교의 우주론과 다르지 않아 소위 '영혼 중심적 세계관'을 공유하고 있다. 현실에 대한 믿음과 '이승'과 다른 '영의 세계'(즉, 조상의 세계)의 상호 의존은 신약 성서에 대한 그들의 해석과 망자의 영들에 대한 그들의 신학적 주장을 이해해야만 한다. 상호 의존적인 산 자와 죽은 자는 기도와 설교, 그리고 또 다른 의례를 통해 상징적으로 연결되어 있다. 이 세계관은 민속 종교 전통의 세계관과 유사할 수도 있는데, 토착 운동의 지도자들 역시 이 세계관이 예수와 초기 기독교 운동의 세계관이라고 주장한다.

우리가 살고 있는 이 세계에 영향을 미칠 수 있는 영들과 초자연적 존재들이 있는 분리된 세계에 대한 믿음은 새롭거나 성서의 세계와 이질적인 것이 아니다. 3장에서 보았듯, 마커스 보르그(Marcus J. Borg)는 '영계'(the 'world of Spirit')에 대한 진지한 관심을 기울이지 않고서는 유대-기독교 전통에서 예수의 위치를 정확히 이해할 수 없다고 주장했다.[26] 후기 계몽주의 서구인들에게 '또 다른 세계'에 대한 개념은 완전히 생소할 수 있다. 그렇지만 그의 주장에 따르면, 예수는 이런 세계관을 받아들였던 유대교의 카리스마적 흐름에 속해 있었다. 그래서 예수는 현세와 영혼 세계의 중재자 역할을 했다. 우리가 검토하고 있는 일본의 토착 운동들은 이 두 세계의 중재를 계속하기 위해서 자신들이 예수 그리스도에 의해 종교적 권위를 받았다고 믿는다. 어떤 점에서는 그러한 해석은 그들의 마태복음(18장 18-20절)에 대한 관점에서 찾을 수 있다.

진실로 너희에게 이르노니 무엇이든지 너희가 땅에서 매면 하늘에서도 매일 것이요 무엇이든지 땅에서 풀면 하늘에서도 풀리리라 진실로 다시 너희에게 이르노니 너희 중의 두 사람이 땅에서 합심하여 무엇이든지 구하면 하늘에 계신 내 아버지께서 그들을 위하여 이루게 하시리라 두세 사람이 내 이름으로 모인 곳에는 나도 그들 중에 있느니라(마태복음 18장 18-20절).

이 구절은 현세와 영혼 세계의 상호 의존을 시사하고 예수의 추종자들이 두 세계에서 일어나는 일에 영향을 미치기 위해 권위를 부여받았다는 것을 나타내고 있다. 예수의 어령교회 설립자인 무라이 쥰에 따르면, 서구 기독교의 비극은 교회가 죄를 용서하기 위해서 권위를 부여받았다는 점을 더 이상 인식하지 못하는 데 있다. 초기 기독교의 특징이었던 모든 표징, 기적, 그리고 경이로운 현상과 더불어 이 또한 잊혀졌다.

영광의 복음 그리스도 교회의 설립자 스기타 코타로(杉田好太郎)는 자신의 신자들에게 그리스도의 복음이 영계에 있는 조상들에게 도달할 수 있다며 조상을 위해 기도하라고 권했다. 『영광의 복음』 제2권에서 스기타는 다소 사도 바울과 같은 방식으로 "망자를 위해 기도를 올리는 것은 신도들이 할 수 있는 선한 일이며 적절한 일이다. 어떤 성서도 기도를 받은 사람들이 반드시 구원받는다고 말하지 않지만, 우리에게 망자를 위해 기도하지 말라고 가르치는 성서의 기록 또한 없다."라며 자신은 "하나님 안에서 확신하고 있다."고 주장한다.[27] 계속해서 스기타는 하나님이 자신의 아들을 세상에 보냈고, 하나님의 아들이 세상의 죄로 돌아가셨는데, 이는 인류를 향한 아버지의 마음을 하나님께서 표현하신 것이라고 설명한다. 하나님이 그리스도의 계시 이전에 살았던 사람들을 미워하고, 과거 2,000년에 걸쳐 복음을 만날 기회가 있었던 사람들 중 일부만 사랑한다고 생각한다면 이는 굉장히 자기중심적이고 이기적인 생각이다. 그리스도가 지옥으로 내려가 갇혀 있는 영혼들에게 설교했다는 사실은 하나님이 산 자들뿐만 아니라 죽은 자들 역시 돌보신다는 점을 명확히 나타낸다. 스기타는 기독교인들이 망자를 위해 기도해야 하지만, 기도를 받은 각각의 영혼들이 반드시 구원받을 수 있다고 상정하는 것은 안 된다고 결론 내린다. 낙관론을 가질 수 있는 근거들이 있기는 하지만, 궁극적으로 생명의 책에 누구의 이름을 쓸지 결정하는 것은 하나님이다.

다른 토착 운동의 지도자들은 망자를 위한 자신들의 기도와 영혼의 세계에 대한 자신들의 설교가 지닌 효과에 대해서 훨씬 강한 자신감을 나타낸다. 위에서 언급한 원시복음(마쿠야)에서 개최했던 '조상에 대한 의식들과 추도 예배' 심포지엄에 따르면, 설립자 테시마 이쿠로는 기독교의 추도 예배는 신앙 생활에서 중요한 의식이라고 가르쳤다. 그러나 여러 추도 행사에서 불교식 독경을 암송하는 대신에 성서의 어떤 대목을 낭독해야 한다고 했다. 성서의 가르침에 따르면, "인간은 빵만으로 살지 못한다. 하나님의 입으로부터 나오는 모든 말씀으로 산다." 테시마는 망자의 영혼이 실제 빵을 먹을 수는 없지만 하나님의 말씀은 먹을 수 있다고 설명했다. 신심 깊은 성서 강독을 통해 '떠도는 영혼들이' 인도되어 그리스도를 향하게 된다. 테시마는 선교사들의 전통과 대비해서 불교식 제단과 위패를 퇴출시킬 필요가 없다고 가르쳤다. 사실상, 제단으로 가는 문을 열어 놓아야 하고 조상들에게도 복음을 설교해야 한다. 이런 식으로 망자를 위한 설교와 중재 기도가 효험이 있다고 한다.

테시마의 제자이며 생명을 주는 그리스도 교회의 설립자인 이마하시 아츠시(今橋 淳史)는 치유와 개종을 경험하고 나서 가장 먼저 한 일이 자기 조상들에게 복음을 전하는 것이었다고 내게 말했다.[28] 그는 불교식 제단 앞에 서서 조상들이 그리스도의 빛을 영접하기를 기도하면서 자신이 개종했음을 조상들에게 고했다. 베드로전서에 그리스도의 모범이 기록되어 있기 때문에, 이마하시는 망자는 그들에게 복음이 설교되는 것을 들을 수 있고 그래서 망자는 궁극적으로 구원될 수 있다고 확신을 가지고 있었다. 이마하시에 따르면, 그것이 바로 예수 그리스도가 이 세상과 영혼 세계의 주인이라고 고백하는 것의 의미다.

망자를 돌보는 이런 유형은 우리가 검토하고 있는 토착 운동들이 하는 사역의 공통점이다. 성예수회의 한 노련한 목사는 나에게 자신은 종종 교인들로부터 신앙이 없이 세상을 떠난 조상이나 가족을 위해 기도를 해 달라는 요청을 받는다고 했다. 한 번은 두 분 고인의 사진을 거실 벽에 걸어 놓으라고 교인에게 지시하고, 다 함께 두 분 고인의 구원을 위해 기도했다고 한다. 그가 간절히 기도하고 있을 때, 두 영혼이 어둠 속에서 고통스러워하는 것을 보았다고 한다. "바로 그 순간에 내 안에서 그리스도의 영혼이 '나는 부활이요 생명이다.'라고 했습니다. 그 순간 그리스도가 이 두 영혼에 깃들었고 이 두 영혼은 빛으로 변화했습니다. 그런 다음 그 두 영혼이 천국으로 승천하는 것을 봤습니다."라고 그는 말했다. 또 다른 지도자도 유사한 심방의 경험을 다음과 같이 서술했다.

우리 교회의 교인 중 한 사람이 최근 믿지 않는 남편을 잃어서 안식을 찾을 수 없었다. 그녀는 남편의 영혼이 집 주변에 까만 구름처럼 맴돌고 있다는 것을 느꼈다. 그래서 그녀는 내게 남편을 위해 기도해 달라고 요청했다. 나는 그녀의 집을 방문했고, 그녀는 남편의 사진과 남편의 유골을 담은 유골함을 보여 줬다. 나는 가슴에 꽉 그 유골함을 붙잡고 그리스도의 말씀, "나는 부활이요 생명이다."라고 말하면서 그녀의 남편을 위해 기도하기 시작했다. 그의 이름을 불렀고 그가 복음을 믿기를 기도했다. 내가 기도를 마쳤을 때 그녀와 나는 대단히 안도했다. 그리고 그 영혼은 우리 마음속에서 자신이 구원되었다는 것을 확인해 주었다. 이 방문 후, 그녀는 더 이상 남편의 존재로 고통스러워하지 않게 되었다.

망자에 대한 관심이 추상적이거나 철학적이지는 않지만 절박한 실존의 문제라는 것은 분명하다. 게다가 이런 사례들은 이 세계와 영혼 세계의 상호 의존에 대한 근본적인 믿음과 망자의 세계에 영향을 미치는 살아 있는 자의 힘을 실증한다. 많은 경우에, 저승에서 그리스도가 구원한 것은 비전과 꿈, 그리고 성령에 대한 간증을 통해서 확인된다.

가족주의적 성향

앞서 말한 예들이 시사하고 있듯이, 가족적 유대감이라는 개념이 영혼들의 구원을 바라는 일본인들의 해석을 형성하고 있다는 것은 분명하다. 바울과 실라가 빌립보 간수에게 한 말, "주 예수를 믿으라, 그리하면 너와 네 집이 구원을 받으리라"(사도행전 16장 31절)는 일본의 문화적 관점에서 해석되었고 문자 그대로 수용되었다. 일본에서 집[家]은 현재와 과거 가족 구성원(조상들) 모두를 포함한 대가족이다. 이런 상호 의존적 해석은 불교의 공덕 개념과 유교의 가족주의적 경향을 결합한 일본식 표현에서 종종 볼 수 있다.

> 한 사람이 출가하면, 구족(九族)이 하늘에 돌아간다.

이런 표현에 대해 논평하면서 한 지도자는 다음과 같이 설명했다.

> 내가 아담의 죄에서 벗어났기 때문에, 우리 집안 역시 벗어났다. 그러나 이것은 나의 미덕 때문이 아니라 그리스도의 은총을 통해서다. 조상들이 구원받았다는 것을 나는 확신한다. 그리고 살아 있는 나의 가족 대부분이 또한 구원받았다는 사실로 나는 축복을 받았다.

아브라함이 하나님의 부름을 받고 지상의 모든 가족들을 위한 축복의 기원이 된 것처럼(창세기 12장 1-2절), 그리스도 안에서 한 사람의 구원은 다른 사람들, 즉 살아 있는 자와 죽은 자 모두에게 축복의 기원이 된다.

예수의 어령교회와 망자 돌봄

예수의 어령교회는 영혼 세계의 구원과 '가족구성원' 구원의 개념을 망자의 부활에 관한 고린도전서 15장 29절의 대리 세례라는 오랫동안 잊혀진 의례와 연결시킨다.

> 만일 죽은 이들이 도무지 다시 살아나지 못하면 죽은 이들을 위하여 세례를 받는 자들이 무엇을 하겠느냐? 어찌하여 그들을 위하여 세례를 받느냐?

예수의 어령교회에 따르면, 대리 세례라는 의례를 통해 한 사람의 구원이라는 축복이 과거 세대에까지 확장될 수 있다. 『성서 신학』에서 설립자 무라이 쥰은 이런 가르침을 상당히 강조했다. 무라이에 따르면, 망자의 구원에 대한 성서의 가르침은 교회가 '물'과 '성령' 세례를 그만둔 2세기 후, 교회에서 은폐되었다. 무라이는 "최근에 와서야 이런 위대한 신비가 예수의 어령교회에서 드러나게 되었다."고 쓰고 있다.[29] 자신들의 교회에 새로 온 사람이 있으면 그에게 복음을 전하고 구원을 받아들이라고 권한다. 그리고 대리 세례를 알려주며 조상 역시 구원될 수 있다고 정보를 준다.

어떻게 대리 세례가 실제로 작동하는가? 교인은 자신이 세례를 받을 때 동시에 아니면 조상의 구원이 염려될 때 언제든 망자가 세례받을 수 있도록 청할 수 있다. 교인은 그저 조상의 이름을 말하고, 고인과 자신의 관계를 알린 다음 고인을 대신해 자신이 물에 잠김으로써 세례를 받는다. 여기서 이 교회가 낙태아를 위한 세례도 행한다는 것을 주목하는 것이 중요하다. 이런 식으로 예수의 어령교회는 일본 여성들이 느끼고 있는 죄의식과 낙태아의 영혼과 관련된 저주를 처리해야 할 필요성에 응한다. 이 의례를 통해 죄의 용서라는 복음이 망자에게 전달되고 그들의 영혼은 명계(冥界)

에서 천국으로 이동하게 된다.[30] 비록 망자의 육신은 무덤에서 썩더라도, 그들의 영혼은 죄의 용서를 통해 구원받을 수 있다. 신자는 이 의례를 행하며 조상이 처한 상태에 대한 불안과 막연함을 제쳐 놓을 수 있다는 것에 안도한다. 오키나와의 한 목사는 나에게 대리 세례라는 의례가 있기 전에는 많은 교인들이 망자의 떠도는 영혼에 대한 혼란스런 비전을 가지고 있었다고 설명한다. 그러나 이 의례적 배려를 마치고 나면 그들은 영혼들이 안식을 취하고 있고, 더 이상 어떤 걱정스러운 영적 만남도 일어나지 않을 것이라 생각한다.

대리 세례에 대한 이런 식의 이해를 이 교회의 『영의 찬가』에서 다음과 같이 분명하게 표현하고 있다.[31]

대리 세례

1.

오래도록 잠들어 있는 우리 조상의 영혼은
지금도 여전히 슬픔에 잠겨 울고 있네.
봄이 지나고, 여름이 오고, 가을이 가고, 겨울이 오네.
하지만 저승은 영원히 깊은 겨울 밤이네.

2.

저승의 결코 끝나지 않을 그늘진 어둠처럼
눈물이 흘러내리네.
죽음의 강을 건널 때, 그날의 고통이 살아나네.
지금도 우리 조상은 비통하게 나루터에 서 있네.

3.

떠나는 배는 바닥을 모른다네,
깊이 더 깊이 바닥으로 가라앉고 있네.
지금도 여전히 우리 조상의 구원은 막혀 있으니,

영혼이 영원한 안식 없이 걱정하고 있네.

4.

악령이 소용돌이처럼 다가오고 있다네,
미친듯이 구원을 바라며.
희미하게 물 첨벙 소리가 들리네,
천국에서 울려 퍼지는 속죄(贖罪)의 신비를 알리는 노래가.

5.

조금씩 저승의 문이 열리네,
예수의 이름을 통해서.
세상에 있는 후손의 대리 세례여—
오, 끝없는 은총이여!

6.

오, 기쁨의 울음이 퍼지네!
우리 조상이 구원되셨네!
은총의 빛이 온 누리를 비추네,
천사의 노래가 천국과 이 땅 위에 울려 퍼지네.

망자에 대한 관심은 세례식으로만 끝나지 않는다. 앞서 언급했던 합동 위령제는 예수의 어령교회에서 중요한 의례다. 교회 대표자에 따르면, 이 의례는 살아 있는 신자들이 망자의 영혼과 함께 예수 그리스도에게 공통 기도를 올리는 데 그 의미가 있다. 이 점에서 이 의례는 망자와의 유대와 재결합이 중심 모티브를 이루고 있는 불교식 *오본*(お盆) 축제와 유사하다. 이 의례는 교회마다 다르다. 예를 들어, 시코쿠의 섬에 있는 한 교회는 이 의례를 8월 초에 하는데 교인들은 가족 중 고인이 된 사람들의 목록을 가져와 기도에 포함한다.[32] 또는 교인들의 요청에 따라, 일 년 내내 몇 번이

고 추도 예배를 갖는다(이런 예배는 종종 불교 관습을 따라 여러 날, 여러 달, 그리고 여러 해 지나 망자를 위한 추도 의식을 행한다.). 합동위령제에는 향이나, 불교식 제단, 그리고 위패는 없다 해도 조상을 공경하고 조상의 영원한 안식을 확인한다. 이는 일본인들이 중요하게 생각하는 불교식 추모 의식과 분명히 동등한 기능을 수행한다.

또한 망자에 대한 관심은 대성회(大聖会)에서도 드러난다. 이 모임은 각 교구나 지방에서 해매다 개최되는데 며칠간 지속된다. 예를 들어, 일본 동부에서는 설립자와 고인이 된 목사들을 위해 해마다 5월에 대성회가 열리는데 이때 추도 의례를 행한다. 망자를 위한 일반적인 추도식에 더해, 또한 도쿄 교회(본부 교회)는 예수의 어령교회의 창립자이자 첫 감독을 위한 특별 추도식을 매년 3월에 행한다.

토착적 영혼 믿음에 대한 일본 기독교인들의 반응

많은 일본 기독교인들은 조상의 구원을 깊이 염려하는 한편, 원혼(怨霊)이라고 하는 망자의 악의에 찬 혼령 때문에 고통을 겪을 수 있다고 하는 '악운'을 두려워한다. 호리 이치로에 따르면, 이런 관심사들은 일본의 역사에 뿌리를 둔다. 헤이안 시대(784~1185년) 초에 널리 확산되었는데[33] 전쟁이나 불의의 사고로 잔혹한 죽음을 맞거나, 갑작스레 죽음을 당한 사람들은 증오와 응어리가 가득 찬 원혼이 되어, 이 세상에 있는 사람들에게 해를 끼치기 위해 되돌아온다고 믿었다.[34] 이런 문제로 불안해하는 일본 기독교인들에게 선교사들의 신학과 사역은 위안을 주지 못했다. 일본의 맥락에서 이 문제는 목회자가 돌보아야 할 중요한 차원이라는 것은 분명했지만, 일본에 있는 그 어떠한 개신교 신학교도 실생활에 기초한 신학 커리큘럼으로 이 주제를 진지하게 다루지 않았다. 반면, 대다수 토착 기독교 운동의 대표자들은 이것을 '현실적 문제'로 받아들였고 많은 교인들이 일상

생활을 지속할 수 있도록 기도와 돌봄 의례로 이것을 배려했다. 기도의 효과에 대한 가르침, 영혼 세계에 대한 설교, 그리고 대리 세례는 망자의 구원을 준비할 뿐만 아니라 잠재적 원혼에 맞서 산 자를 보호하는 데 도움을 주었다.

'조상 의례와 추도 예배'에 관한 원시복음(마쿠야)의 심포지엄에 참여한 한 참가자는 히로시마 폭격으로 사망한 부모의 '불행한 죽음' 때문에 수년을 깊은 시름에 빠졌다고 털어 놓았다. 그녀는 처음에는 신종교인 세이초노 이에(生長の家)에서 마음의 평화를 찾으려고 했고, 그 다음엔 기독교 교회를 통해서 평화를 얻으려 했지만 둘 중 어느 곳에서도 그녀의 영적 불안감을 해소해 주지 못했다. 그러던 중 그녀는 원시복음 운동을 만났고, 이를 계기로 영적 세계에 대한 그리스도의 힘을 발견하게 되면서 모든 것이 변했다고 한다. 다음은 그녀의 이야기다.

원시복음 운동에 합류한 후 나는 행복한 결혼을 축복받았으며, 저와 제 남편은 함께 신앙 생활을 시작했습니다. 그런데 우리 아이들이 태어났을 때 부모님의 혼령이 보였어요. 어머니가 노엽고 정신나간 듯한 모습으로 나타나서 "네 아이들과 만나게 해 달라."고 했습니다. 우리 부모님은 원자 폭탄의 투하로 인해 생긴 병 때문에 내가 어린 아이였을 때 세상을 떠나셨어요. 나는 계속해서 나타나는 우리 부모님을 견딜 수 없었습니다.

히코산에서 원시복음 수련회에 참가하던 어느 날 밤, 나는 "주님, 부디 영계를 떠돌고 있는 저희 부모님의 영혼을 구원해 주세요."라고 간절히 기도했습니다. 그날 밤 나는 아버지와 어머니가 원시복음의 장로들을 동반하고 광명에 둘러싸여 있는 꿈을 꾸었어요. 아버지와 어머니가 행복한 표정으로 광명의 터널을 지나고 있는 것을 봤습니다. 이 꿈을 꾸고 나서 나는 그리스도가 나의 부모님을 구원하셨다는 것을 확신하고 안심할 수 있었습니다. 그 후에 어머니는 행복한 얼굴로 나타나셨어요.[35]

망자에 대한 관심이 대개는 직계 가족이나 친척과 관계 있다 하더라도, 대부분의 토착 운동들은 *무엔보토케*(無緣仏, 孤魂), 즉 혼령을 돌봐 줄 어떤 후손도 없는, 이름 없는 망자나 무연고 시신에까지 교회의 관심과 돌봄을 확장한다. 예를 들어, 오키나와에 있는 원시복음(마쿠야)의 교인들은 태평양전쟁이 끝날 무렵 오키나와 근처 여러 섬에서 죽은 수천 명의 환영(幻影)으로 불안해했다. 이름 없는 망자들은 적절한 장례식이나 추도식을 받지 못해서 영계를 떠돌 운명에 놓여 있었다. 그들은 원시복음 설립자의 가르침을 통해 그런 혼령도 영혼 세계에 있는 그리스도에 의해 구원될 수 있다는 것을 깨달았다. 그리스도의 구원을 그렇게 포괄적으로 이해하기에 원시복음(마쿠야) 교인들은 오키나와의 전사자를 위한 묘비석 앞에서 특별 예배를 드리고 저승에 있는 그들의 안식과 구원을 위해 기도했다. 이 행사에 참가한 사람들이 전하는 바에 따르면, 이름 없는 전사자들을 위해 집단 기도를 하자, 고통받는 수많은 영혼들이 구원을 받는 영적 환시를 경험했다고 한다.

성예수회가 규슈의 섬에 있는 가톨릭 순교자들에게 했던 돌봄을 또 다른 사례로 꼽을 수 있다. 규슈의 어떤 지역에서는 '구천을 떠도는 영혼들'에 관한 대중적인 종교적 믿음이 기독교와 연관되어 있다. 왜냐하면 이곳에서 16세기와 17세기에 많은 가톨릭 교인들이 죽임을 당했기 때문이다. 이곳에서는 고통이나 질병, 악운이 일어나는 이유를 이들 크리스천 귀신들 탓으로 돌리는 이야기들을 들을 수 있다. 설립자인 영부 오츠키는 목사들과 함께 규슈로 순례를 다녔고 여러 순교지를 방문했다. 박해 시기의 순교자들이 마지막 미사에 참여할 기회도 없이 죽임을 당했다는 것을 떠올리며, 영부 오츠키는 각각의 무덤에 포도주를 붓고 그들의 영혼을 위로하는 추도 미사를 거행했다. 지금 성예수회는 오랫동안 잊혀지고 대체로 무시된 가톨릭 순교자들을 추모하며 규슈에 여러 교회를 세웠다. 오늘날 수많은 목사들과 교인들이 규슈로 순례를 가 그곳을 방문하고 추도 예배를 행하며 순교자의 희생과 신앙을 기린다. 일본 기독교인들에게는 고인이 된 순교자들을 대신해서 빵과 포도주를 받을 때 '성인들의 친교'를 하나의 현실로 경험한다.

결 론

다양한 방식으로 토착 기독교 운동은 구원의 영역을 영혼의 세계로 확장했다. 조상과 떠도는 영혼에 대한 이들의 돌봄 의례는 살아 있는 자의 땅에 여전히 있는 영혼을 보호할 뿐만 아니라, 이미 저승으로 건너간 망자에게는 안식을 가져다준다. 어떤 토착 기독교 운동은 이런 영혼들이 만물의 최종 완성을 수동적으로 기다리고 있다고 생각하는 반면, 다른 토착 기독교 운동은 그런 영혼들이 좀 더 적극적인 역할을 하는 것으로 본다. 예를 들어 예수의 어령교회에 따르면, 대리 세례는 명계에 있는 망자의 영혼을 해방시켜 그들을 천국으로 가게 한다. 그러면 이 혼령들은 지상에 남아 있는 가족을 위해 천국에서 기도를 올린다. 마치 불교식 추도 의식을 통해 망자가 은덕 있는 조상으로 변하듯이, 예수의 어령교회는 세례를 통해 망자를 가족을 위해 중재 기도를 드리는 은혜로운 조상으로 변화시킨다. 마찬가지로 예수의 어령교회의 몇몇 신자들은 저승에 있는 망자를 '수호 정령'이라 부르고 그들이 수호천사와 같은 기능을 한다고 생각한다. 바꿔 말하면, 영적 세계는 산자의 편에서 보호와 중재를 준비하는 존재들로 가득하다.

이런 맥락에서, 프로테스탄트 개혁이 중세 가톨릭의 신비와 주술을 끊은 결과 단독자 개인은 '이전에 없던 내적 고독'을 경험하게 되었다고 본 막스 베버의 견해를 되짚어 보는 것도 흥미롭다 생각한다.[36] 합리화를 통해 나타난 이런 '세계의 탈주술화'로 고독한 개인은 사제, 성사, 그리고 성인들이라는 안락한 방패 없이, 자기 자신의 운명을 스스로 책임져야 했다. 이들 토착 기독교 운동이 보이는 세계와 보이지 않는 세계의 상호 의존에 대한 인식, 그리고 산 자와 죽은 자의 의례의 힘에 대한 인식을 통해서 작지만 '세계의 재주술화'에 기여했다고 주장할 수 있다. 이런 식으로, 일본 기독교 토착화 운동의 보이지 않는 세계에 대한 이해는 프로테스탄트 기독교보다는 로마 가톨릭 전통과 더 많은 공통점을 가지고 있다.[37]

1 Hori, *Folk Religion in Japan*, 18.

2 Miyake Hitoshi, "Folk Religion," in Tamaru and Reid, eds., *Religion in Japanese Culture*, 80.

3 Morioka Kiyomi, "Ancestor Worship in Contemporary Japan: Continuity and Change," in George A. DeVos and Takao Sofue, eds., *Religion and Family in East Asia*(Los Angeles: University of California Press, 1984), 201.

4 Robert J. Smith, *Ancestor Worship in Contemporary Japan*(Stanford: Stanford University Press, 1974), 44.

5 Hoshino Eiki and Takeda Dōshō, "*Mizuko Kuyō* and Abortion in Contemporary Japan," in Mullins, Shimazono, and Swanson, eds., *Religion and Society in Mordern Japan*, 174–75.

6 조상 숭배의 변화를 다룬 것에 대해서는 다음을 보라. Smith, *Ancestor Worship in Contemporary Japan*, 220–26; Morioka, "Ancestor Worship in Contemporary Japan, 206; Hardacre, *Lay Buddism in Contemporary Japan*, 101–103; 孝本貢, 現代都市の民俗信仰[Folk religion in the modern city], in Ōmura and Nishiyama, eds., *The Religion of People Today*, 49; 71–74.

7 *The Religious Consciousness of the Japanese*. NHK 탐사의 유익한 리뷰는 영어로 나와 있다. 다음을 보라. Swyngedouw, "The Quiet Reversal", 4–13.

8 일본의 다양한 종교적 믿음에 대한 여론 조사의 최근 리뷰를 보면, 조상에 대한 관심과 영혼에 대한 믿음이 여전히 강하게 남아 있다고 한다. 플루 외스(Fleur Wöss)는 "사후에도 결속되어 있는 가족의 연속성에 대한 믿음은 여전히 일본인의 종교적 정서를 이루는 기둥 중의 하나다. … 영혼은 죽은 몸과 분리되며, 만약 가족들이 적절한 의례를 행하면 은덕을 베푸는 조상이 된다고 대다수는 믿고 있다."고 결론짓는다. 더 나아가 그는 영혼에 대한 믿음은 젊은이들 가운데서 특히 더 많이 보인다고 했다. "십대의 3/4이 유령의 존재를 믿으며 같은 퍼센트의 비율이 악령의 저주를 믿는다." "꽃이 질 때 죽음과 내세에 대한 일본인들의 태도: 여론 조사 1953–1987," in Roger Goodman and Kirsten Refsing, eds., *Ideology and Practice in Modern Japan* (london: Routledge, 1992), 94–95.

9 이 부분의 논쟁은 다음을 보라. Shimazono Susumu, "Spirit-belief in New Religious Movements and Popular Culture: The Case of Japan's New Religions," *The Journal of Oriental Philosophy* 26/1 (1987); Kōmoto, "Folk Religion in the Modern City," 그리고 井上順孝, 情報化時代の民俗宗教[Folk religion in the information age], in 日本の民俗宗教[Japan's folk religion] (Tokyo: Niwano Foundation, Research Forum, 1992).

10 Hardacre, *Lay Buddism in Contemporary Japan*(4장) 그리고 *Kurozumikyō and the New Religions of Japan*, 151, 173–176; Earhart, *Gedatsu-Kai and Religion in Contemporary Japan*, 172–90; *Winston Davis*, *Dōjō: Magic and Exorcism in Modern Japan*, 41–46; Ian Reader, "The Rise of a Japanese 'New New Religion': Themes in the Development of Agonshū," *Japanese Journal of Religious Studies* 15/4(1988), 238–240.

11 Hardacre, *Lay Buddhism in Contemporary Japan*, 106.

12 Hoshino Eiki and Takeda Dōshō, "*Mizuko Kuyō* and Abortion in Contemporary Japan," in Mullins et al., *Religion and Society in Mordern Japan*, 171–190; Richard Fox Young, "Abortion, Grief and Consolation: Prolegomena to a Christian Response to *Mizuko Kuyō*," *Japan Christian Quarterly* 55/1(1989).

13 黑田みのる, 靈を賣る女[The woman who sells souls](Tokyo: Tōen Shobō, 1990).

14 다음을 보라. 예를 들면 中牧弘允, 宗教に何がおきているか[What is happening in religion?](Tokyo: Heibonsha, 1990); David C. Lewis, "Religious Rites in a Japanese Factory," in Mullins et al., *Religion and Society in Mordern Japan*, 157–170.

15 Dickson Kazuo Yagi, "Protestant Perspectives on Ancestor Worship in Japanese Buddhism: The Funeral and the Buddhist Altar," *Japanese Religions* 15/1(1988), 30.

16 Morioka, *Japan's Modern Society and Christianity*, 101–112; 142–143.

17 Reid, *New Wine*, 108–109. 이 섹션의 망자를 위한 지속적 의례는 라이드의 설명을 끌어와 전개했다. 특히 103–107.

18 예를 들면 우치무라를 연구한 한 학자는 우치무라의 유명한 제자인 야나이하라 타다오가 이승에서 그리스도를 영접하지 못하고 돌아가신 분들의 운명은 어떻게 되는 것인지 의문을 갖게 되어 자신의 아버지가 돌아가신 직후 스승을 방문했던 경우를 전하는데, 우치무라는 솔직하게 이 부분은 대답할 수 없는 부분이라고 답변했다고 한다(Ohara, *The Life of Uchimura Kanzō*, 257).

19 안자이는 그의 책 *The Acceptance of Christianity in the Southern Islands*에서 예수의 어령교회의 소극적인 접근에 대해 깊은 관심을 기울였다. 오키나와의 그리스도 복음 운동은 전통적인 조상 숭배에 대해 비슷한 어려운 노선을 취했다(다음을 보라. Ikegami, *A Stage for Demons and the Holy Spirit*, 66–67).

20 ぶどう樹[The grapevine](Kyoto: Logos Publishing Compony, 1991), 148.

21 生命之光[Light of life] 500(1993), 136–143.

22 교회의 작은 회보에 실려 있다. 예를 들면 召天 1주기, 2주기.

23 예를 들어 성성기독교단의 설립자는 부친 일주기와 어머니 십주기를 맞아 찬송가를 지었을 뿐만 아니라 교회가 고베의 교회 묘지 납골당 건축 10주년을 맞았을 때에도 특별 찬송가를 지었다.

24 Berentsen, *Grave and Gospel*, 196–198.

25 Reid, *New Wine;* Nishiyama "Indigenization and Transformation of Christianity in a Japanese Community"; Doerner, "Comparative Analysis of Life after Death in Folk Shinto and Christianity"; Luttio, "The Passage of Death in the Japanese Context."

26 다음을 보라. *Jesus: a New Vision*(San Francisco: Harper Collins, 1987), 225–226.

27 杉田好太郎, 榮光の福音後篇[The glorious gospel, part 2](Aso, Kyūshū: Eikō no Fukuin Kirisuto Kyōkai Shuppanbu, 1961), 53–55.

28 이 부분은 또 今橋 淳의 回心記[A record of my conversion](Tokyo: Kirisuto Shinbunsha, 1991), 40쪽에 기록되어 있다.

29 村井 純, 聖書の神學: 根本教義[Biblical theology: Basic doctrines](Tokyo: Iesu no Mitama Kyōkai, 1957), 32–33.

30 산 자와 죽은 자의 상호 의존과 망자를 위한 다양한 세례를 비슷하게 강조하는 것은 몰몬교에서도 보인다. 몰몬교는 고린도전서 15장 29절에 더해 히브리서 11장 40절("이는 하나님이 우리를 위하여 더 좋은 것을 예비하셨은즉 우리가 아니면 그들로 온전함을 이루지 못하게 하려 하심이라.")이 선대의 완전한 구원이 우리에게 달려 있다는 해석을 지지하는 구절이라고 시사했다. 마찬가지로 몰몬교는 보이지 않는 영의 세계의 실재를 인식하고 세상을 떠난 이들과 친교를 받아들인다. 몰몬교의 가르침과 죽은 이와 영의 세계에 대한 아프리카의 믿음과의 상관성에 대한 개관은 다음을 보라, Dennis L. Thomson, "African Religion and Mormon Doctrine: Comparisons and Commonalities," in Thomas D. Blakely, Walter E. A. Van Beek and Dennis L. Thomson, eds., *Religion in Africa: Experiences and Expressions*(London: James Currey, 1994), 89–99.

31 이것은 166개의 찬송가집이다. 모든 찬송가가 이 교회 초기에 활동했던 츠루하라 타마라는 여인이 하늘로부터 받은 것이라고 한다. 이 찬송가들은 하나님으로부터 직접 계시받은 것이기 때문에 조그마한 변화도 허용되지 않는다. 한 사회학자는 이 찬송가 책의 '토착적' 특징을 언급하면서 이들 노래들은 서구의 찬송가 멜로디나 리듬이 아니라, 일본 전통 노래와 더 비슷하다고 했다. 다음을 보라. Anzai, "The

Spirit of Jesus Church," 277–288. 내가 이 찬송가를 한 젊은 일본 여성에게 보여주었을 때 그녀는 노랫말과 일본식 가락이 불교의 영향이라는 점에 놀라워했다.

32 대리로 세례받은 이들의 기록에 따르면 이것은 명부 혹은 과거(過去) 장부책을 보관한 점에서 불교계열의 신종교인 *Reiyukai(靈友會)*의 의례와 닮았다. Hardacre, *Lay Buddhism in Contemporary Japan*, 65–66.

33 Hori, *Folk Religion in Japan*, 72–73.

34 일본 종교에서 '횡사(橫死)의 원한을 지닌 원령(怨靈), 진혼(鎭魂), 복수를 하려는 영혼에 대한 위무(慰撫) 등 어령 신앙(御靈信仰)의 발달에 대한 배경에 대해서는 다음을 보라. Klaus Antoni's "Yasukuni–Jinja and Folk Religion," in Mullins et al., *Religion and Society in Mordern Japan*, 121–32; Kuroda Toshio, "The World of Spirit Pacification: Issues of State and Religion," trans. Allan Grapard, *Japanese Journal of Religious Studies* 23/3–4(1996), 321–351.

35 『生命之光』 521(1993), 138–139.

36 *The Protestant Ethic and the Spirit of Capitalism*(New York: Charles Scribner's Sons, 1958), 104–105.

37 개신교와 로마 가톨릭의 죽음과 내세의 '지형'에 대해 최근의 논쟁과 비교에 대해서는 다음을 보라. Tony Walter's *The Eclipse of Eternity: A Sociology of the Afterlife*(London: Macmillan Press, 1996), 17–18. 개신교는 전통적으로 개개인이 죽으면 죽는 순간 바로 천국 혹은 지옥으로 간다고 가르쳐 온 반면, 로마 가톨릭은 "천국–연옥–지옥 세 층위의 지형"이어서 죽은 사람이 중간 상태(연옥)에 있다는 것을 인정한다. 이승과 내세 사이의 '왕래 현상'이 존재한다고 가르친다.

CHAPTER 08

성장과 쇠퇴의 비교 유형

이식된 교회의 사회학

토착화가 만병통치약인가?

일본에서 기독교의 딜레마

사회 간 관계 : 무시된 차원

한국 기독교를 일본에 이식하기

한국 기독교의 무속(신앙)화

한국 펜테코스탈리즘의 일본으로의 확장

일본 그레이스 아카데미의 치유사역과 간증들

일본에서 한국 펜테코스탈리즘의 미래

앞에서 살펴보았듯이, 19세기 후반에 일본이 서양에 문을 다시 개방한 이래 유럽과 북아메리카로부터 수십 개의 교단과 종파가 일본을 기독교화하기 위해서 들어왔다. 그러나 현재 제도적으로 소속된 크리스천은 여전히 전체 인구에서 약 1퍼센트 정도이다. 토착적인 기독교 운동뿐 아니라 로마 가톨릭 교회와 개신교회 양측이 일본 선교를 위해 투입한 인적 및 재정적 지원을 생각할 때 일본은 확실히 성공과는 거리가 멀다. 한마디로 말해서, 일본에서 기독교는 아프리카, 라틴 아메리카 그리고 가까운 곳에 있는 한국에서 기독교가 괄목할 만한 성공을 거둔 것과 비교해서 '실패'의 한 보기로 종종 거론된다. 이렇듯 기독교로의 개종을 어렵게 하고 있는 것은 기독교 때문인가, 아니면 일본 사회와 문화인가? 본 장에서는 '성장'과 '비성장'의 유형에 관한 사회학적 연구를 짧게 소개한 다음에 일본에서 기독교의 이식을 어렵게 하는 것과 관련된 핵심적 난점 몇 가지를 생각해 보고자 한다.

이식된 교회의 사회학

일본에서 교회 성장에 관한 연구를 검토해 보면 대부분의 연구가 개신교 선교의 초기 시기에 초점을 모으고 있음을 알 수 있다. 이런 점에서 가장 권위 있는 연구는 의심할 여지없이 모리오카 키요미의『일본의 근대 사회와 기독교』이다. 이 연구는 모리오카와 그의 학생들에 의해 수행된 예전 연구에 기초해서 1852년부터 1912년까지 선교 사역과 교회 형성의 분석과 함께 당시의 사회사를 제공하고 있다. 모리오카는 상황적 요인(사회정치적 분위기, 법적 상황, 토착적인 종교적 의례와의 투쟁)과 내적 요인(리더십, 종교적 경쟁, 성서 고등 비평, 그리고 자유주의 신학) 양자에 대해서 상당한 주목을 하였다.

모리오카의 초기 저작에 기댄 것으로서 또 다른 도움이 될 만한 연구는 야마모리 테츠나오의 『일본의 교회 성장: 8개 교파의 발전에 대한 연구, 1859–1939』이다. 이 저자는 다섯 개의 역사적 시기 중에 성공회, 장로교, 미국 침례교, 연합교회, 감리교, 그리스도연합교회, 남침례교, 그리고 제칠일 예수재림교회(안식교)의 성장 유형을 비교 분석하였다. 그는 각 시기의 성장 유형에 영향을 미친 사회문화적 배경(상황적 요인)과 제도적 요인 양자를 조사하였다. 한 예로서, 저자는 1882년에서 1889년의 '서양 개방'의 시기에 연합교회와 장로교회가 급격한 발전을 이루었는데, 그 이유는 이들이 다른 교파보다 많은 선교사를 보냈고, 일본인 지도자들을 다른 교파보다 한층 빨리 훈련하였고, 자립하는 교회를 더 많이 조직하였으며, 전략적 지역에서 교육과 사역을 강조하였기 때문이라고 주장하였다.

로버트 리(Robert Lee)의 『낯선 이들』(*Stranger in the Land*)은 일본의 상황적 요인에 주로 기초해서 하나의 이론적 틀을 개발하였다. (초기 가톨릭 시대를 포함하여) 일본의 기독교에 대한 역사적 개관 속에 리는 교회의 성장과 쇠퇴를 따뜻한 환영으로부터 적대와 박해의 시기까지 펼쳐진 '반응'의 유형과 관련지었다. 리가 일본에서 초기 기독교 활동에 대한 도움을 줄 수 있는 관점을 제공한 반면, 그의 주된 초점은 전쟁 초기 일본의 교단(연합기독교단)에 있다. 이 시기에 교단은 실제로 새로운 신자를 모으는 데 매우 성공적이었다. 한 예로서, 1947년부터 1951년까지 교단은 1년에 10,000명에게 세례를 주었는데, 이것은 1990년에 3,000명도 안 되는 세례 횟수와 비교된다. 그러나 당시 세례받은 사람들은 많았지만, 이들로 하여금 교회에 계속 머무르게 하는 것은 어려웠다. 이는 달리 말해서, 교회의 앞문으로 많은 사람이 들어오는 동안에, 많은 사람들이 뒷문으로 빠져나갔다는 것이다.

리의 연구가 나오고 나서 수년 후에 교회 성장에 대한 조사가 북아메리카에 있는 사회학자들의 주요한 관심사가 되었다. 미국에서 교회의 성장과 쇠퇴에 대한 진지한 논의가 1972년에 출판된 딘 켈리(Dearn M. Kelly)의 『왜 보수적 교회가 성장하는가』(*Why Conservative Churches Are*

Growing)로부터 시작되었다.[1] 이 논쟁적 책에서 켈리가 발전시킨 주된 주장은 다음과 같이 요약될 수 있다. 복음주의 교회가 성장하는 것은 이들이 종교의 일차적 기능을 성취하기 때문이다. 이를 달리 표현하면, 복음주의 교회가 인간의 삶에 궁극적인 의미를 제공한다. 켈리는 에큐메니칼 교회의 사회적 관심을 비난하지는 않는다. 그렇지만 켈리는 이런 에큐메니칼 교회들이 자신들의 행위를 궁극적 의미에 기반한 것으로 만들지 못함으로써 조직적 쇠퇴가 초래되었다고 주장하였다. 켈리는 미국에서 주류 (쇠퇴하는) 교파와 (성장하는) 복음주의 교회 양쪽으로부터 수집한 방대한 자료를 갖고서 자신의 주장을 펼쳤다.

켈리의 저작이 출판된 이래, 성장하는 교파와 쇠퇴하는 교파는 그들의 보수적 혹은 자유주의적 신학 지향이란 측면에서 구별되고 있다. 켈리의 저작 이후 잇달아 등장한 연구들은 교회 성장은 상호 작용하는 요인들의 복잡한 유형과 관련 있어서 단일의 원인으로 설명될 수 없다는 것을 보여주고 있다. 딘 호지(Dean R. Hoge)와 데이빗 루젠(David A. Roozen)이 편집한 책 『교회 성장과 쇠퇴의 이해』(*Understanding Church Growth and Decline*)는 단순한 설명에 대해서 도움이 되는 해독제이다.[2] 이 책은 협동을 한 학자들의 사례 연구를 모은 것으로서, 저자들은 어떤 여타 제도든 그리고 종교에 대해서도 적용되는 상황적 요인에 초점을 모으면서 조직의 성장과 쇠퇴를 이해하는 데 긴요한 한층 포괄적인 틀을 개발하였다.

호지와 루젠의 연구물이 나온 다음 약 10년 뒤에 웨이드 클락 루프(Wade Clark Roof)와 윌리엄 맥키니(William McKinney)가 미국에서 교파들에 대한 다른 연구 결과를 제시하였다. 이들은 켈리가 일찍이 교회의 성장과 쇠퇴를 신학적 지향이란 측면에서 구별한 것을 대체로 지지하였다. 그리고 이에 더해서 이들은 이 같은 패턴을 촉진하는 인구학적 요인들을 밝혀냈다.[3] 켈리의 연구는 성장을 개종, 복음주의적 전도, 그리고 새로운 교회 발전에서 주로 찾았다. 그러나 교회의 크기는 또한 시간의 경과 속에 발생하는 '자연 증가'에도 의존한다. 연구들은 계급, 교육 수준, 그리고 신학적 유산이 집단마다 출산율에 다르게 영향을 주며 사회적 상승 이동은 출산율의 감소를 초래한다는 것을 보여준다. 보수적 종교 가운데서 한층 능동적인 신자 충원과 새로운 교회 설립을 과소평가할 수는 없겠지만, 다른 학자들과 루프와 맥키니의 연구는 한층 높은 출생률과 보다 효과적인 종교적 사회화가 주로 교회 성장과 쇠퇴를 설명하는 주된 요인임을 보여주고 있다.

교회 성장에 대한 종교사회학의 이 같은 최근 관점이 일본의 기독교를 연구하는 데 아직 체계적으로 적용되지 않고 있다. 그럼에도 불구하고, 우리는 적어도 오늘날 일본에서의 교회 성장 패턴은 미국에서 연구자들이 발견한 것과 닮아 있음을 관찰한다. 교파들에 대한 통계를 보면, 보다 오래된 일본 교회들은, 북아메리카의 그것들과는 다를지언정, 단지 미세한 교회 성장을 기록하고 있음을 알 수 있다. 한 예로서, 일본의 그리스도 연합교회와 성공회 교회는 지난 수십 년 동안에 신자 수가 약 5퍼센트 증가한 반면에, 미국의 복음주의와 한층 가깝게 된 일본 교회들은 동일한 시기 동안 15퍼센트 혹은 그 이상의 의미 있는 성장을 이룩하였다. 그러나 이 같은 고도의 성장률이 일본에서 기독교의 전체 그림을 상당할 정도로 바꾸지는 못하고 있다. 이는 복음주의 교회에서 늘어나는 신도의 전체 수가 작은 것으로서 기껏해야 1년에 수백 명의 새 신자가 더해지고 있을 뿐이기 때문이다.[4]

토착화가 만병통치약인가?

우리는 일본에서 교회가 단지 최소한의 성장을 하게 된 이유가 바로 이 교회들이 여전히 서구적 지향을 갖고 있고 리더십, 조직 및 예배에서 토착된 형식을 발전시키는 데 실패했기 때문이라는 말을 종종 듣고 있다. 예로서, 로버트 리는 기독교의 '서구적 성격'이 일본 사회에서 교회가 성장하는 데 중요한 장애를 대표한다고 결론지었다. 선교사회학에 관한 유일한 논문이라 볼 수 있는 연구에서 데이비드 라이제(David Reise)는 "외국에서 들어온 교회는 종종 그 사회적 조직이 토착적 유형과 너무 다를 경우 거부당한다."[5]고 로버트 리와 비슷한 견해를 내놓았다. 하야시 미노루는 보다 최근에 일본에서의 기독교 운동을 "서구화된 것으로서 기독교의 성장을 멈춘 약화된 형식"[6]이라고 특징지었다. 이로써, 성공적 이식과 교회 성장을 위해서는 토착화가 요구된다는 데 일반적 합의가 있는 것처럼 보인다. 만일 토착화가 교회가 성장하지 못한 것에 대한 '해결책'이라면, 토착 운동들이 역동적이고 성장할 것이라고 기대할 수 있다. 그러나 토착 운동들 중에서 대표적 조직들의 성장과 쇠퇴 유형에 대한 연구는 이것들이 한층 모호한 유형을 나타냄을 알 수 있다.

무교회 운동

무교회 운동은 우치무라 칸조가 1900년에 그의 성경 공부를 자신의 집에서 25명의 학생들과 함께 시작한 이래 의미 있는 성장을 한 것으로 알려져 있다. 이 초창기 학생 집단이 여타 무교회 결사체의 중핵이 되었다.

〈표 8-1〉 1967년 무교회 운동 모임의 위치와 숫자

위치	가정	대여한 방	병원	학교	일터	총계
도쿄	46	20	6	8	9	91
5개의 여타 도시 센터	22	14	4	3	3	46
여타 지역	187	25	13	13	9	247
총계	257	59	23	24	21	384

출처 : 타카하시 사부로, 『무교회 정신의 탐구』(Tokyo : Shinkyō Shuppansha, 1970), 196.

1905년까지 제자연합회(Fellowship of Disciples)의 14개 지부가 있었다. 그리고 우치무라가 대여한 방에서 이루어진 공개 강의를 통해서 그리고 『성서연구』라는 회보의 출판을 통해서 우치무라의 지지자의 숫자가 증가하였다. 1908년에 그의 지지자 중 한 사람이 기증한 것을 갖고서 우치무라가 계속 강의할 수 있는 센터를 설립하게 되었다. 1919년에 우치무라는 그의 일요일 강좌를 오테마치에 있는 대여한 홀로 이동하여 개설했는데, 당시 매 일요일마다 약 600~700명이 강좌에 참석하였다. 그러나 이 같은 숫자는 우치무라의 추종자의 진정한 크기를 적절히 반영하지 않는다. 그의 『성서연구』 회보의 초기 발행분 중 하나에서 그는 자신과 그의 증가하는 구독자 사이의 관계를 기술하는데, 그의 교회의 이상은 '회보 교회'임을 밝힌 바 있다. 우치무라는 1928년에 이르러서 『성서연구』가 4,200명의 구독자가 있다고 보고하였고, 그의 일요일 강좌는 '552명의 유료 회원' 그리고 동시에 이 강좌에 참여를 희망하는 '개인들의 긴 대기명단'이 있다고 밝혔다.[7]

무교회 운동이 우치무라의 사후에 쇠퇴하고 마침내 사라질 것이라고 일부 관찰자들은 생각했음에도, 이 운동은 실제로 그의 제자들이 개별 전도행위를 추구하거나 조직된 집단을 만들고, 그들 자신의 월간 회보를 출판한 것으로 인해서 확장되었다. 회보 구독자의 숫자와 무교회 모임에 참석하는 숫자에 기초해서 존 하웨스(John Howes)는 1957년에 대략 그 신도가 50,000명에서 100,000명 사이에 있다고 추정하였다.[8] 이 정도의 숫자가 다소 높다고 보이지만, 출판물과 조직된 집단의 숫자는 무교회 운동에 참여하는 사람들의 실제 크기를 보여 준다. 1967년에 실시한 조사에 기초해서 타카하시 사부로는 우치무라의 예언자적 정신과 사역이 효과적으로 전승되었다고 주장하였다. 타카하시는 1920년과 1966년 사이에 우치무라의 다양한 제자들이 무려 50종의 다른 월간회보를 출판했으며, (위의 〈표 8-1〉에서 보듯이) 일본 전역에 384개의 다른 집단이 존재했다는 것을 발견하였다.[9] 이들의 절반이 넘는 집단이 가정에서 모인 까닭에, 각 모임에서 대략 5명에서 10명의 사람들이 모인 작은 집단이었으리라 가정할 수 있다. 물론 이 통계는 100명 이상이 모이는 강좌를 대여한 홀에서 개최한 성경 강좌 모임도 여럿이었다고 볼 수 있다. 타카하시는 무교회 운동에 참여한 사람들의 실제 숫자를 추정하지는 않았지만, 이로부터 10년 후에 카를로 칼다로라의 연구는 그 신도 숫자를 약 35,000명으로 추정하였다.[10]

만일 칼다로라가 1970년대 중반을 기준으로 무교회 운동에 참여한 사람들의 숫자를 추정한 것이 정확하다면, 확실히 이 운동은 그로부터 20년(1980~1990년대) 동안 지속적인 감소를 보인 것 같다. 최근의 정보에 따를 경우, 오늘날 무교회 운동 집단은 전국에 기껏해야 300개 남짓이다. 카리스마적 지도자의 숫자가 상당할 정도로 쇠퇴하고 있고 많은 집단이 순회하는 지도자에 기초해서 운용되고 있다. 몇 개의 큰 집단—예로서, 세키네 마사오의 성경 강좌는 여전히 매주 약 100명이 넘는 청중을 끌어들이고 있고, 약 1,000명에 근접하는 사람들이 그의 회보를 구독하고 있다.—은 여전히 남아 있지만, 대부분의 집단은 겨우 5명에서 10명의 신도들만으로 분투하고 있다. 이와 비슷하게, 타카하시 사부로가 매주 실시하는 강좌에는 50명 혹은 그 이상이 참여하며 그의 잡지는 약 2,500명에게 보내지고 있다. 따라서 무교회 운동에 참여하는 사람들의 실제 숫자를 추정하는 것은 여전히 매우 어려운 일이지만, 약 5,000명이라는 숫자가 아마도 바른 추정치일 것이다.[11] 1987년 이래 매년 무교회 운동 집단의 전국 모임이 개최되고 있는데, 여기서 이 운동이 오늘날 직면한 많은 중요한 이슈가 논의된다. 최초 전국 모임에는 361명의 개인이 참여하였고, 그 이후 전국 모임에는 대략 평균 300명가량이 참석하고 있다. 이 전국 모임의 기록에 따르면, 독립적인 개별 전도자의 숫자가 무교회 운동이 제3세대로 오는 동안 상당할 정도로 감소하였다. 그리고 오늘날 젊은 사람들이 무교회 운동에서 일반적으로 거의 매력을 느끼지 못하는 것을 보여 준다. 게다가, 현재 무교회 운동은 지도자가 은퇴하거나 사망한 것에 따라 제대로 된 목회적 돌봄을 상실한 노령화되는 추종자들의 필요에 부응하기 위해 분투하고 있는 중이다. 전국적 차원에서 일관성 있게 펼쳐지는 제반 노력이 이 운동을 재활성화할 수 있을지는 앞으로 지켜볼 과제이다.[12]

도회

무교회 운동 다음으로 오래된 기독교 토착 운동인 도회는 무교회 운동과 비슷한 성장과 쇠퇴를 경험하고 있다. 1907년에 마츠무라 카이세키가 설립한 도회는 1911년에 도쿄에 본부 교회를 그리고 전국에 걸쳐 여러 개의 지부 교회에 271명의 신도를 가졌다. 그 이후 약 20년 이상의 시기 동안 도회는 여러 대학 캠퍼스(도쿄제국대학, 케이오대학, 와세다대학, 도쿄농업대학)에 조직되었고 지부 교회들은 (규슈에서 홋카이도까지) 전국 각지에 설립되었다. 1936년에 나이가 78세가 된 마츠무라는 은퇴하였고 그의 양자이자 가장 가까운 제자가 이 운동의 수장으로서 그를 계승하였다. 같은 해에 도회는 약 4,300명의 회원의 이름과 주소가 실린 309쪽의 회원 명부를 출판하였다. 이 명단에는 101명의 해외 회원들이 포함되었는데, 그 대부분은 만주 같은 일본의 식민지와 그리고 약간 명은 북아메리카와 남아메리카에 있는 일본인 이민 공동체에 살고 있었다.[13] 필자가 구할 수 있는 범위에서 이 기록이 도회의 가장 절정기에 해당한다고 판단된다. 1940년대와 1950년대를 걸쳐서 도회는 지속적으로 새로운 회원을 기록하였음에도 불구하고, 사망자의 숫자와 '활동을 하지 않는' 회원들의 숫자가 증가한 것이 전후 시기에 도회가 지속적으로 쇠퇴하였음을 보여준다. 그래서 1970년에 이르면 도회 운동은 2,343명의 회원을 갖는 규모로 쇠퇴하였다.[14] 비록 도회가 계간지 『도회』를 지속적으로 1,000부가량 인쇄하였지만, 실제 회원 수는 약 300명을 넘지 못했다. 그리고 이들 회원의 대부분이 매우 고령자들이며, 이 집단에 활력을 제공하는 젊은이들의 유입도 거의 나타나지 않고 있다. 일본 전역에 흩어져 있는 여러 개의 작은 집단이 산발적으로 연중 모임을 갖고 있지만, 유일하게 남아 있는 교회는 도쿄에 있는 본부만이며 여기서 매달 다양한 모임이 개최되고 있다.

기독심종교단

기독심종교단의 초기 발전에 대한 정확한 통계를 찾는 것은 어렵지만, 이 집단 역시 위에서 기술한 무교회 운동과 도회 운동의 성장과 쇠퇴 유형과 별로 다르지 않은 것처럼 보인다. 기독심종교단의 초기 성장은 교토현에 있는 아야베시 군제 실크 공장과 가까운 관계를 가진 것으로부터 강한 영향을 받았다. 이 공장의 사장인 하타노 츠루키치(1858~1919년)는 공장을 기독교의 원리에 따라서 운영하기를 원했던 독실한 크리스천이었다. 이 목표를 위해 그는 기독심종교단의 창시자인 카와이 신스이를 1909년에 자신의 공장의 교육담당 부서장으로 일하도록 초대했다. 그리하여 카와이는 이 부서에서 1935년까지 봉직했다. 이 기간 중에 카와이는 아침 예배를 인도했고, 강의를 했으며, 군제의 교관을 훈련하는 세이슈 학원(성실성을 제고하기 위한 아카데미)의 책임자 역할을 했다. 카와이의 영향은 이들 교관이 일본 전역으로 나아가서 이 회사의 여러 지부로 파견됨에 따라 자연스럽게 퍼지게 되었다. 1917년에 이르게 되면 군제는 전국에 17개 공장과 5,000명의 피고용인을 가진 회사로 성장하였다. 1934년에는 이 피고용인의 숫자가 무려 21,000명으로 정점에 달했다.

이런 맥락에서 카와이가 1927년에 기독심종교단을 설립하였다. 그는 처음에는 아야베에서 군제의 재산 위에 '도장'(道場)을 설립하였다. 그리고 이로부터 빠르게 여러 개의 지부 공장 위에 도장을 설립하였다. 여기서 드린 예배에는 늘 회사 사장, 공장 매니저 그리고 수많은 피고용인들이 참석하였다. 카와이는 또한 도장을 갖지 않은 공장들도 방문하여 때때로 강의를 하기도 하였다.

한때는 이 기독심종교단이 일본 전역에서 많게는 30개의 집단까지 있었다. 일부 내부인들은 한때 카와이가 20,000명의 추종자를 가졌다고 주장한다. 그러나 이 숫자는 실제적인 교회 신도가 아니라 카와이에게 영향을 받은 군제의 피고용인들의 대강의 숫자를 말한다고 보는 것이 옳을 것이다. 한 관찰자에 따르면, 1960년에 기독심종교단의 회원이 3,000명을 넘었다고 한다.[15] 만일 이 같은 숫자가 정확한 것이라면, 이때로부터 기독심종교단은 심각할 정도로 쇠퇴했다. 오늘날 기독심종교단이 자신들은 여전히 전국에서 27개 집단에 1,315명의 회원이 있다고 보고하고 있지만, 이들 대부분은 더 이상 활동적이지 않다. 『그리스도의 마음』이라는 이들의 책자가 매 분기마다 약 900부가 출판되고는 있지만, 전국의 회원 수가 수백 명을 넘지 않는다. 그중 가장 큰 도쿄의 교회마저 고정적인 출석 인원이 15명에서 20명에 지나지 않고 있다. 이보다 작은 교회들은 통상 겨우 4~5명이 모이고 있을 뿐이다.

고령화 과정이 분명히 비용을 수반하고 있다. 초기 회원들의 대부분이 이미 세상을 떠났고, 몇몇 노인들만이 간신히 예배에 참석하고 있어서 이 교회는 보다 젊은 세대의 흥미를 끌지 못하고 있다. 소수의 알려진 선생들이 강의를 제공하고 있고 종교적 행위를 인도하고 있을 뿐, 기독심종교단의 지부 교회들은 창시자의 강의를 녹음한 것을 듣거나 아니면 카와이의 글에 대해 토론하는 것으로 이루어져 있다. 기독심종교단이 처한 상황은 매우 심각하여 몇 년 전에 개최된 연례 모임에서 카와이의 손자로서 현재 수장을 맡고 있는 인물이 이대로 가다가는 수년 내에 교회 건물을 유지할 수도, 잡지를 출판할 수도 없을 것이라고 예고한 바 있다.

예수의 어령교회

필자가 기독교 토착 운동에 관한 연구를 처음 시작하게 된 요인의 하나가 된 것이 바로 이 예수의 어령교회가 괄목할 만한 성장을 이루었다는 자체 보고를 접하게 된 일이다. 이 집단은 1941년에 설립되었는데, 여타 일본의 기독교단들처럼 제2차 세계대전 뒤까지 의미 있는 성장을 이루지 못했다. 그러다가 1950년에 본부 교회가 도쿄에서 자리 잡게 되었고, 2년 후에 목사들을 훈련하는 성경학교가 설립되었다. 1958년에 이 예수의 어령교회는 28,000명의 회원을 갖게 되었고 찰스 이글하트(Charles Iglehart)가 말하듯이 일본에서 세 번째로 큰 개신교 교파가 되었다.[16] 이 집단은 그로부터 1970년대까지 꾸준히 성장해서 지난 1980년대에 기록적인 성장을 이루었다고 알려졌다. 그래서 1990년대 초에 이 교회는 420,000명의 회원(24만 명이 남성, 18만 명이 여성)을 가졌다고 알려졌고, 약 300명의 목사(이 중 60퍼센트가 여성)와 200개 가까운 교회, 그리고 400개가 넘는 복음주의적 가정 교회가 있다고 스스로 주장하였다. 이 모임에 참석하면 누구든지 '물'과 '성령'으로 세례(방언에 의해 진정으로 공식적으로 인정됨)를 받았는데, 이 숫자가 그들의 회원으로 인정되었다.

이 교회에 대한 사례 연구들이 일본의 상황에서 이 교회가 괄목할 만한 성장을 한 것을 밝혀낸 반면에, 이 교회가 자체적으로 주장한 신도의 숫자는 뚜렷이 부풀려진 것으로서 액면 그대로 수용될 수 없다.[17] 우리가 앞 장에서 이미 주목한 바와 같이, 예수의 어령교회는 죽은 자를 위한 세례를 행했는데, 보다 특별히 살아 있는 신자들의 조상을 위해서 세례를 행하였다. 일부 관찰자들은 이 같은 의식이 이 교회가 급속도로 성장하는 데 요인이 되었다고 냉소적으로 말하는 것을 현장에서 들었다고 밝혔다. 필자가 교회 당국에 회원 통계가 세례받은 죽은 자들의 숫자도 포함하는지 한 차례 이상 탐문했으나, 교회 지도자들은 그 같은 세례는 별도의 범주로 기록되며 그들이 현 신도 통계와는 아무런 관련이 없다고 밝혔다. 가장 최근에 이 교회는 현재 규칙적으로 미팅에 참여하고 있는 '능동적 회원'이 23,283명이 있고 이들은 교회의 이런 저런 활동에 참여하고 있다고 밝혔다. 그러나 이 교회의 대표자들은 이것보다 많은 숫자가 예수의 어령교회를 통해서 '구원'받은 숫자를 반영한다고 주장하고 있다.[18]

교회 출석자에 관한 조사는 '능동적 회원'이 이 운동의 실제적 힘을 이해하는 데 가장 도움이 된다는 것을 보여준다. 시코쿠 섬에 있는 한 교회를 필자가 방문했을 때 이 교회는 (4개의 가정교회를 포함하여) 600명이 넘는 '능동적 회원'을 갖고 있다고 보고했다. 모교회에서 매주 드리는 정례 예배에는 3명에서 15명의 사람들이 모였지만, 매년 8월에 망자들을 추모하는 예배에는 50명에 가까운 사람들이 참석하였다. 비슷하게, 도쿄 지역은 80,000명의 회원이 있다고 보고되었으나, 매주 본부 교회의 예배에 출석하는 숫자는 대략 500명가량이다. 게다가, 한 주 동안에 걸쳐 대략 20개의 가정 미팅이 개최되는데 여기에 약 10명에서 30명이 참석하고 있다. 오키나와 예수의 어령교회는 7,464명의 회원이 있다고 주장하지만, 이곳의 목사들은 필자에게 정례적인 주간 예배에 약 180명에서 200명가량이 출석하고 400명에서 500명가량이 크리스마스와 부활절 예배에 참석한다고 알려주었다. 위의 세 가지 예로부터 일반화를 하자면, 이 예수의 어령교회에 능동적 회원 수는 이들이 주장하는 수의 대략 10 퍼센트가 채 안 될 것이라 본다.[19] 비록 예수의 어령교회가 수천 명의 세례를 계속 보고하고 있으나, 이 같은 주장은 '능동적' 회원의 진정한 증가를 동반하고 있지 못하다. 이로부터 이 운동의 '황금기'는 이미 끝났다고 말하는 것이 옳을 것이다.

원시복음(마쿠야) 운동

앞의 장에서 주목한 것처럼, 무교회 운동은 그 역사를 통해서 여타 집단의 탄생을 갖다 주는 데 중요한 것이었다. 이것은 무엇보다도 무교회 운동이 중심적 권위나 관료제가 없고, 일본에서 토착적 기독교의 근원으로 기능하면서 원시복음(마쿠야) 같은 여타 수많은 운동을 출현시키는 데 역할을 한 것과 관련된다. 원시복음(마쿠야) 운동은 테시마 이쿠로가 창시한 펜테코스탈 운동으로서, 테시마 이쿠로는 무교회 기독교의 지성주의에 만족하지 못한 여러 개의 교파 설립자 중 한 사람이다. 원시복음(마쿠야) 역시 가정 성서 연구 집단 모델에 기초하여 조직된 것으로서 리더의 집과 대여한 시설에서 모이고 있다.

카를로 칼다로라의 연구에 따르면, 원시복음(마쿠야)은 1970년에 이르게 되면 60,000명으로 회원이 증가하게 되고, 일본 전역에서 약 500개의 가정 성서 집단을 갖게 되었다.[20] 그러나 1973년에 창시자가 죽고 나서 대부분의 여타 운동들처럼 원시복음(마쿠야)은 쇠퇴하였다. 이 운동은 오늘날 대략 10,000명의 회원, 100명의 교사, 그리고 94개의 원시복음(마쿠야) 집단(약 500개로 나누어진 가정 성서 집단)으로 구성되어 있다.[21] 그러나 이 같은 회원 수는 기독교로 10,000명이 새롭게 개종하는 순증가를 대표하지 못한다. 교회 지도자들에 따르면, 회원의 50%가 예전에 여타 기독교회에 속해 있었다.

성예수회

성예수회는 오늘날에도 여전히 교세가 확장되고 있는 몇 안 되는 토착 운동 중 하나이다.[22] 1946년에 오츠키 타케지가 작은 집단과 함께 성결교회를 떠나서 히로시마에서 성예수회를 시작하였다. 3년 뒤에 그는 교토로 이동하였는데, 이곳이 그로부터 약 50년 동안 이 운동의 중심이 되었다. 첫 10년 동안, 오츠키와 그의 추종자들은 59개의 교회를 설립하였고 1,712명의 신도를 모았다. 성예수회는 영부 오츠키의 카리스마적 리더십 아래 꾸준히 성장하였다. 그래서 1998년 현재 성예수회는 100개 이상의 교회와 224명이 넘는 전도사와 목회자 같은 훈련된 리더들 그리고 총 5,379명의 신도와 1,601명의 준회원 및 1,001명의 '구도자들', 중고등학교 프로그램에 소속된 479명의 젊은이들, 2,948명의 어린이가 교회학교 프로그램에 속해 있다. 이로써, 전체적으로 볼 때 성예수회는 약 10,000명의 사람들이 참여하고 있는 운동이다. 일본의 여타 기독교회들과 비교해 볼 때, 이 성예수회는 출석률이 매우 높아서 매주 예배에 약 7,000명의 사람들이 참석하고 있다.

비록 이 운동이 지금도 여전히 성장하고 있는 운동이지만, 지난 십년

(1980년대)에 일본에서 일어난 인구학적 변동이 이 운동에도 영향을 주기 시작했다. 15년 전만 하더라도 젊은 신도가 성인보다 그 수가 많았지만, 1998년 현재 이제는 더 이상 그렇지 않다. 교회학교 프로그램에 속한 젊은이들의 숫자가 현격하게 감소했다. 1986년에 중학생의 출석이 479명이었으나, 1995년에 이르러서 이 숫자는 344명으로 줄어들었다. 초등학생은 1986년에 4,300명이었으나 1995년에는 2,519명으로 감소하였다. 교회학교 프로그램에 젊은이들을 데려오는 데 어려운 점은 비단 성예수회에만 영향을 주고 있지 않다. 감소하는 출산율과 일본의 교육제도에서 격화되는 경쟁이 일본의 모든 기독교회에 부정적 영향을 미치고 있다. 휴 트레버(Hugh Trevor)는 모든 기독교파 내에서 젊은이들의 출석률이 약 50퍼센트나 떨어진 것을 다음과 같이 적시하였다.

> 주된 이유는 심지어 초등학교 어린이들(만 6세에서 11세)도 명문 중학교에 입학하기 위해서 입시준비학원에서 공부하도록 압력을 받고 있고 일부 입시준비학원은 일요일에도 수업을 실시하고 있다. 대부분의 수업은 주중에 이루어지지만, 아이들은 매우 피곤해서 일요일에는 쉬고 싶어 한다. … 아이들의 손실은 한층 심각한 것인데 왜냐하면 성인으로서 크리스천이 된 사람들의 다수는 통상 그들이 어렸을 때 교회에서 긍정적 경험을 한 것을 이야기하고 있기 때문이다. 주일학교에서 아이들이 자꾸 줄어드는 것은 미래에 이 교회들에서 성인이 한층 줄어드는 것을 의미한다.[23]

성예수회의 교회들이 1998년 현재까지는 여전히 성장의 시기를 보이고 있는 반면에, 교회학교의 학생 수가 전반적으로 떨어지는 것은 교회의 미래 성장—혹은 심지어 교회의 현상유지—이 앞으로 어렵게 될 것을 시사한다.

이로써, 역사적 관점에서 볼 때 기독교 토착 운동의 대다수가 카리스마적 지도자 혹은 설립자가 살아 있을 동안에는 성장하였으나 그의 죽음 뒤에는 쇠퇴하였다고 말할 수 있다. 현재 대부분의 운동은 간신히 현상을 유지하거나 아니면 급격히 감소하고 있는 상태이다.[24] 우리가 모든 토착 운동의 신도들을 한데 모을 경우 이 숫자는 아마도 일본의 기독교 인구 전체의 10퍼센트가 채 되지 못할 것이다. 그들의 노력에도 불구하고 대부분의 운동들은 장기적 성장을 하지 못하고 있다. *따라서 일본에서 기독교가 토착화하는 데 실패한 것과 일본의 기독교 수용률이 일반적으로 낮은 것 양자 사이에 관련이 있다는 설명은 우리가 관찰한 사실과 부합되지 않는다.*

토착 기독교 운동의 전반적인 양상을 염두에 둘 때, 우리는 한 세대에게 토착적인 것이 그 다음 세대에게는 이상한 것 혹은 시대에 뒤떨어진 것으로 여겨진다는 것을 반드시 인식해야 한다. 오늘날 대부분의 토착 운동들이 의미 있는 성장을 보이지 않고 있는 사실은 이 대다수의 운동들이 이식된 선교 교회들보다 평균적인 일본인들에게 더 큰 매력을 주지 못한다는 것을 말해 준다. 밀턴 잉거(Milton Yinger)는 "한 세대에게 통일되는 전통을 준 것이 다른 사회문화적 영향에 직면하는 다른 세대의 일부에게는 소외를 불러일으킨다."[25]라고 지적하였다. 반세기 전에 의미가 있었던 토착적 유형에 대한 헌신이 오늘날의 문화적 상황에 적합한 새로운 유형을 창조하는 데는 의심할 여지없이 장애가 된다. 다른 말로, 현대 일본인에게 필요한 토착적 기독교는 20세기 초에 발전된 유형과는 매우 다른 것으로 보인다.

토착 운동들 내에서 카리스마의 소멸 이후 나타나는 양상에 대한 연구는 또한 이런 집단들이 '과잉 토착화'를 통해서 자신들의 무덤을 파는 것이 아닌가라는 질문을 하게 한다. 종교 운동에 대한 비교 연구는 성장하는 집단은 보다 큰 사회와 '중간 정도의 긴장'을 유지하는 것임을 보여 준다. 로드니 스탁(Rodney Stark)은 "운동은 성장하기 위해서 환경과 차이를 가지는 것은 물론 상당할 정도로 긴장을 유지해야 한다. 인습적 신앙(들)으로부터 의미 있는 차이를 갖지 못한다면 이런 운동은 성공적인 개종을 이뤄내기가 어렵다."[26]라고 설명한다. 이로써, 일본에서 일부 토착 운동들(예로서, 도회)은 너무 토착적인 것이 되어서 환경과 거의 긴장을 일으키지 않게 되

어 신자들을 끌어들이는 행위가 비효과적일 수밖에 없었다.[27]

교회 성장의 이론과 토착화에 대한 연구는 어떻게 일부 교회는 신자들을 끌어들이는 행위에서 자신의 신도들을 보다 효과적으로 동원할 수 있었으며 혹은 토착적이거나 상황적인 신학을 갖고 신도들에게 매력을 주었는지를 보여 준다. 그러나 이런 연구들이 *왜* 기독교가 일본에서 전반적으로 거부되었는지는 실제로 설명하지 못한다. 우리는 수십 년 이상 오랫동안 일본의 기독교인 비율이 약 1퍼센트밖에 안 되는 상태에 있다는 것을 기억해야만 한다. 뚜렷이, '성인(聖人)의 순환' 현상은 북아메리카의 종교적 풍경에만 제한된 것이 아니다.[28] 어려운 현실은 교회 이탈률, 교파 간 이동 그리고 일본인 인구의 증가 이 모든 것이 주류(主流), 복음주의, 그리고 토착교회 구별할 것 없이 모든 교회로 하여금 일본의 종교경제 속에서 시장의 보다 큰 몫을 차지하는 것을 막고 있다.

일본에서 기독교의 딜레마

일본에서 기독교가 직면한 난점을 생각할 때 중요한 것은 일본의 기독교는 일종의 '신종교'로서 북아메리카에서 기독교가 인식되고 분석되는 것과 동일한 방법으로 여겨져서는 안 된다는 측면이다. 서구에서 탄생한 종교로서 기독교는 일본에서 신종교들이 다른 나라에서 투쟁하는 것과 비슷한 수많은 장애와 만나고 있다. 로드니 스탁은 한 사회에서 신종교가 성공하기 위해서 필요한 여덟 가지의 조건을 밝혔다. 여기서 나는 일본에서 신종교로서 기독교가 맞고 있는 위기를 이해하는 데 특별히 중요하다고 여겨지는 세 가지 조건을 생각해 보고자 한다. 스탁은 말한다.

신종교 운동들이 일정할 정도로 성공하려면 (1) 탄생한 사회의 인습적 신앙과 문화적 연속성을 보지하고, (2) 그것들의 주변 환경과 중간 정도의 긴장을 유지하지만 너무 일탈적이지 않고, (3) (a) 종교적 경제가 상대적으로 규제되지 않으며 (b) 세속화나 혹은 사회적 혼란으로 인해서 인습적 신앙이 약화되는 것과 같은 우호적 생태 환경 내에서 발생할 때이다.[29]

대부분의 학자들은 일본의 기독교를 특징짓는 성격이 문화적 '비연속성'이라는 데 동의한다. 문화적 비연속성과 기독교와 일본의 종교성 사이의 갈등은 선교 초기인 16세기까지 거슬러 올라갈 수 있다. 로마 가톨릭 선교사들은 그들의 사역 초기 상당할 정도로 성공을 하였으나, 복수의 신성(神性)과 다양한 종교적 실천을 수용한 일본의 환경 속에서 가톨릭의 배타적 진리를 어떻게 전달할지 지속적으로 어려움을 맞게 되었다.[30] 일본에서 기독교의 이식과 토착화를 둘러싸고 일어나는 문제에 상당한 주목을 해 온 저명한 종교사회학자 모리오카 키요미는 일본인의 세계관에 배태된 신에 관한 다원주의적 이념을 강조하고 있다.[31] 이런 측면에서 볼 때, 초월적 유일신에 대한 배타적 믿음을 강조하는 기독교는 일본에서 필연적으로 부정적 반응과 만날 수밖에 없다. 기독교 토착화 운동들은 상당할 정도로 문화적 적응을 하고 '성취 신학'("일본에서 고대 성인들의 가르침이 그리스도의 오심으로 파괴된 것이 아니라 성취되었다."는 식의 견해－역자 주, 앞의 제5장 참조)을 가졌음에도 불구하고 이것 역시 일본인들의 기본적으로 다원주의적인 신의 이념을 취급할 때 어려움을 갖게 되었다.

보다 최근 연구에서, 윈스턴 데이비스(Winston Davis)는 개인들이 순수한 대안과 직면하게 된 서양에 존재하는 종교적 다원주의와 일본에서 수세기에 걸쳐 진화한 혼합적 종교성을 대조하였다.[32] 일본에서 신도들에게 배타적 헌신을 요구하는 '단일 실천'의 종교적 전통이 존재(예로서, 창가학회)하지만, 이 같은 사례는 일반적인 것이 아니라 오히려 예외적인 것이다. 대부분의 일본인은 다양한 불교와 신도 전통과 관련된 연중 종교적 절기와 삶의 순환과 관계되는 일련의 의례에 참여한다. 그런 이유로 인해서, 일본의 종교 다원주의는 신들 사이에 노동의 분업이 이루어져 있고, 보다 정확히 말해서 '여러 층으로 쌓아 올려진 의무'로 이루어진 혼합주의적 체계로 이해되어야만 한다. 따라서 이런 점에서 일본의 다원주의 모델은 진리를 자신만이 독점한다고 주장하는 기독교와 충돌하는 경향이 있다. 대부분의 일본인이 가족(불교)과 공동체(신도)의 종교적 의무 체계에 통합되어 있기 때문에 이들이 기독교라는 종교에 개인적으로 헌신하는 것은 매우 어려운 일이다.

(1873년까지) 금지된 종교였던 까닭에, 기독교는 이단적 종교이며 사악한 가르침으로서 이해되고 인식되었다. 초기 개신교 선교사들이 강조한 배타주의와 이들이 일본의 토착적인 종교 실천을 비판한 것이 일본에 널리 퍼진 기독교에 대한 부정적 인식을 전혀 경감시킬 수 없었다. 일본에서 기독교의 선교 역사는 새롭게 찾은 신앙으로 인해서 자신들의 가족으로부터 절연된 개인들의 이야기로 넘쳐난다. 조상 숭배(제사)에 가족의 일원으로서 참여하는 것을 거부하거나 혹은 선교사들의 가르침을 따라서 조상들의 신주 혹은 신도의 신들에 대한 제단을 불사르는 것이 대단히 많은 갈등을 갖다 주었다. 그래서 많은 이유로 인해서 이 같은 '단일 실천의 종파'(기독교)에 속한 일본인은 일탈적 종교에 속했다는 낙인을 갖고서 살아갈 수밖에 없다. 기독교 신자가 될 때 수반되는 이 같은 '비용'을 염두에 둘 때, 왜 초기 기독교 개종자들이 사회에서 그들이 이전에 가졌던 지위와 자리를 잃게 되고 대안에 개방적이었는지 이해하게 된다(예로서, 박탈된 사무라이 계급, 특히 도쿠가와 정부를 지지해서 메이지 정부에서 관직에 배제된 벌족). 혹은 특권적 자리를 차지했던 개인들—토지 소유자와 작은 산업제조자—처럼 공동체의 제재에 크게 영향을 받지 않았던 사람들이 한층 쉽게 기독교로 개종하였다. 요약하면, 일본인에게 기독교는 폭넓게 받아들여지기에는 너무 '일탈적'인 것이었다.

기독교가 그것의 대부분의 역사를 통해서 일본에서 일탈적 종교로 간주된 사실은 기독교가 자리 잡았던 상황 내에 존재했던 정치적 질서와 밀접하게 관련되어 있다. 앞에서 언급한 스탁의 세 번째 조건을 다시 거론한다면, 새로운 종교 운동이 한 종교적 경제에서 성공적인 것이 되기 위해서는 '상대적으로 규제가 없어야 하고', 기성 종교가 '세속화나 사회적 혼란으로 인해 약화'되거나 아니면 쇠퇴해야 한다. 일본에서 사회적 혼란과 종교적 쇠퇴가 없었던 시기는 거의 없었음에도 불구하고, 대중의 종교적 삶은 통상적으로 정치권력의 면밀한 감시 대상이 되었다. 예로서, 16세기에 로마 가톨릭 선교사들이 성취한 짧은 성공은 도쿠가와 시대(1603~1867년) 기간 중 성공적인 군사 통치자들에 의한 강력한 규제를 불러일으켰다. 이때 불교 등록이 실시되고 (종교적 일탈자를 찾아내기 위한 목적) 사회적 통제에 놓이게 되면서 기독교는 금지된 종교가 되었다. 그 결과, 많은 기독교인들이 처형되었고, 살아남고자 했던 사람들은 지하로 숨게 되었다. 메이지 유신 이후 상대적으로 개방과 자유의 시기가 있었던 반면, 1945년까지 주된 경향은 국가 신도라는 시민 종교와 천황제도에 대중의 동조였다(제2장 참조).

1945년 일본의 패망과 함께 정치적 조건은 마침내 기독교의 성장에 한층 우호적으로 변했다. 미군 통치기에 연합군 최고사령부(SCAP) 더글라스 맥아더 장군의 통치 아래, 새로운 '권리 선언'이 발효되어 옛 사회 질서가 효과적으로 파괴되었다. 국가 신도는 해체되었고 일종의 자발적 조직체로 축소되었다. 한편 종교조직통제법(국가의 목적을 위해서 소수 종교를 억압하기 위한 것) 역시 폐지되었다.

전후 산업화와 관련된 인구학적 변동 역시 기독교의 선교 행위에 한층 우호적 환경을 조성하는 데 도움을 주었다. (신도의 신사들과 불교의 사찰과는 달리) 교회들은 대체로 거대도시 지역에 집중되었던 까닭에, 도시화는 기독교 조직의 성장에 도움을 주었다. 그러나 당시 일본의 새로운 종교 운동들만이 인구 전환과 탈규제된 종교 경제를 효과적으로 이용한 것처럼 보인다.

사회 간 관계 : 무시된 차원

일본에서 기독교의 전반적 실패를 이해하려면 우리는 어려운 내적인 정치적 조건 혹은 서구 교회가 토착화하는 데 실패한 것 이상의 것을 고려해야 한다. 또한 일본인들이 기독교를 일탈적 종교로 인식하였고 교회 전파와 성장에 영향을 미친 주된 요인으로서 기독교가 이식될 당시의 사회 간 관계를 고려해야 한다. 그렇다고 이것이 복음주의적 열정과 선교사들의 노력의 중요성을 부정하는 것은 아니다. 그럼에도 국제적 관계 역시 종교의 전파를 위한 '억제' 혹은 '촉진' 조건 중 하나를 만든다. 수입된 종교가 '외국의(낯선)' 성격을 갖고 있는 한, 이런 종교는 주변적인 개인들에게만 매력을 주기 쉽다. 수입된 종교가 보다 폭넓게 수용되기 위해서는 수입된 종교가 낯설거나 혹은 일탈적 현상으로 더 이상 인식되지 않는 정도로 수용하는 사회의 문화에 반드시 뿌리를 내려야 한다.

이 이슈는 로버트 몽고메리(Robert Montogomery)의 사회적 정체성 이론, 거시 사회적 관계 및 종교의 전파에 관한 최근의 연구 속에서 상당할 정도로 주목을 받았다. 몽고메리는 우리가 선교사들의 노력과 전략으로부터 수용자들의 '인식'(받아들임) 쪽으로 분석의 초점을 바꿀 것을 제안하고 있다. 몽고메리는 수용자들의 인식은 집단들을 지배 혹은 피지배의 위치로 나누는 국제적인 정치적 관계에 의해서 형성되는 것으로 본다.[33] 몽고메리의 이론적 관점은 좀 길지만 인용할 가치가 있다.

> 외부로부터 도입된 종교의 수용에 영향을 미치는 내재적 조건은 종교를 수용하는 집단과 신종교들의 집단을 포함하여 여타 집단 간의 관계의 속성 속에서 드러난다. 한 신종교의 수용에 있어서 이런 관계에 내재하는 주된 요인은 수용하는 집단이 어디로부터 위협 혹은 지배가 오고 있는지 그 방향을 인식하는 데 있다. 만일 어떤 종교가 위협으로서 인식되지 않는 근원으로부터 도입될 적에, 동시에 한 신종교가 저항

> 의 근원을 제공한다면, 신종교를 수용하는 데 우호적인 조건이 존재하게 된다. 이로써, 만일 지배 혹은 위협이 신종교의 근원이 아닌 다른 근원으로부터 나오는 것으로 인식될 경우 신종교는 사회의 유지에 대한 중요한 기여자로서 개인과 집단 정체성 양자를 자리 잡게 하는 근원으로 여겨질 수 있다. …
>
> 다른 한편으로, 만일 도입된 한 신종교로부터 나오는 어떤 집단이 자신들의 사회의 존재나 독특한 정체성을 위협하는 것으로 인식될 경우라면, 이 신종교에 대한 저항을 촉진하는 조건이 마련된다. 저항은 조건들에 따라 여러 가지 유형으로 나타난다. 전통적 종교의 부흥이 일어날 수 있다. 만일 전통적 문화가 강하게 도전당할 경우, 옛 문화의 요소를 새로운 문화의 요소와 혼합하는 다양한 종교 운동이 일어날 수도 있다.[34]

이런 분석은 특정 사회에서 부족 혹은 종족 소수 집단의 기독교에 대한 수용을 설명하는 데 도움을 줄 뿐만 아니라, 또한 한국(남한)과 일본에서 외국(낯선) 종교를 수용하는 데 다른 반응을 나타낸 것을 설명하는 데도 도움을 준다. 기독교는 한국과 일본 양국에서 처음에는 외래 종교로 인식되었다. 그러나 한국에서는 이런 인식이 일본이 식민화했던 시기 중에 존재한 사회정치적 환경에 의해서 변형되었다. 한국인들에게 지배의 위협은 신종교로부터 오지 않았고 다른 지배 권력(일본)으로부터 나왔다. 한국에서 개신교 선교사들은 대체로 '비정치적'이었고 개인 구원과 경건을 강조하였으나, 많은 한국인들은 기독교가 일본 정부에 저항하는 데 '대립적 이데올로기'를 제공한다는 것을 발견하였다. 그 결과 많은 기독교인들이 나라의 독립 운동에 깊숙이 참여하였고 일본 정부와 협력하는 것을 많은 방식으로 거부하였다. 이 같이 어려운 시기를 통하여 기독교를 긍정하는 것은 한국인들에게 일본의 식민통치세력의 문화에 저항하여 자신들의 국가적 정체성을 주장하는 방편이 되었다. 한마디로, 어떤 선교 전략가의 통제를 뛰어넘는 이 같은 상황이 기독교와 한국 문화 사이에 긍정적인 연결을 했고, 한국에서 전후에 기독교 신앙이 성장하는 데 기초를 제공하였다. 이 같은 '수용'의 변화가 일본에서는 일어나지 않았는데, 왜냐하면 기독교의 근원은 일본의 자율성에 대한 가장 큰 위협의 근원이었기 때문이다. 그래서 전후 시기 중에도 이 같은 기독교에 대한 부정적 관점에는 어떤 본질적 변화가 일어나지 않았다. 일본에서 기독교는 단지 적의 종교로부터 점령군 정부의 종교로 변화된 것이었다. 이 점을 데이빗 마틴(David Martin)은 아래와 같이 적절히 지적하였다.

> 한국의 경험은 특정한 측면에서 일본의 경험과는 반대이다. 동시에 다른 측면에서 두 사회는 매우 비슷하다. 일본인은 미국이 경쟁했던 제국의 신민이었던 반면에, 한국인은 미국이 해방시킨 피식민지 나라의 백성이었다.[35]

일부 관찰자들은 전후 일본에서 교회 성장이 잘 이루어지지 않은 것은 부분적으로 일본인 기독교인들이 한국과 비교해서 그들 자신의 신앙을 잘 공개하지 않으며 포교에 덜 적극적이라는 사실에서 기인한다고 밝혔다. 이것은 아마도 기독교인들이 자신들에 대해서 공식적으로 말하는 것에 대해서 제한을 가하는 것에 의해서 '진정한' 일본인이 되는 다른 예에서 잘 나타난다. 그러나 다른 한편으로 일본인들이 자신을 공개적으로 드러내는 데 그다지 억제되지 않는 쪽으로 느끼는 많은 상황이 존재한다. 즉, 많은 신종교 운동의 신자들이 기차역이나 공원 그리고 혼잡한 상업적 거리 같은 다양한 공적인 자리에서 능동적으로 포교 활동을 한다. 따라서 일본인들은 실제로 매우 공개적이고 공격적이 될 수 있다. 일본인 기독교인들이 그들의 신앙에 대해서 덜 드러내는 경향이 있는 것은 기독교에 대해서 여전히 낙인 같은 것이 존재하는 데 그 이유가 있다. '일본인'으로서 한 개인의 문화적 정체성은 어떤 기독교회의 신자가 되는 것에 의해서 위협받는 것처럼 보인다. 반면에 일본에서 이와 비슷한 '정체성'의 난점이 토착화한 신종

교의 경우에는 일어나지 않고 있다.[36]

한국 기독교를 일본에 이식하기

남한은 개신교 및 가톨릭 교회에 속한 인구가 자그만치 총인구의 약 4분의 1이나 되어서 이식된 기독교가 거의 토착 종교로 인식될 수 있다. 한 예로서, 한국 개신교는 1984년에 선교 백 주년을 기념했는데, 이때 이들 가운데 장로교 신자가 미국의 장로교 신자보다 그 숫자가 더 많았다. 역동적인 교회 성장은 국제적 선교에 점증하는 참여를 동반하였다. 1980년 당시에 해외에서 선교하는 한국인의 숫자는 약 100명이었으나, 1995년에 실시된 조사는 이 숫자가 119개국에서 무려 3,272명으로 증가한 것을 밝혀냈다.[37]

제2차 세계 대전 이래 한국 기독교가 이룩한 가장 의미 있는 발전 중 하나는 조용기 목사가 설립한 여의도순복음교회이다. 조 목사는 서울에 있는 하나님의 성회의 성경학교에서 교육을 받았고 그의 복음주의 사역을 시작한 지 여러 해가 지나서 하나님의 성회의 목사로서 안수를 받았다. 조 목사는 하나님의 성회로부터 깊은 영향을 받았고 세계 전역의 펜테코스탈리즘(오순절 성령 운동, Pentecostalism)과 밀접한 관계를 유지하고 있지만, 여의도순복음교회는 본질적으로 독립적인 토착 교회이고 한국의 성령 운동에서 가장 영향력 있는 흐름을 대표한다. 이 교회는 지난 1970년대와 1980년대의 대략 20년에 걸쳐 일본에서 능동적으로 선교 사역에 참여하였다. 기독교의 아시아적 표현이자 체험적 표현으로서 여의도순복음교회는 일본에 들어온 초창기 개신교 선교를 지배한 이식된 서구 교회에 대해서 뚜렷한 대안으로 대표된다.[38]

여의도순복음교회

1958년에 겨우 5명의 신자들을 갖고 텐트에서 시작된 여의도순복음교회는 1950년대부터 약 30년 동안 급격한 성장을 이루었고 1998년 현재 무려 62만 명가량의 신도를 갖는다고 알려져 있다. 이는 아시아에서 가장 큰 펜테코스탈 교회인 동시에 전 세계에서 제일 큰 교회이다. 1964년에 과로와 스트레스로 인해 한 번 쓰러진 다음에 조 목사는 여러 가지 책임을 타인들에게 위임하는 것의 중요성을 터득하였다. 그의 카리스마적 리더십 아래 현재 633명의 목사, 400명의 장로, 그리고 50,000명의 남녀 집사가 그의 사역을 맡아 동역하고 있다. 이 교회의 주일학교에는 무려 26,000명의 학생들이 속해 있고, 가정 구역 지도자가 되는 데 10주 과정의 훈련 코스가 준비돼 있으며, 교회 직원과 평신도 지도자가 되기 위한 16주 훈련 코스가 있으며, 목회자를 양성하는 데에는 3년 코스의 성경학원이 있다. 이 성경학원에는 이미 300명의 졸업생이 있고 현재 294명이 등록되어 있다.

여의도순복음교회는 1998년 현재 전체 신자들을 서울 전역에서 406개로 나눈 지역에서 총 50,000개의 가정 구역 조직(셀 그룹) 속에 들어가도록 편성한 잘 정제된 조직을 갖추고 있다. 이 구역들은 기도와 성경공부에 초점을 모으며 목회적 돌봄(pastoral care)과 전도의 주요한 수단이 되고 있다.[39] 여의도순복음교회를 구별되는 한 교파로 보는 것이 올바를 것인데, 왜냐하면 이 교회는 9개의 위성 교회와 수많은 지부 교회, 그리고 교육 기관에다가 전 세계에 250명이 넘는 선교사를 파송하고 있기 때문이다. 주일마다 (의자가 25,000석이 있는) 대예배당에서 7회에 걸쳐 실시되는 예배에 더해서 (각기 25,000명이 앉는) 9개의 위성예배당에서 비디오로 예배를 드림으로써 수십만 명이 예배에 참여하고 있다. 100대가 넘는 버스가 서울 전역에서 신자들을 실어 나르고 있다. 수천 명의 주일학교 아이들과 교사들이 10층의 크리스천 교육센터 혹은 13층의 세계 선교센터 내 홀과 방에서 모임을 갖고 있다. 특별한 도움을 받게 되는 외국인 신자들과 국제적 손님들에게는 채널을 맞추어 각자의 언어(영어, 중국어, 독일어 및 프랑스어 등)로 들을 수 있는 헤드셋과 사용 설명서가 제공된다. 일요일 예배는 또한 12개의 라디오 방송국과 4개의 텔레비전 방송국을 통해서 한국 전 지역에 중계된다.

조 목사와 여의도순복음교회의 주된 관심은 뚜렷이 교회 성장이다. 1976년에 조 목사는 전 세계에 교회 성장을 진작하기 위한 대회와 세미나를 지원하기 위한 세계교회성장연구소(CGI)를 설립하였다. 최근에 나온 여의도순복음교회의 팸플릿에 따르면, 40개국으로부터 온 130만 명의 목사와 교회 지도자들이 이 CGI 세미나에 참석했다.

성락침례교회와 베리아 아카데미

오늘날 한국에서 다른 중요한 펜테코스탈 영향을 미치고 있는 것은 서울에 있는 성락침례교회이다. 이 교회의 설립자 김기동 목사는 치유와 성령 세례, 방언 그리고 예언적 비전이 동반된 개종을 경험했다. 1961년에 당시 나이가 21세였던 김 목사는 치유와 축사(逐邪)를 주로 강조하는 평신도 전도자로서 자신의 사역을 시작하였다. 이로부터 8년 뒤에 김 목사는 7명이라는 소수 인원과 함께 성락침례교회를 설립하였다. 이 교회는 공식적으로는 침례교회였지만, 처음부터 오순절 성령 운동 교회였다. 철야 기도회, 부흥회, 축사, 치유, 방언 등이 이 침례교회의 단골 메뉴이다. 이재범은 아래와 같이 설명한다.

> 김기동의 사역은 한국에서 귀신을 쫓는 사역으로 잘 알려져 있다. 그는 1961년 이래 900개의 축사 집회를 가졌다. 같은 기간 중에 그는 죽은 사람을 7명이나 살렸다고 한다. … 그는 절름발이, 맹인, 귀머거리, 암환자, 그리고 악귀에 사로잡힌 자 등

무려 12만 명을 고쳤다. 김 목사는 40만 명의 사람들로부터 귀신을 쫓아냈고 완전한 절름발이 59명을 고쳤다고 주장한다.[40]

1980년대 중반까지 성락침례교회는 거의 25,000명의 신도를 갖는 교회로 성장하였고 목회자만 73명이었다. 여의도순복음교회의 조직 구조와 비슷하게, 성락침례교회 역시 1,300개의 가정 구역(셀) 집단을 통해서 목회적 돌봄과 전도를 제공하고 있다. 여의도순복음교회만큼 크지는 않지만, 이재범은 주장하기를 성락침례교회는 "오늘날 한국에서 가장 빠르게 성장하는 초대형 교회"이다.

이 같은 성령 운동의 흐름의 영향은 성락침례교회의 경계를 뛰어넘어 한층 멀리 확대되고 있다. 모든 기독교인은 기적을 불러일으키며 귀신을 쫓을 수 있다고 보는 김 목사는 1978년에 평신도들 가운데서 이런 은사를 훈련하고 배양할 수 있도록 베뢰아(Berea) 아카데미를 시작하였다. 그러나 바로 베뢰아 아카데미의 학생 조직은 자신들의 교파에 만족하지 못하는 목사들은 물론 사역을 위한 신학생을 훈련하는 것을 포함하게 되었다. 공부의 커리큘럼은 김 목사의 축사에 대한 실제 경험과 그의 귀신학에 대한 성서 주해 위에 기초하게 되었다(그의 귀신학은 마침내 1985년과 1986년에 『귀신론』이라는 세 권으로 된 저서로 출판되었다.). 1985년까지 이 훈련 프로그램의 졸업생이 무려 1,119명에 이르게 되었으며, 이 졸업생들 중 일부는 비슷한 학교를 시작하게 되었다. 한 예로서, 한만영은 서울대학교의 음악 교수로서 김기동 목사의 신학(귀신론)을 체계화시켰고, 서울에 그레이스 아카데미와 새로운 교회를 설립하였다. 이와 비슷하게, 이태가는 김기동 목사와 한만영 두 사람의 제자로서 마산에서 다른 아카데미를 시작했고 약 10,000명이 넘는 신도를 갖는 교회를 갖게 되었다고 알려져 있다. 이로써, 분열을 통한 교회 성장의 패턴은 비단 한국의 장로교와 그것의 32개 교단에만 국한되는 것이 아님이 분명하다.

한국 기독교의 무속(신앙)화

한국 교회에는 철야기도회, 축사 집회, 산속의 기도원, 그리고 치유 집회 등이 희소하지 않다. 펜테코스탈 리더들은 '이방 종교'의 영향을 부인하지만, 대부분의 학자들은 무속신앙이 한국의 성령 운동의 발전을 주조하는 데 중심적 세력이 되어 왔다는 데 동의한다.[41] 김병서는 "무속신앙은 현세 지향적 축복—물질적 부, 건강, 그리고 여타 개인 및 가족의 복지—에 대한 믿음 체계"[42]라고 설명한다. 한국 사회에서 샤먼은 평범한 사람들과 영의 세계 사이의 매개로서 기능한다. 여기서 영의 세계는 신들, 조상 그리고 영들로 구성되어 있다. 의례와 치성을 통해서 샤먼은 영적 세계를 통제(사악한 영들을 보호해 주는 영들로 변형)할 수 있다. 그리고 샤먼은 또한 병을 고치고 귀신을 쫓아내며 이 세상에서 개인들에게 구체적인 이익을 갖다 준다. '혼합주의' 혹은 '상황화'로 간주되든지 간에, 이 같은 무속적 지향은 의심할 여지없이 한국의 기독교에 침투되어 있다. 서광선은 이런 견해를 아래와 같이 강력하게 표현하고 있다.

> 한국의 개신교는 거의가 기독교화된 무속 종교가 되었다. 이는 바로 예배의 형식과 언어는 기독교적이지만 한국의 기독교인들이 정작 추구하는 것의 내용과 구조는 기본적으로 무속 종교적이라는 말이다. 선교사들은 무속신앙을 거부하였고 이 신앙을 없애야 한다고 생각했지만, 한국 기독교는 거의 모든 점에 있어서 무속(신앙)화 되었다.[43]

무속신앙의 영향은 산상 기도원과 관련되는 실천은 물론 펜테코스탈 리더들의 신학에도 현저하게 나타난다.

조용기 목사의 신학은 한국 무속신앙, 로버트 슐러(Robert Shuller)의 '적극적 사고', 그리고 훌러(FulLer) 신학대학교(캘리포니아 파사디나 소재)의 세계선교학부와 연관된 교회성장 선교학의 실용주의의 융합으로 볼 수 있다. 조 목사의 신학이 드러내는 무속적 지향은 그의 요한3서 2절의 해석에서 뚜렷이 나타난다. "사랑하는 자여 네 영혼이 잘 됨 같이 네가 범사에 잘되고 강건하기를 내가 간구하노라." 이 구절은 조 목사가 말하는 이른바 3박자 구원의 축복의 기초로 일컬어진다.

> "네 영혼이 잘 된다."는 것은 예수 그리스도를 믿는 것에 의해서 우리가 영적으로 풍성한 삶을 살게 된다는 것을 의미하며, "네가 범사에 잘 된다."는 것은 우리가 모든 일이 협력하여 선을 이루는 삶을 통해서 물질의 축복을 받는다는 것을 의미한다. "네가 강건하게 된다."는 것은 구원을 받은 신자는 예수께서 갈보리에서 치유의 값을 치루었기 때문에 질병의 고통으로부터 해방된다는 것을 의미한다.[44]

손봉호(서울대학교 철학 교수)에 의하면, 이 '삼박자 구원 축복'은 '이 세상의 축복을 지나치게 강조'하게 한다.[45] 만일 어떤 이가 치유 혹은 개인적인 번영을 경험하지 못하게 되면 그 사람이 고백하지 않은 죄가 있거나 아니면 종교적 의무에 제대로 헌신하지 않은 것이다. 종교적 예배에 한층 능동적으로 참여하고 산상 기도원에 가서 기도를 드리거나 아니면 방언을 하는 것이 바람직한 결과를 확실히 초래하게 될 것이다. 제임스 그레이슨(James Grayson)이 관찰했듯이, "교회에 출석하고 열정적인 기도를 하는 것이 어떤 이가 축복을 받게 되는 조건을 창조한다고 믿게 된다."[46]

무속적 세계관의 영향은 또한 김기동 목사의 귀신론과 베뢰아 아카데미에서 뚜렷이 나타난다. 김 목사는 이 세상은 황천(黃泉)이며 그리스도 없이 죽은 개인들은 악령이 되어서 이 세상 속에서 떠돌며 사람들을 지배한다고 가르친다. 고통과 다양한 종류의 질병은 이 같이 불결한 영에 의해서 초래되는데, 이런 영은 사람들에게 들어가서 그들의 에너지를 사용한다. 이로써, 귀신 쫓기는 김기동 목사의 교회의 중심적인 관심사이다. 여기서 치료는 어떤 질병에 걸린 사람에게서 죽은 사람의 이름을 부름으로써 그 죽은 사람의 영을 불러내고 예수 그리스도의 이름으로 그것을 쫓아내는 것이다.

김 목사의 질병의 원인론은 전통적인 한국의 무속신앙의 그것과 본질적으로 같다. 정신의학자 김광일은 초기 무속적 진단에 따라 질병의 주요한 원인 중 하나는 "유령, 조상의 영혼, 어떤 죽은 사람 혹은 어떤 악령"이라고 설명한다.[47] 전통적으로, 무당은 황홀경 또는 신점을 통해서 질병의 원인이 되는 조상 혹은 영의 정체를 발견한다. 크리스천 샤먼 혹은 귀신 쫓는 사람들은 주로 귀신의 지배를 받는 사람과의 대화를 통해서 그들 질병의 원인이 되는 영의 정체를 찾아내는 것으로 보인다.

한국 전역에 교회가 설립한 많은 기도원이 무속적 기독교의 또 다른 표현이다. 이요한의 연구에 의하면, 1945년 전에만 해도 한국에는 겨우 2개의 기도원밖에 없었다. 그런데 1982년에 이르면 이 숫자가 289개로 늘어난다.[48] 여의도순복음교회는 1973년에 조용기 목사의 장모인 최자실의 주도로 오산리기도원을 설립하였다. 오늘날 오산리 기도원은 본당에 10,000명을 위한 좌석이 있고 두 개의 예배당이 각기 5,000명을 수용하며 300개의 개인 기도실이 있고 3,000명을 수용할 수 있는 서구식 숙소가 있다. 또한 매 시간마다 여의도순복음교회에서 오산리 기도원까지 왕복하는 무료 버스 서비스가 있다. 성락침례교회 역시 3개의 기도원을 갖고 있다고 알려져 있으나 어느 것도 오산리 기도원에 비할 바는 아니다. 이런 기도원에서 일어나는 종교적 행위는 개인의 기도와 금식 및 대규모 기도회이다. 한국인들은 이 같은 기도원에 들어가서 성령의 세례를 받고, 개인적 치유, 건강, 부, 출산 및 이 세상에서의 성공 같은 것을 기도하고 추구한다. 이런 기도원들은 또한 개인에게 카리스마적 은사를 배양하도록 한다. 예로서, 이요한은 "어떤 기도원들은 개인이 방언을 하도록 하기 위해서 기도회에서 '할렐루야'를 7백번 혹은 9백번 반복하도록 촉구한다."[49] 특정 교회 혹은 교파에 연관된 기도원들 이외에도, 특수한 질환을 고치는 것을 전문으로 하는 목사가 있는 많은 독립된 기도원이 있다.

한국 펜테코스탈리즘의 일본으로의 확장

1970년대 이래 조용기 목사의 여의도순복음교회는 일본에 선교 사역을 능동적으로 전개하였고 1998년 현재 일본에서 급속도로 펜테코스탈리즘의 가장 가시적이고 영향력 있는 형태의 하나로 자리 잡게 되었다. 이것은 한국과 일본 사이의 오랫동안 어려운 관계에 비추어 볼 때 특별히 의미 있는 발전이다. 조 목사는 일본으로 들어온 대부분의 한국인 선교사들의 심경을 아래와 같이 표현하였다.

> 여러분은 내가 일본으로 가는 것이 얼마나 어려운 것이었는지 잘 아셔야만 합니다. 1945년 이전까지 일본인들이 수백만 명의 사람들을 대량 학살한 사실을 알게 된 후, 나는 일본인들에 대한 커다란 증오심을 갖게 되었습니다. 그러나 하나님께서는 내 자신의 죄를 고백했을 때 나의 마음을 치료해 주셨습니다. 이제 나는 매달 일본을 방문합니다.[50]

여의도순복음교회의 일본 선교는 오사카에서 교회를 설립함으로써 1976년에 시작되었다. 그로부터 2년 후 도쿄에서 다른 교회를 설립했고, 이때로부터 일본 전역에서 수많은 지교회와 가정 셀그룹이 조직되었다. 1989년까지 일본의 순복음교회 선교부는 20명의 선교사, 9개의 교회, 그리고 5,000명이 넘는 신자가 있다고 주장했다.[51] 조 목사는 TV 선교를 1978년에 시작하였고 1998년 현재 매주 30분짜리 분량의 '행복에의 초대'라는 프로그램을 일본 내 7개 방송국을 통해서 송출하고 있다. 그의 펜테코스탈리즘은 또한 그의 책들을 일본어로 번역한 것과 월간 뉴스레터를 통해서 전파되고 있다. 예로서, 그의 책 『4차원의 영성』은 이미 2만 부가 팔렸다.

TV 전도와 교회 설립과 함께 조 목사는 일본에서 목회 사역과 선교에 사람들을 훈련시키는 것을 상당히 강조하였다. 1985년에 조 목사는 아시아교회성장연구소(ACGI)의 도쿄 캠퍼스를 설립했고, 2년 뒤에는 다른 캠퍼스를 오사카에도 설립했다. 학생들은 정규 클래스에 출석하거나 동일한 코스를 수강하되 녹음된 강의를 이용하기도 한다. ACGI는 기본적으로 3년 과정이며 이 프로그램의 마지막 해에는 6개월 동안 한국에서 인턴 과정을 밟는다. 최근 수년 동안 도쿄 프로그램에 대략 2백 명의 학생과 오사카 프로그램에 30명이 재학하였다.

일본 그레이스 아카데미의 치유사역과 간증들

여의도순복음교회보다는 상당히 작은 규모이지만 베뢰아와 그레이스 아카데미도 목사, 순회 전도사, 병 고치는 사람, 도서 및 녹음테이프 등을 통해서 일본으로 들어왔다. 일본 그레이스 아카데미의 한 기반은 요코하마 내 성장하는 한 교회이다. 이 교회의 목사이자 이 아카데미의 원장은 수년 전에 선교사로서 처음 들어올 때만 해도 한 장로교회에 속했다. 당시 일본에서 기독교의 성장이 거의 이루어지지 않아서 그는 한국으로 상심하여 돌아갔다. 그러나 그레이스 아카데미에서 공부하는 동안에 그는 그의 선교사역을 계속하는 '힘'을 얻게 되었고, 일본으로 다시 돌아와서 그의 '이적과 기사'의 사역을 통해서 그의 교회는 100명가량의 신자를 갖는 성장한 교회가 되었다.

필자가 요코하마에 있는 한 복음 교회에서 특별한 치유 사역의 현장에 참석하였을 때 한국에서 병 고치는 사역으로 유명한 기도원인 할렐루야 기도원에서 온 본래 '무당'인 김계화 원장을 초청한 것을 목도하였다. 목사가 소개한 김계화는 흰색의 드레스를 입었다. 이 예배는 한국에서 수천 명이 모인 자리에서 이른바 '성령수술'로 유명한 김계화가 성공적인 치유 사역을 하는 장면을 보는 것으로 시작되었다. 이 비디오는 그녀가 다양한 감염, 피부 질환, 종양, 종창(종기)으로 고통을 당하고 있는 환자들을 오직 손과 손가락만 갖고서 수술을 하는 것을 보여 주었다. 비디오와 활력 있는 찬송가가 기대의 절정을 창조하였다. 이 시간 동안 청중에게 종이 양식을 나누어 주었는데, 개인들은 이 양식에 예배의 마지막에 자신이 치유를 받기를 희망하는지 여부를 적도록 지시되었다. 이 양식은 김계화 원장이 아무런 책임을 지지 않는다는 것에 동의하는 사인을 요구했고 '치유'는 종종 수주간이 걸린다는 것을 설명하였다. 한편 환자는 교회에 출석하고 기도해야 하며 김원장이 처방한 약(올리브 오일, 할렐루야 기도원에서 나오는 성수)을 써야 한다. 이 시간 동안 환자는 병원에 가거나 의사의 진찰을 받아서는 안 된다.

김계화 원장의 설교는 지난 수년간에 걸쳐서 그녀의 치유 사역으로부터 혜택을 본 개인과 가족들이 일어나서 간증하는 것을 강조하였다. 상당한 비용을 들여서 그들은 기도원의 치유 센터로 가서 치유를 열망하며 여러 날(일부 경우에는 수주간 동안)을 보냈다. 한 간증에서 한 남성은 허리 통증으로부터 낫기 위해서 한국에 세 번이나 다녀왔다고 했는데, 마지막 방문 때 70만 엔 가량의 선물을 샀다고 말하였다. 그는 할렐루야 기도원에서 여러 날을 보냈지만 아직도 여전히 그의 통증이 낫지 않고 있다고 하였다. 한국에서 그는 일본의 가족 상황을 확인하기 위해서 전화를 했는데 자신의 딸이 불교식 가족 제단 앞에서 낙태된 태아를 위한 *진혼제*를 한 것을 알게 되었다. 이것을 듣자마자, 한국인 치료사는 그에게 그의 가족으로 하여금 악령을 통제하기 위해서 불교 제단이 있는 방쪽으로 난 문을 닫도록 해야만 한다고 알려 주었다. 그에 따라 그 가족들은 바로 이렇게 행동하였다. 그 남자는 치유에 필요한 신앙을 갖게 되었고 일본으로 돌아갔다.

다른 간증은 한 아버지가 했는데, 이 사람은 기도원의 앞에 나와서 딸과 함께 서서 간증을 하였다. 이 사람은 딸의 질병이 희귀한 것이어서 일본의 의사들은 고칠 수 없게 되자 마침내 딸을 할렐루야 기도원으로 데리고 오게 되었다. 한국의 기도원에서 그 딸의 부모는 자식의 위에 특수한 물질을 놓고 그것을 몇 분 동안 태우는 동안 사도신경을 암송하도록 지시되었다. 그 아버지의 간증에 따르면, 딸은 기적적으로 치료가 되었고 그 가족은 일본으로 돌아갔다. 조용기 목사식의 펜테코스탈리즘(성령 운동)만큼 가시적이지는 않지만, 베뢰아와 그레이스 아카데미는 일본에서 순회 전도사와 신앙으로 병을 고치는 사람들을 통해서 독립된 카리스마적 교회를 천천히 개척하고 있다.

일본에서 한국 펜테코스탈리즘의 미래

1970년 이래 일본은 사회학자들과 저널리스트들이 이른바 '종교적 붐' 혹은 '주술과 신비주의의 부흥'으로 일컫는 일이 출현하였다. 이 같은 부흥의 중요한 차원은 종교적 체험, 영, 그리고 축사(귀신 쫓기)를 공통으로 강조하는 수많은 신종교의 발전이다. 일본에서 펜테코스탈 기독교의 미래는 이 같은 민속 종교성의 포스트 모던적 부흥의 측면에서 고려되어야만 한다.[52] 일본의 민속 종교의 중요한 측면은 '이 세상의 이익'에 지향된 의례에 중요한 강조가 주어진다는 사실이다. 호리 이치로는 일본인들의 "주술 종교적 욕구와 정서적 관계가 일본에서 외래 종교를 가져오거나 선택하는 과정에서 그 수용성에 중요한 요인이다."[53]라고 설명한다. 일본에서 대부분의 경우에 지적인 중간 계급의 게토에 고립되어 있는 개신교는 이른바 대중 종교성이라 불리는 것에 대해서 매우 비판적이다. 그런데 다른 한편으로 기독교의 펜테코스탈적 유형은 현대 일본에서 번성하고 있는 신종교들과 상당히 공통되는 바가 많다. 둘 다는 종교적 체험과 이 세상의 이익을 강조한다. 한 인터뷰에서, 일본인 펜테코스탈 리더는 이것을 아래와 같이 설명한다.

복음주의자들은 오랫동안 죄로부터 구원의 메시지를 가르쳐 오고 있다. 그러나 이들은 치유에 대한 성서의 메시지와 신으로부터 오는 경제적 축복에 대해서 가르치는 데 실패하였다. 물질적 축복에 대한 이 같은 강조는 조용기 목사가 강조하는 것과 비슷한 것이며 복음의 중요한 부분이다.

일반적으로 말해서, 오늘날 종교적 '구도자들'의 체험 지향은 지성주의의 특징을 갖는 '성직자 지향의 제도'[54]가 지배적인 일본의 기독교회 쪽으로 이끌지 않는다. 이와 대조적으로, 펜테코스탈 교회, 특히 한국에서 최근에 도입된 펜테코스탈 교회들은 신자들 편에서 능동적으로 참여하는 비율이 높고 평신도 지도자들이 신자를 모으는 일에 효과적으로 활용되어 '신도 지향' 집단이 되는 경향이 있다. 물론 펜테코스탈 교회에서 강력하며 기적을 일으키는 높은 지위에 있는 카리스마적인 목회자들을 평신도들이 종종 '우상화'하는 것을 부정할 수는 없다. 여기서 중요한 점은 펜테코스탈 교회는 가르침과 성령의 은사를 통해서 신자들이 '힘을 얻도록' 하는 경향이 있다는 것이다. 기성 종교와 교회에서는 영적인 힘이 한 사람의 엘리트 목회자의 손에 독점되는 반면에, 펜테코스탈 교회와 신종교는 급속도의 상승적 영적 이동의 기회를 제공한다. 카리스마적 혹은 무속적 힘이 그 종교의 설립자나 목사에게만 제한되지 않는다. 윈스턴 데이비스(Winston Davis)는 이 같은 경향을 신종교 속에서 '주술의 민주화'라고 일컫고 있다.[55] 단 며칠 동안의 훈련으로도 어떤 멤버든지 영적 세계에 대한 힘을 성취할 수 있고 치유와 귀신 쫓기를 수행할 수 있다.

그래서 일본의 신종교에 대한 연구에서 하야시 미노루는 다음과 같이 주장한다.

> 일본에서 기독교 운동은 대체로 기독교의 서구화된 성장이 이루어지지 않는 약화된 형태를 대표한다. 그런데 이것이 만일 일본 신종교들의 성장 동력으로부터 비판적으로 한층 더 배우고자 한다면 성서적으로 역동적이며 문화적으로 적합한 것이 될 수 있다.[56]

그는 일본에서 한 종교가 수용되고 성장하는 데 결정적인 요인은 바로 그 종교적 리더의 (학문적 능력이 아니라) '영적인 힘'이라고 설명한다. 이 같은 능력이 그 리더로 하여금 일본인의 실제적 욕구와 만나도록 해 준다. 이런 맥락에서 하야시는 '파워 전도'(power evangelism)를 주창하면서 기독교가 일본에서 발전을 이루기 위해서는 신약 성서의 '기적과 이사'를 재발견해야 할 것이라고 제안한다. 이로써, 명백한 것은 단지 기독교적 '무속신앙'만이 신종교의 무속신앙과 경쟁할 수 있다는 측면이다.

한국에서 도입된 펜테코스탈 교회는 여러 측면에서 하야시가 주장한 접근을 채택하였다. 그리고 앞에서 살펴본 일본에서 자생적으로 만들어진 토착 운동들의 많은 수 역시 이런 접근을 하였다. 이 운동들에서 무속적 리더들은 일상 속에서 기적과 이사를 만들어 냈다. 그리고 이들은 신자들로 하여금 살아 있는 사람들(그리고 때때로 죽은 사람들)에게 신의 축복이 있을 것이라고 확신시켰다. 이런 교회들의 일부가 서구 지향적 교회들보다 한층 빠르게 성장하고 있고 여타 개신교 교파들이 대체로 무시하는 사회적 계급을 위해 봉사하고 있는 것을 부인할 수 없다. 그리고 이런 교회들이 진지한 주목을 할 만한 아시아 기독교의 역동적 흐름을 대표한다. 그럼에도 불구하고, 앞에서 이미 지적한 바와 같이, 이런 교회들의 중요성이 과도하게 강조되어서는 안 된다. 최근의 통계가 보여주는 것은 일본 전체에서 채 1퍼센트도 안 되는 1,057,088명의 크리스천 가운데 대략 10분의 1도 안 되는 사람들만이 펜테코스탈 교회 혹은 로마 가톨릭 교회 내의 카리스마적 회중 혹은 전통적인 개신교 교파에 속하고 있음을 보여 준다.

10년 전에 조용기 목사는 쓰기를, “하나님께서 나에게 1980년대 10년 동안에 1,000만 명의 일본인을 구원받게 할 것이라는 약속을 주셨다.”[57] 일본에서 순복음교회들이 지난 10년(1980년대) 동안 의미 있는 발전을 기록한 반면, 이 결과는 조 목사의 낙관적인 예상에는 한참 못 미친다. 이런 교회들은 많은 노력에도 불구하고 주로 최근에 일본으로 이민 온 한국인들 혹은 국제결혼의 배우자들이다. 조 목사는 앞으로 순복음교회의 확장에 중요하게 기여할 것 같은 일본인 전도사들을 바삐 훈련시키고 있다. 1990년에 들어서는 현재 아직은 순복음교회의 누적 신자 총수는 리더인 조 목사의 장대한 예측의 작은 부분에도 한참 미치지 못하고 있다.

펜테코스탈 기독교는 서구 교회와 연관된 기독교의 지적 표현보다 현재의 사회적 분위기에 “잘 들어맞는다.”고 볼 수 있다. 그러나 이 사실만 갖고서는 일본의 상황에서 교회 성장을 거의 장담할 수 없다. 다니엘 아담스(Daniel Adams) 역시 한국에서 교회 성장은 특별한 역사적 경험과 연관된 것으로서 이것은 여타 상황에 쉽게 전이될 수 없다고 본다.

> 여의도 순복음교회와 다른 나라에서의 교회 사이에 존재하는 차이는 성령의 현존 혹은 부재가 아니라 토착화 과정과 한국에서 혼합주의, 민족주의 그리고 유토피아주의의 독특한 결합이다.[58]

한국인들과 달리, 일본인들은 기독교를 아직도 ‘자신들의 땅에서 이방인(낯선 자)’이며 일본의 문화적 정체성과 모순되는 것으로 간주하는 경향이 있다. 게다가, 많은 일본인은 여전히 한국인을 열등한 인종으로 여기며 예전에 식민지였던 나라에서 온 종교 지도자들이 지배하는 교회에서 종교적 위안을 잘 찾으려 하지 않는다. 다른 한편으로, 일본에서 신종교들은 토착적인 종교적 전통에 뿌리를 갖고 있으며 문화적 정체성을 강조하는 점에서 자생한 것이어서 도시의 대중들의 욕구에 보다 잘 만나고 있고 일본인의 교령술적인 세계관을 부활시키고 있다.

1 Dean M. Kelley, *Why Conservative Churches Are Growing*(New York: Haper and Row, 1972).

2 Dean R. Hoge and David A. Roozen, *Understanding Church Growth and Decline: 1950–1978*(New York: The Pilgrim Press, 1979).

3 Wade Clark Roof and William McKinney, *American Mainline Religions: Its Changing Shape and Future*(New Brunswick: Rutgers University Press, 1987).

4 전후 성장과 쇠퇴의 패턴에 대한 보다 자세한 논의로서 Kainō Nobuo, [Looking at fifty years of the United Church of Christ from the point of view of numerical strength], in [Problems in the fifty–year history of the United Church of Christ in Japan], edited by Amemiya Eiichi and Morioka Gen(Tokyo: Shinkyō Shuppansha, 1992), 109–133; Kumazawa Yoshinobu, [Fifty years of evangelism in postwar Japan], in [Christian yearbook, 1995](Tokyo: Kirisuto Shinbunsha, 1955), 45–49 및 Thomas Hastings and Mark R. Mullins, "Denominational Renewal or Fragmentation? An Exploratory Study of Reformed/Evangelical Movements within the United Church of Christ in Japan." *Japan Christian Review* 64, 1998을 볼 것.

5 David R. Heise, "Prefatory Findings in the Sociology of Missions," 49.

6 Hayashi Minoru, "Learning from the Japanese New Religions"(Pasadena: Doctor of Missiology thesis, Fuller Theological Seminary, 1988), 14.

7 Uchimura, CWUK, vol. 31, 380(1928). 무교회 운동의 초기 발전에 대한 보다 자세한 다른 연구로서 필자는 William H. Norman, "Kanzo Uchimura: Founder of the Non–Church Movement," *Contemporary Religions in Japan* 5/1(1964), 34–44와 John F. Howes, "The Non–Church Christian Movement in Japan," *The Transactions of the Asiatic Society of Japan*, Third Series 5(1957), 119–137 그리고 Cardarola, *Christianity: The Japanese Way*에서 도움을 받았다.

8 Howes, "The Non–Church Christian Movement in Japan," 124.

9 Takahashi Saburō, [In search of the spirit of the Nonchurch movement](Tokyo: Shinkyō Shuppansha, 1970), 176–178, 197. 원시복음(마쿠야) 운동에 연관된 집단들은 이 숫자로부터 제외되었는데, 이는 타카하시가 무교회 기독교에 대한 테시마의 펜테코스탈 버전은 오류라고 간주하였기 때문이다.

10 Caldarola, *Christianity: The Japanese Way*.

11 많은 개인이 무교회 출판물을 한 개 이상 구독하였기 때문에 과거에 회원 수는 너무 높았다. 그래서 한 내부인은 필자에게 무교회에 참여한 사람들에 관한 보다 정확한 통계(비록 다소 거칠지만)를 얻기 위해서는 약 300~400개의 집단을 각기 10

배로 곱한 수가 좋을 것이라고 제안하였다. 물론 의심할 여지없이 기독교에 대한 우치무라의 이해를 따르면서도 이 모임에는 참석하지 않는 많은 사람들이 있다. 여러 해에 걸쳐서, 그리스도교 연감은 다음과 같이 무교회 운동의 숫자를 제공하였다. 30,000~50,000(1958), 15,000(1966), 1,500(1970), 1,414(1976).

12 무교회 기독교에 대한 보다 최근의 정보에 대해서 필자는 다양한 기록과 보고서 특히 1987년 이래 개최된 전국 모임이 출판된 프로시딩(이 출판물에 대한 상세한 정보에 대해서는 이 책의 마지막에 있는 부록을 볼 것)을 제공해 준 이마이홀에 있는 한 직원에게 도움을 입었다. 특별히 타카기 켄지는 이 운동의 회원 숫자에 대한 필자의 질문에 친절하게 응답해 주었다. 그의 무교회 운동에 대한 도움이 되는 개관을 볼 것. [Nonchruch Christianity as a lay movement], [Gospel and mission], 49(March 1994), 25-29.

13 日本教會名簿 [Japan church membership list](Tokyo: Nihon Kyōkai, 1911); 道會名簿 [List of members of The Way](Tokyo: Dōkai Headquarters, 1936).

14 *The Christian Yearbook*(1970)에서 보고되었다.

15 이 숫자는 *A Eulogy on Jesus Christ*, trans. Yoshinobu Kawai(Tokyo: Christ Heart Church, 1961)의 영어판에 대한 서론에서 보고되었다.

16 Iglehart, *A Century of Protestant Christianity in Japan*, 339. 비록 아웃사이더들은 이 교회를 '프로테스탄트'로 범주화하는 경향이 있지만, 이것은 예수의 어령교회 대표자가 거부하는 명칭이다. 그들은 자신들의 교회는 가톨릭도 개신교도 아니며 진정한 '초대' 교회를 회복한 것이라고 주장한다. 아웃사이더들은 이 교회를 '개신교'라고 일컫는 반면, 대부분은 이것을 이단 집단이라고 보는데 왜냐하면 이 교회가 행하는 죽은 사람에 대한 세례 의식과 삼위일체 교리를 거부하기 때문이다.

17 보기로서, Anzai, "The Spirit of Jesus Church," 277-288을 볼 것.

18 여기서 여타 새로운 종교 운동의 회원과 비교하는 것이 필요할 것이다. 예로서, Sūkyō Mahikari에 대한 연구에서 윈스턴 데이비스(Winston Davis)는 "무려 약 100만 개의 호부(護符)가 분배되었지만, 사실상의 회원 숫자는 대략 10만 명 혹은 20만 명 아니면 심지어는 그보다도 더 적을 것이다."(*Dōjō*, 7)라고 추산한다.

19 필자의 관찰은 오키나와에 있는 예수의 어령교회에 대한 안자이 연구에 의해서 잘 지지된다. 그 역시 세례를 받은 숫자가 매우 높지만 실제로 예배에 참석하여 세례를 받은 사람의 숫자는 보고된 것의 약 10분의 1에도 못 미친다고 보았다. 그의 *The Acceptance of Christianity in the Southern Islands*, 119를 볼 것. 여기서 일본인의 종교성과 신자에 대한 이해가 서양의 개념과 매우 다르다는 것을 인지하는 것이 중요하다. 대체로, 일본인들은 한 개의 종교 조직에 스스로를 헌신하지 않는다. 그 대신 이들은 1년 전체에 걸쳐서 신도의 신사와 불교의 절 양쪽에서 행해지

는 연례 축제와 의례에 참여한다.

20 칼다로라(Caldarola)는 그의 책 *Christianity: The Japanese Way*에서 한 장을 할애하여 원시복음(마쿠야) 운동을 다루었다. 칼다로라가 그의 책을 집필하고 있을 당시, 1976년 기독교연감은 원시복음(마쿠야)이 200개의 집단과 5만 명의 회원을 갖고 있다고 보고하였다. 칼다로라의 추계와 연감 사이의 불일치는 이 같은 집단에 대한 정확한 통계를 획득하는 것이 얼마나 어려운지를 잘 보여준다.

21 10,000명이라는 숫자는 지나치게 높다고 볼 수 있다. 그러나 다양한 모임의 참여율이란 측면에서 볼 때 그다지 무리한 추산은 아닐 것이다. 1992년에 7,000명의 회원이 연례 모임에 출석하였고, 1,600명이 2년 전에 있었던 이스라엘 성지 순례에 참가했다. 대략 500명의 회원이 통상적으로 가정 모임의 리더들을 위한 매년 3일간 실시되는 모임에 참여하고 있다.

22 회원과 참석자 수에 대한 통계에 대해서 필자는 성예수회의 전도부장이 필자에게 제공한 교회 보고서에 의존했다.

23 Hugh Trevor, *Japan's Postwar Protestant Churches*(Tokyo: Mimeographed, 1994), 28.

24 두 개의 다른 토착 운동이 성장과 쇠퇴의 비슷한 패턴을 보여 준다. 1936년에 스기타 고타료에 의해 설립된 영광의 복음 그리스도교는 7개 교회에 전도를 위한 14개의 센터와 함께 3,929명의 회원을 가질 정도로 성장하였다. 그런데 이 운동은 설립자의 부인이 죽고 나서 쇠퇴하기 시작했고 1996년에는 겨우 신자가 1,130명밖에 되지 않았다. 1940년에 다나구치 도큐가 가정 모임으로 설립한 기독가나안교단은 30년 만에 8개 교회와 전도를 위한 6개의 센터를 가진 2,797명의 신도의 모임으로 성장하였다. 이 교회 또한 그 이후 쇠퇴하기 시작하여 1995년에 2,483명의 신자만 남게 되었다. 이 같은 관찰은 인터뷰와 기독교 연감에 나온 보고에 기초한 것이다.

25 Milton, J. Yinger, *The Scientific Study of Religion*(Toronto: Collier–Macmillan, 1970), 112.

26 Stark, "How New Religions Succeed: A Theoretical Model," 16.

27 기독심종교단의 설립자인 카와이 신스이가 처음부터 본인은 많은 사람을 모으는 데 관심이 없고 소수를 훈련하고 가르치는 데 관심이 있다고 천명한 것에 주목할 필요가 있다. 완전하게 되는 것이 목표였고 자기 개발(수련)은 수단이었다. 그래서 그의 추종자의 한 사람은 다음과 같이 설명하였다. '완전'에 대한 강조와 '완전에 이르는 길'에 대한 부적절한 진전에 대한 신자들의 자의식이 그들로 하여금 타인을 초대하는 것을 막았다. 정보 제공자들은 때때로 방문자들이 있었으나 그들은 모임에 다시 돌아오지 않았다고 밝혔다. "그 길은 어렵고 상당한 훈련을 요구했다."고 그들은 설명하면서, "이 세상의 이익을 숭상하는 많은 신종교들과 같지 않았다."고 말했다.

28 Reginald W. Bibby and Merlin Brinkerhoff, "The Circulation of Saints: A Study of People Who Join Conservative Churches," *Journal for the Scientific Study of Religion* 12(1973). 이들의 북아메리카에 있는 교회에 대한 연구는 보수적 교회가 '성자의 순환'으로부터 이익을 보는 경향이 있다는 것을 발견하였다(즉, 한 교파로부터 다른 교파로 이동하는 것). 그리고 이 연구는 기독교 공동체의 외부에서 개인들을 효과적으로 포교하는 것은 최소한의 것임을 밝혔다. 이런 측면에서 일본에서 복음주의 교회들이 보고하는 성장의 몇 퍼센트가 그 같은 교파 간 이동과 관련되는지를 아는 것은 흥미로울 것이다. 위에서 주목한 바와 같이, 원시복음(마쿠야) 운동의 리더들은 그들의 회원 중에서 대략 50퍼센트가 여타 기독교회로부터 왔다고 추산한다.

29 Stark, "How New Religions Succeed,"13.

30 이 딜레마는 엔도 슈사쿠의 『침묵』에서 가장 효과적으로 나타난다. 이 역사소설은 일본에서 기독교 선교의 제일 첫 번째 시기를 다루고 있다. 고문하에서 배교한 노련한 선교사 페레이라는 그의 예전 학생이며 여전히 열정적인 로드리게스에게 일본의 문화 환경 속에서 기독교를 이식하는 것의 난점에 대해서 다음과 같이 설명한다.

"내가 아는 한 가지는 우리의 종교는 이 나라에서 뿌리를 내리지 못한다는 것이다. … 이 나라는 일종의 늪과 같다. 시간이 흘러 네가 이것을 스스로 깨닫게 될 날이 올 것이다. 이 나라는 네가 상상하는 것보다 훨씬 무서운 늪이다. 네가 이 늪 속에 묘목을 심을 때면 언제든지 그 뿌리는 썩기 시작할 것이다. 그 나뭇잎들은 누렇게 될 것이고 시들 것이다. 그리고 우리는 이런 늪 속에 기독교라는 묘목을 심어 왔다" (237).

31 Morioka, "A Conceptual Examination of the Indigenization of Foreign-Born Religions," *Japan's Modern Society and Christianity*를 볼 것.

32 Davis, *Japanese Religion and Society*, 31.

33 선교사들의 노력에 관한 한, 지난 19세기에 한국보다 일본에 더 많은 개신교 선교사들이 보내졌다(이것에 대해서는 Grayson, *Early Buddhism and Christianity in Korea*, 138을 볼 것).

34 Montgomery, "The Spread of Religions and Macrosocial Relations," 38-39. 그리고 또한 그의 예전 연구, 곧 "Receptivity to an Outside Religion: Light from Interaction between Sociology and Missiology," *Missiology: An International Review* 14/3(1986), 287-299.

35 David Martin, *Tongues of Fire: The Explosion of Protestantism in Latin*

America(Oxford: Basil Blackwell, 1990), 155–156.

36 전후 시기 동안, 한국에서 기독교회들은 일본에서 신종교가 수행한 역할을 한 것으로 보인다. 1980년대 초에 한국(남한) 인구의 단지 5퍼센트가량이 신종교들에 속한 반면, 일본인의 10~20퍼센트가 신종교들 중 하나에 속하고 있다(이것은 한국에서 기독교인의 퍼센트와 가깝다.). 한국에 관한 자료는 Joseph B. Tamney, "Religion in Capitalist East Asia," in William H. Swatos, Jr., ed., *A Future for Religion? New Paradigms for Social Analysis*(Beverley Hills: A Sage Focus Edition, 1992), 62쪽에서 참고함.

37 *MARC Newsletter* 95/1(March 1995), 1에 보고되었다.

38 여의도순복음교회에 대한 정보와 현재의 통계는 필자가 1989년 9월에 서울에 현지조사를 갔을 때 수집하였다. 그렇지만 보고된 통계 수치를 액면 그대로 받아들일 수는 없을 것이다. 언제든지 비활동적인 신자들이 있고 또 많은 사람들은 '부유(浮遊)하는 크리스천들'로서 이런 사람들의 소속은 한 교회 이상에서 동시에 보고된다. 이 같은 수정을 필요로 하는 부분이 있기는 하지만, 필자는 여의도순복음교회에 현재 수십만 명의 신자들이 한 가지 이상의 프로그램에 속해서 활동하고 있다고 생각한다. 신자들의 구성과 관련하여, 필자는 1978년에 최신덕이 수행한 이 교회에 대한 유일한 조사를 알고 있고 이것은 이 학자의 "A Comparative Study of Two New Religious Movements in the Republic of Korea: the Unification Church and the Full Gospel Central Church," in James Beckford, ed., *New Religious Movements and Rapid Social Change*(Beverley Hills: Sage Publications, 1986), 113–145로 발표되었다. 최신덕의 연구에 따르면, 여의도순복음교회의 대다수는 학력이 고등학교 교육 이하였고 여성이 남성보다 2배 이상 많다. 그녀는 이 연구를 다음과 같은 일반화로 결론을 맺고 있다. "이 교회의 성도들의 교육 수준, 직업 그리고 삶의 수준은 이 교회가 중간 및 중간 이하 계급이라는 것을 보여 준다." 최신덕의 연구는 여의도순복음교회의 8개 교구에서 나누어 준 설문지에 대한 300명의 응답(28퍼센트가 남성이고 72퍼센트가 여성)에 기초한 것이다. 여의도순복음교회에 대한 보다 충분한 논의로서 Daniel J. Adams, "Reflections on an Indigenous Christian Movement: The Yoido Full Gospel Church," *Japan Christian Review* 57/1(1991); Jae Bum Lee, "Pentecostal Type Distinctives and Korean Protestant Church Growth"(Ph.D. dissertation, School of World Mission, Fuller Theological Seminary, Pasadena, California, 1986) and Boo Woong Yoo, "Response to Korean Shamanism by Pentecostal Church," *International Review of Mission* 75/297(1986), and *Korean Pentecostalism: Its History and Theology*(New Yrok: Peter Lang, 1988)를 볼 것.

39 목회 사역과 교회 성장에서 가정 셀 그룹의 역할에 대한 논의로서 Paul Yonngi Cho, "Ministry Through Home Cell Groups,"(with John W. Hurston) in Ro Bong-Rin and Marvin L. Nelson, eds,, *Korean Church Growth Explosion*(Seoul: World of Life Press, 1983)을 볼 것.

40 Jae Bum Lee, "Pentecostal Type Distinctives and Korean Protestant Church Growth," 285.

41 예로서, James Huntley Grayson, *Korea*: A *Religious History*(New York: Oxford University Press, 1989), 205와 David Kwang-Sun Suh, *The Korean Minjung in Christ*(Hong Kong: The Christian Conference of Asia, 1991), 114-116을 볼 것.

42 Byong-Suh Kim, "The Explosive Growth of the Korean Church Today: A Sociological Analysis," *International Review of Mission* 74/293(1985), 70.

43 David Suh, *The Korean MInjung in Christ*, 116.

44 *Yoido Full Gospel Church Doctrine and Creed*(연도 미상, 교회 팸플릿)에서 인용함.

45 Bong-Ho Son, "Some Dangers of Rapid Growth," in Ro Bong-Rin and Marvin L. Nelson, eds., *Korean Church Growth Explosion*(Seoul: Word of Life Press, 1983), 338.

46 James Huntley Grayson, *Korea*: *A Religious History*(New York: Oxford University Press, 1989: 205), 한국의 교회 생활에 대하여 극도로 비판적인 손봉호는 "많은 사람들이 악귀를 중재하는 무속 신앙적 실천에 기초하여 더 많이 받기 위해서 헌금을 한다."라고까지 말한다. Bong-Ho Son, "Some Dangers of Rapid Growth," 339.

47 Kwang-il Kim, "Kut and the Treatment of Mental Disorder," in Chai-Shin Yu and R. Guisso, eds., *Shamanism*: *The Spirit World of Korea*(Berkeley: Asian Humanities Press, 1988), 133.

48 Yuhan Lee, "An Analysis of the Christian Prayer Mountain Phenomenon in Korea"(Ph. D. dissertation, School of World Missions, Fuller Theological Seminary, Pasadena, California, 1985), 10.

49 Lee, "An Analysis of the Christian Prayer Mountain Phenomenon in Korea," 51.

50 Paul Yonngi Cho, *More Than Numbers*(Waco, Texas: Word Books, 1984), 102-103.

51 도쿄 순복음교회와 그 지부 교회의 성장은 담임목사 Kang Hun Rhee(이강훈),

[The salvation of ten million Japanese souls is possible](Tokyo: Divisions of Missions of Tokyo Full Gospel Church, 1989)에 기술되어 있다. 지난 10년 동안 일본에서 순복음교회의 성장은 의심할 여지없이 이 종족(민족) 교회가 일본에서 일하는 가정을 떠난 많은 한국인 이민자들에게 가정을 제공한 사실과 관련된다. 이 같은 종족 조직에 일본인이 통합되는 데 성공의 정도는 교회와 교회마다 다르다. 대부분의 순복음교회에서 일본인의 비율은 20퍼센트가 채 되지 않는다(이들 중 다수는 국제결혼을 한 배우자들이다.). 그러나 필자는 약간의 예외가 있다는 말을 들었다. 예로서, (남부 일본인) 후쿠오카에 있는 교회는 일본인이 대다수이다. 어떤 식으로든지 이런 교회는 종족적 경계를 뛰어넘기 위해서 노력을 하고 있다. 그렇다고 이것이 이런 증가의 유일한 요인은 아니다. 서울에 있는 여의도순복음교회의 모델을 따르면서 모든 이런 교회들은 일요일에 동일한 예배를 여러 차례 나누어 드리는 것과 수십 개의 가정 셀 그룹을 만들고 있다. 예로서, 도쿄교회는 일요일에 동일한 예배가 6번 있고 수십 개의 가정 셀 그룹이 있다. 6번의 예배 중에서 2번은 일본어로 그리고 나머지 4번은 한국어로 진행된다(물론 이 여섯 번의 예배 중에서 세 번은 동시통역이 제공된다.).

52 이런 사회적 상황에 대한 개관으로서 필자의 글, "Japan's New Age and Neo-New Religions: Sociological Interpretation," in James R. Lewis and J. Gordon Melton, eds., *Perspectives on the New Age*(Albany, New York: State University of New York, 1992), 232-246을 볼 것.

53 Hori, *Folk Religion in Japan*, 14.

54 필자는 이 용어를 Kenneth J. Dale의 *Circle of Harmony: A Case Study of Popular Japanese Buddhism*(Tokyo: Seibunsha, 1975), 157에서 빌려 왔다.

55 Davis, *Dōjō*, 302.

56 Hayashi Minoru, "Learning from the Japanese New Religions"(Pasadena: Doctor of Missiology thesis, Fuller Theological Seminary, 1988), 14.

57 Paul Yonggi Cho, *More Than Numbers*, 119.

58 Daniel J. Adams, "Reflections on an Indigenous Christian Movement: The Yoido Full Gospel Church," *The Japan Christian Quarterly* 57/1(1991), 43.

CHAPTER 09

글로벌 배경에서 본 일본적 기독교

일본적 기독교의 '도'

카리스마와 지도력 계승

전유의 대안적 유형

전 지구적 맥락

16세기에 로마 가톨릭이 일본에 처음으로 전파된 이래, 기독교는 일반적으로 일본 사회에서 침입하는 세력으로 간주되었고 종종 '외래의' 혹은 '사악한' 종교로 일컬어졌다. 이렇듯 도저히 극복할 수 없을 것 같은 장애—문화적 불연속성, 사회적 낙인, 그리고 50년 전까지만 해도 정부의 엄격한 통제—에도 불구하고, 이식된 많은 독립 교회는 일본에서 조직적 존재로서 자리 잡으려고 부단히 애를 썼다. 본 연구에서 나는 이 과정을 외국 선교사의 눈을 통해서가 아니라 일본인의 눈을 통해서 바라보고자 노력했다. 여기서 일본인들은 이식된 기독교의 단순한 수동적 수용자가 아니라 그들이 납득할 수 있는 측면에서 신앙을 재해석하고 재구성한 능동적 주체이다. 오랜 시간에 걸쳐서 개신교 선교의 대부분의 대표 인사들은 이 토착 운동의 발전을 혼합주의의 불행한 표현이자 규범적 기독교의 일탈로서 간주하였다. 그러나 우리가 앞에서 살펴본 바와 같이, 토착 기독교 운동의 설립자들 자신들로서는 그들이 기독교 신앙을 정교하게 다듬은 것은 예수가 제자들에게 "진리의 성령이 오시면 그가 너희를 진리 가운데로 인도하리라"(요한복음 16장 13절)라고 말씀한 것을 단지 성취한 것과 다름 없다.

이 같은 일본인 지도자들의 관점이 개신교 선교 신학과 아무리 많이 부딪혔을지라도, 이들의 접근은 기독교 전통 속에 강하게 뿌리를 가진 것이었다. 일찍이 기독교가 2세기를 맞게 되었을 때, 이미 일본의 토착화 운동과 비슷한 기독교 해석이 유스티노 순교자(St. Justin Martyr, 서기 100~165년)에 의해 출현하였다. 순교자의 주요한 관심은 그의 신앙을 그리스의 철학과 문화 전통에 연관시키는 것이었다. 비록 그가 그리스 철학 안에 있는 많은 이념을 비판하였지만, 이 철학에는 그의 기독교 이해와 모순되지 않은 이념 또한 존재하였다. 실제로 순교자는 그리스 철학에 있는 진리의 특정 이념이 구약 성서의 진리 이념과 비슷한 것을 찾아냈다. 이 같은 헬레니즘 문화 속에 있는 '기독교 이전'의 진리는 그리스도의 오심, 곧 신적인 로고스의 '준비'로 간주되었다. 순교자의 『첫 번째 변증론』(*First Apology*)에 따르면, 육체를 갖기 이전의 로고스가 그리스 철학자들을 통해서 작용하였을 뿐 아니라, 이 철학자들은 또한 로고스에 따라서 삶을 살았다는 점에서 기독교인이었다. 이러한 해석의 의미는 아래에서 장 다니엘루(Jean Danielou)가 제안하고 있듯이 상당하다고 볼 수 있다.

> 우상 숭배를 배격하고 기독교를 수용하는 것은 그리스인들에게는 자신의 전통을 배반하는 것이 되며 그 대신 기독교의 가장 최고의 요소에 대해서 충성을 하는 행위가 된다. 소크라테스는 예수의 앞에 있는 모세 이상의 존재이며 기독교는 현인(賢人)들이 단지 부분적 계시 속에서 소유했던 어떤 중요한 것의 완전한 현시이다.[1]

유스티노 순교자처럼, 우리가 살펴본 일본의 토착화 운동의 지도자들 역시 일본인 기독교인들에게 문화적 연속감을 제공해 주는 비슷한 역할을 하였다. 그들로서 그리스도에게 헌신하는 것은 많은 선교사들이 주장하듯이 반드시 과거를 모두 거부하거나 일본의 전통을 '배반'하는 것을 의미하지 않았다. 오히려 이러한 기독교 전래 이전의 최고의 요소들은 기독교적 도(道)의 한 부분으로서 천명될 수 있었다. 특수한 것들은 제외하고, 이 같은 토착 운동의 현상은 그 자체로서 수많은 일본인 기독교인들이 기독교에서 서구적 지향을 배제함으로써 여러 세기 동안 기독교와 서구적 지향이 뒤섞인 것이 불러일으킨 부정적 연관을 없애는 데 성공한 사실을 입증한다. 그렇다고 이것이 서구 기독교 전통의 공헌을 모두 부정하였다는 것을 말하는 것은 아니다. 오히려 그들은 그 같은 공헌의 영향이 서구와는 다른 종교적 역사와 상황 속에서는 한계에 직면하게 된다고 인식하는 것이다.

일본적 기독교의 '도'

앞 장에서 우리는 외국 영향의 다른 흐름들이 얼마나 토착적 요소들과 다양한 방식으로 혼합되어 수많은 대안적인 일본 기독교 전통을 만들어 냈는지를 살펴보았다. 이런 운동들에는 특정한 요소들이 공통적임에도 불구하고, 한 가지 뚜렷한 것은 이 운동들이 각기 독특한 인식과 하위 문화를 대표한다는 것이다. 일본인은 동질적이라는 대중적 신화에도 불구하고, 이 토착화 운동들은 현대 일본이 자랑하는 표면적인 조화와 질서 아래에 존재하는 상당할 정도의 종교적이고 문화적인 다양성이 있음을 보여 준다. 30여 년 전인 1960년대부터 출판된 대체로 알려지지 않은 저작(필자가 일본 내 그리스도 연합교회의 아카이브에서 발견한 것)에서, 미야자키 아키라는 일본에서 기독교의 발전을 이해하고자 한다면 일본 사회의 문화적 다양성을 고려해야만 한다고 주장한다. 그에 따르면, "일본 문화는 단일한 통일된 문화가 아니라 문화의 복합체이다."[2] 이 같은 다원주의를 고려할 때, 미야자키는 우리가 기독교를 신도, 불교, 유교, 수험도(修驗道, Shugendō), 무사도 같은 일본의 토착적 전통과 만난 결과로서 토착적 기독교가 다양한 형태로 출현할 것이라고 기대해야 할 것이라고 주장하였다. 필자가 본서에서 밝힌 현 연구는 바로 이것을 입증한 것이다. '일본적 기독교'에 대한 어떤 단순한 묘사이든지 간에 그것은 일본의 근대 세기에 걸쳐서 출현한 다양한 전유(專有)의 패턴에 의해서 복잡한 것이 된다.

유럽인과 북아메리카인들이 기독교의 다양한 문화적 표현을 요구하고 있는 것과 마찬가지로, 일본인들도 다른 맛과 성향을 가지고 있다. 따라서 서구에서 기원한 다양한 교파와 종파—고급 교회, 저급 교회, 복음주의 교회, 펜테코스탈 교회, 무속 신앙적 교회—가 존재하는 것과 나란히, 일본에서도 토착적인 기독교 집단이 동일하게 다양성을 보이는 것은 전혀 놀랄 일이 아니다. 이런 점에서 볼 때, 카를로 칼다로라가 무교회 운동을 기독교의 유일한 일본적 표현이라고 일컬은 것은 수정이 필요하다. 무교회 운동은 한 작은 집단, 곧 주로 매우 교육을 많이 받은 엘리트에게는 도(道)가 될지언정, 기독교 신자이면서 동시에 일본인이 되는 데는 이것 말고도 많은 다양한 길이 있을 것이다. 이런 의미에서, 매우 주변적인 기독교 토착 운동에 대한 우리의 미시사회학적인 연구는 대중들에게 알려진 것보다 일본을 한층 이질적 사회로 이해하는 데 거시사회학적 측면에서 중요한 지지를 제공하고 있다.

토착 기독교 운동은 그것들의 신학, 실천 그리고 예배의 스타일에서 다를 뿐 아니라 또한 조직의 방식과 젠더 역할에 대한 정의 측면에서도 다르다. 우치무라는 무교회 운동의 조직에서 가장 적합한 접근으로서 선생과 제자 사이의 사적 관계에 기초한 유교적인 교육 모델을 채택하였다. 이러한 남성 지배적인 유교 모델을 도회, 기독심종교단, 원시복음(마쿠야) 운동, 일본그리스도소단 및 생명을 주는 그리스도를 포함하는 여타 수많은 운동들도 채택하였다. 이 모든 집단은 서구 교회의 정체, 안수받은 성직자 이념, 그리고 이것과 수반되는 성사(sacraments) 제도를 거부하였다.[3] 그러나 수많은 여타 운동은 성직자와 평신도 사이의 구별을 (약간의 변형은 했을지라도) 수용하였고, 안수받은 사역을 위한 개인들을 훈련하는 성경학교 혹은 신학교를 설립하였다. 여기에는 기독가나안교단, 예수의 어령교회, 살아 있는 그리스도 일맥교회, 그리고 성예수회 등이 포함된다. 이러한 운동들 속에서 우리는 망자를 돌보는 것과 관련되는 다른 의례는 물론 또한 전통적인 세례의 의례와 주의 만찬을 준수하고 있는 것을 보게 된다. 흥미롭게도, 위의 후자에 해당하는 운동들은 모두 카리스마 혹은 펜테코스탈적 지향을 공유하고 또한 평등주의적 경향이 있어서 여성들을 무대의 뒤에서 지원하는 역할 혹은 가사의 의무에만 제한하는 것이 아니라 안수받은 사역에서 능동적 역할을 하도록 허락한다.[4] 예로서, 무교회 운동에서 남성 교사가 지배적인 것과 달리, 예수의 어령교회에서는 60%의 목사가 여성인데, 이것은 전통적인 민속 종교와 무속신앙에서 여성이 중심적 역할을 한 것을 반영하고 있다.

비록 무교회 운동이 기독교의 '남성적 표현'을 대표하는 것으로 알려진 것임에도 불구하고, 이 운동에서도 최근 수년 동안에 여성들이 대안적 행위를 제공함으로써 한층 능동적인 역할을 하고 있고, 이 운동의 보수적인 유교적 지향에 대해서 비판적 관점을 드러내고 있다. 오늘날 무교회 운동의 전국 본부로서 기능하는 센터인 이마이 홀(the Imai Hall)에 여성의 관심을 취급하는 집단이 존재한다. 이 집단은 현대 가족, 교육, 그리고 여성의 해방을 포함하는 다양한 범위의 주제에 대해서 여성들이 한데 모여 토론하고 강의를 듣는 것을 포함하여 매주 주중에 열리는 모임을 지원한다. 필자가 직접 참여한 한 강좌에서 한 페미니스트 학자와 능동적인 회원들이 무교회 운동이 일본인 여성들의 권리와 재능을 인식하는 데 얼마나 뒤처져 있는지를 거리낌 없이 이야기하였다. 그 학자는 우치무라의 시절부터 남성 교사들이 무교회 운동을 지배하였다면서 매우 소수의 남성만이 여성들의 삶과 관심에 대해서 애정을 가졌다고 설명하였다. 무교회 운동에서 남성 교사들이 중심을 차지함으로써 여성들은 학생으로서 수동적 역할을 수행하는 쪽으로 기대되는 강한 위계적 구조를 만들었다. 비록 무교회 운동이 성직자와 평신도 간의 구별을 거부하였음에도 불구하고, 이 운동 내에서 남성 교사들의 상승은 실제로는 만인사제의 원리를 저해하였다. 최근 들어서, 여성들이 무교회 모임에 한층 능동적으로 참여하도록 허용되고 있으나, 공식적인 성서 강의는 여전히 남성들이 계속 독점하는 반면에 여성들은 단지 비공식적인 발언만을 하도록 허용되고 있다.[5]

카리스마와 지도력 계승

일본 기독교 내에 다양한 '도'와 하위 문화가 존재한다는 사실이 우리로 하여금 많은 운동들이 공유하는 공통적 측면에 대해서 눈을 감게 해서는 안 될 것이다. 많은 기독교 운동에 대한 비교 분석은 설립자의 카리스마가 전통적인 '가계'(ie, 家)의 시스템 라인을 따라서 제도화되는 흥미 있고도 반복되는 양상을 보여 준다. 비록 이 같은 가족 제도가 일부 일본인들이 기독교로 개종하는 것을 막는 한 요인으로 간주되고 있지만, 토착 운동 내에서 지도력의 계승에 관한 연구는 일단 개종이 한 번 일어나게 되면 새롭게 찾아진 신앙으로부터 만들어진 사회 조직은 종종 가족 제도 위에서 유형화된다는 것을 보여준다. 이 같은 사회 조직의 원리와 리더십 계승은 일본에서 오랜 역사를 갖고 있다. 예로서, 주요한 불교 종파들에서 종교적 권위는 정토(淨土)의 신슈(信州) 종파의 설립자로서 결혼하여 가정을 가졌던 신란(親鸞, 1173~1262년)때부터 계속 아버지에서 아들로의 *혈연 계승*이 이루어지고 있다.[6]

일본에서 대부분의 기독교 토착 운동은, 무교회 운동의 원리를 따르는 것을 예외로 하고서, 다양한 교회 정체의 리더십 계승에서 이 같은 전통적 패턴을 적용 또는 채택하고 있다([그림 9-1]을 볼 것). 종교적 권위가 언제나 아버지에서 아들로 계승되는 것은 아니지만, 이 지도력이 그 설립자의 집안(家) 내에 자리 잡게 되는 경향이 있다. 마츠무라 카이세키와 그의 부인은 아이가 없었으나 한 아들을 입양하여 도회의 수장직을 넘겨주었다. 그 입양된 아들의 부인과 그 다음에는 딸이 계속해서 이 자리를 맡았다. 기독심종교단은 1998년 현재 리더십의 제3기에 있다. 그 설립자인 카와이 신스이는 그의 아들에게 리더 자리를 물려주었다. 약 10년 전에 그 지도력은 그의 손자에게 전이되었다. 예수의 어령교회에서 종교적 권위는 그 설립자의 부인에게로 전이되었는데, 현재까지 수년 동안 이 사람이 감독으로서 자리를 맡고 있다. 필자의 정보 제공자들에 의하면, 이들의 딸이 다음번 감독으로 기대되고 있다 한다.

《그림 9-1》 토착 기독교 운동에서 리더 계승

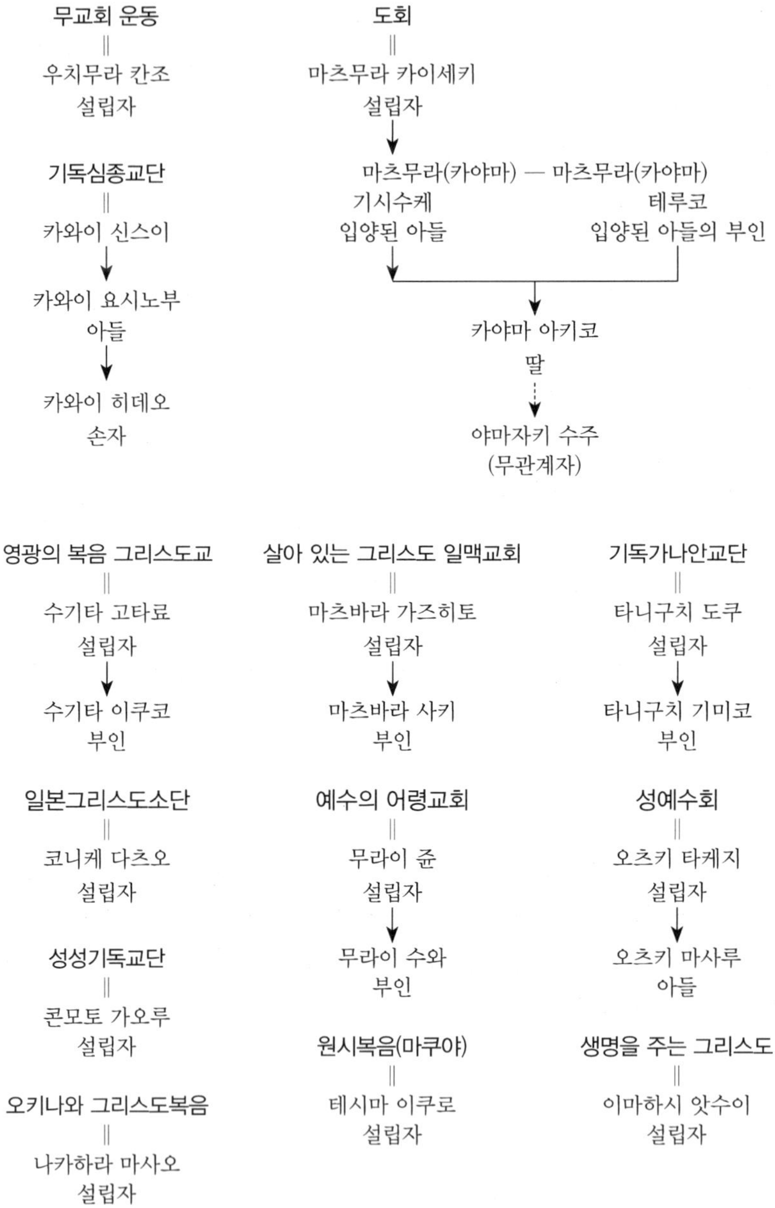

살아 있는 그리스도 일맥교회의 설립자인 마츠바라 가즈히토의 부인이 그녀의 남편이 사망한 후 앞의 예들과 비슷하게 리더를 맡게 되었다. 똑같은 일이 영광의 복음 그리스도교에서도 일어났다. 심지어 수입된 조직 형태로부터 요소들을 채택한 운동들도 설립자의 가족 내부에서 카리스마를 제도화(통상화)하려는 경향이 있다. 성예수회의 설립자인 오츠키 타케지는 여전히 살아 있어서 이 운동에 강력한 영향을 행사하고 있다. 그러나 그는 공식적으로는 은퇴하였다. 2년 전에 그의 아들이 최고 *사목*자로 선출되었다. 이로써 이런 운동의 대표자들은 리더십이 혈연 혹은 *세습*에 기초한 것이 아니라고 주장하지만, 이것은 일본의 상황에서 종교적 계승의 가장 자연스러운 형태로 보인다.[7] 이런 유형은 일본의 기독교 토착 운동 속에서 좀 더 공통적이지만 일본에만 독특한 것은 결코 아니다.[8]

서구 교회의 정체와 가족 원리에 기초한 종교적 계승을 거부한 무교회 운동은 현재 유교의 스승과 제자 관계를 중심으로 조직된 성경공부 집단의 느슨한 결사로 인해서 수많은 난관에 직면해 있다. 본 연구에서 이미 밝혔듯이, 우치무라는 집단이 선생의 은퇴 혹은 사망했을 때 해산하는 원칙을 만들었다. 따라서 무교회 운동에는 특정 집단의 지속이나 이 운동을 위해서 계승적 지도자들을 위한 공식적 교육 같은 것이 존재하지 않는다. 스승과 제자 사이의 비공식적 관계에 의존한 기독심종교단과 도회는 물론 무교회 운동은 미래 지도자들이 부족한 것을 해결하는 데 어려움을 겪고 있다. 만약 종교적 운동의 역사가 우리에게 가르쳐 주는 것이 있다면, 그것은 카리스마는 단명하는 경향이 있다는 것이다. 일부 종교 집단은 이 같은 강력한 힘이 종국에는 사라지게 될 것에 대해 효과적으로 준비한다. 하지만 여타 집단은 시간이 흘러 나타날 현실을 제대로 바라보는 데 실패한다. 도회와 기독심종교단은 지속적 쇠퇴의 운명에 놓이게 된 것에 대해 거의 속수무책으로 보인다. 반면에, 무교회 운동은 발전의 탈(脫) 카리스마 단계가 수반하는 새로운 도전에 조응하는 데 약간의 노력을 하고 있다.

무교회 운동이 생존하기 위해서 상당한 제도화를 하게 된 것을 우치무라가 알게 된다면 실망할 것이다. 1986년에 이마이 홀 도서관과 무교회 아카이브가, 우치무라가 한때 강의하였고 현재는 이 운동의 자료 센터가 된 빌딩의 옆에 개관되었다. 그 이듬해에 최초로 전국적인 무교회 운동의 모임이 개최되었다. 이제는 이 모임이 매년 행사로 열리게 되었고 전국에서 온 대략 300명 이상의 회원이 통상 참석한다.[9] 지도자들은 다수가 노인 회원인 이 운동의 생존을 담보하기 위해서는 그들의 노력과 자원을 잘 조종해야 한다고 인식하게 되었다.[10] 상호 지원과 협동의 필요성이 폭넓게 인식되었음에도 불구하고, 이 운동에 참여하고 있는 사람들 중 많은 이들은 전국적인 연례 회의를 개최하는 것이 무교회 기독교가 여타 교파 혹은 종파의 하나에 불과하다는 잘못된 인상을 줄 수 있다는 염려를 나타내고 있다. 우치무라에 대한 존경의 뜻으로 전국 회의의 조직자들은 연례 모임이 아무런 공식적 지위를 갖고 있지 않으며 단지 "서로 간에 교제를 심화시키길 원하는 그리스도 안에 있는 형제와 자매들"[11]의 자유로운 결사체일 뿐이라고 지적하는 데 조심스럽다.

현재의 리더들은 이 운동이 제3세대에서 제4세대로 전이되면서 위기에 있다고 인식한다. 우치무라의 뒤에 바로 그를 따른 제2세대의 기간 중에 전도의 사역에 종사한 많은 능동적 리더들이 있었다. 그런데 전후 시기에 제3세대에서 이 숫자가 상당할 정도로 감소하였다. 그리고 제4세대에 교사와 전도사들의 수가 한층 급격히 감소할 것이라는 조짐이 나타나고 있다. 이 운동 초기에 카리스마적 리더들이 무교회 운동을 지속적으로 보충한 것이 이제는 더 이상 가시화되고 있지 않다. 전도사들의 부족은 리더들로 하여금 계승자를 찾는 데 대안적 방식을 구하도록 만들었다. 회원들을 계속 교육시키고 전도사들을 훈련하기 위해 1992년에 무교회 연수소가 설립되었다. 이 프로그램은 110명의 지원자들로 시작되었다.[12] 20여 년 전에 카를로 칼다로라가 이미 관찰하였듯이, 초기 무교회 지도자들은 '신학교 클래스는 쓸모없는 것'[13]으로 간주하였으나, 오늘날의 리더들은 이 운동의 장기적 성장—혹은 심지어 생존—을 위해서는 신학 교육의 보다 공식적인 프로그램이 필수적이라고 인식한 것이 흥미롭다. 교과 과정은 여타 교파 신학교의 그것과 거의 비슷해서 구약 언어와 문학, 신약의 그리스어, 기독교 신학(일본의 신학에 초점), 기독교 윤리, 신약의 역사, 신앙과 사회, 그리고 무교회의 역사에 대한 강좌와 세미나를 포함하고 있다.[14] 전형적인 신학교 커리큘럼으로부터 명백하게 결여된 부분이 있다면 설교법, 목회상담, 교회 정치이다.

이 같은 노력이 보다 많은 리더를 훈련하기 위해서 들어가게 된 것과 동시에 이 운동에서 전통적인 '교사 중심적'인 지도력의 유형에 대해서 폭넓은 비판이 제기된다.[15] 불만족은 여성과 젊은 회원들에게만 국한되지 않는다. 많은 수의 고령 회원들도 우치무라가 선호한 사회 조직의 유동적 형태로 인해서 그들의 요구가 적절히 천명되지 않는 것을 자각하고 있다. 고령 회원은 그의 스승이 은퇴 혹은 사망하여 집단이 해산될 때 어떻게 할 것인가? 모임에 참석할 수 없는 고령자를 위해서 누가 목회적 돌봄을 제공할 것인가? 어떤 이가 그의 스승보다 오래 살았을 때 누가 기독교식 장례를 제공할 것인가? 한 보고에 의하면, 보다 큰 성경공부 모임의 익명성은 때로는 한 사람의 질병, 혹은 심지어 사망마저 아무런 주목을 받지 않게 되는 것을 의미한다. 감소하는 고령의 선생들의 수에 지나치게 의존하는 것은 또한 이 운동이 젊은 사람에게 매력을 주는 데 그리고 어린아이들과 여성들에게 포교하는 데 실패하는 중요한 원인으로 간주된다.

제4장에서 주목한 바와 같이, 무교회 운동은 언제나 대여한 시설 혹은 가정집에서 만났다. 대부분의 경우에 이것은 긍정적으로 간주되었는데 왜냐하면 이것이 회원들에게 일본에서 부동산을 매입하여 건축하는 무거운 재정적 부담으로부터 자유롭게 해 주었기 때문이다. 그러나 오늘날 성경공부 집단들은 정기적인 모임을 하기 위해서 적절한 시설을 대여하는 데 어려움이 점점 증가하고 있다고 보고하고 있다. 회원들은 또한 대여한 공간에 의존할 수밖에 없어서 성경 강의 뒤에 회원들 간에 친교하고 토론하는 데 통상적으로 쓰이는 충분한 시간을 확보할 수 없다고 불평한다. 이런

저런 불편함이 일부 회원들로 하여금 무교회 집단이 자신들 소유의 건물을 갖는 편이 좋겠다는 급진적 생각을 용감하게 피력하도록 만들고 있다.[16]

무교회 운동이 현재 직면한 딜레마는 우리들에게 토착적 운동이 정적인 측면에서만 인식될 수 없다는 것을 상기하도록 해 준다. 토착화는 계속 진행되는 과정으로서 이런 운동들은 변화하는 세대의 필요와 문화적 관심에 대해서 반드시 취급해야만 한다. 토착적 운동은 "하나님, 그들 자신, 그리고 다른 사람들에 대한 그들의 이해가 정지된 채로 서 있는 경우는 희소하다. 그들은 계속적으로 진화하고 새로운 이념과 형식을 시도하고 있다."[17] 토착 운동들이 새로운 상황과 만나게 됨에 따라서, 이 운동들은 다양한 방향으로 진화할 수 있는데, 심지어는 기성 교회의 전통과 화해하는 방향으로도 진화한다.

전유의 대안적 유형

본 연구의 결론에 이르러 나는 일본에서 기독교의 전도와 문화적 파급에 관한 연구가 한편으로는 이식된 기독교의 수용과 다른 한편으로는 대안적인 토착 기독교 운동의 발전 양자 사이에 단순한 대결이 아니라고 생각하게 된다. 반응의 범위와 전유의 패턴이 예상보다 한층 광대하고 또한 한층 복합적이다. 나는 웬디 제임스(Wendy James)와 더글라스 존슨(Douglas Johnson)에 동의한다. 이들은 "기독교는 반드시 하나의 유기체적 실체처럼 전파되지 않는다. 부분적 요소들이 특정한 시간에 특수한 문화 혹은 문명, 종족 계급, 혹은 이익 집단에 의해서 채택된다."[18]라고 주장한다. 나의 연구는 토착 운동에 초점을 모았지만, 기독교 전통의 영향은 이것들 같은 조직적 형태에만 국한되지 않는다. 마침내 이식된 교회 혹은 토착적인 기독교 운동 양자에 속한 일본인의 숫자가 전 인구의 1퍼센트도 안 되고 있다. 어떤 의미에서 이것은 일본인의 광대한 다수에게 서구 선교사들 혹은 토착적인 기독교 리더들의 전도 노력이 아직 거의 미치지 못하고 있음을 말해 준다.

동시에, 1퍼센트보다는 훨씬 많은 퍼센트의 일본인들이 기독교의 요소를 전유하였거나 혹은 종교의 조직적 형식과 떨어져서 그들 스스로의 용어로 예수를 이해하려고 노력해 오고 있다. 전후 시기에 탈규제가 이루어진 종교경제 속에서 기독교에 대한 태도는 일반적으로 한층 호의적인 것이 되었다. 그리고 많은 일본인들이 그들의 선택적 지향을 이렇게 외국에서 기원한 종교와 관계되는 측면을 포함하도록 고취되고 있다.

약 10년이 넘는 기간에 수집된 자료에 기초한 것이지만, 일본의 국영방송(NHK)의 일본인의 종교의식에 관한 조사는 기독교에 대한 일본인의 인식이 최근에 어떻게 점차 변화하였는지를 잘 보여 주는 도움이 되는 정보를 제공한다.[19] 이 조사가 발견한 것은 일본에서 기독교에 대해서 교파 집단의 통계가 제공한 것보다는 한층 낙관적인 풍경을 보여 준다. 즉, 전체 인구 중에서 2퍼센트의 일본인이 자신을 기독교인이라고 인식하며 12퍼센트가 기독교에 대해서 일정한 호감을 갖고 있다. 장 스윈게도우(Jean Swyngedouw)는 불교와 신도에 대한 호감은 나이가 들수록 상승한다고 주목하면서 아래와 같이 밝히고 있다.

> 기독교는 반대의 동향을 보인다. 16~19세 나이 집단에서 기독교는 29.7%의 호감을 얻고 있지만 60~69세 집단에서는 4.5퍼센트 그리고 70세 이상의 집단에서는 5.4퍼센트의 호감만을 얻고 있다. 더욱이, 기독교는 '종교가 없는 사람들'의 14퍼센트가 호감을 나타내는데 이것은 신도에 대한 호감과도 같은 비율이다. 그러나 이것이 종교인들 가운데서는 5퍼센트 정도로 감소한다.[20]

이렇듯 조사가 실시된 지 10년도 채 안된 기간 동안에 기독교에 대한 한층 긍정적 태도가 나타난 것은 의례적 행동의 새로운 유형을 초래하였다.

제1장에서 주목하였듯이, 일본인의 종교성은 독트린(교설)보다 의례에 더 강한 강조가 주어지는 것이 특징이다. 그래서 대체로 일본인들은 하나의 특수한 종교적 조직에 자신들을 헌신하지 않는다. 그 대신 이들은 신도의 사당과 불교의 절에서 한 해 전반에 걸쳐서 있게 되는 연례 절기와 의례에 참여한다. 또한 종교의 노동분업이 통과의례를 규정한다. 즉, 신도는 출생과 연관되는 의례를 지배하고 불교는 죽음과 연관되는 의례를 독점한다. 일본인들 가운데 기독교에 전적으로 헌신하는 것은 매우 드물지만, 최근 들어 (그들 스스로의 용어로) 전통적인 노동의 분업 속으로 기독교의 의례적 기여를 수용하는 것이 시작되고 있다. 다이쇼(大正) 시대(1912~1926년)까지만 해도, 일본인의 결혼식은 종교적 관리(성직자)가 없이 수행되었다. 이 시대가 지나서 신도의 성직자들이 결혼식을 관장하게 되었는데, 이 예식이 일정 정도로 서구 교회의 결혼식을 모델로 하여 이루어졌다. 그러나 오늘날 일본의 종교적 분업에서 이 같은 역할에서 기독교가 중요한 경쟁자가 되고 있다.[21]

기독교식 결혼식이 젊은 커플들 가운데서 점점 유행하고 있는 사실은 기독교에 관계되는 낙인이 감소하고 있다는 것을 말해 준다. 1991년에 실시된 한 조사는 기독교식 웨딩이 관동(關東) 지역에서 35.9퍼센트 그리고 관서(關西) 지역에서 23.8퍼센트였다. 비슷하게, 1992년에 실시된 한 조사는 일본 전역에서 이루어지는 결혼식의 무려 31퍼센트가 기독교식임을 밝혔다.[22] 일정 정도로 기독교식 웨딩의 증가하는 인기는 텔레비전 스타들과 영화배우들의 교회식 결혼이 대대적으로 공개된 것에 의해서 초래되었다. 이로써 기독교가 이런 인기 있는 전문화된 역할을 수행하는 것에 의해서 일본의 민속 종교의 복합체 속에서 스스로 한 틈새를 찾고 있다고 보인다. 이 같은 '기독교식' 웨딩의 흐름은 다른 종교적 전통에 대한 일본인의 자연스러운 전유가 오늘날의 일본 사회에서 통과의례 속으로 들어간 것을 대표한다.

일본인과 외국인 양측 모두 교회 대표자들의 상당수는 개인이 진지한 신앙의 헌신은 없이 그저 의례만 갖는 기독교의 이 같은 부분적인 채택에 대해서 비판적이다. 동시에, 다른 한편으로 여타 많은 사람들은 결혼식이 교회와 젊은 사람들 사이에 몇 안 되는 접촉점을 제공한다고 주장한다. 이런 목적을 위해서 많은 목사들과 선교사들은 인간 관계, 가족 및 결혼에 대한 기독교의 관점을 거의 아무 것도 알지 못하는 사람들에게 교회가 무언가를 주기 위한 방편으로 '웨딩 선교'에 자신들을 바치고 있다. 웨딩 선교는 또한 성직자, 선교사, 교회, 그리고 서구식 웨딩 채플을 갖춘 큰 호텔에 의미 있는 비즈니스가 되도록 하였다. 이런 접근이 장차 일본의 교회에서 신도를 증가시키는 데 장기적으로 도움이 될 것인지는 앞으로 시간이 말해 줄 것이다. 그런데 적어도 일본의 많은 젊은이들이 기독교식 웨딩을 선택하고 있는 것은 현재 환경이 기독교에 대해서 한층 개방적이며 전후 시기 중에 기독교 신앙에 대해서 붙여졌던 사회적 낙인이 감소했다는 것을 보여 준다.

이 같은 선택적인 의례 채택에 더해서, 기성 교회의 밖에서 예수를 일본의 종교문화 속으로 전유한 수많은 보기가 있다. 가장 흥미로운 예들 중 하나는 바로 아오모리현의 신고(神鄕) 마을의 사람들 가운데 내려오는 한 전승이다. 이것은 역사적 예수를 일본과 연관시킨다. 그들은 예수가

일본 아오모리에 있는 예수 무덤

갈릴리에서 장성한 다음에 일본으로 여행해서 그들의 마을에 와서 그가 33세의 나이에 공생애를 시작하게 되어 유대 땅으로 돌아갈 때까지 머물렀다고 주장한다. 그들에 따르면, 예수는 극적인 도피 후에 일본으로 돌아왔고 그와 비슷한 이수키리라 불리는 일본인 동생이 대신 십자가에 처형되었다. 이 전승에 따르면, 예수는 106세에 사망하였고 신고 마을에 묻혔다. 그곳에는 예수의 장사 터를 말해 주는 커다란 십자가가 서 있다. 그런데 마을 사람들이 조상의 영을 기리는 연례적인 *본*(Bon, 盆) 축제의 춤을 추는데 이 춤에 동반되는 노래에 사용되는 신도의 가사가 일본의 다른 지역과 다르다.[23] 이 지역의 경제를 활성화하려는 노력 속에 지방 정부의 관광청은 현재 이 같은 주장이 유명해지도록 일본어와 영어로 만든 안내책자까지 인쇄하여 배포하고 있다.[24]

예수의 무덤 앞에서 *본도리*(盆踊り, 음력 7월 15일 밤에 사람들이 모여 정령을 맞이하고 위로하는 의미로 추는 춤—역자 주)를 추고 있다.

기독교의 전통으로부터 요소들을 선택적으로 전유하는 것은 또한 수많은 일본 신종교의 주요 측면이다. 많은 일본 신종교들은 그들의 신화 속에서 그리스도의 존재를 인정하지 않을 수 없도록 압박을 받고 있다.[25] 여기서 예수가 일본의 신종교들로부터 어떻게 이해되고 있는지 그 몇 가지 보기를 간단히 살펴보는 것은 가치가 있을 것이다. 텐소코쿄(天祖光教)는 나고야에 자리 잡은 메시아 운동으로서 불교와 기독교 두 전통에 의지하고 있다. 이 신종교는 예배 혹은 가르침에서 기독교의 성경을 사용하지는 않는다. 그러나 이것의 거룩한 텍스트인 창시자가 쓴 『스핑크스의 소리』(*La Voco de Sfinkso*)에는 성서적 주제와 이념들(특히 창세기와 요한계시록)이 스며들어 있다. 그리고 이 신종교 운동의 가르침은 기독교회의 많은 교리와 실천에 의존하고 있다. 그 설립자는 예수의 재림과 미래 부처(Maitreya)의 현시(顯示)로 이해됨으로써, 불교와 기독교 둘 다를 대신한다.

텐소코쿄는 사회적으로 낮은 평판을 지닌 상대적으로 잘 알려지지 않은 것이지만, 최근 상당한 미디어의 주목의 초점이 된 두 개의 다른 운동도 기독교 전통으로부터 자유롭게 전유된 이념을 가졌다. 옴진리교의 설립자인 아사하라 쇼코는 전통적인 불교의 가르침과 개인의 해방과 계몽을 목표로 하는 금욕적 실천에 대한 강조를 갖고서 그의 운동을 시작하였다. 이 같은 아시아적 전통에 더해서 그는 기독교 성경으로부터 종말론적 이념을 추가하였고 자신을 샴발라(Shambhala) 왕국이라 일컬어지는 이상적 사회를 설립하는 데 그의 추종자들을 이끌게 되도록 운명을 타고난 메시아적 존재로 간주하였다.

그의 메시아적 정체성을 천명하는 작은 책 두 권의 출판과 함께, 아사하라라는 인물은 감춰진 드라마를 밝히는데 자신이 중심인물이라고 종말론적 비전을 정교하게 만들게 됨으로써 점차 권위주의적으로 변모하였다.[26] 아직도 이 집단을 제대로 이해하기는 어렵지만, 처음에는 요가 수행자들의 느슨한 결사체로 시작한 것이 대량 살상으로 기운 운동으로 발전하였다. 그와 그의 추종자들은 1998년 현재 재판을 받고 있는데, 그들 중 많은 사람들이 1995년 3월 20일 도쿄 지하철에서 사린가스로 공격하여 20명의 사망자와 수천 명의 부상자를 초래한 사건에 연루되어 이미 구속되었다(2018년에 아사하라 쇼코 등 주요 인물들이 사형에 처해짐-역자 주). 아사하라와 그의 핵심 추종자들 중 일부를 구속한 이래, 수많은 여타 폭력 범죄가 잇따른 재판에서 제시된 고백과 증거에 의해서 확증되었다.

마지막 한 예는 오카와 류호('행복의 과학'을 설립한 유명한 뉴에이지 인물)가 1986년에 당시 33세의 나이에 만든 것이다. 도쿄대학의 졸업생으로서 이전에 월급쟁이 근로자였던 오카와는 그의 '영적 세계'에 대한 저작의 출판으로 인해 추종자들을 모으게 되었다. 4년의 기간에 그는 무려 150여 권의 책을 출판하였는데, 총 4백만 권이 팔렸다. 오카와는 '다른 세상'과 황홀 상태에서 영(靈)으로 소통한다고 주장하면서 그가 받은 메시지를 글로 적었다. 이것들이 영적 계시를 모은 것으로 출판되었고 이것은 부처, 예수 그리스도, 에드거 케이스(Edgar Cayce)(미국에서 유명한 초능력자로 알려진 인물-역자 주), 에마누엘 스베덴보리(Emanuel Swedenborg, 스웨덴의 신학자이자 천문학자로서 영적 생활의 신비주의를 강조한 인물-역자 주), 뉴턴 및 피카소 같은 선각자들로부터 받은 메시지로 구성되어 있다. 예수 그리스도가 중요한 인물이지만 이 세상에 메시지를 보내온 많은 영 중에서 단지 하나일 뿐이다. 이 모든 지도의 영들로부터 오카와는 개인과 공공의 행복을 통합하는 뉴에이지 문명을 만드는 선택적 비전을 종합하였다.[27]

일본의 신종교들에서 예수 그리스도의 위치는 그 자체로 충분한 분량의 별도 연구를 요구한다. 내가 이러한 보기들을 언급한 것은 단지 본 연구 속에 기록된 운동들을 보다 넓은 문화적 상황 속에 자리 잡게 하고 또한 일본에서 예수 그리스도(혹은 심지어 기독교)에 관한 관심이 기성 교회와 토착적 운동의 경계를 멀리 뛰어넘어 확대된다는 것을 보이고 싶었다. 많은 일본의 신종교들이 예수 그리스도에 대한 자리를 찾거나 아니면 유대 기독교적 전통으로부터 믿음 혹은 이념을 포함하려 한 반면에, 이들은 또한 기독교를 초월하거나 대신하는 새로운 길을 만든다고 주장한다. 이런 신종교들과 대조적으로, 이 책에서 고찰한 토착 운동들은 스스로를 서구 교회와는 독립된 것이지만 기독교 전통의 한 부분으로 인식한 일본인들에 의해 설립되었다. 이 모든 보기들은 서구의 기성 교회들이 다른 시대와 장소에서 기독교의 전통이 어떻게 전유되어야 하는지를 통제할 수 없다는 사실을 보여 준다.[28]

전 지구적 맥락

오랫동안 서구 학자들은 근대화의 과정이 세계 전역으로 확대됨에 따라서 영적인(심령주의적) 세계관은 곧바로 과거의 세계관이 될 것이라고 가정하였다. 예로서, 로드니 스탁은 일찍이 1990년에 "지난 세기 동안에 단 하나의 사회과학의 테제가 서양의 지식인들 가운데 수용되는 데 가깝게 되었다. 이것은 다름 아닌 근대화의 확산이 종교적이고 신비적인 믿음에 불운을 초래한다는 주장이다."[29]라고 언급하였다. 세속화는 종교적 제도와 개인의 종교성에 대해서 근대화가 초래하는 결과로 설명되는 필연적인 전 지구적 과정으로 간주되었다. 그런데 새로운 종교 운동이 세계 도처에서 출현하고 펜테코스탈 카리스마적인 기독교 운동의 성장이 종교사회학자들과 종교사학자들로 하여금 현대 사회에서 종교의 역할과 변화하는 성격을 이렇듯 너무 단순하게 해석한 것에 대해서 다시 생각하도록 만들었다.

종교에 대한 사회학적 연구는 그간 오랜 시간 동안 유럽 중심적인 지향에 의해서 뚜렷이 문제를 안게 되었다. 서구 교회의 지도자들이 젊은 교회들이 단순히 그들의 권위와 신학적 전통을 수용하리라고 기대했던 것처럼, 학계에서도 서구의 근대화와 세속화 경험이 모든 인류에게 뚜렷이 나타나리라고 가정하는 경향이 있었다. 피터 버거의 『거룩한 덮개』(*The Sacred Canopy*)는 종교사회학에서 몇 안 되는 베스트셀러인데 이 같은 관점이 퍼지는 데 주도적 역할을 하였다. 이렇게 중요하고도 인기 있는 저작에서 버거는 "모든 곳에서 종교의 미래가 이 장과 앞 장에서 논의한 세력에 의해서 결정적으로 형성될 것이라고 예측하는 것이 안전하다."[30]고 결론을 맺었다. 한마디로, 비서구 국가들은 단지 작은 변이만 갖고서 서구의 발전 패턴을 따라갈 것이라고 기대되었다.

우리는 인류의 대다수가 앞으로 사회적 근대화의 혜택의 주변 혹은 외부 위에서 살아가게 될 것이라는 것을 인식하기 시작하였다. 그리고 한층 더 있을 법한 것은 인류의 대다수가 예견할 수 있는 장래에 지역의 문화적 전통 속에서 잔존하게 될 것이다. 물론 근대의 테크놀로지의 혜택을 얻은 사람들 중에서도 많은 이들은 유럽의 근대화 경험을 특징지었던 근대의 세속적 심성의 틀을 채택하지 않는 선택을 하고 있다. 인간이 전통 문화와 근대의 기술 문화로부터 다양한 요소를 결합하는 능력이 평가절하되었던 것이 날로 뚜렷하다. 이미 약 30년 전에 허버트 패신(Herbert Passin)은 다음과 같이 주목하였다.

> 근대화가 전통적인 것을 완전하고도 즉각적으로 대체하는 것을 의미하지 않는다. 이 과정은 단일하지 않다. 이것은 한 국가를 다른 방법으로 만드는 분리된 문화적 요소, 사고의 영역, 및 인구 집단에 영향을 준다. 전통적 문화의 특정 요소가 완전히 불변한 채로 남게 될 수 있다. … 그 결과는 근대적 부분이 전통적 부분과 나란히 성장하는 것이다. *비록 근대적 부분이 확대되는 경향이 있더라도, 이런 과정의 마지막 정점이 전통적인 것의 완전한 폐기가 될지는 결코 확실하지 않다. 적어도 오랜 기간 동안 양자는 나란히 공존할 수 있다.*[31]

패신의 주장은 본래 종교에 대한 준거를 갖고서 만들어지지 않았다. 그러나 근대화의 영향에 대한 그의 균형 잡힌 이해는 수많은 세속화에 관한 '싫증나는' 이론보다 한층 뚜렷이 정확하다. 그렇다고 이것이 일본인들은 비범할 정도로 종교적이라거나 아니면 일본 사회가 근대 이전 시대보다 오늘날 한층 더 종교적이라는 것을 말하는 것은 아니다. 그것보다는 이것은 단지 근대화는 종교에 대해서 양가적인 효과를 갖는다는 것을 말해 준다.[32] 간단히 말해서, 서구 혹은 유럽 역사의 기초 위에서 발전된 근대화와 세속화에 관한 사회학적 이론은 일본의 근대화의 사례에는 들어맞지 않는다. 근대화와 종교적 쇠퇴에 대한 단선적인 인식은 세계의 많은 비서구 지역에서 일어나는 발전의 과정을 적절히 설명할 수 없다.

지난 30년 세상에는 많은 변화가 일어났고 이로부터 피터 버거가 최근에 자신이 틀렸다고 자발적으로 인정하는 일이 생겼다. 최근 몇 년 동안에 그는 "세속화가 근대성과 서로 뗄 수 없게 연관되어 있다고 보는 이론은 중대한 어려움에 놓이게 되었다. 오늘날 근대화가 세속성을 가져오는 데 실패하였을 뿐만 아니라 오히려 종교의 재긍정을 갖다 준 광대한 지역이 존재한다."라고 쓰고 있다. 북유럽에서는 세속화 과정에 대한 그의 이전의 관점을 철회하지 않으면서도 버거는 지금 "그 나머지 세계는 예전과 같이 여전히 종교적이고 심지어는 더 종교적이다."[33]라고 지적한다.

이 같은 '큰 그림'을 이해하고자 하는 시도 속에서 어빙 헥삼(Irving Hexham)과 칼라 포웨(Karla Poewe)는 다음과 같이 말한다.

> 세계의 '재종교화'는 1970년 이래 가장 뚜렷하게 나타나고 있는 근대성의 전 지구적 붕괴와 관련이 있다. 다섯 개의 세계 종교, 곧 유대교, 이슬람교, 불교, 힌두교 및 기독교가 내적 해체, 아노미, 탈구(dislocation), 그리고 가장 중요한 것으로서 전체적 관점의 부재에 대해서 비판하는 민속 혹은 도시의 대중 운동에 영감을 불러일으키고 있다.[34]

이 같은 운동의 대다수가 (종족적 · 민족주의적 · 종교적으로) 특수주의적인 것이고 문화적 혼란과 근대 사회의 모호성 속에서 일종의 상징적으로 정박할 곳을 제공하려고 노력하고 있다. 토착적이고 독립적인 기독교 운동들은 이 같은 보다 큰 전 지구적 현상의 중요한 한 부분이다.

일본의 상황에서, 우리는 대부분의 운동은 토착화에도 불구하고 장기적인 성장을 지속할 수 없다는 것을 찾아냈다. 기독교의 이식과 전파는 단순한 공식—'선교적 노력과 투자+토착적인 문화적 적응=양적인 성공'—으로 환원될 수 없는 복합적인 과정이다. 그렇다고 해서 이것이 외국에서 기원한 종교가 성공적인 전파를 위한 토착화의 중요성을 부인하는 것은 아니다. 일본에서 기독교의 상황을 한국(남한)과 비교하는 것에 의해서 우리는 이 새로운 신앙이 일본에서 폭넓게 수용되는 것을 막은 수많은 중요한 정치적이고도 문화적인 요인을 주목하였다. 예로서, 일본과 한국에서 발전의 다른 패턴은 종교가 이식될 당시의 거시 정치적 관계가 종교적 전파의 이후 궤적을 틀 잡는 데 중요한 요인이라는 것을 말해 준다. 양국에서 토착화 운동들은 비슷한 문화적 적응을 하였지만, 한국의 운동이 역동적으로 성장하였고 전 지구적인 교차 문화적 선교에 능동적인 사례가 되었다.

개신교가 최초로 일본에 이식된 이래 서구에서 기독교는 심대한 변화를 일으켰다. 오늘날 대부분의 개신교 선교사들은 상황적 신학과 다른 문화적 상황에 적절한 예배의 형식을 개발할 필요를 인식하고 있다. 이 분야에서의 노력은 '자조적'(自助的)인 지역 교회를 설립하는 초기의 관심을 뛰어넘어 기독교 신앙을 인식하고 해석하는 데 새로운 방법으로까지 움직이고 있다. 로마 가톨릭 교회 역시 '문화접변'(inculturation)의 기치 아래 비서구 크리스천들의 요구와 관심에 대해서 한층 깊은 민감성을 표현하고 있다. 선교학계와 서구 신학에서 이 같은 발전이 일어나고 있음에도 불구하고, 아시아와 아프리카에서 토착적이고 독립된 기독교 운동들 속에 일어나고 있는 신학화의 대부분은 혼합주의적 오류로 간단히 치부되거나 무시당하고 있다. 무교회 운동을 제외하고, 이 책에서 취급한 집단들은 대체로 일본의 내부 혹은 외부에 알려져 있지 않다. 오늘날 기독교의 에큐메니즘(초교파 통합 운동)이 신앙 간의 대화와 세계 종교들 가운데 상호 이해가 중요하다고 인식함에도 불구하고, 토착적 기독교 운동이 제기한 관점과 전망은 통상적으로 제대로 존중되거나 진지하게 다루어지지 않고 있다.

일본과 여타 지역에서의 토착 운동들은 지역의 문화적 전통과 관심의 측면에서 기독교 신앙을 이해하려는 진지한 노력을 대표한다. 일본에서 이 운동들은 상대적으로 작게 남아 있지만, 이들이 힘을 들여 노력했던 쟁점과 질문은 여타 비서구 사회에 있는 발전하는 교회들 가운데서 일어나고 있는 일들에 대해서 시사적이다. 조지 사운더스(George R. Saunders)는 "친족의 성격, 계승 관계, 그리고 조상들의 역할이 종종 문제적인 것이 된다."[35] 고 관찰하였다. 이 같은 새로운 신학적 관심이 동아시아와 아프리카 대륙 양쪽에서 기독교의 발전에 뚜렷하게 존재한다.[36] 후기 계몽주의 유럽 혹은 북아메리카 기독교가 '표준의' 기독교를 정의하는 척도로 더 이상 간주될 수 없는 것이 부인할 수 없는 사실이다.

지난 몇 년 동안 한층 진지한 관찰자들은 우리들에게 기독교를 서구 종교로서 생각하는 것은 정확한 것이 아니라고 이야기하고 있다. 예로서, 데이비드 바렛(David Barett)은 18세기에는 90퍼센트의 기독교 인구가 백인이었던 사실에 주목한다. 그런데 지난 19세기 동안에 비서구 세계에서 기독교가 성장하고 유럽 교회는 쇠퇴한 것이 기독교의 얼굴을 바꾸어 놓았다. 우리는 아직도 기독교는 서구의 종교라고 생각하기 쉽지만, 1981년에 이르면 이미 비백인들이 모든 기독교인의 다수를 점하게 되었고 1980년대 후반에 오게 되었을 때 56퍼센트의 기독교 인구가 서구 밖의 아프리카의 사하라 지역 남부, 라틴 아메리카 및 아시아에 살게 되었다.[37] 앤드류 월스(Andrew Walls)가 이 같은 인구학적 전환이 갖는 의미에 대해서 다음과 같이 적고 있다.

> 지난 19세기에 기독교 세계의 중력의 중심이 거대하게 남쪽으로 이동했다. 그래서 대표적인 기독교의 땅은 이제 라틴 아메리카, 사하라 이남 아프리카, 그리고 남반구의 여타 부분으로 나타나게 되었다. 이것은 제3세계 신학이 대표적인 기독교 신학이 되었음을 말해 준다.[38]

우리는 '중심'과 '주변'에 대한 새로운 정의가 다가오는 21세기에 종교에 대해서 무엇을 의미하는지를 이제 막 이해하려고 한다. 그러나 아시아와 아프리카 기독교의 새로운 역동적 형태가 이미 서구 교회에 대해서 중요한 영향을 미치고 있다는 뚜렷한 증거가 존재한다.[39]

오랫동안 전문적 신학자들이 '위대한 문명들'과 만남으로부터 출현한 이슈들을 밝히는 시도를 해 오고 있다. 그러나 아시아와 아프리카 전역에 걸쳐서 대중의 관심을 주조하는 '작은 전통'(즉, 민속 또는 일차적 종교 전통)에 대한 진지한 참여를 하고 있는 것은 주로 토착 운동의 리더들이다. 거의 10년 전에 도널드 데이튼(Donald Dayton)은 성결교회와 펜테코스탈 운동이 보다 큰 기독교 공동체에 기여한 것을 언급하면서 초교파 연합 운동의 문을 열어서 하찮은 것이 들어오도록 만들 것을 촉구하였다.[40] 이 같은 미국 내 주변적 운동들이 1830년대에 반(反)노예 운동의 선봉이었고 기성 혹은 주류(主流) 교회의 발전보다 훨씬 일찍 여성의 사역을 긍정하였다. 그런데 우리가 앞에서 주목한 바와 같이, 기독교 초교파 연합 운동은 토착 기독교 운동들이 제공한 견해와 관점을 체계적으로 배제하였다. 만약 문이 좀 더 넓게 열렸다면, 서구 교회들은 비서구 세계 전역에서 발전하고 있는 많은 토착 및 독립 운동으로부터 무언가를 배울 것이 있다는 것을 찾았을 것이다.

기성 교회들이 이런 운동들을 대화의 동일한 파트너로 수용할 것인지 여부는 앞으로 시간이 말해 줄 것이다. 종교에 대한 비교 연구를 하고 있는 우리들은 이런 운동들이 때로는 기괴하고 시대착오적인 것으로 보이고 우리 자신의 종교적—혹은 세속적—감수성에 저해를 초래하더라도 어떤 경우든지 간에 이런 운동을 좀 더 진지하게 바라보아야 할 것이다. 브루스 로렌스(Bruce Lawrence)가 이 점을 다음과 같이 잘 지적하고 있다.

> 이 세기(20세기)의 마지막에 이른 현재 종교는 기운차게 분열 성장하고, 실용적이고 전진적이며, 현세 및 내세 지향적인 것으로 남아 있다. 종교는 다음 세기로 들어가서도 중요한 사회 세력으로 남게 될 것이다. 그리고 종교가 신앙인들 가운데서 여전히 의미 있는 것이 되는 가운데 사회과학자의 새로운 세대는 옛 세대가 처음에는 낡아빠진 것이라고 했다가 다음에는 '손상된 재화'(damaged goods)라고 잘못 명명한 이 종교를 새로운 존경심을 갖고서 한층 면밀하게 관찰하고 범주화할 것이다.[41]

나로서는 21세기에 종교적 층(層)이 '진정한 신자'인 사회과학자들과 함께 풍부해질 것인지에 대해서 의구심을 갖는다. 그러나 학자로서 우리의 가장 깊은 신념이 무엇이든 간에 한 가지만은 분명해 보인다. 즉, 다가오는 수년 동안 우리가 기독교의 세계에 대해서 정확하고 신뢰할 만한 가이드를 제공하고자 한다면, 우리는 이 책에서 고찰한 운동의 종류와 신앙의 새로운 형태를 포함하도록 우리의 그물을 한층 폭넓게 쳐야만 한다는 것이다.

1 Jean Danielou, *A History of Early Christian Doctrines before the Council of Nicaea*, vol. 2: *Gospel Message and Hellenistic Culture*, trans. by J. A, Baker(Philadelphia: Westminster Press, 1973), 33.

2 Miyazaki Akira, [A study of the Original Gospel](Tokyo: Nihon Kirisuto Kyōdan Senkyō Kenkyūjo, 1965), 62. 필자가 아는 바로는, 이것은 일본에서 한 기성 교회가 토착 운동에 대해서 연구한 유일한 예이다. 일본 문화에 대한 '다원주의적' 관점을 정교화한 것에 더해서 원시복음(마쿠야) 운동에 대한 기본적 정보를 제공하는 한편, Miyazaki Akira는 토착 운동의 성공은 부분적으로 기성 교회의 실패와 결함과 관련되어 있다고 제안한다.

3 이 같은 일반화에 약간의 예외가 존재한다. 예로서, 기독심종교단은 세례를 입교의 의식으로 행하고 있다. 또한 무교회 전통에 관련되는 여타 집단들도 때때로 세례를 베풀고 있으나 이것이 제도화된 요구로 정착되어 있지는 않다.

4 젠더 이슈에 관해서, 성예수회는 무교회 운동의 유교적인 남성 중심적 접근과 다른 한편으로 평등주의적인 펜테코스탈 예수의 어령교회의 중간에 위치한다. 성예수회에서 사역을 요청받게 된 여성들은 '은사'를 받은 사람으로서 인정되며 신학교육을 받게 된다. 그러나 로고스 신학대학(Logos Theological Seminary)을 졸업하고 나면 이 여성들은 단지 정교사 혹은 전도사들로만 안수받게 된다. 오직 안수를 받은 남성(목사)에게만 최후의 성만찬을 공식적으로 맡게 하고 예배의 맨 마지막에 축도권이 주어진다. 이 신학교 훈련을 마친 뒤에 여성들이 결혼하게 되면, 그들은 가사와 그들의 자녀를 돌보고 양육하는 데 헌신하도록 기대된다. 물론, 그들이 그들의 남편의 목회 사역에서 지원하는 역할을 하도록 기대된다. 이 교회가 남성들에게 종교적 권위의 위계에서 우선권을 주지만, 많은 여성들이 가장 성공적인 전도사로서 인정된다. 이들은 어려운 새로운 분야에서 전도 행위를 시작한다. 그리고 50~100명가량의 신도들로 한 교회를 설립한 뒤에 이들은 새로운 사역을 시작하기 위해서 이동한다. 이때 목양의 일은 안수를 받은 남성 목회자들 중 한 사람이 맡도록 이양한다. 물론 이것이 많은 교회와 선교 조직에서 전형적인 패턴이다.

5 이런 관찰은 Okuda Akiko의 [The Nonchurch movement and women's liberation] 이란 강의와 그녀의 강의에 이어서 나온 논의들(fieldnotes, 1996.5.17. Imai Hall, Tokyo)에 기초한 것이다. 필자가 참석한 이 강의에는 17명의 여성과 필자 외에 남성 1명이 참석하였다. 이것이 여성 집단이 후원하여 개최된 전형적인 모임이라면 오늘까지 이 운동을 지배하고 있는 남성 조직을 변화시키려면 오랜 시간이 걸릴 것이다. 이런 특별한 강의와 토론회에 더해서 여성계획 집단은 또한 무교회 운동 내에서 여성들의 관심을 천명하는 작은 책자 시리즈를 출판하고 있다. 여섯 번째 소책자의 서론에서 편집인은 남성들에 의한 강좌는 추상적인 원리에 초점이 모아지

는 경향이 있고 일상생활로부터 매우 구별되는 반면, 여성들에 의해서 개최되는 이야기와 토론의 자리는 개인의 경험에 기초하여 직장, 가정, 그리고 교육과 사회복지의 분야에서 부딪히게 되는 난점을 성경과 연관시키는 데 초점이 모아지는 경향이 있다고 적고 있다. 현재 총 6권이 나온 이 소책자 시리즈는 이마이 홀에서 구할 수 있다. 이 시리즈의 일부 보기를 열거하면 다음과 같다. (1) 무교회 운동에서 교육과 전도 그리고 여성의 관점 (6) 여성의 관점에서 말하기. 무교회 운동 출신의 일본인 페미니스트가 쓴 영어로 된 책자로서 Hisako Kinukawa, *Women and Jesus in Mark: A Japanese Feminist Perspective*(Maryknoll: Orbis Books), 1994를 볼 것.

6 일본 불교 종파들 속에서 리더십 계승과 종교적 권위의 전승에 대한 역사적 배경과 논의로서 Michael Solomon, "Kinship and the Transmission of Religious Charisma: The Case of Honganji," *Journal of Asian Studies*, 33/3(1974). 403–413과 Fujii Masao, "Founder Worship in Kamakura Buddhism," in George A. DeVos and Takao Sofue, eds., *Religion and the Family in East Asia*(Berkeley: University of California Press, 1986), 155–167을 볼 것. 기독교 전통과는 관련되지 않은 일본의 신종교들 속에서 이 같은 리더십 계승의 패턴을 연구한 도움이 되는 분석으로서 Inoue Nobutaka, *Deciphering New Religions*, 150–157을 참고할 것.

7 무교회 원리에 기초한 운동인 원시복음(마쿠야)에서 리더십 계승은 한층 더 복잡하다. 테시마 이쿠로의 죽음 뒤에 이 운동은 도쿄를 중심으로 그리고 이 운동이 시작된 규슈의 구마모토에서 주로 선생들의 공동 리더십 아래에서 지속되고 있다. 카를로 칼다로라(Carlo Caldarola)는 "테시마의 부인이 테시마의 살아 있는 기억으로서 간주되며 또한 테시마의 인격과 카리스마가 그녀를 통해서 운동 속에서 여전히 작동한다고 보아 이 운동에서 가장 강력한 인물로 인정된다."는 것을 관찰하였다(*Christianity: The Japanese Way*, 198). 그는 또한 테시마의 아들인 야곱이 당시 미국에서 유대교로 박사학위를 마칠 무렵이었는데 종국에는 일본으로 돌아와서 '지도력을 이양받게 될' 것이라고 전망하였다. 그러나 야곱은 그의 부친의 죽음 이래 원시복음(마쿠야)이 기대한 것을 수용하지 않고 현재 그가 세운 기보아 인문학연구소(the Giboa Institute of the Humanities)에서 성서와 유대교를 연구하는 독립된 학자로서 활발한 활동을 하고 있다. 이로부터 테시마의 두 번째 결혼으로 낳은 아들인 이삭 테시마가 최근에 히브리 성서와 유대 해석학으로 하버드 대학에서 박사학위를 마쳤는데, 그가 일본으로 돌아와서 이 운동의 능동적 리더가 될 것이라는 예상도 있다. 그러나 필자와의 인터뷰에서 그는 그의 일차적 소명은 학문적 연구가 될 것이라고 밝혔다.

8 심지어 매우 개인주의적인 북아메리카의 상황에서도 예로서, 빌리 그레이험(Billy Grayham)의 아들이 빌리 그레이험 협회의 계승자로 지명되었고, 지미 스와거트

(Jimmy Swaggart)의 아들 역시 그 아버지와 연관된 스캔들에서 살아남게 된다면 복음주의 TV 선교의 리더십을 맡으려고 기다리고 있는 것으로 알려졌다.

9 이 같은 연례 모임의 프로시딩이 1988년 이래 [The proceedings of the Nonchurch Christianity national meeting](Tokyo: The Office of the Nonchurch Christianity National Meeting)이라는 제목으로 계속 출판되고 있다. 그리고 이 책자는 도쿄에 있는 이마이 홀에서 구할 수 있다. 이것들이 아마도 오늘날 무교회 운동의 상황을 이해하는 데 가장 쓸모 있는 출판물일 것이다.

10 이것은 첫 번째 전국적인 회의에 참석한 사람들의 구성에서 반영되었다. 참석자의 다수는 50세 이상이며, 참석자의 68퍼센트가 50~80세 연령층에 속하며 참석자의 단지 12퍼센트만이 30세 이하이다. 제1회(1987)『무교회그리스도교전국대회기록』[The proceedings of the first Nonchurch Christianity National Meeting, 1988], 79를 볼 것.

11 여기서 필자는 제2회(1989, 64) 및 제3회(1990, 4)『무교회그리스도교전국대회기록』을 참고하였다.

12 지원자의 일부는 무교회 크리스천에 대해서 흥미를 가졌다. 그래서 이 클래스들은 회원들을 교육하는 것만이 아니라 새로운 사람들에게 선교할 수 있는 기회를 대표한다.

13 Caldarola, *Christianity: The Japanese Way*, 75–76.

14 제6회(1992)『무교회그리스도교전국대회기록』(1993, 62).

15 이런 스타일의 리더십은 종종 타코수보(*takotsubo*)(낙지 통발)형이라고 지칭되는데, 이는 선생과 제자 사이의 수직적 관계는 간하지만 회원들 간의 수평적 관계는 약하게 되는 것을 말한다. 이것은 특히 도시의 커다란 성경공부 집단에서 그러하다. 그러나 농촌지역에서는 집단이 작아서 가족 같다.『무교회그리스도교전국대회기록』을 볼 것.

16 일부 회원들은 무교회 집단은 그들 스스로의 부동산을 소유하지 않은 탓에 불교 사원의 묘지 혹은 다른 장소에서 자신이 묻힐 곳을 찾는 데 어려움이 있다고 말한다.『무교회그리스도교전국대회기록』, 47, 53을 볼 것.

17 이 관찰은 기본적으로 아프리카 독립 교회와 관련하여 만들어졌다. 그러나 이 같은 일본인들의 운동에도 동등하게 들어맞는다. Joel Kailing, "Inside, Outside, Upside Down: In Relationship with African Independent Churches," *International Review of Mission* 77(January 1988), 40을 볼 것. 아프리카 독립교회에 대해서 거의 일생을 바친 연구를 한 Harold Turner에 관한 개인적 회상이 이런 운동들이 어떻게 전개되는지를 서술하는 데 도움을 주었다. "나는 건전한 교리와 예배에서의 질서를 갖는 고도로 개혁적인 전통 속에 있는 사람으로서 매우 불

확실한 기독론을 가진 아프리카 독립교회에서 댄싱(춤)을 실제로 즐길 수 있을 것으로 제안한 것은 비상식적이다. 그리고 지금 나의 댄싱의 대부분이 이루어진 그 교회가 세계교회협의회(WCC)의 회원이다." "A Global Phenomenon," in Allan R. Brockway and J. Paul Rajasherkat, eds., *New Religious Movements and the Churches*, 14.

18 그들의 "Introductory Essay: on 'Native Christianity," in Wendy James and Douglas H. Johnson, eds., *Vernacular Christianity*, 5.

19 *The Religious Consciousness of the Japanese*. 이 서베이는 1981년 11월에 수행되었다. 이때 일본 전역에 있는 농촌과 도시의 약 300개 장소에서 인터뷰가 이루어졌다. 16세 이상의 나이인 총 3,600명의 개인이 인터뷰의 대상이었다. 이 숫자 중에서 2,692명(74.8%)이 사용 가능한(타당한) 인터뷰였다. 전체 표본에서 44.7퍼센트(1,203명)가 남성이었고 55.3퍼센트(1,489명)가 여성이었다.

20 "The Quiet Reversal: A Few Notes on the NHK Survey of Japanese Religiosity," *Japan Missionary Bulletin* 39/1(1985), 5–6.

21 여기서 필자는 일본 종교에서 노동의 분업과 기독교가 새로운 의례에 이바지한 것을 이야기한 Jan Swyngedouw의 논의에 기초하고 있다. 그의 *The Structure of Harmony and Apportionment*를 볼 것.

22 거론한 두 개의 서베이는 Sanwa Bank와 the Bridal Market Research Institute에 의해서 수행되었다. 보다 자세한 것은 『BB 白書』 [Bib Bridal white paper] 7(Tokyo, 1993)을 참고할 것.

23 이 전승 이야기에 대한 간략한 논의로서, John Koedyker, "Another Jesus," *Japan Christian Quarterly* 52/3(Summer 1986), 167–169와 [The legend of Christ's visit and the religious climate of Japan] in the popular volume coauthored by Uriu Naka and Shibuya Nobuhiro, [All about Japanese religion] (Tokyo: Nihon Bungeisha, 1997), 214–215를 볼 것.

24 이런 종류의 전승 이야기는 일본에만 국한되지 않는다. 예로서, 인도에서도 예수가 예루살렘에서 십자가에 달려 죽지 않고 그가 죽을 때까지 40년을 북서부 인도에서 40년을 살았고 그곳에서 묻혔다는 비슷한 전통이 존재한다. 이런 보기는 Diana L. Eck, *Encountering God: A Spiritual Journey from Bozeman to Banaras*(Boston: Beacon Press, 1993), 113–114에서 간략하게 언급되어 있다. 그리고 Fida Hassnain and Dahan Levi의 *The Fifth Gospel*(Srinagar: Dastgir, 1988)은 이런 전승을 믿는 사람의 관점이 나타나 있다.

25 한층 자세한 것은 다음의 연구를 볼 것. Richard Young, "The 'Christ' of the Japanese New Religions"과 "The Little–Lad Deity and the Dragon Princess."

Young은 '그리스도'가 (복음의 예수와 관련되든 아니든 간에) 어떻게 토착적인 믿음 체계 속으로 숭앙되고 통합되었는지를 보였다. 그러나 이 과정에서 Young은 개인적 영광을 위해서 그리고 허울만 좋은 보편성을 향한 열망을 증진하거나 정당화하기 위해서 토착적 믿음 속으로 통합되었다고 보았다. 후자의 연구에서 그는 Fujita Himiko가 어떻게 여타 신과 성인들과 함께 예수를 메가미 노 우미(바다의 여신) 속으로 통합하는지를 분석하였다.

26 그의 『그리스도의 선언』(キリスト言)[Proclamation as Christ](1991)와 같은 연구(1992)의 제2부를 볼 것. 아사하라와 옴진리교에 대한 부가적 정보로서 Ian Reader, *A Poisonous Cocktail? Aum Shinikyō's Path to Violence*(Copenhagen: Nordic Institute for Asian Studies, 1996); Shimazono Susumu, "In the Wake of Aum: The Formation and Transformation of a Universe of Belief," *Japanese Journal of Religious Studies* 22/3-4(1995), 380-415와 필자의 글 "Aum Shinrikyō as an Apocalyptic Movement," in Thomas Robbins and Susan J. Palmer, eds., *Millennium, Messiahs, and Mayhen*(New York: Routledge, 1997), 313-324. 그리고 "The Political and Legal Response to Aum-Related Violence in Japan," *Japan Christian Review* 63(1997), 37-46을 볼 것.

27 그리스도에 대한 Okawa의 연구를 영어로 번역한 것이 다음과 같이 출판되었다. *The Spiritual Guidance of Jesus Christ: Speaking on the Resurrection of Love and the Spirit of the New Age*(Tokyo: IRH Press, 1991).

28 아마도 이런 이유로 인해서 Jaroslav Pelikan이 그의 계몽적인 문화사에서 예수 그리스도를 '이 세상에 속한 사람'(the Man Who Belongs to the World)이라고 지칭하였다. *Jesus through the Centuries: His Place in the History of Culture*(New York: Haper and Row, 1987), 220-221. 일본의 수많은 신종교 속에서 예수의 위치를 조사한 Richard Young은 Pelikan과 비슷하게 "예수 그리스도는 공공 영역에 속한다. 좋아하든 아니든, 그의 이름은 등록되거나, 상표로 달아지거나 복사될 수 없다."("The 'Christ' of the Japanese New Religions," 117).

29 Rodney Stark, "Modernization, Secularization, and Mormon Success," in Thomas Robbins and Dick Anthony, eds., *In Gods We Trust: New Patterns of Religious Pluralism in America*(New Brunswick: Transaction Publishers, 1990), 201.

30 Peter L. Berger, *The Sacred Canopy: Elements of a Sociological Theory of Religion*(Garden City, New York: Doubleday, 1967), 171.

31 Herbert Passin, "Modernization and the Japanese Intellectual," in Marius B. Jansen, ed., *Changing Japanese Attitudes toward Modernization*(Princeton:

Princeon University Press, 1965), 482-483; 강조는 필자가 추가한 것임.

32 이 점은 Munakata Iwao의 다음 글에서 정교하게 잘 다듬어졌다. "The Ambivalent Effects of Modernization on the Traditional Folk Religion of Japan," 99-126.

33 Peter L. Berger, *A Far Glory: The Quest for Faith in an Age of Credulity*(New York: Anchor Books, 1992), 28, 32; 그리고 또한 "Epistemological Modesty: An Interview with Peter Berger," *The Christian Century* 114(29 October 1997), 974. 이 수정된 관점은 David B. Barrett이 가장 최근에 통계를 업데이트한 것에 대해 지지를 하고 있다. Barrett은 "15,000개가 넘는 구별되는 분리된 서로 다른 종교와 종교 운동이 세계에 존재한다. 이 지구상에는 하루에 약 2~3개의 새로운 비기독교적 종교가 시작되고 있다."라고 주장하였다. 그의 "Annual Statistical Table on Global Mission: 1997," *International Bulletin of Missionary Research* 21/1(January 1997), 24. 필자의 추측은 Barrett의 전체 통계 수치는 너무 작다고 본다. 왜냐하면 일본 한 국가만 해도 수백 개의 신종교가 기록되어 있다.

34 Irving Hexham and Karla Poewe, "Charismatic Churches in South Africa: A Critique of Criticisms and Problems of Bias." in Poewe. ed., *Charismatic Christianity at a Global Culture*, 60.

35 "Transformation of Christianity: Some General Observations," in George R. Saunders, ed., *Culture and Christianity*, 181.

36 세계의 다양한 지역에서 친족, 영혼, 귀신 쫓기, 병 고침, 그리고 조상에 대해서 취급하는 대표적 연구로서 다음 문헌을 참고할 것. Harold W. Turner, *Religious Innovation in Africa: Collected Essays on New Religious Movements*(Boston: G. K. Hall and Co., 1979); Gerhardus C. Oosthhuizen, *The Healer-Prophet in Afro-Christian Churches*(Leiden E. J. Brill, 1992); Alan Hunter and Kim-Kwong Chan, *Protestantism in Contemporary China*(Cambridge University Press, 1993); and Steven Kaplan, ed., *Indigenous Responses to Western Christianity*(New York: New York University Press, 1995).

37 David B. Barrett, ed., *World Christian Encyclopedia: A Comparative Survey on Religions in the Modern World, A.D. 1900-2000*(New York: Oxford University Press, 1982), 9.

38 Andrew F. Walls, *The Missionary Movement in Christian History*, 9-10.

39 예로서, 카리스마적인 펜테코스탈 운동의 중요한 국제적이고도 교차 문화적 연구에서 Irving Hexham과 Karla Poewe는 이 같은 기독교의 새로운 형태는 다양한 지역 상황에서 동시에 발전하고 있고 또한 국제적 네트워크, 연합회 및 현대 테크

놀로지를 통해서 상호 영향을 주고받고 있다는 것을 발견하였다. 이들은 다음과 같이 결론을 맺었다. "이 같은 국제적 관점이 북아메리카와 유럽 교회들이 반대로 아프리카, 아시아 및 라틴 아메리카 교회들에 의해서 깊숙이 영향을 받고 있다는 교훈을 주고 있다." "Charismatic Churches in South Africa," 66을 볼 것.

40 Donald W. Dayton, "Yet Another Layer of the Onion: Or Opening the Ecumenical Door to Let the Riff–raff In," *The Ecumenical Review* 40/1(1988), 87–110.

41 "Global Religion(s): Hope or Hoax of the 20th Century?," *Harvard University Center for the Study of World Religions News* 3/2(1966), 1–3.

부록

토착 기독교 운동들에 대한 문헌 안내

이 부록은 연구를 하는 데 고려해야 할 운동들 각각을 살펴보는 데 유용한 기본 문헌들을 소개하려는 목적이다. 또한 4장부터 6장까지 체계적인 주목을 받지 못했던 종교 운동들을 짧게 다시 소개한다. 각 장에 흩어져 있는 세부적인 정보들을 덧붙였으니 설립자나 특정 종교 운동들의 이름은 인덱스를 참고할 수 있다. 각 종교 운동의 인사들을 연락하거나 주소, 개인적 접촉을 하고 싶은 독자는 도쿄의 그리스도신문사에서 해마다 발행하는 연감을 살펴보라.

종교 단체는 그들의 설립연대를 따라 연대순으로 정렬했다.

무교회
(無教會)

설립자 : 우치무라 칸조(内村鑑三)

연도 : 1901

목차 : 4장

문헌자료

우치무라 칸조와 무교회 운동의 자료는 상당히 풍부하고 이마이 홀(今井 Hall)과 국제 기독대학(International Christian University) 도서관의 기록 보관소에 있다.

『今井館圖書資料 セソター 藏書目錄』, Tokyo: Imai Kan Seisho Kōdo Kyōyūkai, 1990.
『內村鑑三紀念文庫目錄』, Tokyo: International Christian University, 1997(3판).

원전

內村鑑三, 『內村鑑三全集』, Tokyo: Iwanami Shoten, 1981-1984.
『內村鑑三全集(주석과 해설)』, Taijiro Yamamoto & Yoichi Mutō 編, Tokyo: Kyō Bun Kwan, 1971.
7권의 이 전집은 우치무라의 영어 저서이며, 그의 일기 "나는 어떻게 기독교 신자가 되었는가"와 1886-1924년에 출판된 에세이 및 편지 등이 실려 있다.
『無敎會史 I 』, 제1기: 생성의 시대, 무교회 역사연구소 편집, Tokyo: Shinkyo Shuppan, 1991.
『1985年無敎會夏期懇話會記錄』, 田村光三 編, Tokyo: Mukyōkai Kaki Konwakai Jimukyoku, 1986.
『制1回(1987)無敎會Christianity全國集會記錄』, Tokyo: Mukyōkai Krisutokyo Zenkoku Shukai Jimukyoku, 1988.
오늘의 무교회 운동을 이해하는 데 귀한 자료다. 1988년부터 해마다 발행하는데 여러 강연, 지역 소식, 소그룹의 다양한 토론 요약 등을 볼 수 있다.

이차문헌

Caldarola, Carlo. *Christianity: The Japanese Way*. Leiden: E. J. Brill, 1979.
Howes, John F. "The Non-Church Christian Movement in Japan," *The Transactions of the Asiatic Society of Japan*, Third Series

5(1957), 119–37.

______, "Uchimura Kanzō and Traditional Japanese Religions," *Japanese Religions* 2/1(1960), 23–30.

______, "Japanese Christians and American Missionaries," in Marius B. Jansen, ed., *Changing Japanese Attitudes toward Modernization*, Princeton: Princeton University Press, 1965, 337–368.

______, "Japanese Christianity and the State: From Jesuit Confrontation/Competition to Uchimura's Noninstitutional Movement/Protestantism," in Steven Kalpan, ed., *Indigenous Responses to Western Christianity*, New York: New York University, 1995, 75–94.

Jennings, Raymond P., *Jesus, Japan, and Kanzō Uchimura: A Brief Study of the Non-Church Movement and its Appropriateness to Japan*, Tokyo: Kyō Bun Kwan, 1958.

Miura, Hiroshi, *The Life and Thought of Kanzō Uchimura, 1861–1930*, Grand Rapids, Michigan: William B. Eerdmans, 1996.

Moore, Ray A. ed., *Culture and Religion in Japanese–American Relations: Essays on Uchimura Kanzō, 1861–1930*, Ann Arbor: Center for Japanese Studies, The University of Michigan, 1981.

Norman, William H. H., "Kanzō Uchimura: Founder of the Non–Church Movement," *Contemporary Religions in Japan* 5/1(1964), 34–44.

小原 信(Ohara Shin), 『内村鑑三の生涯』, Tokyo: PHP Kenkyūjo, 1992.

도회
(道會)

설립자 : 마츠무라 카이세키(松村介石)

연도 : 1907

목차 : 5장

원전

松村介石,『信仰五十年』, Tokyo: Dōkai Honbu, 1926; 1989 revised edition.

________,『道會栞』, Tokyo: Dōkai Jimusho, 1917.

________,『道會問答』, Tokyo: Dōkai Jimusho, 1919.

________,『新宗教』, Tokyo: Dōkai Jimusho, 1925.

________,『道會 バイブル』, Tokyo: Dōkai Jimusho, 1928.

________,『諸教の批判』, Tokyo: Dōkai Jimusho, 1929.

________,『道會の信仰』, Tokyo: Tōhō Shoin, 1934.

松村吉助,『暗夜を憂うゐこと物れ:言志四錄抄』, Tokyo: Dōkai Jimusho, 1949.

잡지 :『道』, 계간지.

이차문헌

秋山繁雄,『明治人物拾遺物語:キリスト教の一系譜 』, Tokyo: Shinkyō Shuppansha, 1982.

加藤正夫,『宗教改革者・松村介石の思想−東西思想の融合を圖る』, Tokyo: Kindai Bungeisha, 1996.

大內三郎, "松村介石研究序說,"『日本文化研究所研究報告』, Tōhoku University 12(1976), 1−18.

________, “松村介石: 內村鑑三との關聯において,” 『內村鑑三研究』 8,(1977), 68-82.

『近代文化研究叢書』, Vol.45, Tokyo: 昭和女子大學 Kindai Bungaku Kenkyūshitsu, 1977.

마츠무라의 생애와 글들(199-208), 출판된 그의 저서들을 연대순(209-268)으로 개관해 놓아 특히 도움이 되는 자료이다.

기독심종교단
(基督心宗教團)

설립자 : 카와이 신스이(川合信水)

연도 : 1927

목차 : 5장

원전

川合信水, 『耶蘇基督讃』, Tokyo: Kōbundō, 1927. *A Eulogy on Jesus Christ*, Yoshinobu Kawai 譯, Tokyo: Christ Heart Church, 1961.

________, 『孔子の教育と吾が體驗』, Tokyo: Kirisuto Shin Shūdan Shuppanbu, 1946.

________, 『大人と小人』, Tokyo: Kirisuto Shin Shūdan Shuppanbu, 1953.

________, 『神の誠と吾が體驗』, Tokyo: Kirisuto Shin Shūdan Shuppanbu, 1956. *My Spiritual Experiences*, Kawai Yoshinobu 譯, Tokyo: Christ Heart Church, 1970.

________, 『勞動問題の宗教的解決』, Tokyo: Kirisuto Shin Shūdan Shuppanbu, 1964.

카와이가 군제[郡是]에 있는 실크 공장의 교육 감독관으로서 노동문제에 관해 진술한 소책자이다.
________, 『川合信水先生の論語講話』, 安井英二 編, Tokyo: Kirisuto Shin Shūdan Shuppanbu, 1970.
________, 『ガラテヤ書玄義』, Fujiyoshida: Kirisuto Shinshū Kyōdan Jimukyoku Shuppanbu, 1965.
________, 『完全訓講話』, Tokyo: Kirisuto Shin Shūdan Shuppanbu, 1977.
________, 『山月川合信水先生御教話覺書』, 安井英二 編, Tokyo: Kirisuto Shin Shūdan Shuppanbu, 1969.
________, 『押川方義川合信水兩先生復書幹集』, 川合道雄 編, Tokyo: Kirisuto Shin Shūdan, 1981.
잡지 : 『基督の心』, 계간지.

이차문헌

大塚榮三, 『郡是の川合信水先生』, Tokyo: Iwanami Shoten, 1931.

영광의 복음 그리스도 교단 (榮光の福音キリスト教團)

설립자 : 스기타 코타로(杉田好太郎)
연도 : 1936

스기타 코타로가 기독교로 개종한 것은 군 복무 뒤 꽤 오래 앓고 있을 때 성서를 읽고 나서였다. 그는 기독교 목사가 될 준비를 위해 도쿄의 '거룩한 교회'의 신학교에 등록했다. 졸업과 목사 서임 후 그는 나카다 주지 주교에 의해 규슈의 아소 지역의 성결교회의 목사로 임명되었다. 스기타는 거룩한 교회의 위계적 구조를 받아들일 수 없었다. 1936년 독자적인 운동으로서 영광의 복음 그리스도 교단을 설립했다. 교회의 이름은 디모데전서 1장 11절 "하나님의 영광스런 복음"에서 따온 것이다. 비록 그가 거룩한 교회의 전통적인 종교적 권위를 거부했지만, 그는 세례성사, 주의 만찬 등의 성사는 준수했으며, 거룩한 교회의 신적인 치유의 강조를 옹호했다.

무교회 운동의 우치무라와 같이, 스기타도 성직자-평신도의 구분을 거부했다. 모든 그리스도인은 복음의 증인이고, 복음 전도사로 소명을 받은 사람은 사도 바울이 천막을 만들어 생계를 유지했듯이 스스로를 부양해야 한다고 했다. 스기타는 교회로부터 월급을 받지 않고 수학과 영어 교사로 생계를 꾸려 갔다. 이 교회는 신자로부터 헌금이나 십일조를 요구하지 않았다. 단지 하나님께서 인도하시는 교회를 신자들은 지원해야 한다고 격려되었다.

수년 후 다수의 신자들은 자신의 땅과 집을 봉헌해 전국적으로 10여 개의 교회를 세웠다. 신자는 1970년대 말 거의 3,000명으로 정점을 이루었으나 지난 십여 년간 급속히 쇠퇴해 1,000명으로 줄어들었다. 설립자의 부인인 스기타 이쿠코(杉田伊久子) 여사가 1972년 뒤를 이었다. 그러나 이전에 확립되었던 지도자 양성 프로그램이 분명하지 않다. 오늘날 예배는 기독교의 전형적인 패턴, 곧 찬송, 성서봉독, 기도 등을 따른다. 신자들은 설립자의 설교 테이프를 듣는데 이 역할을 계속할 수 있도록 적절하게 훈련된 사람이 없기 때문이다. 8월의 연례 집회에는 지금도 200~300명의 신자가 참석한다. 그러나 성찬식은 행하지 않는데 그 많은 사람들에게 빵과 포도주를 나눌 때 문제들이 생기기 때문이다. 이 의식은 지금 변형되어서 '영적 성찬식'으로 불린다. 물질적으로 나누는 것은 없고 짧은 시간 명상을 행한다. 다른 토착 운동들의 설립자와 마찬가지로 스기타도 현세에서 그리스도의 복음을 들은 적도 없고 그에 따라 산 적도 없는 조상의 운명을 낙관적으로 접근했다. 또한 그는 신자들이 불교의 추도식에 참석하는 것에 대해 보다 더 관용적이었고, 일본인들이 느끼고 있는 욕구와 만날 수 있으며, 기독교인 또한 망자를 돌보며 존경한다는 것을 보여줄 수 있는, 대안적인 추도예배를 제공했다(6장, 185-198쪽 참조).

원전

杉田好太郎, 『榮光の福音大衆版』, Aso, Kyūshū: Eikō no Fukuin Kirisuto Kyokai Shuppanbu, 1952.

묻고 답하는 형식으로 이 교회의 기본 교리를 소개하는 간단한 책이다.

_________, 『榮光の福音前編』, Aso, Kyūshū: Eikō no Fukuin Kirisuto Kyokai Shuppanbu, 1954.

_________, 『榮光の福音後編』, Aso, Kyūshū: Eikō no Fukuin Kirisuto Kyokai Shuppanbu, 1961.

_________, 『榮光の福音說教集上卷』, Aso, Kyūshū: Eikō no Fukuin Kirisuto Kyokai Shuppanbu, 1955.

_________, 『榮光の福音說教集下卷』, Aso, Kyūshū: Eikō no Fukuin Kirisuto Kyokai Shuppanbu, 1958.

_________, 『榮光の福音聖歌集』, Aso, Kyūshū: Eikō no Fukuin Kirisuto Kyokai Shuppanbu, 1941.

이 책은 82쪽의 찬송가책이다. 그의 부인이 쓴 한 곡의 가사만 제외하면 모든 가사는 설립자가 쓴 것이다. 곡조는 여러 기독교 찬송가와 일본의 노래에서 빌려온 것이다.

설립자의 부인이 쓴 저서

杉田伊久子, 『에덴에서 돌아온 사람들(エデンに歸る人々)』, Aso, Kyūshū: Eikō no Fukuin Kirisuto Kyokai Shuppanbu, 1964.

이 책은 설립자의 신앙, 다른 기독교 교회들과의 관계, 독자적인 '영광의 복음 기독교단'의 발전 등의 이야기를 기록한 것이다.

__________, 『聖靈の諸教會に對する警告』, Aso, Kyūshū: Eikō no Fukuin Kirisuto Kyokai Shuppanbu, 1980.
__________, 『榮光の福音キリスト教會: 創設者の信仰の証』, Aso, Kyūshū: Eikō no Fukuin Kirisuto Kyokai Shuppanbu, 1972.

살아 있는 그리스도 일맥교회 (活けるキリスト一麥教會)

설립자 : 마츠바라 카즈히토(松原和人, 1905~1966)

연도 : 1939

살아 있는 그리스도 일맥교회의 설립자 마츠바라 카즈히토는 중고등학교에 다닐 때 미노 미션을 통해 기독교를 처음 접했다. 교토 대학교의 학생일 때 기독교 신자인 사토 데이키치(Satō Teikichi) 교수의 과학과 종교 강의를 들은 후 기독교를 진지하게 공부하기 시작했다. 대학교를 졸업한 후 그는 고베로 가 초등학교 교사가 되었다. 그는 바클레이 박스톤(Barclay Baxton, 1860~1946년)의 선교 그룹이 이끄는 예배에 참석하면서 기독교로 회심했다. 박스톤은 개신교적 강조를 한 영국 성공회 선교사로 1890~91년 동안 고베와 마츠에에서 선교사로 사역했던 사람이다. 마츠바라는 계속해 전도자의 소명을 느끼고 성서 학교(Shioya Seisho Gakusha)를 1년 동안 다니며 이 사역을 준비했다. 그는 1939년 독자적인 선교 활동을 시작했다. 종전 후에 이치바쿠(一麥)교회는 18개의 교회들(나고야와 관서 지방 지역에 우선적으로 있다.)과 1,000명 이상의 신자 규모로 성장했다. 1966년 설립자가 죽고 그의 부인인 사키 여사가 그 이후로 교회를 이끌어 오고 있다.

이 교회는 독자적인 토착 교회이나 성결교 선교 전통이 제공하는 기본 신학 토대를 교회에 제공하고 있다. 거룩한 전통들과 마찬가지로 교회는 성령의 세례와 치유를 강조한다. 그러나 방언은 비록 몇몇의 신자들이 개인의 [은혜의] '선물'로 행하기는 하지만 공적 예배에서 합법적인 의례로 인정되지는 않는다. 설립자는 신적 치유를 강조했고 종종 성유를 갖고 개인들에게 안수도 하고 특별 치유 예배를 드리기도 했다. 오늘날 덜 일반적이긴 하지만 때때로 치유 예배가 열린다. 교회는 세례와 성찬례를 행한다.

추도 예배는 매해 5월 설립자를 위해 또 고인이 된 신자들을 위해 부활절 주일과 추분(秋分の日)이 있는 주일에 행한다. 여러 기독교식의 추도 예배를 일본 전통을 따라 특히 죽음을 기리는 날에 신자들의 집에서 행한다. 이 예배는 선교의 좋은 기회로 인식된다. 교회 신자들은 보통 의례에서 교회 묘지와 불교 가족 묘지 사이에 고인의 유골을 나누어 묻는 분고츠(ぶんこつ)를 하여 기독교인이 아닌 친지들의 관심과 욕구를 수용하기 위한 배려를 하려고 노력한다.

나고야에 있는 본부 교회에 주일에 참석하는 평균 신자는 약 200명이고 교회 앞에 있는 작은 청각 공동체를 위해 수화가 제공된다. 예배는 성서와 선교 지향을 가지며, 설교 후 신자들은 성서를 편다. 일본에 있는 여러 선교 단체들이 통제했던 부흥과 개혁을 이 교회는 활발히 지원해 다른 토착 종교 운동 단체들보다 더 약한 하위 문화로 구별되고 분리된 자신의 정체성을 형성했다.

원전

『一麥: 松原和人の信仰と生涯』, Nagoya: Ikeru Kirisuto Ichibaku Kyōkai, 1972.

이 책은 설립자 스스로의 짧은 자서전, 유년시절부터 선교사가 된 성인기까지 설립자의 수많은 사진들, 그의 설교와 여러 지도자들과 살아 있는 그리스도 일맥교회의 여러 단체의 신자들의 성찰을 담고 있는 기념비적인 책이다.

松原 向 編, 『一粒の麥もし死なば』, Tokyo: New Life, 1986.

마츠바라 카즈히토의 설교집으로 그의 부인과 교회 지도부가 편집했다.

『活けるキリスト一麥』, 월간 뉴스레터.

기독가나안교단 (基督カーナン教團)

설립자 : 타니구치 토구(谷口とく)
연도 : 1940

기독가나안교단은 타니구치 토구가 설립했다. 그는 잉글랜드(성공회)의 플리머스 형제회 선교회와 만나면서 기독교로 개종했다. 개종 후 그는 성령의 세례를 경험하면서 일본의 독자적인 성령 교회를 만들었다. 이 종교단체는 1940년 가정에서 모임을 가지면서 시작했다. 오사카 남쪽 사가이(堺市) 시에 있는 이 교회의 본부는 관서 지방의 중심에 있다. 교회는 너무 적어 자체 신학교를 유지할 수 없어 그곳의 목사들은 지역의 여러 성서 대학과 신학교에서 훈련을 받았다. 최근 호 『기독교연감』을 보면, 현재 10여 개의 교회를 갖고 있으며, 4곳의 선교회 건물, 약 2,500명의 신자와 31명의 목사(그중의 2/3가 여성)가 있다.

이 교회 신앙의 기본인 성서는 설립자가 시작했던 고전문학 번역을 사용한다. 이 단체의 우선적인 관심사는 성서와 성경의 힘을 따른 기독교 실천 의례이다. 성령의 세례, 방언, 치유, 이 단체의 모든 이해는 다른 성령 교회의 그것과 공통된다. 교회는 세례와 성만찬을 지킨다. 그뿐만 아니라 전통적 일본의 세시풍습 및 가문의 관습을 따라 죽은 이들을 위한 기독교식의 추모 예배를 행한다.

일본그리스도소단
(日本キリスト召团)

설립자 : 코이케 타츠오(小池辰雄)

연도 : 1940

코이케 타츠오는 1904년 태어났고, 도쿄 국제대학교에서 수학했다. 청년이었을 때 무교회 운동의 설립자로 잘 알려진 우치무라 칸조의 성서 강좌에 참석하면서 기독교에 매력을 느꼈다. 회심 후 우치무라의 제자인 다케시 후지이(Takeshi Fujii)가 이끄는 무교회 성서 모임에 5년 동안(1925~30년) 참석했다. 1940년 코이케는 무교회 전통을 바탕으로 하는 독자적인 자신의 성서연구 모임을 설립했다. 수십 년이 지나 코이케가 이끄는 모임의 영향력은 확대되어 마침내 전국 각지에 12개의 모임이 조직되었다.

비록 무교회 운동에 뿌리를 두고 있지만 코이케는 우치무라와 그의 제자들을 '폭 좁은 지성주의'라고 강하게 비난했다. 그는(선교사들에 의해) 이식된 교회와 무교회 그리스도교가 다 너무 개념적이라고 주장했다. 사람들이 필요로 하는 것은 생명이지 추상적인 가르침이 아니다. 코이케가 기독교를 이렇게 해석하게 된 것은 1950년 성령 세례의 경험이 영향을 미쳤던 것이다. 이때에 원시복음(마쿠야) 운동의 카리스마 있는 설립자 테시마 이쿠로(Teshima Ikurō)와 선교 모임에 참여했다.

1979년 학자로서 50년을 지낸 코이케는 교토대학교의 독문학 교수직을 퇴임했다. 그는 여생을 선교 사역에 힘쓰다 후계자 없이 1996년 죽었다.

원전

小池辰雄著作集(全十卷), 小池辰雄著作刊行會, 1988.

예수의 어령교회
(イエスの御靈教會)

설립자 : 무라이 쥰(村井 純)

연도 : 1941

목차 : 6장

원전

村井 純,『聖書神學: 根本教義』, Tokyo: Iesu no Mitama Kyōdan, 1957.

______,『基督教案內』, Tokyo: Iesu no Mitama Kyōkai, honbu, n.d.

이차자료

安斎 伸,『イエスの御靈教會』, 桜井徳太郎 編,『民俗宗教と社會』, Vol.5, Tokyo: Kōbunsha, 1980, 268-279.

______,『南島におけるキリスト教の受容』, Tokyo: Daiichi Shobō, 1984.

Mullins, Mark R., "Japanese Pentecostalism and the World of the Dead: A Study of Cultural Adaptation in Iesu no Mitama Kyōkai," *Japanese Journal of Religious Studies*, 17/4(1990), 353-374.

성예수회
(聖イエス會)

설립자 : 오츠키 타케지(大槻武二)

연도 : 1946

목차 : 6장

원전

大槻武二,『言泉集』, Kyoto: Logos Publishing Company, 17 volumes, 1976-1997.

지난 20년 넘게 겐센(言泉)이라는 필명으로 쓴 오츠키의 글들이 17권 전집으로 나왔다. 마지막 한 권은 곧 발간될 예정이다.

________,『聖地讚歌』, Kyoto: Sei Iesu Kai Logos Sha, 1993.

大槻筆子,『エルサレムをぬざして』, Kyoto: Logos Publishing, 1993.

이 책은 설립자의 부인이 성예수회가 설립된 1946년부터 1967년까지 이 교회의 역사를 기록한 것이다.

________,『リベカ抄』, Kyoto: Logos Publishing, 1993.

이 책의 1, 2부는 오츠키 후데코 여사의 에세이를 선별한 것인데, 오츠키 후데코 여사가 마리아회의 여성 그룹에서 했던 담화들과 일기들이다. 그리고 3부는 가까운 회원들이 그녀에 관해 쓴 글들이다.

佐藤捷雄 編,『リベイベルの軌跡』, Kyoto: Logos Publishing, 1996.

이 책은 성예수회의 50주년을 기념해 1996년에 준비된 책이다. 오츠키가 1946년 성예수회를 설립하기까지의 그의 생애를 오츠키의 글들과 인터뷰를 갖고 역사적으로 개관하고 있다.

기타 출판물

『あかしびと』.

성 예수회 신자들을 위한 회보이다.

『ぶどう樹』

선교와 종교 교육을 위한 4-6쪽의 얇은 월간지이다. 거의 80,000부가 전국 백여 개의 교회에 배포된다.

『ぶどう樹: ダイジエスト 版』, Kyoto: Logos Publishing Company, 1991.

월간 뉴스에 실렸던 기사를 갖고 성예수회의 믿음과 의례를 소개하는 요약판이다.

『言』.

말씀의 신학교에서 펴낸 출판물이다.

『みことばに仕えゐ: 聖書教理入門講座1 聖書論』, Kyoto: Logos Publishing Company, 1974.

말씀의 신학교에서 목사와 선교사 교육용으로 쓰는 책이다.

『みことばに仕えゐ: 聖書教理入門講座2 神論,人間論』, Kyoto: Logos Publishing Company, 1974.

말씀의 신학교에서 목사와 선교사 교육용으로 쓰는 책이다.

성성기독교단
(聖成基督教団)

설립자 :콘모토 카오루(紺本 薫)

연도 : 1948

콘모토 카오루는 1914년 태어났고 17세에 기독교로 개종했는데 가정집에서 한 작은 규모의 성서 공부 모임에 참석하면서였다. 영국 교회 신자로 1890~91년 고베와 마츠에에서 선교사로 활동했던 바클레이 박스톤에 뿌리를 둔 성서 학교 시오야 세이소 학사에 다니면서였다. 그는 종전 직후 길거리에서 천막의 신앙 부흥 전도집회를 열고 초기 개종자들의 가정에서 예배를 드리면서 독자적인 선교 사역을 시작했다. 고베는 이 같은 선교 노력의 중심지였으며 교회의 본부가 되었다. 1952년 콘모토는 성서 학교(東洋聖書神學院)를 세워 고베 교회의 선교사들을 양성했다. 30여 명이 사숙 형태의 성서 학교에서 사역을 준비했다. 50여 년이 지나 콘모토와 그의 제자들은 11개의 집회를 만들었다.

콘모토의 관심사는 사도 전통에 충실한 독자적이고 자족적인 교회를 세우는 것이었다.

일본의 교회가 외국 교회와 선교사의 경험으로부터 배웠어도 일본인들은 그들을 베끼지 않았다. 몇몇의 다른 토착화 기독 운동과는 달리 콘모토의 글이나 메시지에는 동양의 종교 전통들을 언급한 것이 거의 없으며 필수적인 성서 설명이 있었다. 성령 세례와 성결을 따른 성서적 가르침에 기반한 것을 특히 강조했다. 교회는 세례와 주의 만찬 성사를 행했고, 죽은 이들을 존숭하며 기리는 일본인들의 관습에 따른 추도 예배를 발전시켰다. 설립자가 거의 구십대가 되었을 때 제자 중 한 명을 교회의 총리(總理)로 임명해 교회를 맡겼다.

원전

紺本 薫 編, 『聖書基督教團創立四十周年記念誌』, Kōbe: Seisei Kirisuto Kyōdan Honhu, 1987.

이 책은 사진들, 신자들과 목사들의 열렬한 추천사 등 교회의 역사를 담고 있다.

__________, 『静なる細かき声』, Kōbe: Seisei Kirisuto Kyōdan Honhu, 1988.

이 책은 설립자의 글 모음집이다. 신학교의 신학교육 교과 과정, 성서 공부의 개요 등과 몇 개의 창작 성가 등이 있다.

원시복음(마쿠야)
原始福音(幕屋)

설립자 : 테시마 이쿠로(手島郁郎)

연도 : 1948

목차 : 6장

원전

手島郁郎, 『原始福音信仰序説』, Tokyo: Kirisuto Seisho Juku, 1969.

________, 『日本民族と原始福音』, Tokyo: Kirisuto Seisho Juku(Makuya Bible Seminary), 1984.

이 책은 테시마 사후 11년에 그의 부인이 테시마의 글들을 모아 출판했다.

________, 『聖靈の愛』, Tokyo: The Makuya Bible Seminary, 1950.

이 책은 The Love of the Holy Spirit으로 번역되었다. Tokyo: The Makuya Bible Seminary, 1991.

________, *An Introduction to the Original Gospel Faith*, Tokyo: The Makuya Bible Seminary, 1970.

테시마의 글들에 더해, 프린스턴대 신학대 명예교수인 오토 파이퍼(Otto Piper) 교수의 글이 실려 있다. 그는 마쿠야(幕屋)교회는 독자적인 기독교 운동으로 일본 기독교 안에서 '제삼의 세력'으로 중요하다고 했다.

『마쿠야(幕屋)와 이스라엘: 아브라함 I. 테시마의 기억』, Tokyo: The Makuya Bible Seminary, 1976.

이스라엘 및 시온주의와 관련된 테시마의 설명과 사진들 모음집이다. 또 이스라엘을 지지하고 원조한 테시마에게 감사를 표한 이스라엘인들의 글도 몇 개 있다. 이스라엘 독립 25주년을 기념한 400여 명의 마쿠야 신자들의 이스라엘 순례단과 테시마의 사진들이 실려 있다.

잡지 : 『生命之光』, 월간지.

이차자료

馬場俊彦, "Problems of Charismatic Religion: The Case of the Original Gospel Movement," 『名城大學人文紀要』 5(1967), 1–32.

마쿠야의 잡지 『生命之光』에 이전에 신자이자 편집자가 쓴 원시복음

(마쿠야) 운동에 관한 서술과 비판의 글이다. 그는 현재 나고야에 있는 메이조(名城) 대학의 철학 교수로 있다.

________, 『ほんとうの自分: 上』, Aichi: Chūbu Nihon Kyōiku Bunka Kai, 1994. 특히 122–140, 174–176을 볼 것.

Caldarola, Carlo, "The Makuya Christian Movement," *Japanese Religions* 7/4(1972), 18–34.

________________, *Christianity: The Japanese Way*, Leiden: E. J. Brill, 1979, 192–208.

宮崎 彰, 『原始福音研究』, Tokyo: Nihon Kirisuto Kyōdan, Senkyō Kenkyūjo, 1965.

森 論, 『原始福音: 神の幕屋とは』, Tokyo: New Life Publishing, 1986(최초 출판은 1965).

이 소책자는 몰몬교, 여호와 증인, 통일교를 다룬 『現代異端シリーズ』의 4번째 책이다. 저자는 보수적 복음주의이다.

吉村騏一朗, 『わが師手島郁郎』, Tokyo: Kirisuto Seisho Juku, 1990.

제자들이 쓴 테시마 전기이다.

생명을 주는 이가스 그리스도(活かすキリスト)

설립자 : 이마하시 아츠시(今橋 淳)

연도 : 1966

이 종교 운동은 핵심적으로는 원시복음 운동의 독립 형태이다. 마쿠야 신자로서 이스라엘에서 1년간 유학한 후 이마하시는 1964년 일본에 돌아와 테시마 이쿠로의 지도하에 선교사로서 사역을 시작했다. 테시마와 심각한 의견 불일치가 있으면서 그는 원시복음(마쿠야) 운동에서 축출되었고, 자신의 독자적인 사역을 1966년 시작했다. 생명을 주는 그리스도는 오늘날 이마하시의 지도하에 7개의 소규모 모임(가정 교회들)으로 구성되어 있다.

원전

今橋 淳, 『回心記』, Tokyo: Kirisuto Shinbunsha, 1991.
______, 『ヨハネ福音書講義』, Tokyo: Kirisuto Shinbunsha, 1976.
______, 『ヨハネ黙示録講義』, Tokyo: Kirisuto Shinbunsha, 1981.
______, 『創世記講義』, Tokyo: Kirisuto Shinbunsha, 1989.
잡지: 『活かすキリスト』, 월간지(1966년 이래)

오키나와 그리스도교 복음(沖縄キリスト教福音)

설립자 : 나카하라 마사오(仲原正夫)
연도 : 1977

오키나와 그리스도교 복음을 설립한 나카하라 마사오는 1948년 오키나와의 이토만 본섬에서 태어났다. 그의 아버지는 그가 어렸을 때 돌아가셨고 이후 그는 어렵게 자랐다. 고등학교 졸업 후 그는 교토로 가서 방사선 전문 기사의 자격증을 따기 위해 전문학교에 등록했다. 교토에 있을 때 그는 플리머스 형제회의 교회 예배에 참석하기 시작했다. 3개월이 지날 무렵 그는 그리스도교 신앙으로 개종해 세례를 받았다. 나카하라는 오키나와로 돌아와 지역 병원에서 방사선 기사로 일했다. 1977년 하나님으로부터 신적인 치유와 계시를 경험한 그는 방사선 기사를 그만두고 여생을 선교사로 헌신했다. 그의 독자적인 교회의 신자 수는 급속히 증가해 이십여 년이 안 되어 6개의 교회와 두 개의 선교 봉사 센터를 지닌 1,500여 명의 신자 수를 거느리는 교회로 성장했다. 또한 이 교회는 영적이거나 심리적인 문제를 지닌 사람들을 돌보기 위한 건물(남자를 위한 건물, 여자를 위한 건물)도

몇 채 있다. 이것은 방언, 예언, 치유 또 엑소시즘(逐邪)에 있어 중심 역할을 하는 카리스마 운동이다.

이차 문헌

池上良正, 『悪霊と聖霊の舞台: 沖縄の民衆キリスト教に見る救済世界』, Tokyo: Dōbutsusha, 1991.

________, "Okinawa Shamanism and Charismatic Christianity," *The Japan Christian Review* 59(1993), 69–78.

역자 후기

이 책은 일본 기독교 전문 종교사회학자 마크 멀린스(Mark R. Mullins)의 역저 *Christianity Made in Japan: A Study of Indigenous Movements* (Honululu: University of Hawaii Press, 1998)를 한글로 옮긴 것이다. 근대 일본의 종교 관련 대표적 연구서인 이 책은 한국종교사회학회(회장 전성표 교수/울산대)의 연구 센터인 경희대학교 종교 및 시민문화연구소(Institute for Religion and Civic Culture, 소장 송재룡 사회학과 교수)의 세 번째 기획총서이다. 역자들은 최근 한국의 인문사회 분야 출판 시장이 어려움에 처해 있는 상황 속에서도 이 책의 출판을 맡아 준 다산출판사에 감사의 뜻을 표한다.

일본에서 기독교 신자 비율은 전체 인구의 1%가 안 된다. 일본의 교회나 성당의 예배 참석자들은 일본인들보다는 재일 외국인들로 이뤄져 있다. 일본에서 기독교의 위치가 소수 종교인 것은 일본인들에게 기독교가 이질적인 종교라서 그런 것은 아니다. 역사적으로 일본은 기독교를 일찍 접촉했다. 한중일 삼국 중 기독교 선교사가 가장 먼저 들어간 곳이 일본(1549년)이었다. 그만큼 일본인들은 기독교를 오래 전부터 알고 있었다. 일본은 기독교를 접촉했던 기간이 짧았음에도 박해 시기에 참혹한 형벌을 택했던 신앙의 순교자들이 많았다. 이 점은 기독교가 일본인들의 심성에 보편적 진리로 인식되었다는 표시로 이해할 수 있다. 이백여 년이 넘는 쇄국 시기(1641~1865년)에 목자 없이 신앙을 지속했던 가쿠레 기리시탄(隠れキリシタン)의 존재는 세계 교회사에 유례가 없는 놀라운 사건이었다. 가쿠레

기리시탄을 통해 기독교의 보편성을 어떻게 수용하고 변용하는지 일본인들의 의식 세계를 짐작할 수도 있다. 이렇듯 세계 교회사에서 일본 기독교는 그 자체로 경탄할 만한 역사와 이야기를 지니고 있다. 그럼에도 불구하고 현재 일본의 기독교는 일본, 일본인에게 뿌리를 내리지 못하고 있다. 왜 그런 것일까? 이 지점이 멀린스 교수가 이 책을 쓴 이유다.

멀린스 교수는 일본의 기독교 토착 운동들의 실증적 자료를 제시해 이해에 도움을 주고 있다. 이들 종교 운동은 일본다운 기독교를 시도해 기독교를 재해석하는 가운데, 어떤 경우는 일본다운 영성으로 기독교를 풍요롭게 하지만, 어떤 경우는 이탈해 신종교가 되기도 했다. 마치 중국인들이 낯선 인도 불교를 이해하기 위해 '격의(格義) 불교'의 과정을 지나온 것처럼, 서구에서 형성된 기독교가 일본으로 전래될 때 일본의 사상적 지평과 종교 문화의 맥락에서 재해석되는 것은 필연이었다. 이 책의 4장에서 7장은 기독교가 일본식으로 어떻게 재해석되어 토착화되고 있는지를 여러 종교 운동들과 카리스마가 넘치는 설립자들을 통해 보여 주고 있다. 독자들은 설립자들을 통해 일본인들이 기독교의 어떤 부분을 취하고 있는지, 또 무사도 및 일본식 조상의식, 일본의 유교 및 불교 등 전통을 어떻게 견지하며 변용해 가는지 일본의 기독교에 대해 실증적으로 이해하게 될 것이다. 또한 이 책은 한중일의 고유한 문화 각각이 기독교를 수용한 이유와 기독교 고유의 정체성을 유지하면서도 어떤 점을 변용하고 있는지 등을 비교 확장해 보도록 자극과 통찰도 갖게 한다는 점에서 여러모로 의미 있는 책이다.

역자들이 이번에 이 책을 한글로 번역하기로 결정하게 된 데는 무엇보다도 한국과 이웃인 일본 두 나라에서 기독교의 수용 양상이 확연히 대조되는 상황에서 일본 기독교의 특징을 '토착화'라는 관점에서 깊이 있게 논구한 본 저서가 현 시점에서 한국의 독자들에게 특별한 의미와 중요성을 갖는다고 판단한 데 따른 것이다. 현재 일본은 기독교 신자가 채 1 %도 되지 못하는 반면에 한국은 인구의 약 4분의 1이 기독교 신자인 것이 주지의 사실이다. 어떤 요인이 양국의 대조적인 기독교 수용에서 가장 크게 작용했을까? 양국에서 이 질문에 대한 일반 대중(특히 기독교 신자)의 관심은 높은 반면에 그동안 제대로 된 깊이 있는 연구는 일천한 상황이다. 이런 측면에서 일본에서 무려 27년 동안 종교사회학자로서 활동한 마크 멀린스의 본 연구서는 단연 돋보인다.

저자는 이 책에서 기독교가 일본에서 실패한 데는 일본에 이식된 기독교가 '토착화'보다는 지나치게 유럽 중심적이고 서구적인 성향 때문이라는 일반의 인식을 비판하고 있다. 곧, 저자는 기독교의 이식과 전파를 "선교적 노력과 투자 + 토착적인 문화적 적응 = 양적인 성공"이란 식으로 단순히 이해하는 것에 대해서 선뜻 동의하지 않는다. 그는 기독교의 이식과 전파를 '복합적'인 현상이라고 본다. 그의 결론에 따르면, 아시아(특히 일본)에서 일어나는 기독교 운동의 성공과 실패를 설명하는 데는 토착화가 생각보다 그리 중요한 요인이 되지 못한다. 그는 일본과 한국 양국에서 외래종교로 도입된 기독교의 전파가 불러일으킨 토착화 운동은 비슷한 문화적 적응을 했다고 본다. 이로부터 멀린스는 한국과 일본의 기독교 성장의 대조적 양상을 이해할 때 가장 중요한 측면은 기독교가 처음으로 이식될 당시에 두 나라가 처했던 국제적인 정치적 위치가 달랐던 사실이라고 주장한다. 한국인들에게 기독교의 수용은 일본의 식민화에 직면한 상황에서 자신들의 정체성을 주장하는 수단이었다. 반면에 근대 일본에서 서구는 정치적 지배를 대표하였고 기독교는 처음부터 이 같은 위협의 나쁜 신호로 여겨졌다.

한편 비교사회학적 관점에서 볼 때, 한국인은 의례보다는 진지한 신앙의 헌신과 충성을 자아내는 독트린(교리)에 보다 치중하는 반면 일본인은 독트린보다는 의례를 더 강조하는 문화적 차이가 있다고 말할 수 있다. 이 같은 양국의 역사적인 실질적 차이를 인정하면서도 멀린스는 이 책의 결론 부분에서 제2차 세계대전 이후의 시기 (특히 1960~70년대) 동안 한국에서는 여의도순복음교회를 위시하여 보수적인 개신교회들이 급성장했고 일본에서는 창가학회와 천리교 같은 신종교가 대중의 커다란 인기를 모은 사실에 주목하면서 양자가 동일한 역할을 하였다는 탁견을 펼치고 있다. 이 같은 새로운 견해의 경험적 타당성을 입증하는 작업은 앞으로 한국과 일본 양국의 종교 연구자들에게 중요하고도 의미 있는 공동 연구과제가 될 것이라 기대한다.

일본의 종교
-토착교회 운동-

초판 1쇄 인쇄 | 2019년 2월 20일
초판 1쇄 발행 | 2019년 2월 25일

지은이 | 마크 R. 멀린스(Mark R. Mullins)
옮긴이 | 김성건 · 이숙희
발행인 | 강희일 · 박은자
발행처 | 다산출판사

주소 | 서울시 마포구 대흥로 6길 8 다산빌딩 402호
전화 | (02)717-3661
팩스 | (02)716-9945
이메일 | dasanpub@hanmail.net
홈페이지 | www.dasanbooks.co.kr
등록일 | 1979년 6월 5일
등록번호 | 제3-86호(윤)

ISBN 978-89-7110-562-7 94210
ISBN 978-89-7110-542-9(세트)

정가 20,000원

종교학

21세기 종교사회학(2014 세종도서 학술부문)

신국판 / 408쪽 / 20,000원 / 2013년 12월 발행

김성건 · 박승길 · 최현종 · 유광석 · 정태식
전명수 · 박수호 · 송재룡 · 장형철 · 김철수

기본적 인식에 기초하여 최근 세계 종교사회학계의 일각에서 주창되고 있는 중요한 '새로운 패러다임'과 연관된 다양한 연구 주제 및 동향을 종합적으로 저술하고 있다.

종교시장의 이해(2015 학술원 우수학술도서)

신국판 양장 / 264쪽 / 16,000원 / 2014년 9월 발행

유광석

종교시장이론의 핵심을 충실하면서도 깊이 있게 설명한 바탕 위에서 이 이론을 한국적 상황에서 몇 가지 사례에 대해 적용하고 결론 부분에서 종교시장이론의 한계와 잠재력에 대해서 균형 잡힌 논의를 펼치고 있다.

종교와 사회진보

신국판 양장 / 224쪽 / 13,000원 / 2015년 6월 발행

송재룡 · 김성건 · 전명수 · 정승안 · 유광석 · 최현종 · 장형철

거시적으로 한국사회의 사회적 진보의 동인을 이루는 다차원적 요인들에 대한 종교문화 사회학적 접근의 이론적 및 현상적 토대를 넓히는 데에 크게 기여할 것이다.

종교학

오늘의 사회, 오늘의 종교

신국판 / 336쪽 / 18,000원 / 2017년 2월 발행
최현종

한국 종교인구변동에 관해 기술하였으며 공적 영역에서의 종교와 종교사회학의 이론적인 측면에 관하여 저술하였다.

중국의 종교(2018 학술원 우수학술도서)

신국판 양장 / 268쪽 / 16,000원 / 2017년 6월 발행
펭강 양 지음 / 송재룡 · 유광석 옮김

수천 년간 활동이 허락된 복수의 종교들이 있었지만 중국 정부는 그런 종교들에 제한적 규제들을 유지하고 이단적이거나 종파적인 종교 운동을 억압했다. 수억 명의 잠재적 종교 소비자들을 가진 거대한 회색 시장이 존재하는 중국의 종교에 관해 저술한 책이다.

민주주의, 종교성, 그리고 공화적 공존

신국판 양장 / 456쪽 / 24,000원 / 2017년 6월 발행
김성건 · 김종철 · 박수호 · 송재룡 · 오수길 · 이국운 ·
이지문 · 장형철 · 전명수 · 정승안 · 조광덕

사회진보와 공화적 공존을 지향하는 한국적 시민참여모델의 창출은 매우 광범위한 인식론적, 방법론적, 정책론적 공동연구를 요청하고 있다. 종교성은 이러한 이론적 · 실증적 연구의 주요 소재이자 공화적 공존의 실체적 가치에 대한 지향가치를 제공해 준다.

종교학

일본의 종교 -토착교회 운동-

신국판 양장 / 372쪽 / 20,000원 / 2019년 2월 발행
마크 멀린스 지음 / 김성건 · 이숙희 옮김

일본에는 서구 선교사들이 남겨 놓은 익숙한 교회 이미지와는 다른 기독교가 존재한다. 이 기독교는 일본인의 영혼 깊이 도달하는 데 실패했던 수입된 기독교를 향해 저항했던 기독교 토착 운동이다. 이 책은 이와 같은 운동들이 어디에서 출현했고 어떻게 발전했는지에 관한 것이다.